ちくま学芸文庫

20世紀の歴史 上

両極端の時代

エリック・ホブズボーム
大井由紀 訳

筑摩書房

◆1914年からソ連の没落まで

1. サラエヴォ：オーストリア大公フランツ・フェルディナントとその妻がサラエヴォ市庁舎を出発するところ。この後暗殺され，第一次世界大戦の引き金となった（1914年6月28日）。

2. 死に行く人々がみたフランスの大量殺戮現場。1918年。

3. 生存者がみたフランスの大量殺戮現場。シャロン・シュル・マルヌの戦没者墓地。

4. 1917年のロシア：革命旗（「万国の労働者よ，団結せよ！」）と共に。

5. 十月革命：レーニン（「プロレタリアートの偉大なる指導者」）の肖像。労働者がもつ旗には，「すべての権力をソヴィエトへ」とある。

6. 1920年頃，ソヴィエトのメーデーのポスターに描かれた世界革命。地球をとり囲む赤旗には，「万国の労働者よ，団結せよ！」と記されている。

7. トラウマになった戦後のインフレーション。その記憶は，今でもドイツ人を悩ませている：二千万マルクのドイツ紙幣（1923 年 7 月）。

BROOKLYN DAILY EAGLE

And Complete Long Island News

LATE NEWS

WALL ST. IN PANIC AS STOCKS CRASH

Attempt Made to Kill Italy's Crown Prince

STOCKS CRASH IN RUSH TO SELL; BILLIONS LOST

ASSASSIN CAUGHT IN BRUSSELS MOB; PRINCE UNHURT

Hollywood Fire Destroys Films Worth Millions

FEAR 52 PERISHED IN LAKE MICHIGAN; FERRY IS MISSING

PIECE OF PLANE LIKE DITEMAN'S IS FOUND AT SEA

High Duty Group Gave $700,000 to Coolidge Drive

CARNEGIE CHARGE OF PAID ATHLETES ROUSES COLLEGES

HOOVER'S TRAIN HALTED BY AUTO PLACED ON RAILS

WARDER SOUGHT TO KEEP SEA TRIP SECRET, AID SAYS

SOMERS NAMED AS HEAD OF NEW EXCHANGE BANK

Today's News

THE EAGLE INDEX

8. 大恐慌への入口：1929 年のウォール街の大暴落。

9. 仕事がない人々：1930 年代のイギリスの失業者。

10. ファシズムの二人の指導者であるアドルフ・ヒトラー（1889–1945）とベニト・ムッソリーニ（1883–1945）にとり，1938 年には笑みがこぼれるようなことが多くあった。

11. 統領（ドゥーチェ）：ムッソリーニの前を行進する若きイタリアのファシストたち。

12. 総統（フューラー）：ニュルンベルクでのナチ大会。

13. 1936-39 年のスペイン内戦：間に合わせで作った装甲車の上に立つ無政府主義者の市民兵たち，1936 年，バルセロナ。

14. ファシズムの勝利？ ヨーロッパを征服したアドルフ・ヒトラー，1940-41 年の占領下のパリで。

15. 第二次世界大戦：爆弾。「空飛ぶ要塞」と呼ばれたアメリカのボーイング機がベルリンを空襲しているところ。

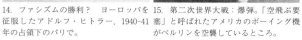

16. 第二次世界大戦：戦車。史上最大の戦車戦で攻撃中のソヴィエト軍装甲車，1943 年，クルスク。

17. 非戦闘員たちの戦争：炎上するロンドン，1940 年。

18. 非戦闘員たちの戦争：黒焦げになったドレスデン，1945 年。

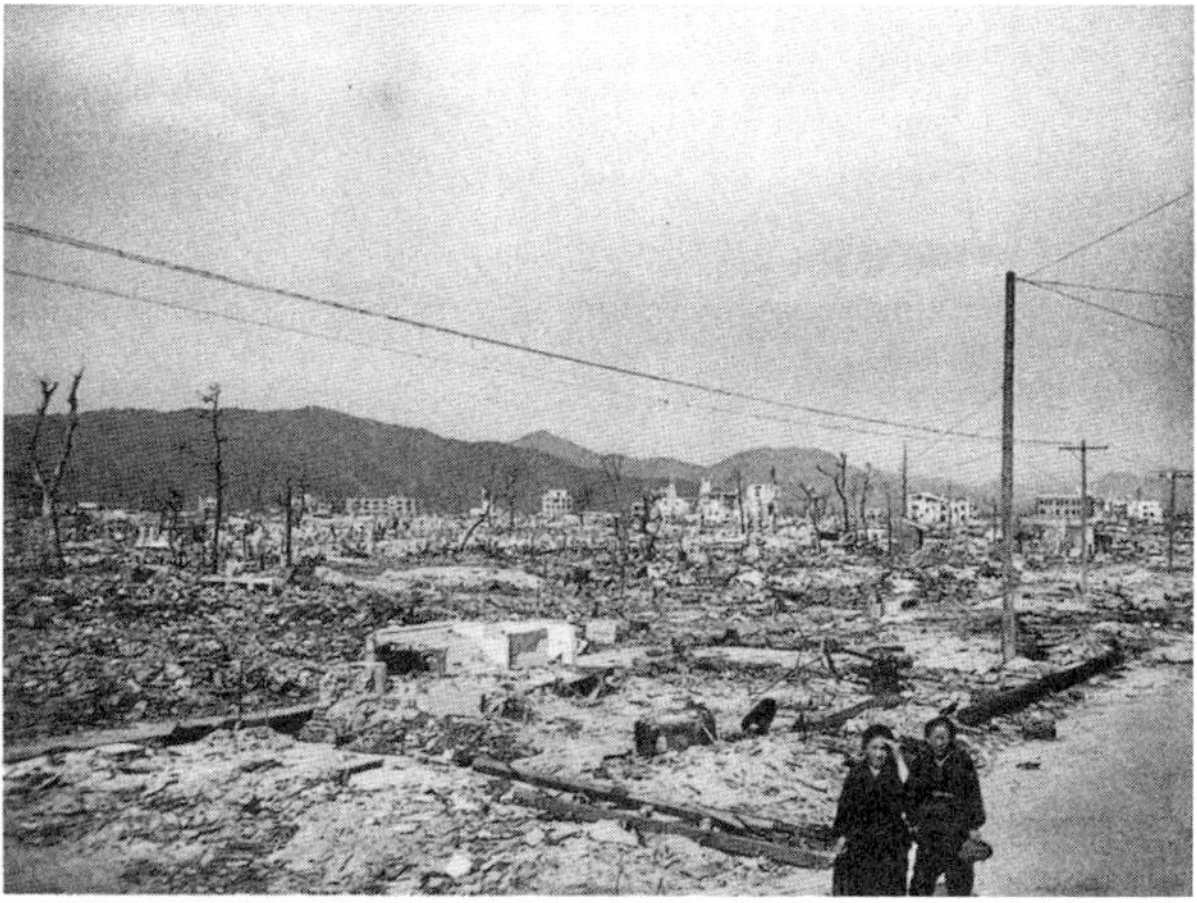

19. 非戦闘員たちの戦争：原子爆弾が投下された後の広島，1945 年。

20. 抵抗者の戦争：ヨシップ・ブロズ（チトー元帥，1892-1980）。ユーゴスラヴィア解放に向けてパルチザン戦を戦っている頃。

21. 崩壊前の帝国：戦時中のイギリスのポスター。

22. 崩壊する帝国，アルジェリアがフランスからの独立をまさに獲得するところ，1961 年。

23. 帝国崩壊後，ニューデリーにて独立記念日のパレードを率いるインディラ・ガンディー首相（1917-84）。

◆冷戦，世界の終わりに備えたミサイル

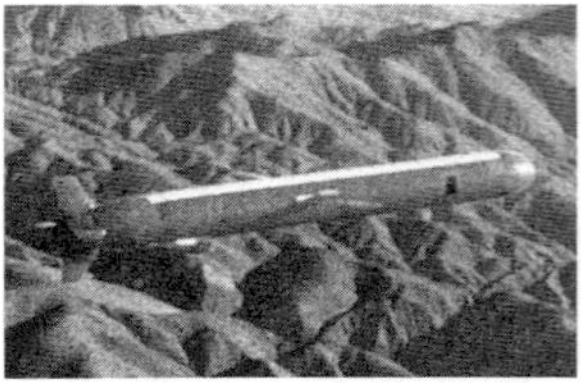

24. （左）アメリカの巡航ミサイル。

25. （下）ソヴィエトのSSミサイルの格納庫。

26. ２つに分断された世界：資本主義と「現存社会主義」とを隔てるベルリンの壁，ブランデンブルク門付近。

27. 沸き立つ第三世界：フィデル・カストロの反乱軍が解放されたサンタ・クララへ入るところ。1959 年 1 月 1 日にキューバで政権を掌握する前。

28. ゲリラ兵：1980 年代，エルサルバドルで手榴弾を準備している反乱者たち。

29. 第三世界のゲリラから第一世界の学生たちまで：アメリカのヴェトナム戦争に対する抗議デモ。グローヴナー広場，ロンドン，1968 年。

30. 神の御名による社会革命：1979年のイラン。1789年と1917年の伝統を拒んだ20世紀初の社会的大動乱。

31. 冷戦終結：冷戦を終わらせた人物，ミハイル・セルゲーエヴィチ・ゴルバチョフ，ソ連共産党書記長（在任1985-91年）。

32. 冷戦終結：ベルリンの壁崩壊，1989年。

33. ヨーロッパ共産主義の崩壊：プラハから撤去されるスターリン像。

目次

第Ⅱ部　黄金時代

下巻目次

参考文献
索引

20世紀の歴史——両極端の時代　上

序文と謝辞

二〇世紀の歴史を他の時代の歴史のように書くことはできない。ある時代の史料や後世の歴史家の研究を通して、間接的に外側からしか知りえない歴史について書く（書かざるをえない）ように、自分が生きている時代を書くことなどできないからだ。筆者の生涯は、本書が扱う時期とほぼ重なっている。そのほとんどの時期、つまり十代前半から現在に至るまで、筆者は公の事柄に関心を抱いてきた。別の言い方をすると、この時代に関して、研究者というより同時代に生きる一人の人間として、考えや先入観を積み重ねてきたということになる。これは、今までのキャリアで歴史家という職業上の肩書きのもと、一九一四年以降の時代に触れるのを避けてきた理由の一つである。とはいえ、別の立場から書くことは避けなかったのだが。この業界の言葉でいうと、「私の時代」は一九世紀である。しかしいまなら、一九一四年からソヴィエト時代終焉までの「短い二〇世紀」について、ある程度歴史的視点から理解できると考えている。そう思うようになったものの、学術的文献に関する知見が筆者にはない。二〇世紀の歴史家は途方もない数に上り、かれらが蓄積してきた資史料の宝庫に至っては、ほんのわずかしか知らない。

例えば、古典古代ないしはビザンツ帝国専門の歴史家が長く続いたこれらの時代の資史料を把握しているように、二〇世紀の歴史的文献をたった一人で把握することは、一つの主要言語で書かれたものですら、まったく不可能である。当然だ。筆者の知識自体、現代史という歴史研究の領域の基準からして、上っ面で不完全だ。そんな筆者にできることといえば、せいぜい、冷戦の歴史や一九三〇年代の歴史など、とくに厄介で論争の的になってきた問題を丹念に調べ、本書で述べる見解が専門的な研究の観点からでも耐えうると、自分で納得できるようにすることくらいだ。とはいえ、うまくできたとは言えない。筆者の無知や物議を醸すような見解をさらけ出してしまっている問題はいくつもある。

このような訳で、本書が依拠する基盤には、奇妙にムラがある。筆者は長年、幅広く多岐にわたる文献を読んできてはいたが、ニュースクール・フォー・ソーシャルリサーチで大学院生に二〇世紀史を講義するのに必要だった文献に加え、社会人類学者が言うところの「参与観察を行う者」、あるいは注意深い旅人として、もしくは私の祖先たちであればキビッツァー（余計な世話を焼く人）とでも呼ぶような立場から、「短い二〇世紀」を多くの国で過ごすなかで蓄積してきた知見・記憶・見解が参考になった。こうした経験が歴史的にどれほど価値があるかということは、歴史上重要な出来事に居合わせたかどうかでは決まらない。また、歴史に名を残した人物や政治家を知っていたか、顔見知りかどうかということでも決まらない。何を隠そう、筆者自身、さまざまな国――主にラテンアメリカ――について調査し、取材する機会があり、大統領や他の政策決定者たちにインタヴューすることもあったが、こうした機会が報われたことはない。なぜなら、こうした人々は公に記録されることを意識して発言することがほとんどだからだ。ところが、自由に話すことができる、あるいはそれを望んでいる人々からは学ぶことが多かった。その場合、重大な事柄に関して責任を負っていないほうが望ましかった。人物や場所についての予備知識が不完全で誤った印象を与えるのはやむをえないが、しかし、筆者には大いに役に立った。それは、三十年の時を経て見た同じ都市の光景――バレンシアやパレルモ――にすぎないかもしれない。それだけで、二〇世紀の第三・四半世紀に社会が大きく変質した速さや規模を痛感させられる。あるいは、だいぶ前の会話で話題にのぼり、何らかの理由で後で使おうと心に留めておいたことを単に覚えているだけかもしれない。もし、歴史家が二〇世紀を理解できるのであれば、その大部分を可能にするのは、観察することと耳を傾けることとである。そうすることで筆者は学ぶことがあったし、そのいくばくかを、読者諸氏に伝えてこれたのではないだろうか。

本書も、筆者の同僚や学生など、執筆中に引き留めて長話をした面々から引き出した情報や知見に当然基づいている。また、組織から恩恵を受けたこともあった。科学についての章は、友人の結晶学者で百科事典を編集したこともあるアラン・マッケイ（王立協会会員）とジョン・マドックスに渡した。経済発展について書いた章は、ニュースクールの同僚でもともとマサチューセッツ工科大学にいたランス・テイラーに部分的に読んでもらった。ただそれ以上に、ヘルシンキの国連大学世界開発経済研究所（UNU-WIDER）主催で開かれた、マクロ経済の多様な問題に関する会議での研究報告や議論で聞いたこと、広く耳に入ってきたことに基づいている。この時ちょうど、ラル・ジャヤワルデナ博士の指導のもと、同研究所は研究と議論の主だった世界的中心地になっていた。このような立派な機関でマクダネル・ダグラス客員研究員として何度か夏を過ごすことができたことは、全般的に、筆者にとって何にも代え難いものだった。とりわけ、ソ連崩壊に至るまでの最後の数年間、同研究所はソ連と近しい関係にあり、知的関心を抱いていたためでもある。筆者は相談にのってもらうこともあったが、助言をつねに受け入れていたわけではない。受け入れた場合でも、誤りは完全に筆者に帰すものである。研究者は学会や研究会に参加し、主に互いの知恵を拝借するために仲間たちとの交流に多くの時間を割くが、筆者もそういったものにおおいに助けられた。公式・非公式のさまざまな場で筆者に恩恵を与えてくれた同僚、正してくれた同僚すべてに謝意を伝えることはできない。また、ニュースクールでは各国から集まった学生たちに教える幸運に恵まれ、偶然知り得たこともあるが、それについても、すべてに感謝しきれない。しかし、トルコ革命と第三世界の人々の移住や社会的流動性について、フェルダン・アーグートとアレックス・ジュルカの期末レポートから学んだことにはとくに謝意を表したい。また、アメリカ革命人民同盟と一九三二年トルヒーヨで起きた反乱については、私の指導学生であるマルガリータ・ギーセックの博士論文に負っている。

　二〇世紀を専門とする歴史家は、話が現代に近づくにつれ、二種類の情報源への依存を深めていくものである。それは、日刊紙はじめ定期的に刊行される新聞・雑誌、そして政府による定期的なレポートと経済をはじめとする各種調査、統計資料やその他刊行物である。その点、筆者がロンドンのガーディアン紙、フィナンシャル・タイムズ紙、ニューヨーク・タイムズ紙などから恩恵を受けたことは明白である。国連とその専門機関によるさまざまな貴重な刊行物で参考にしたものは、参考文献一覧に記した。前身である国際連盟も忘れてはならない。実践面では完全な失敗作に近かったが、一九四五年発刊の先駆的な『工業化と世界貿易（*Industrialization and World Trade*）』に結実した経済に関する見事な調査や分析には感謝すべきである。このような情報源がなければ、二〇世紀の経済的・社会的・文化的変化の歴史を書くことはできなかっただろう。

　読者諸氏は、明らかに筆者の判断がさしはさまれている個所以外については、本書に書かれていることのほとんどを鵜呑みにせざるをえないだろう。本書のような書籍に参考文献やその他学識を示すような膨大な装置を付けることは過剰であり、意味がない。したがって、参考文献に掲載する文献は、実際に引用したもの、統計その他の量的データ――情報源が違うと数字が異なることもあった――、読者にとっては聞きなれない、よく知らない、あるいは予期していなかったような発言や、物議を醸すような筆者の見解でいくらか裏付けが必要な個所を随時支えてくれるものに限定した。こうした参考文献は、本文では括弧に入れて表記している。資料の正式名は、本書の最後に掲載している。参考文献一覧は、本文で実際に引用ないし参照した文献をすべて列挙したものにすぎない。今後さらに読み進めるための体系的なガイドではない。これについては、参考文献とは別に短い助言を用意した。他の文献を参照することは、脚注をつけることともだいぶ違う。脚注は、本文をさらに詳しく説明ないし限定するにすぎない。

とはいえ、筆者がおおいに頼りにし、多くを学ばせてもらった著作をここでいくつか挙げておくべきだろう。それらの著者たちに感謝されていないと思ってほしくない。全般的に、筆者は二人の著者に多くを負っている。一人は経済史家で、量的データを根気強く集めているポール・バイロックである。それから、ハンガリー科学アカデミーの元会長であるイヴァン・ベレントだ。「短い二〇世紀」という発想はかれから影響を受けている。第二次世界大戦以降の世界の政治史全般に関しては、ピーター・カルヴォコレッシ(『一九四五年以後の世界政治』)が適切な指針を与えてくれる。それは時には——無理からぬ理由で——辛辣なこともあった。第二次世界大戦については、アラン・ミルワードの名著『戦争・経済・社会　一九三九—四五年』から多くを学んだ。また、一九四五年以降の経済に関して非常に有益だったのは、ヘルマン・ヴァン・デア・ウィーの『繁栄と動乱：一九四五—八〇年の世界経済』、フィリップ・アームストロング、アンドリュー・グリン、ジョン・ハリソンによる『一九四五年以降の資本主義』だった。マーティン・ウォーカーの『冷戦』は、いい加減な評者たちのほとんどが下してきた評価よりずっと称賛に値する。第二次世界大戦以後の左派の歴史については、ロンドン大学のクイーン・メアリー・アンド・ウェストフィールド・カレッジのドナルド・サスーン博士から非常に多くを得た。親切にも、このテーマに関して執筆中だった、洞察の優れた大著を読ませていただく機会を与えてくださった。ソ連の歴史については、とくにモーシェ・レヴィン、アレク・ノーヴ、R・W・デイビース、シェイラ・フィッツパトリックの論考、中国についてはベンジャミン・シュウディーの論考から大変学ぶことがあった。美術に関する筆者の見解は、ジョン・ウィレットによるワイマール文化に関する論考（およびかれとの議論）とフランシス・ハスケルに多くを負っている。第6章を書けたのは、リン・ガラフォーラの『ディアギレフ』のおかげであることは間違いない。

とくに感謝を捧げたいのは、本書執筆にあたって実際に手を貸してくれた面々だ。まず、リサーチ・アシスタントを務めてくれたロンドンのジョアンナ・ベッドフォードとニューヨークのリーサ・グランデに。とくに、非凡な才能をもつグランデ氏がいてくれておおいに助かったことを強調しておきたい。かのじょがいなければ、筆者は知識不足を埋めることができず、うろ覚えの事実や出典を確実なものにすることはできなかったかもしれない。また、草稿をタイプで入力してくれたルース・セイヤースにも感謝申し上げる。そして、マーリーン・ホブズボームにも。かのじょは、現代史に人並みの関心をもつ一般の読者という立場から各章を読んでくれた。本書はマーリーンに向けて書かれている。

ニュースクールの学生諸氏への感謝はすでに述べた通りである。講義では、筆者は自分の考えや解釈を発展させようとしたのだが、かれらはそれに耳を傾けてくれた。本書は、そんなかれらに捧げたい。

エリック・ホブズボーム

ロンドン－ニューヨーク、一九九三―九四年

二〇世紀を俯瞰する

一二人がみた二〇世紀

アイザイア・バーリン（イギリスの哲学者）：二〇世紀のほとんどを、個人的には大過なく過ごしてきたと付け加えておかなければならない。わたしにとって二〇世紀とは、ヨーロッパの歴史でもっとも酷《ひど》い世紀としてのみ、記憶に残っている。

フリオ・カロ・バロハ（スペインの人類学者）：ひとの一生と二〇世紀の現実とのあいだには、深い溝がある。子どもから青年、そして老年へと平穏に、そして大した冒険もせずに年を重ねていったことと、人類が生き抜いたあの悲惨な現実とのあいだには。

プリーモ・レーヴィ（イタリアの作家）：強制収容所を生き延びたわたしたちは、真の目撃者などではない。何年もたってから自分が書いた物をもう一度読んでみた時、真の目撃者という発想に、居心地の悪さを感じた。この厄介な考えは、わたし自身のものも含め、生存者が書き残したものを読むことによって、ようやく受け入れられるようになってきた。わたしたち生存者は、数が少ないというだけでなく、特異という意味でも少数派でもある。言い逃れか、手練手管か、はたまた運か、いずれにせよ、最悪の事態を経験せずにすんだ。ゴルゴーンの顔をもつ者、そしてゴルゴーンの顔を見た者は誰も戻ってはこなかったか、あるいは、戻ってきてもなにも語らなかった。

ルネ・デュモン（フランスの農学者、エコロジスト）：虐殺と戦争の世紀、この一言に尽きる。

リータ・レーヴィ＝モンタルチーニ（イタリアの科学者・ノーベル賞受賞者）：いろいろあったけれど、二〇世紀にはよりよい方向への大きな変化もあった。（中略）ジャーナリズムが盛んになったし、何世紀にもわたる抑圧を経て女性が表舞台に登場した。

ウィリアム・ゴールディング（イギリスの作家、ノーベル賞受賞者）：二〇世紀は、人類の歴史でもっとも暴力に満ちた世紀であるとしか思えない。

エルンスト・ゴンブリッチ（イギリスの美術史家）：二〇世紀の主な特徴は、世界人口がひどく増えてしまったことだ。これは未曾有の大惨事だ。どう対処していいのやら、わたしたちには見当もつかない。

ユーディ・メニューイン（イギリスの音楽家）：二〇世紀を総括しろと言われたら、わたしはこう言うだろう。人類がこれまでにないほどの希望を抱き、そして、あらゆる幻想と理想が滅茶苦茶になった世紀である、と。

セベロ・オチョア（スペインの科学者・ノーベル賞受賞者）：もっとも根本的なことは、科学が桁外れに進歩したことである。（中略）これこそ二〇世紀の特徴だ。

レイモンド・ファース（イギリスの人類学者）：技術に関して言えば、二〇世紀のもっとも偉大な発展のなかでも、電子工学はとくに重要なものだと私は思っている。思想という点では、比較的合理的で科学的なものの見方からそうではない見方への変化がとくに重要である。

レオ・ヴァリアーニ（イタリアの歴史家）：二〇世紀は、正義や平等といった理想の勝利は長続きしないということを示している。しかし、自由を失わない努力さえすれば、ゼロからでもやり直しができるということも、二〇世紀は教えてくれる。（中略）絶望することはない。もっとも絶望的な状況であっても。

フランコ・ヴェントゥーリ（イタリアの歴史家）：この問いに歴史家は答えを出すことはできない。わたしにしてみれば、二〇世紀を理解しようとする努力が繰り返されてきたのが二〇世紀であるから。

（引用元 Agosti and Borgese 1992, pp. 42, 210, 154, 76, 4, 8, 204, 2, 62, 80, 140, 160）

I

一九九二年六月二八日、フランスのミッテラン大統領はサラエヴォを訪れた。事前予告のない、突然の予期せぬ訪問だった。当時バルカン半島は戦火にあり、その年の終わりまでに何千何万もの命が奪われることとなる。サラエヴォはこの戦争の渦中にあった。そんな状況にある土地を訪問した目的は、国際世論に対し、ボスニアが置かれている危機的状況の深刻さを喚起するためだった。そして、小型の武器や弾丸が飛び交うなか、この年老いて目に見えて衰えた有名政治家が登場したことは、注目と称賛をおおいに集めた。しかし、明らかにミッテラン来訪の要であったにもかかわらず、実質的になんの言及もされなかったことがある。来訪の日付である。フランス大統領が六月二八日を選んだのはなぜか？ それは、サラエヴォで一九一四年の同日にオーストリア゠ハンガリー帝国の大公フランツ・フェルディナントが暗殺され、これがきっかけとなって数週間後に第一次世界大戦が勃発したからである。ミッテラン世代の教養あるヨーロッパ人であれば、この日付と場所、そして政治的誤りや誤算が引き金となった歴史的破滅を思い起こすものとの関係は一目瞭然だった。ボスニアの危機的状況に潜んでいる意味合いを劇的に表すうえで、こうした象徴的な日にちを選ぶのはベストの策であった。ところが、これを理解したのはごく一部の歴史家や年寄りのみで、ほとんど気づかれなかった。つまり、この歴史に関する記憶は、すでに息絶えていたのだ。

過去の破壊、いや、現在の経験を先達の経験と結びつける社会的なメカニズムが壊れたと言ったほうがいいかもしれないが、これは二〇世紀後半をもっとも特徴づける異様な現象である。二〇世紀が幕を閉じる頃には、若い世代のほとんどは自分たちが生きている時代に共通の過去と有機的な関係を欠いている、つまり、「いま」しかない環境で育つことになる。それゆえ二千年紀の終わりには、他人が忘れることを記憶に留めるのが生業《なりわい》である歴史家が、これまで以上に欠かせない存在となる。だからこそ、歴史家の仕事は単に歴史書を編んだり、回想を手伝ったり、史料を集めるだけに留まってはならない。もちろんこれらは歴史家が果たさなければならない役割ではあるのだが。一九八九年、世界中の政府、なかでも外務省は、二つの大戦後の和平調停についての研究会がもしあれば助かっただろう。というのも、かれらのほとんどはどうやら忘れてしまっていたからだ。

「第二次世界大戦」というからには、「第一次世界大戦」もあったのか？　こんな質問を知的なアメリカ人の学生から受けたことがある者であれば、二〇世紀に関する基本的な知識すら当たり前とみなしえないことに気づいている。だからといって、一九一四年から一九九一年という二〇世紀の限られた時代の物語を伝えることが――この時期は本書の主題ではあるものの――この本の目的ではない。そうではなくて、それぞれの出来事がなぜそのような形で展開し、それぞれ辻褄があったのかを理解し、説明することを目指している。この時代を最初から最後まで生き抜いた、あるいはそのほとんどを生きてきたわたしと同年代の人であれば、この試みは必然的に自伝的なものになる。つまり、わたしたちは自分たちの記憶について語ったり、大袈裟にしゃべったり（そして修正も）することになる。そのドラマの役者――どれだけ端役であっても――として、わたしたちの時代の観察者として、そしてとくに、二〇世紀の決定的事件としてやがて位置づけられる出来事により、この時代への認識が作られた者として、さまざまな形で歴史に関わり、特定の時代と場所に生きた者として、わたしたちは語る。われわれは二〇世紀の一部なのだ。そして二〇世紀はわれわれの一部でもある。このことを、他の世代の読者に忘れないでいてほしい。他の世代というのは、例えば、本書が書かれている頃に大学生になったり、ヴェトナム戦争後に生まれたりした人たちのことである。

筆者と同年代で同じバックグラウンドをもつ歴史家にとり、過去が壊れてしまうことはない。その理由は、道や公共の場が公人や公共のイベントにちなんで命名され（戦前のプラハのウィルソンという名前の駅やパリのスターリングラード駅）、和平協定がまだ結ばれていて、それがどんなものか見極める必要があり（ヴェルサイユ条約）、戦争記念碑が過去を呼び起こす、そんな時代を生きた世代にわたしたちが属しているからだけではない。この時代に起きた出来事は私たちの人生を織りなしているからでもある。わたしたち個人の生活における目印になっているだけでなく、公私たがわず私たちの人生そのものを形作ってきたのである。筆者にとって一九三三年一月三〇日という日付は、ヒトラーがドイツの首相になったという以外に意味のない日ではない。一五歳の男の子が妹と一緒にヴィルマースドルフにある近所の学校からハレンゼーの自宅へ帰る道すがら、ヒトラー首相誕生という新聞の見出しを見た、ベルリンの冬の日の午後。いまだに幻のように思い出せる。

しかし、永遠に続く現在を構成するものとしての過去が存在しているのは、たった一人の老人に限ったことではない。地球のどこにいても、生い立ちや身上に関係なく、ある年齢を超えた人々であれば誰でも、似たような大切な経験を済ませているものだ。こうした経験は、わたしたちにある程度同じような刻印を残してきた。一九八〇年代の終わりに砕け散った世界は、一九一七年のロシア革命の影響によって形を与えられた世界であった。ロシア革命の影響を逃れた者などいなかった。例えばその証拠に、近代の産業経済を二元論的に考えることに慣れているではないか。二元論的というのはつまり、互いに排他的な「資本主義」と「社会主義」のことである。社会主義はソ連を模範として編成された経済とみなされ、資本主義はソ連以外と同一視された。いまとなっては、こうした二分法は恣意的で、ある程度人為的に作られたものであることが明らかになってきているはずだ。これは、特定の歴史的文脈の一部としてのみ理解しうることである。こう書きながらもしかし、振り返ってみて、アメリカ・日本・スウェーデン・ブラジル・西ドイツ・韓国を一緒のカテゴリーに分類し、一九八〇年代以降に崩壊したソヴィエト圏の国家経済とシステムを、あからさまには崩壊しなかった東・東南アジアの国家経済とシステムとを一緒くたにした分類より現実に即した分け方というのは、簡単には想像がつかない。

同様に、十月革命の終わりを経験した世界だって、その制度や前提とされていることは、第二次世界大戦の戦勝国側によって作られた世界である。負けた側、あるいは敗者と関係がある人々は、口をつぐんだり、沈黙させられていただけでなく、事実上、歴史や知的生活から締め出されたのだ。こうした人たちに例外的に出番が与えられるのは、「善・対・

悪」という世界的道徳劇で「悪」役としてだけである（程度や期間に違いはあるだろうが、同じことが二〇世紀後半の冷戦の敗者側にも起きているだろう）。こうしたことは、宗教的な戦争が続いた世紀を生き延びることの一つの報いである。宗教戦争の最たる特徴は、不寛容だ。非イデオロギー的なさまざまな思想の共存を声高に唱える人々ですら、対立する世俗的宗教とこの先ずっと共存するには世界は狭すぎると考えていた。対立は宗教から生じるものであれ、思想信条から生じるものであれ――二〇世紀はそんなものばかりだった――歴史家にとって障害となる。なぜなら、歴史家は、まったくわけのわからないとわたしたちが思っている事象に判決を下すのではなく、それを理解するのが主たる使命だからだ。ただし、理解を邪魔するのは、自分たちの熱狂的な信念だけではなく、そういう信念を作ってきた歴史的な経験でもある。信念のほうは、まだなんとかなりやすい。それは、お馴染みではあるが誤解されてもいる「すべてを理解することは、すべてを赦《ゆる》すこと」というフランスの言い回しに、真実はないからだ。ドイツ史におけるナチス時代を理解し、歴史的文脈に当てはめることは、大量虐殺を赦すことではない。これ以外のケースであっても、この異常な世紀を生き抜いた者は、判断せずにいられないことが多い。こうして理解は難しくなってしまう。

わたしたちは、第一次世界大戦勃発からソ連崩壊までの「短い二〇世紀」をどう理解しようとしているのだろう？　振り返ってみるとこの時期は、いま終わりを迎えつつある一つの歴史的時代を形作っている。この「短い二〇世紀」によって来るべき時代の形は作られていくのだろうが、次がどんな時代になるのか、どんな三千年紀になるのかは見当がつかない。それでも、一九八〇年代後半から一九九〇年代初頭にかけて、世界史における一つの時代が終わりを告げ、別の時代が始まったことは間違いないだろう。これを知っておくことは、二〇世紀の歴史家にとって必要不可欠である。なぜなら歴史家の仕事は、過去の理解に基づいて未来を予測するとはいえ、競馬の予想屋がするような類の推測ではないのだから。歴史家が伝え、そして分析すると主張しうるのは、勝敗が決した出来事だけである。いずれにせよ、ここ三十―四十年になされた予測というのは、予測する者の肩書きや資格がどうあれ、見事なまでに外れている。いまだに予測が当たるだろうと信じているのは、政府や経済研究所くらいだ。あるいは、信じているふりをしているだけかもしれない。第二次世界大戦以降、予測は当たらなくなってきたのかもしれない。

この本では、「短い二〇世紀」は三部作のような構造になっている。あるいは、二枚のパンに具を挟んだサンドウィッチといってもいい。まず来るのは「破滅の時代」で、一九一四年から第二次世界大戦終結までだ。次に、二十五―三十年ほどの驚異的な経済成長と社会の変質が起きた時代について扱う。これだけ短い期間でこれほど社会が大きく変わった時代はこの時以外におそらくないだろう。いま考えても「黄金時代」のようなものだったといえるし、一九七〇年代初頭にこの時代が幕を下ろした時にもすぐにそう認識された。そして、最後に来るのが腐敗・不安・危機、そして破局の時代である。破局の側面は、アフリカ・旧ソ連・ヨーロッパの旧社会主義国といった世界の広い範囲にとくに当てはまる。一九八〇年代から一九九〇年代へと時代が移るにつれ、過去と未来を真剣に考える人々の様子は、世紀末的な影を帯びるようになっていった。一九九〇年代から振り返れば、「短い二〇世紀」は、一つの危機の時代から短い「黄金時代」を経て別の危機の時代へ移り、未知で不確かな未来――かといって、必ずしも黙示録に描かれているような未来ではない――へ向かっていった時代だったとわかる。しかし、あれこれ想像をめぐらす浮世離れした思索家たちに「歴史の終わり」に気づいて欲しいと歴史家が願うように、未来はやって来る。歴史をひどく単純にまとめてしまえば、人間が存在する限り、歴史は続くのだ。

こうした流れに応じて、本書は次のように構成されている。まず、一九世紀の（西洋）文明の瓦解を示す第一次世界大戦から始まる。一九世紀の文明は、経済という点では資本主義であり、法律・憲法の構造はリベラルで、この時代特有の支配階級といって思い浮かぶのはブルジョワであった。また、科学・知・教育だけでなく、物質的・道徳的な面も華々しく進歩した。そして、科学・芸術・政治・産業における革命が起きた場所として、ヨーロッパの中心性がおおいに確信されていた。ヨーロッパ経済は世界のほとんどの地域を席巻し、軍隊も世界全域をほぼ征服し、支配下に置いた。人口も増え、世界人口の三分の一を占めるまでに成長した（ヨーロッパから他の地域へ増えつつあった大量の移住者とその子孫も含む）。そして、世界政治のシステムは、ヨーロッパの主要国によって構成されていた[1]。

こうしたヨーロッパ社会にとり、第一次世界大戦が勃発してから第二次世界大戦が終わるまでの時期は、「破滅の時代」であった。四十年のあいだに次から次へと大きな災難に見舞われた。賢明で慎重であれば、この社会が存続する方に決して賭けないであろう時期すら、一度や二度ではなかった。二つの大戦に揺さぶられただけでなく、その後の世界的な反乱・革命の二つの大きな流れによっても激震が走った。このような反乱・革命により、ブルジョワ的資本主義社会にとって代わることが歴史上の運命だと主張する体制――はじめは世界人口の六分の一を、第二次世界大戦後には三分の一に及んだ――が権力の座に就いた。こうして、「帝国の時代」とその前に築かれた広大な植民地帝国は揺らぎ、粉々に砕け散った。近代帝国主義は、大英帝国のヴィクトリア女王が死去した頃には非常に強固で、自信に満ち溢れていたが、けっきょく、人ひとりの一生――例えばウィンストン・チヤーチル（一八七四―一九六五）――よりも長続きせずに終わってしまった。

破滅をもたらしたのは、二つの大戦だけではない。世界を襲った未曾有の経済危機は、資本主義経済を掲げる経済大国すら叩きのめした。またこれにより、一九世紀の自由主義的な資本主義の大きな成果である世界中に広がる世界経済システムは、それが作り上げられた過程が巻き戻されていくかのようだった。戦争と革命を逃れたアメリカですら、崩壊が目前に迫っているかにみえた。経済がふらついているあいだ、ファシズムやその傀儡となった独裁主義者たちによる動きと支配が進むにつれ、一九一七―一九四二年の間に自由民主主義の制度は、ないも同然の状態になった。それを免れたのは、ヨーロッパの外れや北米、オーストラリアの一部のみだった。

この危機に対して、自由主義的な資本主義と共産主義は、自衛のために一時的であったとはいえ奇妙な同盟状態にあり、これによって民主主義は救われた。というのも、ヒトラーのドイツに対して本質的に勝利を収めたのはソ連の赤軍で、かれらでなければ勝てなかっただろうからだ。ファシズムに対して資本主義と共産主義が同盟状態にあったこの時期――基本的には一九三〇―四〇年代――は、いろいろな意味で二〇世紀の歴史のターニングポイントや決定的瞬間となった。資本主義と共産主義という、反ファシズムで一致した短期間を除いて、ほぼ一世紀にわたって妥協なく対立した関係における歴史的逆説の瞬間だった。ソ連がヒトラーに勝てたのは、十月革命によって作られた体制の手柄である。このことは、第一次世界大戦中の帝政ロシアの経済と第二次世界大戦中のソ連経済とを比較すればわかる（Gatrell /Harrison 1993）。もしソ連が勝っていなければ、今日の（アメリカを除く）西欧は自由主義的な議会制を基調とするさまざまな形ではなく、独裁主義やファシズムのヴァリエーションから成る世界になっていただろう。資本主義を世界から締め出すことを目的としていた十月革命の帰結のうち一番長くもちこたえたものにより、戦時も平時も敵が救済されることになったのは、二〇世紀という奇妙な時代の皮肉である。平時というのはつまり、第二次世界大戦が終結した後にもということであり、恐怖という形で資本主義の自己改革を刺激したし、計画経済の評判を確立することで資本主義は改革のための道筋が与えられもした。

こうして自由主義的な資本主義は、不況・ファシズム・戦争の三重苦を辛うじて生き延びたわけだが、しかし、今度は世界的に進行している革命に直面したかにみえた。こうした革命は、第二次世界大戦後に超大国として浮上してきたソ連のもとに結集できた。

それでも、いま振り返ればわかるように、社会主義による資本主義への世界規模での挑戦は、資本主義に弱点があったからこそ強かった。「破滅の時代」に一九世紀的ブルジョワ社会が崩壊していなければ、十月革命もソ連も存在しえなかっただろう。また、かつて帝政ロシアであったユーラシアの荒廃した土地で社会主義の名のもと行き当たりばったりでつくられた経済システムは、世界中で本当に資本主義経済にとって代わられるなどとは、自他ともに考えていなかっただろう。そんな社会主義が、資本主義にとって代われるシステムであるかのような振る舞いができるようになったのは、一九三〇年代の大恐慌がきっかけだった。これは、ファシズムという挑戦があったからこそ、ソ連がヒトラーに勝つうえで欠かせない道具となり、それゆえ二つしかない超大国——その対立は、「短い二〇世紀」の後半を席巻し、慄《おのの》かせた——の一つとなれたのと同様である。こうしたことがなければ、ソ連は二〇世紀半ばの十五年間、世界人口の三分の一を占め、短いあいだではあったが、資本主義経済の成長を凌ぐかにみえた「社会主義陣営」の頂点に立つこともなかっただろう。

第二次世界大戦後、資本主義は未曾有かつおそらく特異な「黄金時代」(一九四七—七三年)に突入することとなった。これには資本主義そのものも含め、誰もが驚いた。この過程と原因を明らかにすることは、おそらく、二〇世紀の歴史家に課せられた大きな課題ではないだろうか。いまのところ一致した答えはなく、筆者も納得のいく答えを出せるわけではない。より説得力のある分析は、二〇世紀後半の「長期波動」を完全に見渡せるようになるまでは無理だろう。「黄金時代」全体を振り返ることはできても、「黄金時代」後、世界が引きずっている「危機の時代」は、本書を執筆している時点でまだ完結していない。しかし、いまの時点であってもかなり確信をもって評価を下せることはある。それは、大戦後に経済・社会・文化が異常なスケールで、有史以来もっとも大きく、もっとも速く、もっとも根本的に変化し、影響力をもったことである。その多様な側面に関しては、本書第Ⅱ部で議論する。二〇〇一年から始まる第三千年紀には、二〇世紀を研究する歴史学者は、二〇世紀が歴史に与えた大きな影響は、「黄金時代」という驚くべき時代によって、この時期に作られたものだとみるだろう。なぜなら「黄金時代」は、世界中あらゆる所で人間の生活を後戻りできないほど大きく変えてしまったからである。そしてその変化はいまなお続いている。つまり、ソ連という帝国の崩壊に「歴史の終わり」を嗅ぎ取ったジャーナリストたちや達観した物書きたちは、誤っていたということになる。人類の圧倒的多数が食物を育て、動物の世話をして生活していた長い時代を「黄金時代」が終わらせたのだから、石器時代に農業の発明とともに幕を開けた人類の七、八千年の歴史が二〇世紀の第三・四半期に幕を閉じた、といったほうがいいだろう。

「黄金時代」に比べると、長い目でみれば、一六、一七世紀の宗教戦争ないしは十字軍に相当するような「資本主義」と「社会主義」の対決は、それぞれの陣営の代表だと主張する米ソなどの国や政府介入の有無にかかわらず、歴史的視点からすると面白みに欠けるように思われるかもしれない。「短い二〇世紀」のどの時期にせよ、この世紀を少しでも経験した者にとっては、資本主義と社会主義が巨人であるのは当たり前だからだ。本書でも大きく取り扱っているのは、この本を、筆者、つまり二〇世紀の文筆家であるわたしは、二〇世紀末の読者を想定して書いたからである。かなりの紙幅を割いて、社会革命や冷戦、

「国家社会主義」の性質・限界・致命的な欠陥とその崩壊について論じた。そうはいっても、十月革命に刺激された体制による影響が大きく、また長く続いたことで、後進農業国の近代化が強力に加速したことを記憶しておくのも大事である。実際この点で、社会主義は資本主義の黄金時代と同時期に主たる成果を挙げていた。先人たちの世界を葬り去るうえで、この対立する戦略がどれほど効果的だったのか、あるいはどれほど自覚的に続いたのか、ここで考える必要はない。あとで述べるように、一九六〇年代初めまで、両者は少なくとも互角にみえていた。ソ連で社会主義が崩壊したことを考えると、これは馬鹿げた見解だろう。しかし、あるイギリスの首相は某アメリカ大統領と話している時、当時のソ連を、「その好景気は（中略）物質的豊かさの競争で資本主義社会をすぐ追い抜いてしまうだろう」とすら考えていたのだ（Horne 1989, p. 303）。ところが、ここが肝心なのだが、一九八〇年代には社会主義のブルガリアと非社会主義のエクアドルでは、一九三九年時点より共通点が増えていた。

ソ連の社会主義の崩壊とそれに続いて起きたことは計り知れず、いまだ確かなことはいえない。しかし多くは歓迎できることではなかった。この崩壊と帰結は、「黄金時代」の次の「危機の時代」でもっとも劇的な出来事となった。しかしその後数十年に及び、危機は「普遍的」、つまり世界規模での危機の時代が来た。なぜなら、ソ連崩壊の危機は、規模は違えどさまざまな形でさまざまな地域に影響を与えたからだ。そう、政治・社会・経済がどんな形をとっているかにかかわらず、すべてに影響したのだ。なぜかといえば、「黄金時代」に単一の世界経済が歴史上はじめて創られていたからである。この世界経済の統合はどんどん進んで世界のあまねく地域に及び、多くの場合は国境線を越え（「トランスナショナルに」）、そしてイデオロギーの境界線をも越えて動いていた。その結果、あらゆる体制やシステムが有する制度についての通念は基盤を失うこととなった。一九七〇年代に起きたいろいろな問題は当初、世界経済の「大躍進」における一時的な小休止にすぎないと希望的観測がなされていた。そして、どのような経済体制・政治体制をとっているかにかかわらず、あらゆる国家は当座の解決策を模索した。しかし、困難が長く続きそうな時代であることがしだいに明らかになっていった。そしてこの困難を乗り越えるために、資本主義国は根本的な解決策を求め、多くの場合、無制限の自由市場を奉る世俗の神学者に従った。この神学者たちは、「黄金時代」に世界経済に大きく貢献したが、当時すでに陰りをみせていた政策を拒否した。こうした自由競争を信奉する過激論者たちは、しかし、ことさら成功したわけではなかった。一九八〇年代そして一九九〇年代初頭には、「黄金時代」がすでに取り除いたかにみえた戦間期の重荷がのしかかり、資本主義社会は再びよろめいた。重荷とはすなわち、大量の失業者、景気循環で厳しい不況に陥ること、そして、限られた国家予算と青天井の国家支出との狭間で物乞いする家なき者たちと贅沢できる富をもつ者の対立がかつてないほど鮮烈になったことである。いまや経済が弱体化している社会主義国は資本主義国と同じくらい、あるいはそれ以上に、過去との根本的な決別を迫られた。そして周知の通り崩壊した。この崩壊は、第一次世界大戦が「短い二〇世紀」の始まりの記念碑となったように、「短い二〇世紀」の終焉を印す墓標ともいえる。この時点で、わたしが語る歴史は幕を閉じる。

本書は、一九九〇年代初めに完成した書籍の例に違わず、先をどう見渡していいのか曖昧なまま閉じられる。世界が部分的に壊れたことで、残りの部分が病んでいることが明るみになった。一九八〇年代から一九九〇年代へと移るにつれ、世界危機は経済全般だけで起きるものではなく、政治でも起きていることがはっきりしてきた。イストリア半島からウラジオストックにかけての地域で共産主義政権が崩壊したことで、広大な領域で政治は不確実で不安定、混乱状態、内乱に陥っただけでなく、およそ四十年にわたって国際関係を安定化させてきた国際システムも壊れてしまった。そして国際システムの安定に本質的に依存してきた国内政治システムの不安定さも露わになった。不安定な経済から生じる緊張により、議会民主制であれ大統領制であれ、第二次世界大戦以来、先進資本主義国で非常にうまく機能していた自由民主主義の政治システムは弱体化した。また第三世界でも、政治システム——どのようなものであれ——が弱まった。政治の基本的な単位、すなわち、一定の領域を支配する主権をもつ独立した「国民国家」という単位じたいが、もっとも長い歴史をもち、安定している国においてすら、超国家的ないし国境を越える経済の力と、分離独立を求める地域的集団やエスニック集団といった国内諸勢力によりバラバラにされていったのだ。なかには、主権を有するミニチュア版「国民国家」という、時代遅れかつ非現実的な地位を求める者もいた。まさに歴史の皮肉である。政治がこの先どうなっていくのか、見通しは立っていなかった。それでも、「短い二〇世紀」の終わりに危機が訪れているということは、わかりすぎるほど明らかであった。

世界経済と国際政治が先行き不安定であった以上に、社会や道徳も明らかに危機に瀕していた。この社会的・道徳的危機は、一九五〇年代以降に人間の生活が激変したことを反映してのことだった。生活の激変は、「危機の時代」にも、ややこしい形ではあったが広い範囲で起きていた。それは、合理主義が前提とするものと人間中心主義が前提とするものをめぐり、周知の通り、一八世紀初頭に近代的な人々が古色蒼然とした考えの人々に勝ってからこのかた、近代社会がその礎《いしずえ》としてきた信条や前提の危機であった。近代社会の信条や前提は、自由主義的な資本主義であっても共産主義であっても共有していたもので、だからこそ、これを拒否したファシズムに対して、期間は短くとも確固とした同盟を組めたのだ。保守的な評論家であるドイツのミヒャエル・シュテュルマーは、東西両陣営の信条が論争の焦点となっていると述べたが、この観察は正しかったことになる。

奇妙なことに、東と西で似たようなことが起きている。東では、国家の教義として人間こそ国の運命を左右すると主張されている。しかしわたしたちだって、東側ほど公式で過激でなくても、「人間は人間の運命を決める主人となる途上にある」というスローガンを信じているのだ。人間を全能だとする主張は東では完全に消えてしまっている。わたしたちの側でもかつてに比べれば減っている。いずれにせよ、両陣営で破綻している(Bergedorf 98, p. 95)。

逆説的ではあるが、科学技術に基づく物質的進歩の大勝利に支えられ、人間に恩恵をもたらしたとされる時代はけっきょく、西側の世論の大多数や思想家と称する人々がこうした勝利を認めないなか、幕を閉じた。

しかし、道徳的な危機は近代文明が前提としてきたことの唯一の危機ではなかった。人と人とのつながりという歴史的意味をもつ構造までもが危機に瀕した。この人と人とのつながりは、産業化・資本主義化する前の社会から受け継いだものであり、今ならわかる通り、これにより近代社会は機能することができた。社会を成り立たせている型が一つ危うくなっているというのではなく、あらゆる型が危うくなっていた。失われた漂う世代からは、ともすると実態がよくわからない「市民社会」や「コミュニティ」を求める奇妙な声が上がった。こういった要求は、このような言葉が伝統的な意味を失い、空虚なフレーズとなった時代に聞こえてきた。これ以外、集団としてのアイデンティティを定義できるような方法はなかった。誰が集団に参加できないか決めるという方法を除いては。

詩人T・S・エリオットにとっては、「こうして世界は終わる――銃声ではなく泣き声で」。「短い二〇世紀」は銃声と泣き声とともに幕を閉じた。

Ⅲ

一九九〇年代の世界は一九一四年の世界にどんな点で匹敵したのだろうか？　一九九〇年、世界人口は五〇億ないし六〇億人に達しており、これは第一次世界大戦勃発時のおそらく三倍に相当する。「短い二〇世紀」には、有史以来もっとも多くの人々が人間の決断によって殺されたり、死ぬがままにされたりしたにもかかわらず、これだけの人間が住んでいた。近年の統計によれば、この世紀の「大量死」は一億八七〇〇万人にのぼる（Brzezinski 1993）。これは、一九〇〇年の世界人口で考えると、十人中一人以上が「大量死」で命を落としたことになる。一九九〇年代には、子世代は親世代よりも背が高く、体重も重く、栄養状態も良く、ずっと長生きするようになっていた。一九八〇・九〇年代にアフリカ、ラテンアメリカ、旧ソ連で起きた大惨事からすれば、これは信じ難いことかもしれないが。商品とサービスを生み出す能力とその種類を際限なく増やせる点で、かつてとは比べようがないほど、この世界は豊かになった。これほど豊かにならなければ、昔の数倍にまで膨れ上がった地球人口を支えることはできなかっただろう。一九八〇年代を迎えるまでは、親世代よりもいい生活を送っている人がほとんどで、先進国では、予測していた以上の、いや、想像すらしなかったほど豊かな生活を多くの人が享受していた。そしてこの世紀には、豊かな国においては、莫大な富を労働者階級へある程度公平に配分する道筋がみつかったかのように思えた時期もあった。しかし、世紀末には不平等が再び勝るようになり、かつて貧困がある種平等に負担されていた旧「社会主義」諸国にも重くのしかかることになる。豊かさという点では、人間は一九一四年の時点よりずっと高い教育を受けるようになっていた。事実、少なくとも公的統計ではほとんどの人々に識字力があり、こんなことはおそらく有史以来はじめてだったろう。ただ、この識字力が一九一四年に達成された場合と現在達成された場合とを比べれば、後者の意義はずっと低い。というのも現状では、公的に識字として認められている最低限の能力――「機能的識字」とされることもしばしばある――と、エリート層で期待されている読み書き能力との差が開いてきているからだ。

世界には革新的で絶えず進歩する技術があり余るほどあった。これは自然科学の勝利に基づくものである。その勝利は一九一四年の段階で予測できていたが、ようやく先鞭が付けられたばかりだった。自然科学の勝利がもたらしたものでもっとも劇的かつ実用的なものは、交通・通信手段の革命ではないだろうか。この革命により、時間と距離は実質的な意味を失った。この革命のおかげで、家庭へ毎日・毎時間入ってくる情報と娯楽は増え、一九一四年に皇帝たちへ届けられていた量を凌いだ。交通・通信革命により、ボタンを二、三回押すだけで、海も大陸もまたいで話すことが可能になった。そして、地方に対する都市の文化的優越性までも、事実上なくなった。

それではなぜ、この「短い二〇世紀」は未曾有の驚異的な進歩を寿《ことほ》ぐのではなく、不安な雰囲気のなか、終わりを告げたのだろうか？　この章の冒頭に載せた引用からわかるように、なぜ多くの思想家は「短い二〇世紀」を振り返る時、満足もしなければ、未来への自信もないのだろうか？　それは単に、この世紀を埋め尽くした戦争――一九二〇年代に辛うじて一時休止した――が、スケール・頻度・長さの点で有史以来間違いなくもっとも血に彩られていたからだけではない。歴史上最悪の飢饉から組織的な大量虐殺に至るまで、この世紀が生み出した未曾有の破滅のためでもある。「長い一九世紀」は、物質・知、そして道徳が、間断なく進歩、つまり文明化した生活条件が向上した時期のように思われたし、実際にそうだった。しかしこうした一九世紀と異なり二〇世紀には、先進国や中流階級の社会は、当時普通だとみなされていた基準――後進地域や啓蒙化が進んでいない人々に広がっていくはずと確信されていた――から著しく後退した。

人間は、きわめて残酷で、想定できる範囲でもっとも耐え難い状況にあったとしても、なんとか生きることができる。これは、「短い二〇世紀」がわたしたちに与えてくれた教訓であり、いまなお生きている。したがって、一九世紀の先人たちであれば野蛮だと思う基準までどれくらい戻ってしまうか――不幸なことに加速度的に戻っている――把握するのは簡単ではない。年老いた革命家フリードリヒ・エンゲルスは、アイルランドの共和派がウェストミンスター・ホールに仕掛けた爆弾が爆発した時、ショックでぞっとした。かれが驚いたのは、かつて軍人だった者として、戦争というものは非戦闘員ではなく、戦闘員に対して行われるものだと固く信じていたからである。それを、わたしたちは忘れている。また、帝政ロシアにおけるポグロムは世論を激高させ（もっともだ）、数百万のロシア在住のユダヤ人をして一八八一―一九一四年に大西洋を渡らざるをえない状況へ追いやったが、このポグロムでさえ、近代の大量虐殺の基準からすると、小規模どころか取るに足らない。というのも、ポグロムでの死者は百人単位やまして数百万人単位でではなく、一ダース単位でカウントされたのだから。これもわれわれは忘却している。さらに忘れられているのは、戦争での戦闘行為は「理由を明らかにした宣戦布告ないし宣戦布告の条件を添えた最後通牒といった形で、はっきりと事前に警告することなく、開始してはならない」という国際条約がかつて定めた規定である。直接・間接を問わず、このような宣言とともに始まった戦争は最近あっただろうか？　交戦国同士が和平協定を公式に交渉して終わった戦争など近年あっただろうか？　戦争は、二〇世紀を通じてますます国民経済や国のインフラ、そして非戦闘員である市民に狙いをつけるようになってきた。第一次世界大戦以来、アメリカを除く全交戦国において、戦争で犠牲となった市民の数は戦闘で亡くなった軍人の数をはるかに凌いでいる。いったいどれだけの人が、一九一四年には次のことが当然視されていたのを思い出せるだろうか？

テキストの説明通り、文明化した戦争は敵の武装勢力の無力化にできる限り絞って行われる。そうでなければ、どちらかで最後の一人が殺されるまで戦争は終わらないだろう。「ヨーロッパ諸国でこれが慣例となったのは（中略）もっともである」（*Encyclopaedia Britannica* XI, ed. 1911 art: War）。

近代国家において、拷問や殺人までもが治安維持の一環として復活したことをわたしたちは見落としているわけではない。しかし、一七八〇年代に西洋で初めて拷問が公式に廃止された時から一九一四年に至るまでの長期に及ぶ法の発展が、この復活によりどれほど劇的に巻き戻されたか、じゅうぶん理解できていないのではないだろうか。

それでも、「短い二〇世紀」末の世界は「短い二〇世紀」が始まった時の世界より「もっと～」や「より～でない」という歴史的な計算では比べられない。三つの点で構造が変わっていたからである。

第一に、ヨーロッパは中心ではなくなっていた。そのため、「短い二〇世紀」が始まった時には権力・富・知、そして「西洋文明」の見紛うことなき中心に座していたヨーロッパは、下り坂で衰退していた。また、ヨーロッパ人とその子孫が世界人口に占める割合は、おそらく三分の一からせいぜい六分の一にまで減っていた。ヨーロッパ系の子どもが辛うじて生まれている国であっても、一九九〇年代までのアメリカなど目立った例を除いてほとんどは、ヨーロッパ系の周りは貧困地域から来た移民だらけで、こうした移民に対して自衛する少数派として数は減っていった。さらに、ヨーロッパが開拓した産業は、ほかへ移りつつあった。かつて海を越えてまでヨーロッパを注視していた国々は、別の所をみるようになった。オーストラリア、ニュージーランド、両岸を海に挟まれたアメリカは、太平洋——太平洋が正確に何を表すかはさておき——に将来性をみた。

一九一四年に「超大国」だった国はすべてヨーロッパの国々であったが、おそらくドイツを例外として、帝政ロシアを継いだソ連のように消滅してしまうか、そうでなくとも、その地位は地域的ないし辺境でしか認められないほど下がっていた。単一の超国家「ヨーロッパ共同体」をつくり、それに応じたヨーロッパ人としてのアイデンティティ——歴史に名を残してきた国民と国家への忠誠にとって代わるものである——を生み出そうとする努力そのものが、ヨーロッパの凋落《ちょうらく》がどれほど深刻だったのか自ずと物語っている。

こうした変化は、政治史の研究者以外にも重要な意味をもつのだろうか？　おそらくもたないだろう。なぜなら、そこには世界の経済・知・文化的配置における小さな変化しか反映されていないからだ。一九一四年、アメリカはすでに主要工業国になっており、「短い二〇世紀」に世界を制覇した大量生産・大衆文化の重要な先駆者かつモデルとしてこれを推し進めていた。アメリカにはその特殊性も多くあったのだが、やはり海を越えて拡大したヨーロッパの一部であり、旧大陸と自らとを「西洋文明」でひとくくりにしていた。アメリカが今後どうなるかはさておき、この国は一九九〇年代以前を「アメリカの世紀」、つまりアメリカの隆盛と勝利の時代として振り返った。一九世紀に工業化を遂げた国々は全体的に、富・経済・科学技術が地球上でもっとも集まり、住人が最高の生活基準に与《あずか》れる場であり続けた。このことは、「短い二〇世紀」末には、脱工業化と他の大陸へ生産拠点が移ってしまったことを補塡してなお余りがあった。こうした点で、ヨーロッパ中心主義的な古い世界ないし「西洋」世界は完全な下り坂だとはいっても、そういう印象はあくまで表面的なものであった。

第二の変化は一つ目より重要なものだった。一九一四―一九九〇年代初めにかけて、地球はより一体化して機能するようになっていた。一九一四年にはそこまでではなかったし、無理な話であった。実際、さまざまな目的、とくに経済が機能するためには、地球は最重要単位であり、「国民経済」など領土をもつ国家が政治的に定めた古い単位は、国境を越える諸活動を難しくするものとしかみなされていない。「地球村」――一九六〇年代の造語（McLuhan 1962）――の建設が一九九〇年代までにどれだけ進んだかというと、二一世紀中葉の人間からすれば、かなり進んでいるようにはみえないだろう。しかし「地球村」

がつくられるなか、経済活動・技術活動や科学の運用に限らず、私生活の重要な側面でも変化がみられた。これは主に、通信・交通のスピードが想像以上に速くなったことによる。加速化するグローバリゼーションに対し、それと折り合いをつけられない公的制度・人間の集団行動はうまく対応できず、緊張が生じてしまっている。この緊張は、二〇世紀末の特徴のなかでももっとも目につく。興味深いことに、私的生活レベルでは、衛星放送・電子メール、セイシェルでの休暇、海を越えての出勤に比較的楽に適応できた。

三つ目の変化は、古くからある人間の社会関係のパターンが崩壊し、それに伴い、世代間の関係までも壊れてしまった、つまり過去と現在が断絶したことで、ある意味、三つの変化のなかでももっとも混乱をきたすものだった。これがことさらはっきりみられたのは、西洋型資本主義を導入していた先進国だった。そこでは、社会的関係性を拒む完全な個人主義的価値観が公的・非公的イデオロギーの両面で支配的であるが、この価値観を主張した人々も、個人主義が社会にもたらした影響を嘆いている。そうはいっても、従来の社会的関係が崩壊する傾向は余所でもみられることであり、一方では伝統的な社会や宗教が損なわれ、また他方では「現存社会主義」が崩壊ないし自滅していくなかで、さらに強まっている。

そのような社会は、自分の心が満たされること（利益、快楽、なんであろうと）しか求めないような、もともとバラバラで自己中心的な個人から構成されている。資本主義経済の理論に暗黙のうちにいつも存在しているのは、こうした社会である。「革命の時代」以降、ありとあらゆるイデオロギーの信奉者は、昔ながらの社会的絆が崩れていくことを予期し、その壊れていく様をしっかり見ていた。革命において資本主義が担う役割について、『共産党宣言』が賛辞を惜しまなかったことは、よく知られている（「ブルジョワジーは（中略）、人間を「生まれながらにして秀でた者」に縛りつける多様な封建制を情け容赦なくバラバラにする。そして、むき出しの自己利害以外、人間と人間を結びつける何ものをも残さない」）。しかし実際には、革命的で新しい資本主義社会は、このようにはならなかった。

現実には、新しい社会は古い社会から受け継いだものすべてを無差別に壊すのではなく、過去からの遺産を選び、利用しやすいよう調整しながら機能していた。文化（や行為・道徳の領域）における「徹底した実験的個人主義」を怖れつつも、「経済学で徹底的な個人主義」を導入し、「そのプロセスで伝統的な社会関係を」（それが邪魔になるところでは）「壊していく」準備がブルジョワジーのあいだで整っていたことは、「社会学的難問」ではない（Daniel Bell 1976, p. 18）。私企業に基盤を置く産業経済を築くうえでもっとも効果的なやり方は、それを自由市場の論理と何ら関係のない動機に結びつけてしまうことだ。例えば、プロテスタンティズムの倫理。他にも刹那的満足を慎むこと、勤労の倫理、家族としての義務と信頼などが挙げられるが、当然のことながら、社会道徳を拒む個々人による反抗には結びつけられない。

それでも、マルクスと、古い価値観と社会関係の崩壊を見通していた他の予言者たちは正しかった。資本主義は、延々と革命をもたらす力である。論理的に考えれば、資本主義以前にまで遡り、資本主義の発展にとって都合のいい、いや、おそらく本質的だと思われるところを解体できれば、革命は終わる。資本主義が座っている枝を、少なくとも一本でも切断してしまえば、終わるはずである。そして「短い二〇世紀」の半ばから、これは現実となった。つまり、枝が切断され始めたのだ。「黄金時代」とその後の驚異的な経済成長の影響のもと、石器時代以来の大革命により社会・文化に変化がみられるなかでのことだった。「短い二〇世紀」末になってはじめて、世界がどうなるかみえてくるようになった。世界とはつまり、過去そのものと現在にとっての過去が役割を失った世界、人間を個としても全体としてもずっと導いてきた古い地図や航海図にわれわれが移動する土地や航海する海がもはやのっていない世界である。そんな世界にあって、わたしたちはどこに行きつくのか、どこに行くべきなのか、わからないでいる。

これが、「短い二〇世紀」末に一部の人々が受け入れざるをえない状況だった。新しい千年紀には、さらに受け入れる必要があるだろう。しかしその時までには、人類がどこへ向かっているのか、今日よりはっきりしているだろう。わたしたちは、自分たちが歩んできた道を振り返ることはできる。そしてそれこそ、この本で筆者が試みたことである。将来の問題がいましがた終焉したばかりの過去の残骸から生じている場合には、考える誘惑に抗《あらが》いきれなかったが、なにが未来を形作っていくのか、わたしたちは知らない。よりよい世界、より正義にかなった世界、より生き生きとした世界になるよう願おうではないか。古い世紀が大団円で終わらなかったのだから。

註

（1）これまでわたしは、この文明の興隆と瓦解について、「長い一九世紀」（一七八〇年代から一九一四年）の歴史として三巻を費やして説明し、分析を試みてきた（『革命の時代　一七八九―一八四八年』『資本の時代　一八四八―七五年』『帝国の時代　一八七五―一九一四年』）。本書の理解に役立ちそうな場合には、こちらのほうにも言及する。

第Ⅰ部　破滅の時代

第1章　総力戦の時代

恐怖に覆われた灰色の顔が幾重にも並び、呟いている
かれらは自分たちの塹壕を離れ、天辺を超えていく
手首にまかれた時計が、空白を忙しく刻んでいるあいだ
人目を忍びつつなにかを拳で摑もうとしている希望は
泥のなかで喘ぐ。ああイエスよ、止め給え！

ジーグフリード・サスーン（1947, p. 71）

空襲は「野蛮」だという主張を考えると、ゆるめの規則をつくり、砲撃のターゲットを厳密に軍事的なものに名目だけでも絞り込むことで体裁を守ることは、賢明かもしれない。（中略）空中戦によってこうした攻撃対象の制限が時代遅れかつ不可能になるという真実が、目立ってしまうのを避けるために。戦争がまた起きるまでしばらくあるだろうし、その間に、大衆は空軍の意味を理解するようになるだろう。

『航空機による爆撃に関する規則』(一九二二年)(Townshend 1986, p. 161)

(サラエヴォ、一九四六年)ここではベオグラードのように、髪が白髪になりかけているか、真っ白になってしまっている若い女性を、かなり多く道でみかける。苦渋に満ちた顔をしているが、まだ若い。かのじょたちの体型からはいっそう若さが感じられない。私は、先の戦争がこうした弱き者たちに残していった爪痕を理解できたように思った。(後略)

こんな光景が将来まで続くことはありえない。かのじょたちの髪はさらに白髪が増えるか、抜けてしまうだろう。残念だ。若者のグレーがかった髪には、若者らしい無頓着さがない。これ以上に、私たちの時代のありさまを後世に伝えてくれるものはないだろう。

せめてこの小さなメモに、かのじょたちの証を残そうではないか。

『道端のしるし』(Andric 1992, p. 50)

I

「ヨーロッパ全土で灯が消えようとしている」とは、イギリスの外相エドワード・グレイ(Edward Grey)が、イギリスとドイツが戦争に突入した一九一四年の夜、ロンドンの官庁街であるホワイトホールに灯る明かりをみながら言った言葉だ。かれは「われわれが生きているうちに、再び明かりが灯される日は来ないだろう」とも残した。ウィーンでは、偉大な風刺作家カール・クラウス(Karl Kraus)が、『人類最後の日々』というタイトルの七百九十二頁に及ぶ非凡な戯曲において、戦争を記録するとともに非難する準備を進めていた。二人とも、世界大戦を世の終わりと考えていたことがわかる。それはこの二人だけではなかった。しかし、人類は終わらなかった。とはいえ、オーストリアがセルビアに対して宣戦布告した一九一四年七月二八日から、日本が無条件降伏をのんだ一九四五年八月一四日(最初の原爆から八日後)を迎えるまでの三十一年、幾度となく、人類の大半が滅ぶ日はそう遠くないように思えた。敬虔な者が信じる、この世界と生きとし生けるものの創造主である神あるいは神々が、世界と生命の創造を悔やんだであろう時は、確かにあったのだ。

人類は生き残った。しかし、一九世紀文明という大神殿は、世界大戦の業火において、柱が崩壊するように崩れ落ちた。これなくして、「短い二〇世紀」を理解することはできない。この世紀は、戦争によって刻印を打たれたからだ。銃が鳴り響かない時、爆弾が破裂していない時も確かにあったが、しかし、この世紀は世界大戦を経験した世紀であり、そこからしか考えられない。「短い二〇世紀」の歴史、より具体的には崩壊と破滅の始まりは、三十一年にわたる戦争から始めなければならない。

一九一四年以前にすでに物心がついていた者にとり、戦前と戦後の差はあまりにも激しい。そのため、多くの人は――筆者の親世代を含め、いや、中央ヨーロッパの人であれば誰でも――過去との連続性を理解するのを拒んだ。「平和」とは「一九一四年以前」を意味し、その後、平和と呼ぶには相応しくない状況になった。これは無理からぬことだった。一九一四年といえば、過去一世紀にわたって大きな戦争――つまり、大国のすべてもしくは多数が参加する戦争――がなかった時代である。当時の大国、すなわち国家間の競争での主要なプレイヤーといえば、ヨーロッパの六強(イギリス、フランス、ロシア、オーストリア＝ハンガリー、一八七一年にドイツに併合された後のプロイセン、統一後のイタリア)と、アメリカ、そして日本である。このプレイヤーのうち二カ国以上が参戦した戦争としては、たった一つクリミア戦争(一八五三―五六年)があり、ロシアと英仏で闘われたが、短いものだった。さらに、それ以前でも、大国を巻き込んだ戦争のほとんどは比較的短期決戦だった。最長のものはアメリカで起きた南北戦争(一八六一―六五年)だが、これは内戦であって国際紛争ではない。戦争は続いても数カ月、あるいは数週間だった（例えば、プロイセンとオーストリアとのあいだの一八六六年の普墺戦争のように）。極東では、一九〇四―〇五年に日本がロシアと闘って勝利、その結果ロシアでの革命が早まったものの、ヨーロッパでは、一八七一―一九一四年にかけて、大国の軍隊が敵の境界線を越えた戦争は皆無だった。

したがって、世界規模での戦争など前例は一つもなかった。一八世紀、英仏間で一連の戦争が起き、インドからヨーロッパ、北米まで広がり、海をまたぐことはあった。一八一五年から一九一四年にかけては、領土を接していない大国に戦いを挑む大国はなかった。ただし、帝国ないし帝国になろうとしている国が海外の弱小国に遠征をしかけることはもちろん珍しくなかった。遠征のほとんどは、米墨戦争（一八四六―四八年）や米西戦争（一八九八年）、英仏植民地を拡大するためのさまざまな軍事行動のように、一方的なものばかりだった。とはいえ、フランスが一八六〇年代にメキシコから、イタリアが一八九六年にエチオピアから撤退を余儀なくされたように、窮鼠《きゅうそ》猫を咬《か》む、ということは一・二度あった。近代国家にとって一番厄介な敵対者ですら、その武器庫は圧倒的に有利な殺人技術でつぎつぎと埋められてきており、撤退不可避となる状況の先延ばしをせいぜい願うくらいしかできなかった。こうした外国での戦闘は、戦争をしかけて勝った国の住人のほとんどにとり、重要な意味を直接もつというよりは、冒険小説で語られたり、従軍記者（一九世紀に生まれた）のレポートで報告されるものだった。

この状況が一変したのが、一九一四年であった。第一次世界大戦は大国すべてを巻き込んだ。ヨーロッパではスペイン・オランダ・スカンジナヴィアの三カ国・スイスを除くあらゆる国が関わることとなった。そのうえ、世界各国の軍隊が、自国以外の土地で任務を果たすために派遣されるようになった。海外派兵は初めてという国も多かった。カナダ人はフランスで闘った。オーストラリア人とニュージーランド人は、エーゲ海の半島で国民としての意識をつくりあげ、「ガリポリの戦い」はオーストラリアとニュージーランドの国民的神話となった。特筆すべきはアメリカだった。「ヨーロッパのもつれた状況」についてのジョージ・ワシントンの警告をはねつけ、ヨーロッパ戦線へアメリカ軍を派遣、二〇世紀の歴史の形に決定的な影響を与えた。インド人たちもヨーロッパや中東へ派遣され、中国から労働者の大部隊もヨーロッパへ来たし、アフリカ人はフランス軍のもとで戦った。中東を除くと、ヨーロッパ戦線以外でそれほど重要な軍事行動はなかったが、海上での戦いは再び世界規模で展開された。火ぶたが切って落とされたのは一九一四年、フォークランド諸島沖、北大西洋と中大西洋でドイツ軍の潜水艦と同盟国の護衛艦隊が決定的な攻撃をしかけたことで始まった。

第二次世界大戦は文字通り世界規模で行われた。これは説明をほとんど要しない。ラテンアメリカには参戦といっても名ばかりだった共和国もいくつかあるものの、好むと好まざるとにかかわらず、事実上すべての独立国家が参加した。帝国主義国の植民地には他に選択肢などなかった。この地球上に存在する国は余すところなくすべて、戦争の真っただ中か、占領されているか、あるいはその両方だった。例外は、ヨーロッパでは現在のアイルランド共和国・スウェーデン・スイス・ポルトガル・トルコ・スペイン、非ヨーロッパでは、考え方次第ではアフガニスタンだった。戦場としては、新聞やラジオを通して——この戦争は本質的にラジオのニュース放送合戦だった——、メラネシア諸島、北アフリカの砂漠やビルマ・フィリピンの入植地の名前が、北極圏・カフカス地方での戦闘、ノルマンディ、スターリングラード、クルスクの名前と同じくらい知られるようになった。第二次世界大戦は、世界地理という点で勉強になった。

二〇世紀の戦争は、局地的なもの・地域的なもの・世界的なもののどれであれ、それまで人類が経験したことがない巨大なスケールで展開されることとなる。一八一六—一九六五年の間に二カ国以上が参加する戦争は七四回起きた。アメリカの専門家たちはランク付けが好きだが、かれらがこの七四の戦争を死亡者数によって順位をつけたところ、上位四つは二〇世紀に起きた戦争だった。二つの世界大戦、一九三七—三九年にかけて日本が中国に対して起こした戦争、朝鮮戦争である。百万人以上もの命が戦闘で失われた。ナポレオン時代以降の一九世紀、記録が残っているなかで最大の国際戦争はプロイセン／ドイツとフランスとのあいだで一八七〇—七一年に起きたもので、おそらく一五万人が亡くなっている。この数は、一九三二―三五年にボリビア（人口およそ三百万）とパラグアイ（同一四〇万）のチャコ戦争での死者数とおおよそ同じである。つまり、一九一四年とは大量虐殺が幕を開けた年だったのである（Singer 1972, pp. 66, 131）。

第一次世界大戦の始まりについては、『帝国の時代（*The Age of Empire*）』のほうで概説を試みたこともあり、本書では議論を割愛する。この大戦はフランス・イギリス・ロシアの三国協商側とドイツとオーストリア＝ハンガリーの「中央同盟国」側との戦争で、本質的にヨーロッパのものだった。また、セルビアはオーストリアから攻撃され（戦争は実際これで始まった）、ベルギーはドイツから攻撃を受けた（これはドイツの戦略的な戦争計画の一部だった）ことですぐに巻き込まれた。時を待たずして、オスマン帝国とブルガリアは同盟国側についた。一方、三国協商側もだんだんと大連合になりつつあった。イタリアは買収されていたし、ギリシャとルーマニア、そして（両国に比べると名ばかりではあるが）ポルトガルも三国協商側に立った。さらに肝心なのは、極東と西大西洋でドイツにとって代わるべく日本がすぐに参加してきたが、自分の領土以外に関心がなかったことである。そしてこれにもまして重要だったのは、アメリカが一九一七年に参戦したことだ。事実、アメリカの干渉は決定的な意味をもつようになっていく。

その時ドイツは第二次世界大戦の時のように、二つの方面で戦争が起きる可能性に直面していた。これとは別に、同盟国のオーストリア＝ハンガリーによってバルカン半島での戦争に引き込まれていた（ただ、四つの同盟国のうち三つ、すなわちオーストリア・トルコ・ブルガリアがこの地域にあったため、そこでの戦略はそれほど急を要する問題ではなかった）。ドイツの計画では、西側でフランスを早々に倒し、東側でも帝政ロシアの巨大な軍事力が完全に始動してしまう前にフランス同様、素早く倒すことになっていた。第二次世界大戦でやったような迅速な軍事行動が練られたのはこの時だった（第二次世界大戦では「電撃戦」と呼ばれることになる）。そうする必要があったためである。こうした計画はほとんどうまくいっていたのだが、成功はしなかった。ドイツ軍はよりによってベルギーの中立地帯を通ってフランスへ進軍したが、宣戦から五、六週間後、パリから東へ数十マイル離れたマルヌ川沿いで足止めをくらった（一九四〇年にはこの計画は成功することになる）。ドイツ軍はやや後退し、ドイツ軍とフランス軍は――ベルギーの残存兵力とイギリスの地上部隊とによって増強された。この地上部隊はまたたくまに巨大部隊になった――、防御用の即席の塹壕と要塞を並行してつくった。これはフランドル地方の英仏海峡側の沿岸からスイスまで途切れることなく伸び、東フランスとベルギーの多くをドイツが掌握することとなった。以後三年半にわたり、ここでの目立った動きはなかった。

これが「西部戦線」であり、戦争の歴史においておそらく過去に例をみないほどの大量の人間がここで命を落とすこととなる。数百万の兵士たちは、前線に築いた土嚢を積みあげた壁越しに対峙し、ネズミや虱《しらみ》のように、そして実際にネズミや虱とともに塹壕で暮らした。たまに、この膠着状態を打破しようとする高官もいた。砲撃戦は、敵が頃合いを見計らってコイルや有刺鉄線で通常守られている土嚢の壁を越え、無人緩衝地帯――爆発跡にできた穴に水溜りができていたり、腐った木の切り株や泥、打ち捨てられた死体で混沌としている――へ進み、マシンガン――自分たちをなぎ倒すとわかっていながら――の前に出てくるまで何日も、いや何週間も続いた。のちにドイツのある作家が「鋼鉄の嵐」(Ernst Jünger 1921)と呼んだこの砲撃戦は、敵の「抵抗力を弱め」させ、地下活動へと追いやることとなった。一九一六年の二―七月にかけて、ドイツ軍がヴェルダンを突破しようとしたさいには二百万もの兵士が戦い、百万の死傷者が出て失敗した。イギリス軍は、ドイツ軍にヴェルダンでの攻撃を止めさせるためにソンムで攻勢に入ったが、四二万人もの死者が出ることとなった。初日だけで六万人が亡くなったことになる。第一次世界大戦のほとんどを西部戦線で戦ったイギリス人やフランス人にとって、第一次世界大戦が第二次世界大戦以上に恐ろしくトラウマ的な「大戦争」として記憶に残っているのは、驚くことではない。フランスは、入隊可能な年齢の男性のうちおよそ二〇%を失った。そして捕虜や負傷者、一生治らない障害や傷を負った人――第一次世界大戦が残したイメージとして鮮烈な、顔を潰された人――まで含めると、無傷でこの戦争を終えた者はフランスでは三人に一人だけであった。約五百万のイギリス兵が無事に生き残る見込みは、ほぼ五分五分だった。イギリスの場合には一世代分――五〇万人もの三〇歳未満の男性――を失った

（Winter 1986, p. 83）。とりわけ上流階級での死者が目立った。この階級の男性は紳士として模範を示す将校となる運命にあり、他のイギリス兵の先頭に立って参戦し、結果的にまっさきに殺されてしまったのだ。一九一四年にイギリス軍にいた二五歳未満のオックスフォード＝ケンブリッジの学生に及んでは、四分の一が命を落とした。ドイツ軍の死者数はフランス軍よりも多かったが、兵役年齢の割合で考えると、これに該当する年齢層がずっと高かったこともあり、亡くなった割合はフランスより低く、一三％だった。アメリカは、いっけんすると死者数がもっとも少なかった（フランス一六〇万人、イギリス約八十万人、ドイツ一八〇万人であったのに対し、一一万六〇〇〇人）。しかし西部戦線だけ戦ってこれほど亡くなっているのだから、やはりこの戦線の残酷さを物語っている。アメリカは、第二次世界大戦で第一次世界大戦の二・五―三倍にのぼる死者を出したが、第二次世界大戦での交戦期間が三年半だったのに対し、第一次世界大戦は一九一七―一八年の辛うじて一年半、そして世界のあちこちで戦ったのではなく、限られた狭い範囲での戦闘だった。

西部戦線における戦いの恐怖は、さらに暗い結果をもたらすこととなった。西部戦線の経験そのものにより、戦争と政治の両方が自然と非人間的になってしまったのだ。もし、人やその他諸々の犠牲を考えずに戦争を遂行できるなら、政治だってそのように遂行されうるはずだ。第一次世界大戦に参戦した兵士たちのほとんどは、徴兵された者が圧倒的に多いが、戦争を本当に憎んで終戦を迎えている。しかし、この種の戦争に背を向けることなく生き延びた元兵士たちは、勇敢に死と隣り合わせの状況を生きたという共通経験から、他人には伝えられない荒れ狂う優越感を、とくに女性や戦闘行為に参加しなかった者に対して抱いた。戦後間もなく極右を構成したのは、こういった元兵士たちだった。前線の兵士だった経験がのちの人生を形作ることになった者もおり、アドルフ・ヒトラーはそのうちの一人にすぎない。しかし、これと逆の反応もまた、同様にマイナスの結果をもたらした。一九一四―一八年のような大量殺戮を有権者はもはや許さないということが、戦後政治家にとってきわめて明白になった。少なくとも民主主義国家では。イギリスとフランスは、アメリカのヴェトナム戦争後の戦略と同様に、これを前提として一九一八年以降の戦略を立てた。こうした戦略は、さしあたりドイツ軍が第二次大戦中の一九四〇年に西ヨーロッパでフランスに対して勝利を収めるうえで一役買った。当時のフランスは、防衛が不完全にもかかわらずその後ろに身を潜めていたが、防衛が破られると戦闘続行を単純に嫌がった。イギリスは、一九一四―一八年に大勢の自国民が命を落としたような大規模な地上戦を何が何でも避けようとしていた。もっと長い目でみると、敵国人を完全なる消耗品として扱うことで自国民の命を救う、という誘惑に民主主義国の政府は抗《あらが》うことができなかった。一九四五年の広島・長崎への原爆投下は、勝利に必ず必要だったものとして正当化されたのではない。その頃までにアメリカの勝利は確実になっていたのだから。原爆投下は、アメリカ人兵士の命を救う手段として正当化されたのだ。しかしたぶん、これをもって同盟国ソ連が日本の敗戦に大きな役割を果したと主張するのを封じられるだろうという考えも、アメリカ政府になかったわけではないだろう。

西部戦線が血塗《ちまみ》れの膠着状態に陥っていったなかで、東部戦線には動きがあった。開戦から一カ月経たずに起きたタンネンベルクの戦いで、ドイツ軍はロシアの要領をえない侵略軍を粉砕し、その後、オーストリアが断続的に支援をしたこともあって、ロシアをポーランドから追い出した。ロシアからは反撃がたまにあったものの、同盟国側の優勢は明らかで、ドイツ軍の進軍に対してロシアが防衛のための引き延ばし作戦をとっているのも明白だった。バルカン半島では、頑迷なハプスブルク帝国による軍事行動はあったが互角とはいえず、同盟国側が主導権を握った。この地域で参戦していたセルビアとルーマニアは期せずして、割合的にいうと、もっとも甚大な軍事的損失を被った。連合国側は、ギリシャを占領したものの、一九一八年の夏が過ぎて同盟国側が崩壊するまで前進できなかった。アルプス山脈でオーストリア＝ハンガリーに対して新たに戦線をひらくというイタリアの計画は失敗した。イタリア軍は一九一七年のカポレットの戦いで大敗を喫した。主な敗因は、多くのイタリア兵にとって、自国の領土でもなく、言葉すらほとんどの兵士が理解できない国のために闘わなければならない理由がわからなかったことだ。カポレットの戦いはのちにアーネスト・ヘミングウェイの小説『武器よさらば』で文学に足跡を残したが、この大敗ののち、連合国軍はイタリア軍テコ入れのために他の軍を配置転換せねばならない事態に陥った。その頃西部戦線では、フランス・イギリス・ドイツが互いに血で血を洗う戦いを繰り広げていた。ロシアは明らかに負けつつある戦争でますます安定を失い、オーストリア＝ハンガリー帝国もよろめきながら崩壊に向かっていた。帝国崩壊は、オーストリア＝ハンガリーで起きていた民族運動が待ち望んだものであり、連合国側の各国外務省は致し方ないこととして受け入れ、不安定なヨーロッパを予感していた。そしてその予感は正しかった。

西部戦線の膠着状態をどう打開するかは、同盟国・連合国両者にとって大きな問題だった。ここでの勝利なくして、戦争で勝つことはありえなかったからだ。海戦も行き詰まっていたため、なおさらである。連合国側は、単発的な奇襲を受けてはいたが、それ以外の点では海を支配下に置いていた。しかし、北海で対峙している英独の艦隊は膠着状態だった。一度だけ戦おうとした時があった（一九一六年）が、決着がつかないまま終わった。しかし、この戦いでドイツ艦隊は母港に追いやられることになったので、どちらかといえば連合国の有利にはたらいた。

こうした行き詰まりを、双方ともテクノロジーによって打開しようとした。化学をつねに得意としてきたドイツは毒ガスを戦場で用いたが、残忍なわりに効果はなかった。毒ガス使用は、ジュネーヴ議定書（一九二五年）という遺産をのこした。この議定書は、政府が人道上の理由で戦争の遂行手段に強い嫌悪を示したことをあまさず示す唯一の例であり、そのなかで化学兵器を使わないことを世界が誓った。そして実際に、人道的な思いをもってしても、イタリアが植民地の人々に対して毒ガスを使うのを防ぐことはできなかったものの、第二次世界大戦ではどちらの側も使うことはなかった。どの国も化学兵器の準備を続け、敵がそれを用いることを予測していたにもかかわらず（第二次世界大戦後には、文明を尊重する気持ちが急激に下火になったため、毒ガスはだんだんと再登場した。一九八〇年代のイラン・イラク戦争において、当時欧米諸国が熱狂的に支持していたイラクは、戦闘員のみならず非戦闘員にも毒ガスを大量に使った）。イギリスは、無限軌道装置が付いた装甲車両を他に先駆けて開発した。そのコード・ネーム「タンク」は今でも知られている車両だ。だが、優秀とはほど遠い将校たちには、使い方がわからなかった。同盟国側・連合国側も新しい飛行機を用いたが、まだ故障しやすかった。くわえてドイツ軍は、水素を詰めた葉巻の形をした飛行船で空中爆撃の実験を試みたが、幸いにも大した効果はなかった。空中戦が、とりわけ非戦闘員を恐怖におとしいれる手段として真価を発揮するのは、第二次世界大戦を待たねばならなかった。

テクノロジーを要する兵器のうち、一九一四―一八年のあいだに戦争に大きな影響を与えたのはただ一つ、潜水艦くらいだった。というのは、双方とも互いの兵士を負かすことができず、民間人を餓死させるやり方に訴えることとなったからである。イギリス側の供給はすべて海上輸送されていたため、潜水艦でどんどん攻撃を仕掛ければイギリス諸島の口を塞ぐのも可能と思われた。一九一七年、潜水艦攻撃に対する有効な方策がまだみつかっていなかったため、この作戦はほぼ成功を手中に収めたかにみえた。ところが、大変なことに、アメリカを戦争へ引き込んでしまった。すると今度はイギリスが、ドイツの戦争経済とドイツ人を干上がらせるために、なりふり構わずドイツへの供給を封鎖しようとした。イギリス軍は必要以上に効果的にやった。なぜなら、そもそもドイツの戦争経済は、ドイツ人が誇りにしてきたように効率的・合理的に運営されなくなっていたからだ。第一次・第二次世界大戦でどこよりもずば抜けて秀でていた、あのドイツの軍事組織の面影はなかった。一九一七年以降、もし連合国がアメリカの実質的に無尽蔵な資源に頼ることができなかったら、ドイツ軍の軍隊としての優秀さは、決定的になっていたかもしれない。実のところ、ドイツはオーストリアと結んだ同盟が足かせになっていたにもかかわらず、東部戦線では完勝していた。そのためロシアは戦争から革命の渦へ投げ込まれ、一九一七―一八年には、ロシアが有していたヨーロッパの土地の大部分から追い出されてしまった。ドイツ軍は、ブレスト＝リトフスク条約（一九一八年三月）で懲罰的な和平を押し付けるとすぐ、西部に制限なく兵を集められるようになり、実際に西部戦線を破ってパリまで進軍した。連合国側は、アメリカが大量に援軍や武器を送ったので回復できたが、危うい状況がしばらく続いた。しかし実のところは、消耗したドイツ軍による最後の一撃であった。負けが近いことを悟っていたのだ。一九一八年に連合国側が進軍を始めるやいなや、二・

三週間で決着がついた。同盟国側は敗戦を認めただけでなく、崩壊した。一九一八年の秋には、一九一七年のロシアのように、中央・南東ヨーロッパで革命の嵐が吹き荒れた（次章を参照されたい）。古い体制がそのまま残った所は、フランスから日本海に至る地域では一つもなかった。イタリアはともかく英仏ですら、もし負けていたならば、政治政体の安定を保ちながら敗戦を乗り切ることはできなかっただろう。これはにわかに信じがたいことだが、戦勝国側の国ですら揺れていたのだ。敗戦国で革命を逃れた国は、一つとしてなかった。

昔の偉大な宰相や外交官は、向上心に燃える外交官たちの範とされていて、タレーランたれ、ビスマルクたれ、と言われるわけだが、こうした人々がもし生き返って第一次世界大戦について意見するとしたら、こう言うだろう。戦争によって一九一四年の世界が破壊されてしまう前に、なぜ、賢明な政治家たちはある種の妥協で決着をつける決定を下さなかったのか、と。わたしたちもなぜかを考えなければならない。これまでの革命やイデオロギーと無関係な戦争は、ほとんどの場合、死や完全な消耗に至る争いではなかった。一九一四年、参戦国を分断したのはイデオロギーではなかった。ただし、世論を動員して戦わなければならない場合、すなわち、国内で受け入れられている価値観——ドイツ文化に対するロシアの蛮行、ドイツの専制政治に対するフランス・イギリスの民主主義など——に対する大きな挑戦だと主張して戦わなければならなかった場合は除く。さらに、ある種の妥協による決着を進めた政治家は、敗戦色が濃くなるにつれて同盟国へ必死にこの手のロビー活動を行ったロシアやオーストリア＝ハンガリー以外にもいた。それではなぜ、連合国・同盟国の大国は第一次世界大戦をゼロサム・ゲームとして、つまり、完全に勝つか負けるかしかない戦争にしたのだろうか？

理由はこうだ。以前の戦争はふつう、特定の決まった目的があって開始された。第一次世界大戦はこれらと違って、目的が限定されないまま始まった。政治と経済は「帝国の時代」に融合し、国際的な政治的対立は経済成長と経済競争をモデルとした。ところが、この争いには無制限という特徴があった。「スタンダード石油社、ドイツ銀行あるいはダイヤモンドを扱うデビアス社にとって、「自然の未開拓地（フロンティア）」は、宇宙の果て、いやむしろ、限界まで広がったところにあった」（Hobsbawm 1987, p. 318）。もっと具体的にいうと、ドイツとイギリスという二つのライバルにとり、限界があってはならなかった。というのも、ドイツは、当時イギリスが占めていたような世界政治における地位、海洋における地位を欲していたからである。その地位をドイツが手に入れれば、すでに衰退が始まっていたイギリスはさらに格下げされるはずだった。二者択一だった。フランスにとっては、当時もその後も利害関心は英独ほど広くはなかったが、それでも、同じくらい差し迫った問題ではあった。というのも、ドイツに人口・経済で水をあけられ、その差が一見どんどん広がってきているのをどうにかするためである。またここでも、大国としてのフランスの行く末という問題が絡んでいた。どちらにしても、妥協というのは先延ばしでしかなかった。ドイツ自身、ドイツ政府が自国にふさわしいと感じる地位が領土拡大と優越性によって確かなものとなるまで――遅かれ早かれそうなりそうだった――待つことができたのでは、という考えもあったかもしれない。ドイツは二度の敗戦を経験し、ヨーロッパで自身の軍事力を喧伝できないにもかかわらず、支配的な地位にあった。これは一九九〇年代初頭には、一九四五年以前の軍国主義的なドイツの主張以上に不問に付されていた。そうはいってもそれは、後述するように、第二次世界大戦後に英仏が自国の二流国への格下げを無理やり認めさせられたからである。これはちょうど、ドイツ連邦共和国がどれだけ経済的に繁栄しても、一九四五年以降、一国家としての世界的な優越性は手の届かないところにあり、将来的にもそうあるべきだと悟ったのと同じである。一九〇〇年代、帝国主義と帝国主義者の時代の最盛期、世界でもユニークな位置を占めるというドイツの主張（「ドイツ精神は世界を再生する」というフレーズからわかるように）と、英仏というヨーロッパ中心の世界で、当時押しも押されもせぬ「大国」だった国の抵抗は、まだ損なわれていなかった。開戦するやいなや、両サイドともほとんど誇大妄想といえる「戦争の目的」をつくったが、いくつかの点では、理論上は間違いなく妥協できた。しかし実際には、重視された戦争目的はただ一つ、完全な勝利だった。これは第二次世界大戦では「無条件降伏」とよばれることになる。

この目的は愚かであるばかりか自滅的で、勝者も敗者も滅ぼした。負けた国は革命を避けられず、勝った国は破産し、物理的にも疲弊した。一九四〇年、フランスは自分たちより劣るドイツ軍にいとも簡単に侵略をゆるしてしまい、何の迷いもなくヒトラーへの服従を認めてしまった。それもこれも、一九一四－一九一八年にフランスが瀕死の重傷を負っていたためだ。イギリスは、もっている資源を大幅に超えて戦争を行ったために経済が壊滅状態になり、一九一八年以降もとのままではいられなかった。J・M・ケインズがすぐ悟った通り、完全な勝利は懲罰的に決定された和平により公に認められたが、安定したリベラルな中産階級のヨーロッパを幾分か取り戻せるわずかのチャンスを潰してしまった。もしドイツがヨーロッパ経済に再統合されなければ、つまり、ヨーロッパ経済におけるドイツ経済の重要さを認識せず、受け入れなかったなら、安定はありえない話だった。しかしこれは、ドイツ殲滅のために戦った者にとっては一番望まない考えだった。

米・英・仏・伊といった生き残った主な戦勝国が課し、ヴェルサイユ条約[1]として通っている——正確ではないのだが——和平合意では、最重要視されたことが主に五つあった。もっとも切迫していたのは、ヨーロッパで非常に多くの政権が崩壊したことと、ロシアで以前と異なる革命勢力ボリシェヴィキによる政府——世界革命に身を捧げる——が登場し、他の地域の革命勢力を引きつける場になった（第2章参照）ことである。次に差し迫った問題とされたのは、最終的に連合国側のすべてを独力であと一歩のところにまで追いつめたドイツを管理せねばならないことだった。当然のことながら、その後もフランスがおおいに関心をもち続けることになった。第三に、ヨーロッパの版図の再分割と新たな国境線の画定が挙げられる。ドイツの弱体化とロシア・ハプスブルク・オスマン帝国が同じ時期に敗北・崩壊したことで生じたヨーロッパと中東の巨大な空白を埋めるためだ。そこで継承者として手を挙げたのは、主に、さまざまなナショナリストたちの動きだった。少なくともヨーロッパでは。戦勝国側は、こうした運動が適度に反ボリシェヴィキであれば奨励する傾向にあった。ヨーロッパでは、実際に版図を整理し直す時の基本原則となったのは、民族には「自決権」があるという信条に則り、民族と言語が一致する国民国家を創るということだった。この信条に、アメリカのウィルソン大統領は熱烈に傾倒していた。かれの意見は、権力者——アメリカなくしては戦争におそらく負けていただろう——の意思表明として受け取られた。民族自決という信条は、いずれ国民国家に分断されることになるこの地域の民族的・言語的現状に疎ければ、誰でも簡単に支持できるものだった（現在でもそうだ）。しかし、一九九〇年代のヨーロッパと同様に、この試みは大失敗に終わった。一九九〇年代にこの大陸を引き裂いた民族的な争いは、ヴェルサイユ条約の、いわば身から出た錆であった。(2) 中東は、従来の帝国の境界線——英仏間の境界線——に沿って再配置された。ただし、パレスチナは除く。パレスチナは、戦時中にユダヤ人の国際的な協力を渇望したイギリス政府が、ユダヤ人のための「民族の故郷」建設を軽はずみかつ曖昧に約束した土地だった。パレスチナは、第一次世界大戦が残したもう一つの課題であり、忘れてはならない遺産である。

四点目は、戦勝国、ようするに英・仏・米の内政と戦勝国間での摩擦であった。内政に端を発したことのなかでも、アメリカ大統領が書いた——自筆か代筆か不明だが——和平協定の批准をアメリカ議会が拒否し、身を引いてしまったことはもっとも重要である。これは多大な影響を与えた。

最後に、戦勝国が強く望んだ和平協定が、世界を破滅させ、後遺症をあちこちに残した先の戦争のようなものが二度と起きないようにする類の調停だったことが挙げられる。しかし、戦勝国ははなはだしく失敗した。二十年たつまでもなく、世界はいまいちど戦場になったからである。

ボリシェヴィキの思想から世界を守ることとヨーロッパの再編とは、重なっていた。なぜなら、万が一革命ロシアが生き残った場合——一九一九年時点ではまったくわからなかった——、収拾をつけるもっとも直接的な方法は、反共産主義国から成る「隔離地帯」(いまの外交用語で言うところの「防疫線」)の後方へロシアを孤立させてしまうことだったからだ。これらの反共産主義国は、領土の大部分、場合によっては全土がもともとロシア領だったため、モスクワに対する敵愾心《てきがいしん》は折り紙つきだった。こうした国々を北から南に順に名前を挙げると、フィンランド(レーニンが離脱を許した自治地域)、エストニア・ラトヴィア・リトアニアのバルト海沿岸の小さな新共和国（これらは過去と連続性がない）、ポーランド（百二十年ののちにようやく国家としての独立を回復した）、飛びぬけて領土が拡大したルーマニア（ハプスブルク帝国のハンガリー＝オーストリア部分と旧ロシア領ベッサラビアを併合したため、領土が倍増した）である。こうした領土のほとんどは、ドイツ軍がロシアから分離させたもので、ボリシェヴィキ革命がなかったらロシアに確実に返還されていただろう。ロシアを孤立させるためのこのような地帯をコーカサス地方にまで伸ばそうとする試みは、うまくいかなかった。というのは詰まるところ、革命ロシアが革命トルコ——共産主義ではないが、英仏どちらの帝国主義者も好まない——と折り合いをつけたからだ。したがって、ブレスト＝リトフスク条約後に樹立された独立間もないアルメニアやグルジア、それからイギリスのもとで産油国アゼルバイジャンを分離させようとする試みは、一九一八—二〇年の内戦でのボリシェヴィキの勝利と、一九二一年にソヴィエトとトルコが結んだ条約により潰えた。要するに東では、ドイツが革命ロシアに押しつけた辺境を連合国が受け入れることとなった。ただし、連合国の手には負えない力によって無効とされない限りにおいてだが。

それでもまだ、旧オーストリア＝ハンガリーをはじめ、再編が必要な広大な土地が残っていた。オーストリア＝ハンガリーはドイツとハンガリーの残骸にまで縮小され、セルビアは（旧オーストリア領）スロヴェニア・（旧ハンガリー領）クロアチア、そしてもともと独立していたが家畜番と泥棒の小さな部族の王国にすぎなかったモンテネグロと一緒になることで、広大な新生ユーゴスラヴィアへと拡大吸収された。モンテネグロは侘しい山岳が集まった土地で、前代未聞の独立喪失に対し、集団で共産主義——共産主義は英雄的な徳を高く評価すると思った——に転向することで応じた。モンテネグロはロシア正教とも関係があった。その信仰を、征服を免れてきた黒い山（モンテネグロのこと）の人々は、神を信じないトルコ人から数世紀守ってきたのだった。新生チェコスロヴァキアは、ハプスブルク帝国のかつての産業の中心地だったチェコの土地を、スロヴァキアとルテニア——かつてハンガリーに属していた人々——に併合して築かれた。ルーマニアが多民族国家へと拡大されたいっぽうで、ポーランドとイタリアも恩恵を受けていた。ユーゴスラヴィアやチェコスロヴァキアの併合には、歴史的前例もなければそうしなければならない歴史的な論理も絶対的に存在していたわけではなかった。両者とも民族主義者のイデオロギーから築かれたものだった。民族主義者たちは、同一民族であることから生じる力を信じるいっぽうで、極端に小さい国民国家が望ましいとも思っていなかった。チェコとスロヴァキアに住んでいた西のスラヴ人と同じように、南のスラヴ人（つまりユーゴスラヴィア人）たちはみんな、一つの国家に属した。予想されてはいただろうが、このような政治的な強制結婚は決してしっかりしたものではなかった。補足しておくと、ほとんどの——実際には全員というわけではなかった——マイノリティたちを切り離したオーストリアとハンガリーの残骸を除き、新しくできた継承国家は、もともとロシアの一部であれハプスブルク帝国の一部分であれ、継承した前の国に劣らず多民族であった。

ドイツがこの先ずっと弱体化したままでいるよう、懲罰的な講和がドイツに押し付けられた。この講和は、ドイツには第一次世界大戦とその結果に対し固有の責任があるという主張（「戦争犯罪」条項）によって正当化された。このような講和の目的は、領土喪失、つまりアルザス・ロレーヌのフランスへの返還、復活したポーランドへの東方の広大な地域の返還（東プロイセンと残りのドイツを分けていた「ポーランド回廊」）やドイツ国境線の多少の調整によって達成されたというわけではなかった。それよりも、ドイツの優秀な海軍と空軍の力を奪ったこと、陸軍を一〇万人に制限したこと、理論上際限のない「賠償金」（戦勝国が負った戦費の支払い）を押し付けたこと、ドイツの西側を部分的に軍事占領したこと、そしてとくに、ドイツから旧植民地をすべて奪ったことで、達成された（奪った植民地は、イギリスと英連邦自治領、フランス、そして英仏より取り分は少なかったが日本とのあいだで再配分された。しかし、帝国主義がますます不評をこうむるようになっていったため、再配分された領土は「植民地」ではなく「委任統治領」と呼ばれ、遅れた人々が確実に進歩できるよう、慈悲の名のもと帝国主義諸国へ手渡された。これら帝国主義諸国は他の目的でかれらを搾取することは考えもしなかった）。こうして、一九三〇年代半ばまでにヴェルサイユ条約で残っているものは、領土関連の条項を除くとなにもなくなっていた。

世界大戦の再発を防ぐ仕組みに関しては、一九一四年以前に大戦を防ぐはずだったヨーロッパ「列強」の連携が完全に崩壊してしまったことは、明らかだった。そこで、ヨーロッパの頑固な政治家たちに、米大統領ウィルソンはプリンストンの政治学者らしいリベラルな情熱をもって、これまでとは異なる道を熱烈に迫った。それは、あらゆる国家が参加し、問題が手に負えなくなる前に平和裏かつ民主的に、そしてできれば公の交渉(「条約の取り決めは公開されなければならない」)を通して解決する「国際連盟」(つまり独立した国家の連合)を築くことだった。というのも、第一次世界大戦により、慣例で行われてきた神経質な国際交渉のプロセスが「秘密外交」だという嫌疑をかけられたからである。これは主に、大戦中に連合国側が用意した秘密条約への反動だった。この秘密条約において連合国側は、戦後のヨーロッパと中東を、この地域に住む人々の希望や利害を配慮することすらせずに分割していたのだ。ボリシェヴィキは、こうした機密文書を帝政ロシアの記録に発見し、世に問うためただちに出版した。そのため、このダメージをできるだけ食い止める対策が求められた。国際連盟は、和平協定の一部として実際に設置されたのだが、統計をとる機関としての役割以外では、ほぼ完全な失敗作となってしまった。しかし、設立初期には世界平和を危険にさらすほどではない小さい問題(例えば、オーランド諸島をめぐるフィンランドとスウェーデンとのいざこざ)を、一つ二つ解決したこともあった。[3] 国際連盟から実質的な存在意義を奪ったのは、アメリカの加盟拒否だった。

ヴェルサイユ条約がゆるぎない平和の礎《いしずえ》たりえなかったことを理解するのに、わざわざ戦間期の歴史を細かくみる必要はない。大戦がもう一度起きることは最初から予測できたし、実際わかりきったことだった。すでに述べた通り、アメリカは早々に手を引いていた。とうにヨーロッパが中心性も決定権も失った世界において、当時世界大国であったアメリカが同意しないような取り決めなど、続くはずがなかった。後述するが、同じことは国際政治だけでなく世界経済に関しても当てはまった。ドイツとソヴィエト・ロシアという二つのヨーロッパの大国、つまり世界の大国でもあるこの両国は、一時的に国際競争からはじき出されただけでなく、独立したプレイヤーとしてもみなされなかった。この両国ないしどちらかが表舞台に再登場するやいなや、英仏だけが支える和平協定など、イタリアが満足していなかったこともあり、もつはずがなかった。そして遅かれ早かれドイツかロシア、または両者が主要なプレイヤーとしていずれ再登場することは、避けて通れない事態だった。

平和への望みは薄いながらもあったが、それも、戦勝国が敗戦国との再統合を拒否したために粉砕された。たしかに、ドイツを完全に押さえつけることもソヴィエト・ロシアを完全に追放することも無理だというのはすぐにわかった。しかし、現実に即した調整はなかなか進まず、しぶしぶ行われた。なかでもフランス人は、ドイツから力を奪ったままにしておくという望みをいやいやながらようやく捨てた（イギリス人たちは、敗戦と侵略の記憶に取り憑かれることはなかった）。戦勝国はソ連については存在しないほうがいいと考えたはずで、ロシア内戦では反革命軍支援のために軍も送り、ソ連の存続を承認することにまったく乗り気ではなかった。レーニンは、戦争・革命・内戦でほぼ壊滅状態に陥った経済を再始動する方法を探すのに必死だったが、戦勝国側の実業家たちはそんなかれが提示した海外投資家への広範囲に及ぶ利権すらはねつけた。ソヴィエト・ロシアは、一九二〇年代初めには政治的目的で同様にヨーロッパのはみ出し者であるドイツに近づいたものの、強いられた孤立のなかで発展せねばならなかった。

戦前の経済が、世界規模で順調に成長し拡大を遂げるシステムとして回復していれば、次の戦争は、もしかしたら避けられたのかもしれない。少なくとも、開戦を遅らせることはできたかもしれない。しかし二、三年後、戦中・戦後の混乱も忘れられたようにみえた一九二〇年代半ばに、世界経済は産業革命以後最大かつ劇的な危機に襲われることとなった（第3章参照）。そしてこの危機がきっかけで、ドイツと日本では、軍国主義的な政治勢力と極右が権力を握るようになった。両者は、徐々に交渉を重ねて現状を変えていくというよりも、必要となれば軍事的対立によって周到に現状を打破していくことを目指していた。以後、新しい世界大戦は予測可能になっただけでなく、常日頃から予見されるものとなった。一九三〇年代に成人した人々はそれを予期していた。筆者の世代は、都市を空爆する航空部隊の情景や、悪夢のなかで防毒マスクをつけた人々が毒ガスの霧のなかを目が見えない人のように手探りで進んでいる情景にとり憑かれた。前者は正夢となったが、後者は誤りだった。

Ⅱ

第二次世界大戦はなぜ起きたのか？　これに関する歴史学的文献は、第一次世界大戦の原因に関するものと比較にならないほど少ない。それにははっきりとした理由がある。歴史を真剣に学んでいれば、ごくまれな例外をのぞき、ドイツと日本、そして（両国より躊躇していた）イタリアが攻撃を仕掛けたことに疑義を挟む余地はないからだ。この三カ国に対抗する戦争に巻き込まれた国々は、資本主義であろうと社会主義であろうと戦争を欲していなかった。そのほとんどの国は、戦争回避のためにできるだけのことはやった。簡単にいってしまえば、第二次世界大戦は誰によって、何によって引き起こされたのか、という問いの回答は二語で済む。つまり、アドルフ・ヒトラーだ。

歴史の疑問に答えることは、もちろん、こんなに単純ではない。すでに述べた通り、第一次世界大戦がつくりだした世界状況は、もともと不安定であった。これは、とくにヨーロッパだけでなく極東にも当てはまる。したがって、平和が続くとは予期されていなかった。敗戦国、なかでもドイツは、憤慨して当然だと感じていたし、事実そうだったのだが、現状に不満があったのは敗戦国だけではなかった。極左の共産党から極右のヒトラー率いる国家社会主義ドイツ労働者党に至るまで、じつにドイツのありとあらゆる政党が、ヴェルサイユ条約を不当でとうてい受け入れられないと非難する点で一致していた。逆説的ではあるが、もし正真正銘の革命がドイツで起きていれば、国際社会にとってドイツはそれほど厄介な問題にはならなかったかもしれない。ロシアとトルコという革命が本当に起きた二つの敗戦国は、国境の防衛を含め自国のことで精一杯だったこともあり、世界情勢の安定を損なうことはなかった。両国は一九三〇年代には世界情勢を安定させるうえで力を発揮し、実際トルコは第二次世界大戦では中立を通した。しかし、日本とイタリアは勝者の側であったにもかかわらず、不満を抱いた。イタリアは、その帝国主義的欲望を満たすため、国家が独立国として有する権限をかなり踏み越えた。日本の場合、イタリアよりいくらか現実的だった。イタリアの場合はいずれにせよ、戦争が終わった時、一九一五年に連合国側についた見返りに約束された戦利品すべてではないものの、アルプス、アドリア海に面した地域、そしてエーゲ海に面した地域にまで及ぶ、広大な領土を手に入れた。しかし、それでもイタリアの不満が解消されなかったことは、ファシズムという反革命のウルトラナショナリスト兼帝国主義者による運動が勝利したことで浮き彫りになった（第5章参照）。日本は、ロシアが舞台から去ったこともあり、その強大な陸海軍により極東一の強国となった。これは、一九二二年のワシントン海軍軍縮条約でも国際的にある程度認識されており、この条約により、米英日海軍の艦艇の保有率が五：五：三に定められ、イギリス海軍優位の時代はついに幕を閉じた。それでも、工業化が急速に進む日本は、経済の絶対的な規模はまだまだ控えめだったものの（一九二〇年代後半の世界の工業生産の二・五％）、帝国主義列強の白人が認める以上に極東における分け前をもらってしかるべきだと、何の疑いもなく感じていた。さらに日本は、近代的な産業経済に必要な天然資源が実質的になにもない国の脆弱性――輸入は外国の海軍による妨害に翻弄され、輸出はアメリカ市場のいいなり――を痛いほどわかっていた。軍が手近な陸の帝国を中国に築くよう圧力をかければ、日本の通信回線は短くなり、結果的に攻撃されにくくなるだろうと論じられていた。

だが、一九一八年以後平和な状況が安定せず、崩壊する確率がどのくらいあったにせよ、第二次世界大戦の具体的な原因が、不満を抱いた三カ国が仕掛けた攻撃だったことは否定できない。この三カ国は、一九三〇年代半ば以降、さまざまな条約を通して結びついていた。戦争へ向かっていくなかで節目となったのは、一九三一年の日本による満州侵略だった。他にも、一九三五年イタリアによるエチオピア侵略、スペイン内戦（一九三六―三九年）への独伊の介入、一九三八年はじめのドイツのオーストリア侵略、その後同じ年に起きたチェコスロヴァキアのドイツへの部分的な割譲、一九三九年三月のドイツによるチェコスロヴァキアの残りの地域の占領（その後イタリアがアルバニアを占領した）が挙げられる。そしてポーランドに対するドイツの要求が引き金となって、戦争が勃発した。こうした節目を「起きたこと」ではなく「起きなかったこと」という別の観点からみることもできる。つまり、国際連盟は日本への対抗手段をとれず、一九三五年にイタリアに対しても効果的な対抗措置をとらなかった。英仏は、ヴェルサイユ条約のドイツによる一方的破棄、とりわけ一九三六年のラインラントの軍事的再占領に対応できなかった。また両国はスペイン内戦への干渉を拒否し（「不介入」）、オーストリア占領にも対応できなかった。さらに、チェコスロヴァキアをめぐるドイツの脅しを前に引き下がっている（一九三八年「ミュンヘン協定」）。そして一九三九年、ソ連はヒトラーに反対し続けることをやめた（一九三九年八月に締結されたヒトラー＝スターリン条約）。

どちらかが明らかに戦争が嫌であらゆる手段を講じて回避しようとし、もう片方が戦争を賛美し、かつヒトラーの場合は戦争を積極的に欲していたとしても、実際に開戦となった時、それは侵略国が望んだようなものではなかった。また、なかには侵略国が敵対するのを望まなかったにもかかわらず戦う羽目になった国もあった。日本では、軍隊が政治に影響力をもっていたが、全面戦争をせずに目標——基本的に東アジア帝国の建国——を達成したかったはずである。にもかかわらず全面戦争に巻き込まれたのは、アメリカが参戦したからにすぎない。ドイツがどのような戦争をいつ・誰に対して望んだのかという問いに関しては、ヒトラーが自身の決定を文書に残さなかったため、いまだに論争が続いている。しかし、二つ明らかなことがある。一九三九年の（英仏が支援する）ポーランドに対する戦争はヒトラーの作戦にはなかったことと、米ソ両国を相手にする戦争はドイツのあらゆる将校・あらゆる外交官にとっては悪夢だったということだ。

ドイツ（とのちの日本）には、一九一四年と同じ理由で攻撃を素早く仕掛ける戦争が必要だった。というのも、仮想敵国それぞれの資源が集められ、調整されてしまえば、自国を圧倒的に凌駕してしまうからだ。ドイツも日本も、長期戦向けの計画を練っていたわけではなく、準備に時間がかかる軍備に頼れる状況でもなかった（対照的にイギリスは、地上戦で劣ることを認めたうえで、いちばん金がかかるが技術的にもっとも洗練された軍備に最初から資金を注ぎ、イギリスと味方側の生産がいずれ敵を上回るであろう長期戦の作戦を立てた）。日本は、ドイツが一九三九―四〇年に英仏に対して起こした戦争にも、一九四一年以降ロシアに対して起こした戦争にも干渉しなかったことから、敵が連携するのを避けるという点でドイツよりも上手であった。日本は他の列強と異なり、一九三九年にシベリアと中国国境で起きた非公式ではあるが実質的には戦争だった戦いで、実際に赤軍と対面し、大きな痛手を負った。一九四一年一二月に日本が始めたのは米英に対する戦争であり、対ソ連の戦争ではなかった。日本にとって運が悪かったのは、戦わねばならなかった唯一の列強、つまりアメリカが、資源という点で日本を圧倒的に凌駕していたため、事実上その勝利が決まっていたことである。

しばらくのあいだ、ドイツは日本より運に恵まれているかにみえた。戦争の影がちらついてきた一九三〇年代、英仏はソヴィエト・ロシアと手を組むことに失敗、ソヴィエト・ロシアは英仏よりヒトラーにだんだんと接近していった。一方アメリカでは、国際政治に阻まれて大統領ルーズヴェルトは自身が熱狂的に支持する陣営に対して、書面での支持以上のものを与えることができずにいた。このように、一九三九年に第二次世界大戦が始まった時は、完全にヨーロッパの戦争だった。ドイツがポーランドに侵攻し、敗れたポーランドを三週間たたずして当時中立であったはずのソ連と分割したあとでも、やはり、英仏に対してドイツがしかけた純粋に西ヨーロッパにおける戦争であった。一九四〇年春、ドイツはノルウェー、デンマーク、オランダ、ベルギー、そしてフランスを赤子の手をひねるようにいとも簡単に侵略し、最初の四つの国を占領した。フランスに関しては、勝利したドイツが直接占領・管理する地域と衛星「国家」とに分け、後者の首都を地方の保養地ヴィシーに置いた（その指導者たちは、フランスのさまざまな反動的な人々から集められ、もはやこの国を共和国と呼びたがらなかった）。ドイツとの戦争では、ただイギリスのみが残された。イギリスでは、ウィンストン・チャーチルの指揮のもと、ヒトラーとのいかなる妥協もゆるさない姿勢で、ありとあらゆる国内勢力が力を合わせた。まさにこの時期、ファシストのイタリアは、それまでの用心深い中立の姿勢を脱ぎ捨ててドイツ側へつくという誤りを犯した。

事実上、ヨーロッパでの戦争は終わっていた。海と空軍という二重の障壁に阻まれて、ドイツがイギリスを侵略できなかったとしても、イギリスがドイツを破るのはもちろん、ヨーロッパ大陸に復帰できるような戦争の見通しはなかった。イギリスが孤軍奮闘した一九四〇―四一年の日々はイギリス史において、あるいは少なくともこの時期を運よく生き抜いた人々にとり、奇跡的な瞬間であった。しかし、イギリスの望みは薄かった。一九四〇年六月のアメリカの「西半球防衛」再軍備プログラムでは、イギリスへのさらなる武器貸与は意味がないとみなされたも同然で、イギリスの生き残りを受け入れたあとですら、イギリスはアメリカにとって辺境の防衛基地でしかなかった。そうこうしている間に、ヨーロッパの版図は再編されていった。ソ連は合意に基づき、一九一八年に失われた帝政ロシアのヨーロッパ部分（ドイツが引き継いだポーランドの一部を除く）とフィンランドを占領した。これに対しスターリンは、一九三九―四〇年に要領をえない冬の戦争をしかけており、ロシアの国境をレニングラードからさらに少し離れたところにまで推し進めた。ヒトラーは、旧ハプスブルク帝国領におけるヴェルサイユでの取り決めの修正を指揮したが、これは短命に終わった。バルカン半島での戦争を長引かせようとするイギリスの目論見は、予期した通り、ドイツによるバルカン半島全域（ギリシャの島嶼を含む）の支配につながった。

ドイツと同盟を結んでいたイタリアの軍事力は、第一次世界大戦におけるオーストリア

＝ハンガリー以上に期待外れだった。そのイタリアが、エジプトに主要基地を置いて戦っていたイギリス軍によってアフリカの植民地から完全に追い出されたかにみえた時、ドイツは地中海を渡ってアフリカへ入った。中東におけるイギリスの地位は、エルヴィン・ロンメルというもっとも才能ある将校の指揮下にあったドイツアフリカ軍団によって、完全に脅かされた。

一九四一年六月二二日、第二次世界大戦におけるこの決定的な日にヒトラーがソ連に侵攻したことで、戦争は再び活気づいた。これは愚行だった。なぜなら、ドイツは二つの前線で戦わなくてはならなくなったからだ。あまりにも愚かだったため、ヒトラーが熟慮したとスターリンは単純に信じようとしなかった。ヒトラーにとっては、しかし、資源や奴隷労働力に富む東に広がる陸の帝国を征服することは、論理的に考えて次に踏むべきステップだったし、日本人以外のあらゆる軍事専門家たちと同じく、ヒトラー自身もソ連の抵抗力を見事に侮っていた。ただ、これはまったくの見当はずれというわけではなく、一九三〇年代の粛正によって赤軍はまとまりを失っていたこと（第13章参照）、一見したところのソ連の状態、恐怖が世間一般に及ぼした効果、スターリン自身の常軌を逸するほど的外れな軍事戦略への介入が考慮されてのことだった。実のところ、ドイツ軍の初期の侵攻は、西部戦線での時のようにすばやく、勝敗を決めるかにみえた。一〇月初旬になると、ドイツ軍はモスクワ郊外まで迫っており、スターリンは二、三日間気が動転し、講和を考えていた証拠が残っている。しかし時がたつと、土地や人員の余力、ロシア人の身体的屈強さと愛国心、そして断固として戦争を準備してきた甲斐あって、ドイツ軍は敗北した。またソ連は、とくに有能な軍指導者たち（なかにはグラーグと呼ばれる収容所から解放されたばかりの者もいた）に、かれらが最善だと思う通りにさせることで、効率的に軍を組織する時間を得た。一九四二―四五年の数年間は、スターリンが自身の恐怖政治を一時的に中断した唯一の時期である。

三カ月たっても対ロシア戦の決着がつかなかった時点で、ヒトラーが予測していた通り、ドイツは負けていた。なぜなら、ドイツは長期戦向けの装備をしていなかったし、もちこたえることもできなかった。それまで勝利を収めてきたにもかかわらず、ドイツが保有・生産する航空機や戦車の数は、アメリカを除くイギリス・ソ連よりもずっと少なかった。一九四二年、厳しい冬が終わってからドイツが新たに行った攻撃は、それまでの全攻撃同様に快進撃のようにみえた。そのためドイツ陸軍は、コーカサス方面とヴォルガ川下流域まで進軍した。しかし、それでも勝敗は決まらなかった。ドイツ陸軍はスターリングラードで動きを止められ、消耗させられ、少しずつ包囲され、そして降伏へ追い込まれた（一九四二年夏から一九四三年三月）。今度はロシアが進撃を開始し、終戦までにベルリン・プラハ・ウィーンまで進んだ。スターリングラード攻防戦以降、ドイツの敗北が時間の問題であることは、誰の目にも明らかだった。

この間、基本的にヨーロッパの戦争だった戦いは、文字通り世界規模になっていた。その背景の一つには、世界規模の帝国でいまだ最強であったイギリスの臣民・従属国のあいだで反帝国主義が沸き起こってきたことがある。とはいえ、この時点ではまだ、こうした反帝国主義は簡単に押さえつけられる程度のものだった。南アフリカのボーア人のなかでヒトラーを支持する者は、拘束される可能性があった。こうした人々は戦後再登場し、一九四八年に始まるアパルトヘイト体制を築いた。また、一九四一年ラシッド・アリ(Rashid Ali)がイラクで政権に就いたが、すぐにその座を追われた。もっと重要な出来事は、ヨーロッパでヒトラーが勝利したことで、帝国に含まれない地域が東南アジアに部分的に創出され、日本がそこに、フランスによって無力化されたインドシナを保護すると主張して進出したことである。アメリカは、このように枢軸国の勢力が東南アジアにまで及んだことを見過ごせないと判断し、貿易と補給のすべてを海上でやりとりしていた日本に対し、厳しい経済制裁を科した。これが引き金となり、日米間の戦争は始まった。そして一九四一年一二月七日(ハワイ時間)、日本が真珠湾を攻撃したことにより、戦争は世界規模の展開となった。大陸と半島を含む東南アジア全域を日本が制圧するのに、二・三カ月もかからなかった。日本は、西側ではビルマからインドを、さらにニューギニアからオーストラリア北部の空白地帯を侵略すると脅しをかけた。

アメリカとの開戦は、強力な経済帝国(「大東亜共栄圏」として婉曲に表現されていた)を築き上げるという、日本の政策の中心にある目的を諦めない限り、おそらく避けられなかっただろう。ところがF・D・ルーズヴェルトのアメリカは、ヨーロッパ列強がヒトラーとムッソリーニに対抗できず、その結末をすでにみていたこともあり、英仏がドイツ侵略に対抗したように、この政権が日本の侵略に対抗するとは思われていなかった。いずれにせよ、アメリカの世論においては（ヨーロッパと異なり）、太平洋はアメリカがなにかしら行動を起こして当然の領域だった。この点では、どちらかというとラテンアメリカと似ている。アメリカの「孤立主義」とは、単にヨーロッパ人の介入を避けるためのものだった。事実、西側（つまりアメリカ）が通商禁止と日本人の資産の凍結を日本に突き付けたからこそ、海上輸入に完全に依存していた経済の息の根がすぐ止まらないよう、日本は行動に出ざるをえなかった。日本が打って出た賭けは危ういもので、自殺行為であった。南方に帝国を築く唯一のチャンスをいそぎ摑もうとしたのだろう。しかしそのためには、干渉する恐れのある唯一の軍隊であるアメリカ海軍の動きを止めておく必要があると考えていたため、チャンスを摑むことはすなわち、軍隊も資源も圧倒的に日本を凌駕するアメリカをすぐに戦争に引きずり込むことをも意味した。そのような戦争に日本が勝てる道はなかった。

不思議なのは、ロシアに限界まで手を伸ばしていたヒトラーが、アメリカに余計な宣戦布告をしたことである。宣戦布告をうけてルーズヴェルト政権は、国内で政治的反対にそれほどあうこともなく、イギリス側につく形でヨーロッパの戦争に参戦する機会を得た。それは、アメリカの立場、ひいては世界にとり、ナチス・ドイツは日本以上に深刻な、少なくともより大きな世界レベルの脅威であるということに、アメリカ政府が疑義をほとんど挟まなかったからである。したがってアメリカは、日本に勝つ前に対独戦での勝利に向けて全力を尽くすことを熟慮のうえ選び、これに応じて資源を集中させた。そして、この計算は正しかった。ドイツを打ち負かすのにさらに三年半を費やしたが、その後三カ月で日本を屈服させた。ヒトラーがなぜあんなに愚かであったのか、うまい説明はない。しかしヒトラーが、民主主義国家は行動力に欠けると考えたため、アメリカの経済的・技術的潜在能力はもとより、その行動力を一貫してかなり見くびっていたことは知られている。民主主義国家のなかでもヒトラーが真剣に考えたのはイギリスだけで、それはイギリスが完全に民主主義的でないと考えていたからだ。この考えは当たっていた。

ロシアへの侵略とアメリカへの宣戦布告という決断が、第二次世界大戦の結果を決めることとなった。これはすぐにはっきりしたわけではなかった。というのも、一九四二年半ば、枢軸国の成功は絶頂期だったからで、一九四三年まで軍事的主導権を完全に失ってはいなかったからである。さらに、一九四四年まで連合国側がヨーロッパ大陸で再び戦果をあげられなかったからでもある。連合国が北アフリカから枢軸国をうまく追い出してイタリアまで進軍したものの、それ以外はドイツ陸軍によって釘づけにされてしまった。この間、ドイツに対する西側連合国の対抗手段は主に空軍だった。そしてこの空軍は、後世の研究が指摘した通り、民間人を殺害し、都市を破壊することを除いてははなはだしく無能であった。進軍を続けることができたのは唯一ソ連軍だけで、主に共産主義に鼓舞された武装抵抗運動は、バルカン半島——なかでもユーゴスラヴィア、アルバニア、ギリシャ——においてのみ、ドイツ、そしてドイツ以上にイタリアにとって、深刻な軍事上の懸念となった。そうであっても、ウィンストン・チャーチルが「圧倒的な力を適切に用いる」ことで勝利は確実であると、真珠湾攻撃後に自信たっぷりに主張したことは正しかったのである(Kennedy, p. 347)。一九四二年末以降、枢軸国に対する連合国の勝利を疑う者はいなかった。そして連合国は、みえてきた勝利にどう対処するか、専念するようになっていった。

この後の軍事的展開をさらに追う必要はない。一九四四年六月に連合国軍が大挙して大陸に再び進軍したあと、西部戦線におけるドイツの抵抗は非常に強固であったことと、一九一八年とは異なり、ヒトラーに対する革命がドイツで起きる気配はなかったことを、書き留めておくだけでじゅうぶんである。ドイツの将官、つまり伝統的なプロイセンの軍事力の中心にいた者たちだけが、一九四四年七月のヒトラーの失脚計画を練った。というのもかれらは、ドイツが完全に破壊されてしまうヴァーグナーの『神々の黄昏』の熱狂的なファンというよりは、合理的な愛国主義者たちであったからだ。大衆からの支持があったわけではなく、計画が失敗した後は、ヒトラー支持者によって一斉に処刑された。東では、玉砕覚悟で戦う日本の決意に隙が生じる兆しはさらになかった。こうした日本をはやく降伏させるために、広島と長崎に原爆が投下された。一九四五年の勝利は、完全な無条件降伏であった。戦勝国は敗戦した敵国を完全に占領した。少なくともドイツと日本では、占領軍から独立した権力は認められていなかったので、公式な講和は結ばれなかった。講和交渉にもっとも近いものとして挙げられるのは、一九四三―四五年にかけて開かれた一連の会談で、一九四三年にテヘラン、一九四四年秋にモスクワ、一九四五年年頭にクリミア半島のヤルタ、一九四五年八月に占領下ドイツのポツダムで行われた。こうした会談で、主要な連合国、つまり米・ソ・英は戦利品の配分を決め、それぞれの関係を戦後どうするか、方向性を決めようとした（それほどうまくいかなかったが）。これらの会談より成果を残したのは、一九四三―四五年に行われた連合国間での交渉であった。この交渉において、国際連合創設も含めて、国家間の政治的・経済的関係のより一般的な枠組みが作られた。このあたりに関しては別の章で述べることにする（第9章参照）。

このように第二次世界大戦は、第一次世界大戦以上に、イタリアを除き枢軸国も連合国も妥協を真剣に考えることなく、とことんまで戦い抜いた。イタリアの場合、一九四三年に変節して政治体制が変わったこともあり、もっぱら占領地として扱われるのではなく、連合国が承認した政府をもつ敗戦国として扱われた（ドイツ軍とそれを頼みとするムッソリーニ支配下のファシスト「社会共和国」を、イタリアの半分を占める地域からおよそ二年にわたって連合国は追い出せなかったという事実にイタリアは助けられた)。第一次世界大戦とは異なる両者のこの非妥協的な態度はとくに説明する必要がない。これは宗教戦争であり、近代的な言葉でいえば、両者が奉じるイデオロギーの戦いであったのだ。また交戦国のほとんどにとり、この戦争が生存を賭けた戦いであることは明らかだった。ポーランドとソ連の占領地域、またユダヤ人の運命(かれらに対する制度的な殲滅作戦は、すぐには信じようとしなかった世界にも徐々に知られるようになった)からわかるように、ドイツの国家社会主義政権に負けた場合の代償は、隷属と死であった。だからこそ、戦争は無制限に行われた。第二次世界大戦は全面戦争から総力戦へとエスカレートしていった。

第二次世界大戦の損失は、文字通り計算できる程度では済まない。おおまかな計算すら不可能だ。それは、この戦争が(第一次世界大戦と異なり)戦闘員と同じように躊躇なく民間人を殺害したからであり、そのなかでも最悪の事態は、誰ひとり損失を計算したり配慮できない場所・時間に起きたからだ。この戦争が直接の原因となった死は、第一次世界大戦の(推定)死亡者数よりも三―五倍多いと見積もられてきている(Milward, p. 270 ; Petersen 1986)。言い換えると、ソ連・ポーランド・ユーゴスラヴィアの全人口の一〇―二〇%、ドイツ・イタリア・オーストリア・ハンガリー・日本・中国の四―六%に相当する。英仏の犠牲は第一次世界大戦よりもずっと少なく約一%だったが、アメリカではいくぶん高かった。そうはいっても、これらは推測にすぎない。ソ連の犠牲者は幾度となく数えられてきており、公式には七百万、一一〇〇万、もしくは二千万、五千万程度という概算もある。いずれにせよ、数がこれだけ天文学的である場合に、統計的な厳密さはなんの意味ももたない。もし歴史家が、ホロコーストの死者数を六百万ではなく五百万、あるいは四百万と訂正したら、ホロコーストの恐怖は軽くなるのだろうか（六百万というのがもとの推計だが、大雑把かつ間違いなく誇張されている）？　ドイツによる九百日にわたったレニングラードの攻撃（一九四一―四四年）で、飢餓と消耗により死亡した数が百万人、七五万人、五〇万人のどれであるか、重要な意味をもつだろうか？　そもそも、物理的に直観でわかる現実を超えてしまう数字を、しっかり理解することができるのだろうか？　この頁をめくっている一般的な読者にとり、ドイツで捕虜となった五七〇万のロシア人のうち三三〇万人が死亡したことは、どんな意味をもつのだろうか（Hirschfeld 1986）？　第二次世界大戦の犠牲者について唯一確かなことは、全体的にみて女性より男性のほうが多く殺害されたということだけである。ソ連では一九五九年の段階でもまだ、三五―五〇歳の女性七人に対し、男性は四人という割合だった（Milward 1979, p. 212）。建造物は、生存者よりも簡単に再建された。

III

近代戦争にはあらゆる市民が巻き込まれ、ほとんどが動員されることは、当然視されている。また、軍備——その生産のために全経済が転用され、想像を絶する量が使用される——をもって戦われること、無数の破壊が行われ、巻き込まれた国の日常に大きな影響を与え、また変えてしまうことも、当たり前のことと思われている。しかし、こういったことが当てはまるのは二〇世紀の戦争だけである。たしかに、悲劇的な破壊をもたらした戦争は二〇世紀より前にもあった。革命期のフランスでのように、近代の総力戦への準備を先取りするような戦争すらあった。今日に至るまでアメリカでは、一八六一—六五年の南北戦争が史上もっとも犠牲者を出した戦争であり、それは二度の大戦・朝鮮戦争・ヴェトナム戦争を含め、のちの戦争での死者数の総計と同じくらいだった。それでも、二〇世紀が始まるまでは、社会全体が巻き込まれる戦争というのは例外的だった。例えば、ナポレオン戦争中にジェーン・オースティンは小説を執筆している。ただ、参戦した大勢の若い紳士たちを小説に登場させても戦争そのものは小説に登場しないため、戦争があったことをもともと知らない読者は推測できないだろう。しかし、二〇世紀の戦争の最中のイギリスについては、このような書き方はできないだろう。

総力戦という二〇世紀の怪物は、生まれた時からすべてが揃っていたわけではない。しかし、一九一四年以降の戦争が全面戦争であったことは間違いない。第一次世界大戦の段階で、イギリスは軍隊に男性人口の一二・五％を動員した。ドイツは一五・四％、フランスは約一七％を動員した。第二次世界大戦では、軍に入隊した割合は、現役の全労働力のうちおよそ二〇％というのがきわめて一般的だった（Milward 1979, p. 216）。ちなみに、これだけのレベルの大量動員はもって数年であるが、生産性が高い近代的な工業経済になっているか、そうでなければ経済の大部分が非戦闘員によって管理されているのでなければ、維持は無理である。伝統的な農業経済では、これだけ大規模な労働力をふつう動員できない。季節によっては可能かもしれないが、通年を通しては不可能だ。少なくとも暖かい地域では、働き手全員が必要とされる時期が農業の暦で一年に数回やってくるからである（例えば収穫の刈り入れなど）。工業化社会であっても、これほど大規模な動員は労働力にとって大きな負荷になる。だからこそ、近代の全面戦争によって組合労働者の力は強化され、女性の家庭の外での雇用という革命が起きた。これは第一次世界大戦では一時的なものにとどまったが、第二次世界大戦ではずっと続くことになった。

いま一度繰り返すが、二〇世紀の戦争は、戦闘中にそれまで想像できなかったほど多くのものを使い、破壊したという意味で全面戦争であった。だからドイツ人は、一九一四―一八年の西部戦線での戦いを「消耗戦」と表現した。ナポレオンの時代、フランスの工業生産力は非常に限られていたが、幸運なことに、一八〇六年のイエナでの戦いに勝利し、わずか一五〇〇発の砲弾でプロイセンの力を破壊した。しかし第一次世界大戦前の段階では、フランスは軍需用に一日当たり砲弾を一万から一万二〇〇〇発生産する計画を立て、しまいには、一日二〇万発生産しなければならなくなった。帝政ロシアですら一日一五万発、一カ月で四五〇万発のペースで製造していた。機械で作業を行う工場の生産工程に革命的変化が起きていたのは、驚くに値しない。砲弾より破壊力がないものについて述べておくと、第二次世界大戦中、アメリカ陸軍が五億一九〇〇万足を超える靴下と二億一九〇〇万以上のズボンを注文していたことを思い出していただきたい。他方、ドイツ軍は、官僚主義的な伝統に忠実なだけに、一九四三年の一年間で四四〇万丁の鋏と、軍の事務所でつかうスタンプの朱肉を六二〇万個注文していた(Milward 1979, p.68)。このように、全面戦争には大量生産が必要不可欠だった。

しかし、生産には組織と管理が必要である。たとえその目的が、ドイツの絶滅収容所のように、いちばん効率的なやり方で人間の命を合理的に奪うことであったとしても。極論をいえば、総力戦とは、組織と運営を意識的に必要とする人類史上最大の事業である。

これは新たな問題を生んだ。各国政府は一七世紀、常備軍の運営を軍事を請け負う人々に任せず自分たちで引き受けたが、これ以降、軍事には政府がつねに特別な関心を払ってきた。実際、軍隊と戦争が民間のいかなる商売よりもずっと大きな「産業」、つまり、経済活動の複合体になるのに時間はかからなった。だからこそこの産業は、一九世紀になると、工業化時代に発達した巨大な個人ビジネスに専門知識と経営に必要なスキルを頻繁に提供することができた。例えば、鉄道建設のプロジェクトや港の建設が挙げられる。さらに、ほとんどの政府が、兵器や軍需品製造に携わっていたが、一九世紀後半には、軍需品生産に特化する業者――とくに大砲や海軍などの高度な技術が必要とされる部門――と政府とのあいだに共存関係のようなものができていた。これは、われわれが今日「軍産複合体」と呼んでいるものの先駆けである（『帝国の時代』第13章を参照）。こうした状況ではあったが、それでも、フランス革命から第一次世界大戦までの時代は、戦時であっても経済は可能な限り平時と同じように機能する（「平常通り営業」）ことが基本的には前提とされていた。もちろん、戦争の影響をもろに感じる産業もあるだろう。例えば、衣料産業では。この産業では、平時に可能な生産能力を大幅に超えるほど、軍用衣料品の製造を求められた。

政府は自分たちの主な課題は財政だと考えていた。つまり、戦費をどう賄ったらいいのか、ということだ。融資を受けるべきか？　直接課税すべきか？　どちらにせよ、適切な期間は？　結果として、財務省なり大蔵省が戦争経済の最高司令官としてみられるようになった。財務省なり大蔵省の役人は（若かりし頃のイギリスのJ・M・ケインズのように）、財政上の負担を勘案せずに勝利を追い求めようとした政治家に反対した。にもかかわらず、第一次世界大戦は政府が予測した以上に長引き、人員と兵器が想定を超えて使用されたため、「平常通り営業」と財務省・大蔵省が優位に立つことは不可能になった。もちろん役人は正しかった。イギリスは二つの大戦を国力の限界を超えて戦ったため、経済は長くマイナスの影響を受けることとなった。しかし、近代的なスケールで戦争を行うのであれば、コストの計算だけでなく、生産――そして最終的には経済全体――の管理・計画が必要であった。

この点について、政府は第一次世界大戦中にようやく経験から学んだ。第二次世界大戦では、第一次世界大戦を経験したおかげで、最初からこのことがわかっていたし、その教訓を各国の役人は猛勉強していた。しかし、だんだんと明らかになっていったこともあった。政府はどのように経済を完全に管理しなければならないのか、また、物資に関する計画と資源の配分（通常の経済的メカニズムによる配分以外で）がどれほど不可欠であるか、といったことである。第二次世界大戦開戦当初、経済を物理的に管理するメカニズムをもっていたのは、二カ国だけだった。ソ連と、ソ連ほどではないがナチス・ドイツである。これは驚くに値しない。なぜなら、ソ連の計画という考えはもともと、ドイツが計画した一九一四―一七年の戦争経済についてボリシェヴィキがもっていた知識に刺激されたもので、ある程度それに基づいていたからだ（第13章参照）。他の国、とくに英米では、こうした仕組みが芽生える気配すらなかった。

したがって、奇妙なパラドクスが生じたことになる。つまり、各国政府が両大戦中に運営・計画した戦争経済のなかで、また総力戦、つまりあらゆる戦争経済のなかで、合理的な官僚主義に基づいた組織の伝統と理論をもつドイツより、西側の民主主義国家——第一次世界大戦では英仏、第二次世界大戦では英米——のほうがずっと優れていることが明らかになったのだ（ソ連の計画については第13章を参照）。その理由については推測するほかないのだが、この事実は疑いようがない。ドイツの戦争経済は、あらゆる資源を戦争に動員するうえで、西側ほど組織だってなく、また効率的でもなかった。もちろん、電撃作戦が失敗したあとは、動員の必要もなかった。事実、ドイツの民間人を以前より気にかけなくなっていた。第一次世界大戦を無傷で生き延びた英仏在住の人々は、大戦前より貧しい時ですら、健康状態がいくらか改善される傾向にあり、労働者の実質賃金は上がった。かれらよりドイツ人たちのほうが飢えていた。それにたたみかけるように、労働者の実質賃金は下がっていた。第二次世界大戦中の比較はもっと難しい。フランスは早々に敗北、以前より豊かになったアメリカでは、切迫感はずっと少なかった。さらに貧しくなったソ連は追い詰められていた。ドイツの戦争経済にとって事実上ヨーロッパ全土が搾取の対象だったが、終戦時には、西側の交戦国より物理的破壊はずっとひどい状態になっていた。それでも全体としては、より貧しいイギリスでは、一九四三年までに民間人の消費は二〇％以上落ちたが、終戦時には、食糧の供給量はわずかだがましになっていたし、健康状態もよくなっていた。これは、戦争を計画に入れた経済が制度的に、平等・公平な犠牲・社会正義を目指していたからである。ドイツのシステムは、もちろん、原則として公平なものだったわけではなかった。ドイツは占領したヨーロッパの土地の資源も人材も搾取し、ドイツ人以外を劣ったものとして扱った。極端なケースはポーランド人だが、とくにひどかったのはロシア人とユダヤ人で、事実上奴隷労働力として、つまり、生かしておく必要のない存在として消耗品のように扱った。一九四四年、ドイツでは、非ドイツ人の労働力が五分の一を占めるまでに上昇していた。軍需産業では三〇％を占めるまでになっていた。こうした状況であっても、ドイツ人労働者についていえることといえば、実質賃金は一九三八年と同じにとめ置かれたということぐらいだった。イギリスでは子どもの死亡率と罹患率は戦中しだいに下がっていった。ドイツに占領され、支配下におかれたフランスは、その食糧の豊かさでよく知られており、一九四〇年に戦争から手を引いていたが、国民の平均体重と健康状態は全年齢層で悪化した。

総力戦によって管理に革命がもたらされたことは間違いない。技術と生産力をどれくらい劇的に変えたのか？　別の言い方をすれば、経済を発展させたのか、あるいは遅らせたのだろうか？　技術に関していえば、総力戦が技術を進歩させたことは明らかである。工業化が進んだ国と国との対立は、単に軍隊同士の戦いではなく、効果的な武器や必要不可欠なサービスを自国軍に提供するための競合するテクノロジーの戦いでもあったからだ。

第二次世界大戦が起きず、またナチス・ドイツが核物理学の発見を悪用する恐れがなかったら、原子爆弾が作られていなかったことは確実である。また、なんらかの核エネルギー生産に必要なきわめて莫大な支出も、二〇世紀に保証されることはなかっただろう。核兵器以外でも、もともと戦争のために進歩した技術は平時でのほうがずっと応用可能であることがわかってきた。例として航空学やコンピュータが挙げられる。だからといって、戦争や戦争のための準備が、技術的進歩を加速させる重要な装置になっている事実は、微塵も変わらない。利益とコストを計算すれば平時には絶対に請け負ってもらえない、あるいは平時であればゆっくり焦らず行われるような技術的イノヴェーションを開発するコストを戦争が「負担する」ことで、技術は加速度的に進歩した（第9章参照）。

とはいえ、戦争が技術に強い関心を抱くことは新しいわけではない。それだけでなく、近代の工業経済は、絶え間のない技術革新のうえに築かれており、戦争がなかったとしても、こうした革新はおそらく加速度的に起きていたはずである（議論のために、戦争がなかったらという非現実的な仮定をできればだが）。戦争、なかでも第二次世界大戦は、技術に関する専門知識の普及で大きな役割を果たしたし、産業組織や大量生産方式に大きな影響を与えた。しかし、全体的にみて戦争がもたらしたのは、構造の変化というより変化の加速化であった。

戦争によって経済は成長したのか？　ある面では、そうならなかったことは一目瞭然である。労働人口の減少は別として、生産資源を失ったことが重くのしかかった。第二次世界大戦中、戦前の資本的資産のうちソ連では二五％が破壊され、ドイツでは一三％、イタリアでは八％、フランスでは七％だった。しかしイギリスでは三％にとどまった（ただこれは、戦時中の新しい建設事業によって相殺されているはずである）。極端な例ではあるが、ソ連経済の場合、戦争は実質的に完全にマイナスだった。一九四五年の時点でソ連の農業は、戦前の五カ年計画での工業化の時のように、荒廃していた。残されたものといえば、融通が利かない肥大化した軍需産業、大幅な人口減少と飢餓に苦しむ人々、大規模に破壊された物理的環境だった。

他方、戦争はアメリカ経済にプラスに影響したことは明らかである。両大戦中、とくに第二次世界大戦中の成長率は異常なほど高かった。第二次世界大戦の時は、年間でおよそ一〇％の成長率をたたき出した。それ以前も以後も、これほどの成長率を示したことはない。二つの大戦でアメリカは二つの利点をもっていた。第一に、戦場から遠く離れたところから連合国に多くの武器を提供したこと、第二に、生産の拡大をどこよりも効率的に組織できる経済的能力が挙げられる。おそらく、両大戦がもたらした経済効果のうちもっとも長く続いたのは、「短い二〇世紀」を通じてアメリカ経済にグローバルな優位性が与えられたことである。この優位性は、二〇世紀の終わりになってようやく陰りがみえ始めた（第9章参照）。一九一四年には、アメリカ経済はすでに世界最大の工業国だったが、支配的というほどではなかった。大戦によりアメリカのライバルたちが弱体化するなか、アメリカ経済は相対的にも絶対的にも強くなり、経済をめぐる状況は一変した。

（両大戦中の）アメリカと（とくに第二次世界大戦中の）ロシアが、戦争が経済に与えた影響の両極端を表しているとするなら、他の国はこの両極端の間のどこかに位置している。全体的には、カーブの曲がり方はアメリカよりロシアに近かった。

Ⅳ

戦争の時代の人的影響や人間が払った犠牲がどれほどのものだったか、まだわからない。本書ですでに触れた多くの犠牲は、そのほんの一部にすぎない。興味深いことに、第一次世界大戦の時のほうが第二次世界大戦よりも犠牲者数はずっと少なかったにもかかわらず、残した影響はずっと大きかった（ソ連は当然例外だが）。その証拠に、第一次世界大戦の記念碑や戦没者への崇拝は突出している。第二次世界大戦は「無名戦士」に捧げられた記念碑に相当するようなものは生み出さなかった。だが、第二次世界大戦後には、第一次世界大戦の「休戦日」の祝賀（一九一八年一一月一一日の記念日）はだんだんと戦間期の厳粛さを失っていった。おそらく、一〇〇〇万人にのぼる死者がそこまで多くの犠牲を予期していなかった人々に与えた衝撃は、大量虐殺としての戦争を経験済みの人々に五四〇〇万人の犠牲者が与えた衝撃より残酷だったのではないだろうか。

総動員体制といかなる犠牲を払っても際限なく戦争を行うという双方の決意は、画期的だった。それがなければ、二〇世紀がどんどん残忍で非人間的な時代になっていったことは説明できない。野蛮さを示す指標が、一九一四年以降上昇してきていることに、残念だが疑問の余地はない。二〇世紀初頭、西ヨーロッパ全土では、拷問が公式に行われることはなくなっていた。しかし一九四五年以降、少なくみても国連加盟国の三分の一に及ぶ地域で拷問が実施される状況に、さして嫌悪を感じることなくまた慣れてしまった。このなかには、最古の歴史をもち、もっとも文明化した国も含まれている（Peters 1985）。

第一次世界大戦後には、ある種の元兵士たち（退役軍人）、とくにナショナリストで極右であった屈強な殺人部隊や「義勇軍」にいた者のなかには、より暴力的になっていた者もあった。しかし、ますます残酷さが苛烈になっていったのは、人間に潜む残酷さや暴力性が解放されたから――それは戦争によって当然のように正当化される――というわけではない。友を自ら殺したり、あるいは友が殺されたりずたずたにされるところを目撃した人間が、大義のために敵を殺害したり残忍な扱いをすることは、なんら不思議なことではない。

むしろ、その主な理由として挙げられているのは、戦争の奇妙な民主化である。民間人とその生命が戦略の確実なターゲット――ときには主要なターゲット――となったこと、民主政治と同様民主的な戦争では、敵は憎むにじゅうぶん値する存在、少なくとも卑劣な存在である必要があり、そのために悪魔や鬼かのように扱われたため、対立全体が「人民と人民の戦争」になった。戦争が職業軍人や専門家、とくに社会的地位が似ている者同士で行われる場合には、互いに尊敬しあうことやルールの受容、そして騎士道精神ですら除外されることはない。暴力には暴力のルールというものがあるのだ。これは、両大戦を空軍として戦った戦闘機パイロットたちにまだ見られた。例えば、ジャン・ルノワールの第一次世界大戦についての平和主義的な映画『大いなる幻影』が挙げられる。政治と外交のスペシャリストたちは、選挙や新聞に制約を受けなければ、敵方に対して難しい気持ちを抱かずに宣戦を布告したり、和平交渉をしたりすることができる。それは、ボクサーたちが一戦を交える前に握手を交わし、試合後に一緒に酒を飲むのに似ている。しかし、二〇世紀の総力戦は、ビスマルク的あるいは一八世紀的なパターンとかなり違ったものになっていた。大衆の国民感情が動員されている戦争である以上、貴族同士の戦争のように限度を設けることはできない。そして第二次世界大戦では、ヒトラー政権の性質と東ヨーロッパでのドイツ人（ナチスでなかった頃の古いドイツ陸軍を含め）の行動は、相当な悪魔としてみられても仕方のないものだった。

もう一つの理由として、戦争が新たに非人格化されたことが挙げられる。非人格化とはつまり、殺害や加害行為が、ボタンを押したりレバーを動かしたりという遠隔地操作によってできるようになったことを意味する。内臓を銃剣でえぐったり、銃の照準を合わせたりするには、犠牲者となる敵を見ざるをえないが、技術により犠牲者は不可視にされたのだ。西部戦線にながらく固定された銃の向こう側にいるのは、人間ではなく統計、それもきちんと集計した本物の統計ではなく、仮説に基づくものだった。のちにアメリカが、ヴェトナム戦争で敵の犠牲者を「戦死者数」で表したように具体的な。空爆中、そのずっと下には焼かれたり内臓が飛び出したりする具体的な人間がいるのではなく、的があるにすぎなかった。だから、温厚な若者——戦争でなければ、妊娠中の村娘の腹に銃剣を突き刺すことなどぜったいに望みもしなかっただろう——であっても、ロンドンやベルリンに高性能爆弾、そして長崎に原爆すらいとも簡単に落とせたのだ。戦争でなければ、飢えるユダヤ人を処理場に送り込むことにぜったいに嫌悪感を抱いただろう勤勉なドイツの官僚も、個人的な責任をそれほど感じないからこそ、ポーランドの絶滅強制収容所へ死の列車を定期的に送るため、時刻表通り運行することができた。わたしたちの世紀でなにがもっとも残酷だったのかというと、遠く離れていながら決定を下せることと、制度と型にはまった繰り返し作業がもつ非人格性である。とくにそれが、気の毒だが作戦上必要だと正当化される場合には、いっそう残酷である。

こうして、世界中の強制的な排除や天文学的な規模の殺害は珍しいものではなくなっていった。もともとは馴染みのないことだったため、「無国籍」や「ジェノサイド」という新しい言葉が造られた。第一次世界大戦では、トルコによって数え切れないほどのアルメニア人が殺された（もっとも言及される統計では一五〇万人）。この殺害は、一民族を地上から抹殺しようとする現代では初の試みとみなしうる。その後は周知の通り、ナチスによる約五百万人（数についてはまだ論争がある）のユダヤ人殺害が続いた（Hilberg 1985）。第一次世界大戦とロシア革命では、数百万に上る人々が難民として、あるいは国家間での強制的「人口の入れ替え」のために移動を余儀なくされた。「人口の入れ替え」とはけっきょく、難民になるのと同じことだった。総計一三〇万のギリシャ人が、主にトルコからギリシャへ送還された。四十万のトルコ人が、かれらを所有する権利があると主張した国へ移された。二十万ほどのブルガリア人は、領土が縮小された、ブルガリアという名を冠した土地へ移住した。ロシア革命から逃れたか、ロシア内戦の敗者側だった一五〇万、おそらく二百万のロシア人は、故郷を失った。新たな文書が生み出されたのは、虐殺を逃れた三二万のアルメニア人のためというよりは、官僚制度が世界的に築かれていっているにもかかわらず、どの国の役所にも存在が記録されていないこうした人々のためだった。新しい文書とはつまり、国際連盟が発行した、いわゆるナンセン・パスポートである。この名前は、ノルウェーのナンセンに由来している。かれは偉大な北極探検家だったが、友なき者の友として、第二の成功を収めた。大雑把な概算だが、一九一四―二二年にかけて、四百―五百万の難民が発生した。

こうして、おびただしい数の人間ががらくたのように溢れるようになった。しかしこれは、第二次世界大戦に続いて起きたことや、かれらが受けた非人間的扱いに比べれば無いに等しかった。一九四五年五月の段階で、ヨーロッパには故郷を追われた人々がおよそ四千五十万人いたと推測されている。この数には、ドイツ人以外の強制労働者やソ連進軍以前に逃げたドイツ人は入っていない（Kulischer 1948, pp. 253-57）。約千三百万のドイツ人が、ポーランドとソ連に併合されたドイツの地域やチェコスロヴァキア、長い間定住していた南東ヨーロッパから追放された（Holborn p. 363）。こうした人々は、新生・ドイツ連邦共和国が受け入れることとなる。新国家イスラエルがいかなるユダヤ人にも「帰還権」を与えたように、共和国は戻ってくるドイツ人には誰であっても家と国籍を提供した。多くの人々が移動していた時期でなければ、国家はこのような提案を真面目に申し出られなかっただろう。一九四五年、戦勝国側の軍隊は、さまざまな国籍の「強制的に移住させられた人々」がドイツに一一三三万二七〇〇人いることを発見した。そのうち一千万人はただちに故郷へ帰還した。ただし、その半数は自らの意志に反して無理やり帰国させられた（Jacobmeyer 1986）。

以上は、ヨーロッパの難民のみの話である。一九四七年のインドの脱植民地化では、これに伴う内乱で殺された二百万人の他に、一五〇〇万の難民が発生した。かれらはインドとパキスタンとのあいだに新しくひかれた国境線を（インドからパキスタンへ、パキスタンからインドへ）越えざるをえなかった。第二次世界大戦のもう一つの副産物である朝鮮戦争では、おそらく五百万の人々が住む場所を追われた。さらにもう一つの副産物であるイスラエルの建国後は、約百三十万のパレスチナ人が国連パレスチナ難民救済事業機関（UNRWA）に登録された。ぎゃくに、一九六〇年初頭の段階で、一二〇万のユダヤ人がイスラエルへ移住していた。その多くが難民であった。つまり、第二次世界大戦によって幕が開かれた世界規模での人間の破滅が、人類史上最大の破滅であったことはほぼ間違いない。この破滅の悲劇は、殺害・拷問・おびただしい数の亡命が日常茶飯事になった世界に生きること——そうなったことに私たちはもはや気づかない——を、人類が学んでしまったことである。

オーストリア大公がサラエヴォで暗殺されてから日本が無条件降伏するまでの三十一年を振り返ってみると、ドイツで一七世紀に起きた三十年戦争に匹敵する大混乱の時代にみえるに違いない。そしてサラエヴォ——はじまりのサラエヴォ——から、世界は破滅と危機の時代に入った。これが本章の主題であり、次章から四つの章を割いてこれを扱う。そうはいってもこの三十一年間は、交戦国がもっと限られていた三十年戦争と同じような記憶を、一九四五年以降の世代に残しはしなかった。

その理由の一つは、この三十一年が一つの時代を成しているというのは、歴史家の観点でしかないからだ。この時代を生きていた者にとって三十一年間は、あからさまな戦闘が行われていない「戦間期」によって区切られる二つの戦争——関連はしているが別物——として経験された。戦間期は、日本の場合（一九三一年に満州で戦争を始めるまでの）十三年、アメリカにとっては（一九四一年一二月まで第二次世界大戦に参戦しなかったので）二十三年続いた。しかし、戦間期以外の理由もある。両大戦は、それぞれ歴史的に重要な性質と特徴をもっていた。それは、二つの大戦が例をみない大虐殺だったということだ。そのため次世代は、科学技術が引き起こした悪夢のような光景——一九一八年以降は毒ガスや空爆、一九四五年以降は原爆のキノコ雲——に取り憑かれてしまった。両大戦が終結した時、ヨーロッパとアジアの広い範囲は破壊され、そして次章で扱うように、社会革命の只中にあった。この時、アメリカを除く交戦国は消耗し、弱り切っていた。アメリカは大きな被害を被ることなく、むしろ以前より豊かになり、世界経済の覇者として登場した。共通点を挙げはしたが、両大戦は著しく異なってもいた。まず、第一次世界大戦では何も解決されなかった。第一次世界大戦から生まれた希望——国際連盟のもとでの国民国家が平和で民主的な世界をつくる、一九二三年の世界経済への復帰、（ロシア革命を崇拝した者は）抑圧された者が立ち上がって数年ないし数カ月の間に世界の資本主義を転覆する——は、すぐにかき消されてしまった。過去はもはや手が届かず、未来は先送りされ、一九二〇年代半ばの束の間の数年間を除いて現状は悲惨、そんな状況だった。これに対して第二次世界大戦の場合は、少なくとも数十年にわたり、実際に解決策が与えられた。「破滅の時代」に資本主義が引き起こした劇的な社会的・経済的問題は、消えたかにみえた。事実、欧米の世界経済は「黄金時代」に入ったし、驚くほど好転した物質的豊かさに支えられ、欧米の政治的民主主義は安定した。戦争は第三世界だけの話になった。他方では、革命を進める方法が見出されたかにみえた。古い植民地帝国はすでに消えたか、早々に消える運命にあった。いまや超大国へと姿を変えたソ連を中心に共産主義国から成る共同体が結成され、経済成長を欧米とすぐにでも競えるかのようだった。これは結局幻想に終わったが、一九六〇年代までそのように思われていた。いま振り返ればわかる通り、国際情勢も、そうとはみえなかったものの、落ち着いていた。第一次世界大戦後と異なり、ドイツや日本といった旧敵国は、（欧米の）世界経済に再統合され、新たな敵同士、つまり米ソが直接ぶつかりあうことも一度としてなかった。

それから、両大戦を終わらせた革命もきわめて異なるものだった。これから本書で触れていくように、第一次世界大戦後に起きた革命は、大戦を生き延びた人々のあいだで強まっていた無意味な大虐殺への嫌悪に根ざしていた。戦争反対の革命であった。第二次世界大戦後の革命は、敵、つまりドイツや日本、一般的にいえば帝国主義に対する世界的な闘争に大衆が参加したことで生まれた。この闘争は、どれだけひどいものであったとしても、参加した者は正義だと感じていた。このように、戦後に起きた革命は第一次世界大戦と第二次世界大戦とで異なっていたのだが、二つの大戦と同様に、歴史家の視点からすると、単一のプロセスとして理解できる。それでは、これについて考えてみることにしよう。

註

(1) 形としては、ヴェルサイユ条約はドイツのみとの講和である。パリ近郊のさまざまな公園や王宮は、他の条約の名称として使われている。オーストリアとのサン・ジェルマン、ハンガリーとのトリアノン、トルコとのセーブル、ブルガリアとのヌイイなど。

(2) 一九一四年以前には存在しなかった、あるいは存在しえなかった一触即発の問題として、ユーゴスラヴィア内戦、スロヴァキアでの分離主義者による煽動、バルト諸国の旧ソ連からの離脱、トランシルヴァニアをめぐるハンガリーとルーマニアとの争い、モルドヴァ(モルダヴィア、旧ベッサラビア)の分離主義、さらにはカフカス一帯のナショナリズムが挙げられる。

(3) オーランド諸島は、フィンランドとスウェーデンとのあいだに位置し、フィンランドの一部だった。ここの住人は、今も昔もスウェーデン語の話者だけである。これに対し、フィンランドは新たに独立した時、攻撃的なほどにフィンランド語の優位性にこだわった。国際連盟は、隣りのスウェーデンへ帰属させるのではなく、別の方策としてある構想を打ち出した。それは、オーランド諸島でのスウェーデン語の排他的使用を保証するもので、フィンランド本土からの無要な人の移住に対してオーランド諸島を保護するものだった。

第2章　世界革命

同時に（ブハーリンは）こう付け加えた。「わたしたちは革命の時代に入ったと思っている。ヨーロッパ全土、そして最終的には全世界で革命がようやく勝利するまで、この時代は五十年続くだろう」。

アーサー・ランサム『一九一九年ロシアでの六週間』（Ransome 1919, p. 54）

抑圧と搾取を糾弾するシェリーの詩を読むのは、なんと恐ろしいことだろう（三千年前のエジプトの小作人の歌は言うに及ばず）。抑圧と搾取にあふれた未来でも読まれることになるだろうか？　そして人々は「昔ですら……」と話すのだろうか？

ベルトルト・ブレヒト、一九三八年にシェリーの『無政府の仮面劇』を読んで（Brecht 1964）

フランス革命以後、ヨーロッパではロシアで革命が起きた。そしてこれは、もう一度世界に次のことを教えてくれた。もっとも屈強な侵略者でも、祖国の運命が貧しい人・謙虚な人・無産階級の人・労働者の手に本当に委ねられるやいなや、撃退されうることを。

イタリアのパルチザンであるエウゼビオ・ジャンボーネ第19旅団の壁新聞。一九四四年（Pavone 1991, p. 406）

革命は、二〇世紀の戦争から生み落とされた。なかでも一九一七年のロシア革命はソ連をつくり、ソ連は三十一年にわたる戦争の第二局面によって超大国へと姿を変えた。しかし、これに限らず二〇世紀は世界のどこかでつねに革命があった。ただ、戦争をすれば交戦国に必ず危機や破壊、革命が生じるというわけではない。実際一九一四年以前には、これと逆の仮説が優勢だった。少なくとも、昔から受け継いできた正当性をもつ既存の体制に関しては。かつてナポレオン一世は、苦々しく次のような愚痴をこぼした。プロイセン王が軍事的大敗を喫して領地の半分を失っても生き永らえたように、オーストリアの皇帝だったら戦いで百回負けても問題なく生き残るだろう。しかしフランス革命の落とし子であるナポレオンは、たった一つの戦いに負けただけで危機的状況に立たされてしまうだろう、と。それでも、二〇世紀の総力戦が交戦国とその国民に与えた重荷は圧倒的に重く、前代未聞であり、国にも国民にとっても限界、おそらく崩壊寸前だった。終戦時に戦前とほぼ同じ状況でいたのはアメリカだけで、むしろより強くなっていた。他の国すべてにとって、終戦は大混乱でしかなかった。

旧世界に未来がないことは明らかにみえた。中国語の言い回しのように、古い社会、古い経済、古い政治システムは、「天命を失って」いたのだ。人類はこれまでと違う何かを待っていた。それが何であるかは、一九一四年には誰もがわかっていた。ヨーロッパのほとんどの国で、この「何か」を代表したのは社会主義政党だった。社会主義政党は、それぞれの国で拡大する労働者階級に支持基盤をもち、かれらの勝利は歴史的必然であるという信念によって活気を得ていた（『帝国の時代』第5章を参照）。必要なのは、合図だけにみえた。人々が立ち上がり、資本主義を社会主義に置き換えることで、世界大戦の無意味な苦しみを前向きなものへ変えるには。つまり、世界大戦の苦しみを、新しい世界が生まれるのに伴う出血や苦しみ、発作として捉えかえすためには。この合図を世界に送り始めたのがロシア革命、より正確には一九一七年のボリシェヴィキによる十月革命だった。だからこそ、一九世紀にとっての一七八九年のフランス革命のように、ロシア革命も二〇世紀史の重要な出来事となった。事実、本書で定義するところの「短い二〇世紀」の歴史が、十月革命で生まれた国家の生涯と一致するのは、偶然ではない。

しかし、十月革命の影響はフランス革命よりずっと甚大であり、広範囲だった。思想という点では、たしかにいまでは明らかなように、フランス革命のほうがボリシェヴィキより長く残った。しかし実際に与えた影響という点では、一七八九年の時より一九一七年の時のほうが大きく、長続きした。十月革命は、近代においてもっとも手強い組織的革命運動を生んだことになる。十月革命の影響の世界的広がりは、イスラームが最初の百年で行った遠征以来、類をみなかった。レーニンがペトログラードのフィンランド駅に降り立ってからわずか三十―四十年後には、人類の三分の一が「世界を揺るがした十日間」(Reed 1919)から直接生まれた政権と、レーニンの組織モデルである共産党のもとで暮らしていた。そのほとんどは、一九一四―四五年の長い世界戦争の第二局面で革命の第二の波が生じた時に、ソ連のあとに続いたのだった。本章は、この二つの局面をもつ革命についての章である。ただし、焦点となるのは当然のことながら、これほどの影響力をもった一九一七年の革命と、それが後の革命に強いた特殊かつ独特の様式である。

どのような場合でも、のちの革命は一九一七年の革命におおきく左右されたのだから。

I

「短い二〇世紀」にソ連の共産主義は、資本主義にとって代わるより優れたシステムであり、資本主義に勝利するのは歴史が定めた運命であると、長いあいだ主張していた。この時期、この主張を認めなかった者ですら、その多くは、共産主義が勝つ可能性はないと確信したことはほとんどなかった。十月革命から「短い二〇世紀」を通して国際政治は、古い秩序に属する諸勢力による社会革命――ソ連と国際共産主義の未来に体現されていたもの、これらと同盟関係にあったもの、あるいは依存しているとみられていたもの――に対する世俗的な闘争だったと考えられる。ただし、一九三三―四五年の時期は特筆すべき例外(第5章参照)ではある。

「短い二〇世紀」が進むにつれて、競合する二つの社会システムの諸勢力間(一九四五年以降、世界を破滅に追いやれる武器を振りかざす超大国の背後に動員された)での闘争として国際政治を考えることは、ますます現実にそぐわないものとなっていった。一九八〇年代になると、この対立は十字軍と同じくらいほとんど意味がなかった。そうはいっても、どのように闘争としての国際政治というイメージができたかは理解できる。十月革命は、一国の出来事というよりは全世界に意味をもつ出来事だと自認していた。その姿勢は、ジャコバン派の時代のフランス革命よりもっと完全かつ妥協を許さないものだった。自由と社会主義をロシアにもたらすものではなく、全世界にプロレタリア革命をもたらすための革命だった。レーニンとその同志たちは、ロシアにおけるボルシェヴィズムの勝利は、そもそも地球規模でボルシェヴィズムの勝利を勝ち取るための政治運動における一つの戦いで、そうでなければ正当化はほとんどできないと考えていた。

一八七〇年代以降の国際情勢を見守っていれば、聡明な者であれば次のことを認めていた。帝政ロシアでは革命の機が熟し、いつ起きてもおかしくないこと、そして、その革命はかならずや帝政を転覆させる、ということを（『帝国の時代』第12章参照）。一九〇五－〇六年に実際に帝政が革命に屈して以来、これを真面目に疑う者はいなかった。ただ、振り返ってこう論じる歴史家もいる。つまり、第一次世界大戦とボリシェヴィキ革命という偶然がなければ、帝政ロシアは繁栄し自由資本主義的な産業社会へと発展していた可能性があり、実際その道を辿っていた、と。ただ、一九一四年以前になされたこの趣旨の予言に気がつくには、顕微鏡が必要になるだろう。事実、社会不満の波が急速に高まり、いつの間にか帝政に対する非難が激しくなっていた時、帝政ロシアは辛うじてではあるが、一九〇五年の革命から回復していた。開戦直前の数カ月間、軍隊・警察・行政が強い忠誠を示していたことを除けば、国は再び爆発寸前にみえた。実際には、かなり多くの交戦国にも当てはまることだが、開戦後の大衆の熱狂と愛国心により、政治情勢に潜んでいた爆弾は取り除かれた。ロシアの場合、それは長くは続かなかったのだが。一九一五年には、帝政ロシアによる統治の諸問題は、もはや解決できそうにもなかった。一九一七年三月の革命(1)は誰もが予期していたため、驚く者はいなかった。ロシア帝国の王朝を権力の座から追い落としたこの革命に対し、頑固な伝統主義を唱える革命反対派を除き、全ヨーロッパは好意的な政治的見解を示し、歓迎した。

こうした状況にもかかわらず、集団で物事を行うロシアの村落共同体の習慣がそのまま社会主義の未来へまっすぐつながっていると考えたロマンチストを除き、ロシア革命は社会主義的になりえないし、そのつもりもないとみんな当たり前のように思っていた。単純に、この小作人の国には社会主義へ変わるような条件も状況もなかったのだ。小作人の国とはつまり、貧困・無知・後進性の代名詞であり、産業プロレタリアート——マルクスによれば、資本主義の墓掘り人になる運命——は、戦略的に特定の地域に固まってはいたものの、少数のマイノリティでしかなかった。この見方は、マルクス主義を信奉するロシアの革命家も共有していた。帝政と地主制の打倒だけを考えれば、そこから「ブルジョワ革命」が生み出されるだろうし、これ以外の何かが生まれるのを期待することはできなかった。以後は、こうした新しい政治環境のもと、ブルジョワジーとプロレタリアートの階級闘争（マルクスによれば、その結果は一つしかありえなかった）は続いていくだろうと思われていた。もちろん、ロシアは孤立していたわけではなかった。あれだけ巨大な国——日本とドイツと国境を接し、世界情勢を左右する一握りの「列強」の一つ——で革命が起きたのだから、世界に大きな影響を及ぼさないわけがない。カール・マルクス自身、晩年に、ロシアで起きる革命が起爆剤となり、工業がもっと発達した西洋諸国——プロレタリアによる社会主義革命が起きる条件が整っている——でプロレタリア革命が誘発されることを願っていた。後述する通り、第一次世界大戦が終結に近づくにつれて、まさにこうした革命が現実のものとなるかにみえた。

厄介なことが一つだけあった。もし、ロシアでマルクス的なプロレタリア社会主義革命の準備が整っていないのなら、自由主義的な「ブルジョワ革命」の準備も整っていないということである。それ以上のことを望んでいない人々ですら、ロシアの自由主義的な中産階級という数が少なく力も弱い勢力――取るに足らない少数派で、道徳的な立ち位置も大衆からの支持もなく、制度的にも中産階級向けの代議政治の伝統があるわけではなかった――に頼らずブルジョワ革命を達成する道を探さなければならなかった。一九一七―一八年にかけて、自由投票で選ばれたメンバーから成る（そしてすぐに解散させられた）憲法制定議会が開かれたが、ブルジョワ自由主義政党であるカデット（立憲民主党）の議席数は全体の二・五％にも満たなかった。ロシアでブルジョワ自由主義を勝ち取る道は、二つに一つだった。自由主義とは違うものを欲する革命政党のもと小作人と労働者――ブルジョワ自由主義が何であるのか知らず、気に留めない――が蜂起するか、もしくは、革命勢力がブルジョワ自由主義の段階を超えて、より急進的な段階へ行くか、である。後者のほうが可能性が高かった（マルクスが採用し、若きトロツキーによって一九〇五年の革命時に復活した言葉を用いるならば、「永続革命」）。一九一七年、レーニン――一九〇五年段階での希望は、ブルジョワ民主主義のロシアを大きく超えるものではなかった――もロシア革命というレースに自由主義の馬は出ていないと初めから結論を下していた。これは現実に即した評価だった。しかし一九一七年、社会主義革命のための条件がロシアにないことは、ロシア人・非ロシア人を問わずマルクス主義者にとっては明白で、レーニンもよくわかっていた。マルクス主義を奉じるロシアの革命家にとって、革命はロシア以外の場所へ広がらねばならないものだった。

しかし、そうならない可能性のほうが高いように思われた。第一次世界大戦の結果、広い範囲で政治が崩壊し、革命的な危機を迎えたからだった。とくに敗戦国がそうだった。一九一八年、敗戦国（ドイツ、オーストリア＝ハンガリー、トルコ、ブルガリア）の支配者すべてが権力を失った。前年一九一七年には、ドイツに敗れたロシア皇帝も退位していた。さらに、社会不安はヨーロッパの戦勝国をも揺るがし、イタリアでは革命がいまにも起きそうな状況だった。

すでにみた通り、全面戦争という常軌を逸した重圧のもと、ヨーロッパでは交戦国の社会が屈し始めていた。開戦当初みられた愛国主義のうねりは、すでに引いていた。一九一六年、戦争による疲労は終わりがみえず、決着がつく気配のない殺戮――誰も終結を望んでいないかのような――に対する暗い静かな敵意へと変わっていった。一九一四年の段階では、反戦論者は無力さと孤独を感じていたが、一九一六年になると、多数派を代表しているように感じることができた。どれほど劇的に状況が変わったのか、それがよくわかる事件がある。オーストリア社会民主党の指導者かつ創始者の息子であるフリードリヒ・アドラーが、一九一六年一〇月二一日にウィーンのとあるカフェで、戦争に反対する大衆の意思を示すとして、オーストリア首相シュテュルクを慎重に、かつ平然と暗殺した事件である。SPが登場する前の、無邪気な時代だった。

反戦感情によって政治的な注目を集めたのは、当然のことながら社会主義者である。社会主義者たちは、一九一四年以前に自分たちが運動していた反戦へとますます回帰していった。実際には、反戦をずっと続けていた政党がいくつかある（例えば、ロシア・セルビア・イギリスの独立労働党）。そして、社会主義政党が戦争を支持したところですら、もっとも声高に反対したのは身内だった。(2) 同時に全交戦国では、巨大軍需産業で組織化された労働運動が、産業と反戦両方の闘争における中心を占めるようになった。軍需工場で働いていた組合運動家のなかでも職位が下のほうだった人々、交渉で強く出ることができた熟練労働者（イギリスやドイツでショップスチュワードと呼ばれる）は、ラディカリズムの代名詞になった。またこうした方向性は、海に浮く工場といってもいい高度な新技術が駆使された艦船でも、熟練工と機械工が共有していた。ロシアでもドイツでも、主要な海軍基地（クロンシュタット、キール）は革命の一大拠点となる。その後黒海ではフランス海軍が暴動を起こし、一九一八—二〇年のロシア内戦でフランス軍はボリシェヴィキに対する介入を停止することとなった。こうして戦争に対する反乱は注目を浴び、反戦運動は活動家を獲得していった。だから、軍隊の書簡を監視していたオーストリア＝ハンガリーの検閲官が、論調の変化に注意し始めたのも、当然のことだった。「善き主が平和をもたらしてくれさえすれば」は、「もう十分だ」へ変わり、「社会主義者たちは和睦を結ぼうとしているらしい」というものすらあった。

したがって、再びハプスブルクの検閲官の言うところによると、ロシア革命は開戦以来、小作人や労働者の妻ですら手紙で繰り返し話題にした最初の政治的事件だったが、これは別に驚くことではなかった。とくに十月革命によってレーニンのボリシェヴィキが権力を掌握してからというもの、平和の希求と社会革命の希求とは一つになっていたが、これも驚くべきことではない。一九一七年一一月から一九一八年三月に検閲された書簡を抽出したところ、その三分の一がロシア、別の三分の一は革命、他の二〇%はロシアと革命の組み合わせが平和をもたらしてくれると期待を込めていた。ロシアで起きる革命が国際的に大きな反響を呼ぶであろうことは、つねに明白だった。一九〇五—〇六年の最初の革命ですら、オーストリア＝ハンガリーからトルコ、ペルシア、中国といった、当時まだ残っていた古い帝国を揺るがしたのだから（『帝国の時代』第12章参照）。一九一七年にはヨーロッパ全域で、今にも発火しそうな社会的爆弾が山積みになっていた。

II

革命の機が熟したロシアは、戦争に疲れ、敗北する寸前だった。そして中欧・東欧において第一次世界大戦の重圧と負担から政治体制が崩壊した最初の国となった。その爆発は、いつ・どのような状況かは誰も予測できなかったものの、予期はされていた。二月革命が数週間先に迫っていた時ですら、亡命先のスイスにいたレーニンは、死ぬ前にそれを見られるだろうかと、あれこれ思いをめぐらせていた。そして、皇帝の支配が終わる時が来たのは、労働者階級の女性によるデモ（社会主義運動では慣例になっている三月八日の「国際女性デー」）が、好戦性で悪名高いプチロフの金属細工工場のロックアウトと重なった時だった。基本的には食料を求めるゼネストが発生し、凍てついた川を越えて首都中心部に侵入した。皇帝の軍隊は、皇帝につねに忠誠だったコサックですら、群衆への攻撃をためらい、拒んだだけでなく、群衆と親交を結び始めたことで、帝政の脆さは白日の下あらわになった。大混乱が四日続いたあと、軍は命令に従わなくなり、皇帝は退位、自由主義的な「臨時政府」がとって代わることとなった。これは、西欧でロシアと同盟を結んでいた国々の同情だけでなく、支援あってのことだった。こうした国々は、絶望した皇帝の政権が戦争から手を引き、ドイツと単独講和を結ぶのではないかと恐れていた。四日間続いた自然発生的な指導者不在の日々は、一つの帝国に終止符を打った(3)。だが、それ以上のことが起きていた。ロシアでは社会革命がいつ起きてもおかしくなかったため、ペトログラードに集まった民衆は、皇帝の失墜を普遍的な自由・平等・直接民主制が宣言されたものとしてすぐさま歓迎した。レーニンの類まれなる功績は、この管理しきれない無政府状態の民衆の渦を、ボリシェヴィキの力へと変えたことである。

そのため、ドイツと闘う準備も気力もある自由主義的かつ立憲主義的な西洋志向のロシアが登場する代わりに、革命ならではの真空状態ができた。つまり、一方には権力なき「臨時政府」ができ、他方では、雨後の筍のように多数の草の根的な「評議会」(ソヴィエト)があちこちで自然発生した。(4) 実際には、地域レベルでは評議会が権力を握っていたか、少なくとも拒否権をもったが、その力で何をしたらいいのか、何が可能なのか、何をすべきなのか、わからなかった。はじめのころは、評議会を政府の代わりとして考えていたのはレーニンだけだった(「あらゆる権力をソヴィエトへ」)。しかし、多種多様な革命政党と組織——非合法的活動から現れたボリシェヴィキ・メンシェヴィキに分かれた社会民主労働党、社会革命党、左派に属する無数の小さい党——は、こうした評議会で地歩を固め、調整し、自分たちの政策へ転向させるようになった。皇帝が失脚した時、革命政党という表札がいったい何を表しているのかわかっているロシア人は比較的わずかだった。知っていたとしても、それぞれの主張の違いを区別できる者はほとんどいなかった。わかっていたのは、自分たちはもはや権威を認めない、ということだった。その権威が、自分たちより知識があると主張する革命家たちの権威であったとしても。

都市の貧困層の基本的な要求は食糧であり、そのなかでも労働者が求めたのは、よりよい賃金と労働時間の短縮だった。農業を生業《なりわい》とするロシア人の八〇%は、いつもと変わらず土地を基本的に求めた。軍を構成した小作人の兵士たちは当初、戦争そのものではなく、他の階級からの厳しい統制と不当な扱いに反対していたが、都市の貧困層も農家も、戦争を終わらせたいという願いは一致していた。「パンを！　平和を！　土地を！」というスローガンにより、これを広めていた人々、とくにレーニンのボリシェヴィキ派は支持を急速に拡大した。かれらは、一九一七年三月には数千人の小さな群れだったのが、同年初夏までには二五万人のメンバーを擁するほどになった。基本的に政変を準備した人物としてレーニンをとらえている冷戦神話に反し、レーニンとボリシェヴィキが本当にもっていた唯一の財産は、大衆が何を欲しているのか見極める力だった。言ってみれば、どのように従えばいいのかを知っていることで指導する能力である。例えば、社会主義の綱領に反して小作人が土地の分配を自営農場に希望していると悟ったレーニンは、ボリシェヴィキに経済的個人主義の姿勢をはっきりとらせることに一瞬たりとも躊躇しなかった。

反対に、臨時政府とその支持者たちは、自分たちの法と命令にロシアを従わせる力がないことに気がつかなかった。実業家や経営者が労働規範をもう一度作り直そうとした際、臨時政府がやったことといえば、労働者を急進化させただけだった。一九一七年、臨時政府が軍に再攻撃の開始を主張していた時、軍はすでにうんざりしており、小作人の兵士たちは、一族と土地の分配に参加するためにそれぞれの村へ帰っていった。革命は、かれらを村まで連れ帰った鉄道に沿って広がっていった。かといって、臨時政府がいまにも失脚するような状況でもなかった。しかし夏以降になると、急進化は軍・主要都市でもどんどん進んだ。これにより、ボリシェヴィキにとってますます有利な状況となっていった。ナロードニキの後継者、つまり社会革命党（『資本の時代』第9章参照）はボリシェヴィキにより近いさらに急進的な左派を発展させたが、農民階級はかれらを圧倒的に支持した。社会革命党は十月革命後の政権にボリシェヴィキとともに束の間参加した。

基本的に労働者の政党だったボリシェヴィキは、ロシアの主要都市、とくに首都ペトログラードとモスクワで多数派となり、軍でも地歩を固めるなか、臨時政府の影はますます薄くなっていった。とくにこれが顕著だったのは、八月に君主制を支持する将校が反革命クーデタを試みたのに対し、これを負かすために首都にいる革命勢力に強く要請しなければならなかった時だった。革命勢力に従う者たちの意見が急進化し、高まったことを受け、ボリシェヴィキは不可避的に権力掌握に近づいた。その瞬間がめぐってきた時には、権力を奪わなければならないというより、拾い上げなければならない状況だった。負傷者数は、一九一七年一一月七日に冬宮を実際に奪った時よりも、エイゼンシュテインの名作映画『十月』（一九二七年）製作時のほうが多かったとまで言われている。臨時政府は擁護する者もいなくなり、どこへともなく消えてしまった。

臨時政府の崩壊が確かになった瞬間から今に至るまで、十月革命は論争まみれである。そのほとんどが誤解を招くものだ。真に問うべきことは、十月革命は根っからの反民主主義者であるレーニンが起こした暴動だったのか、クーデタだったのか、という反共産主義の歴史家が議論してきたようなことではない。そうではなく、誰もしくは何が、臨時政府の崩壊に続くべきだったのか、あるいは続くことができたのか、という問いである。九月初旬よりレーニンは、党内の怖気づいているメンバーに対し、権力が手に届く所にある、おそらく短期間に計画的な行動によりしっかり権力を摑んでしまわなければ、簡単にそれは逃げてしまうだろうと説得した。それだけでなく、同じくらいの切迫感で、実際に掌握した場合、「ボリシェヴィキは国家権力を維持できるか?」という問いに答えようとした。革命ロシアという火山の噴火を統治しようとする者は、いったい何をやりえたというのだろう? これを自分たちの責任として受け止める覚悟ができていた政党は、レーニンのボリシェヴィキをおいてなかった。レーニンが出した小冊子からは、ボリシェヴィキのすべてがかれほど決意が固いわけではなかったことが窺える。ペトログラード、モスクワ、そして北部の軍での政治状況が良好だったことを考えると、今後の展開に対応していくというよりも、権力をいますぐ掌握せよ、というまったく短期的な議論は、回答が難しい問いだった。軍による反革命は始まったばかりだった。絶望で捨て身になった政府は、ソヴィエトに屈するよりも、ペトログラードをドイツ軍へ明け渡す可能性があった。ドイツ軍は、すでに現在のエストニアの北側の国境、つまり首都から数マイルの所にいた。それだけではなく、レーニンは最悪の事実を躊躇せず直視していた。もしボリシェヴィキが時宜を逃すことがあれば、「押し寄せてきている無政府状態のほうがわれわれよりも強くなるかもしれない」。このようにつき詰めて考えるなかで、レーニンの政党はかれの議論に納得せざるをえなかった。革命政党による権力掌握を時代と大衆が求めている時にそうしなかったなら、非革命政党と何が違うというのだ？

ペトログラードとモスクワで掌握された権力がロシア全土に及び、無政府状態と反革命に対抗して保持されるだろうと想定すると、問題はその長期的な展望にあった。レーニン自身は、新生ソヴィエト政府（主にボリシェヴィキのこと）をして「ロシア共和国の社会主義への転換」に全力を注がせるつもりでいたが、これは本質的に、ロシア革命が世界革命、ないし少なくともヨーロッパ革命へと転換することへの賭けであった。「ロシアとヨーロッパのブルジョワを完全に破壊することなくして」社会主義の勝利が「実現する」ことをいったい誰が想像しうるか、とは、レーニンが何度も繰り返し言ったことだ。その間、ボリシェヴィキが最優先した、というより、唯一の義務は、もちこたえることだった。新政権は社会主義に関してほとんど何もしなかった。せいぜい、社会主義が目標であると宣言し、銀行を接収し、これまでの経営者層に対して「労働者による管理」を布告したくらいである。要は、革命以後やってきたことに公印を押しただけだった。他方では、労働者に生産をそのまま続けるよう促した。新政権には、それ以上命じることはなかった。[5]

実際、新政権はもちこたえた。ドイツが自身の敗北に先立つこと数カ月前、ブレスト＝

リトフスクで押しつけた講和では、ポーランド、バルト海地方、ウクライナ、ロシア南部・西部のかなりの部分に加え、事実上トランスコーカシアがロシアから切り離された(ウクライナとトランスコーカシアはのちに取り戻した)。しかし新政権は、この懲罰的な講和に耐えた。連合国側には、世界規模の破壊の震源地に対してもっと寛大にならなければならない理由はなかった。連合国が資金援助をしたさまざまな反革命(「白」)軍と政治体制がソヴィエトに対して立ち上がった。連合国はさらに、英・仏・米・日・ポーランド・セルビア・ギリシャ・ルーマニアの軍隊を、ロシアの大地へ送り込んだ。残忍で混乱をきわめた一九一八―二〇年の内戦では、ソヴィエト・ロシアの領土は最悪の時で、フィンランド湾に突き出ているレニングラードを別にすると、北・中央ロシアの内陸部の残骸まで減った。ウラル地方と今のバルト諸国とのあいだの地域である。新政権が、やがて勝利を収めることになる赤軍を無から作り上げていくなかでもっていた唯一の大きな利点は、内輪もめをする「白」軍勢力の無能と分裂、かれらが大ロシア人の農民層を敵に回したこと、そして、西側列強が自国の反抗的な兵士と水兵に対して抱いていた確信――ボリシェヴィキと戦うように命じたらただでは済まないのではないか――だった。一九二〇年代後半には、ボリシェヴィキはすでに勝利を収めていた。

このように、ソヴィエト・ロシアは予想に反して生き延びた。ボリシェヴィキは自分たちの権力を維持したのだ。しかも、(二カ月と十五日たってから、レーニンが安堵しつつ誇らしげに言ったように）一八七一年のパリ・コミューンよりも長続きした。ただ長続きしただけでなく、ドイツによる征服・懲罰的な講和・地域の分離・反革命・内戦・外国の武力干渉、飢餓・経済の崩壊という危機と破壊が延々と続いた時期をも耐えた。その場その場の生き残りにつながる決定か、即座の破滅を呼ぶ決定か、日々どちらかを選択する以上の戦略も展望ももちえなかった。いま、ここで下さなければならない決定がまわりまわって長期的にどういう結果をもたらすか、じっくり考える余裕など誰にあろうか？　そんなことをしていたら革命は終わってしまい、考えるべき長期的な結果じたいなくなってしまうだろう。必要な策は段階を追ってひとつずつとられていった。新生ソヴィエト・ロシアが苦悶のなかで登場した時、自分たちが歩んできた道が、フィンランド駅でレーニンが思い描いた方向とはだいぶ違うものだったことに気づいた。

それでも、革命は生き残った。それには主な理由が三つあった。一つは、革命が中央集権化された規律ある総勢六〇万人の共産党という比類なき力を有する、実質的に国家建設の手段をもっていたことが挙げられる。革命前の役割が何であれ、一九〇二年以降レーニンが根気よく宣伝・擁護してきたこの組織モデルは、革命後に真価を発揮するようになった。「短い二〇世紀」の革命政権は事実上すべて、程度の差はあるものの、この共産党の形をなにかしら変えたものを選ぶこととなる。第二に、一つの国家としてロシアを保持する力と意志があるのは、明らかに共産党政権だけだったことも挙げられる。そのため、これ以外の点では政治的に対立していた愛国主義的ロシア人たち——例えば、新しい赤軍の建設に不可欠であった将校など——からかなり支持された。こうした人々にとっては、昔を振り返る歴史家にとってと同様に、一九一七—一八年の選択は、自由で民主的なロシアと自由でないロシアの二者択一ではなく、ロシアかロシア解体か、の二者択一であった。解体とはつまり、オーストリア＝ハンガリーやトルコといった無政府状態に陥り敗れた他の帝国が辿った運命であった。ボリシェヴィキの革命はこの二つの帝国と異なり、少なくとも次の七十四年間にわたって、複数の民族が住む旧帝政の領土の統一をほぼ守りとおした。第三に、革命によって小作人が土地を得られたことが挙げられる。国家と新しい軍隊の中核を成す大ロシア人の農民は、いざという時に土地を維持できる可能性は、地主階級が戻ってきた場合よりも、赤軍のもとでのほうが高いと読んだ。このため、一九一八—二〇年の内戦でボリシェヴィキは決定的に優位に立つことができた。いまにしてみると、こうしたロシアの農民たちは楽観的すぎた。

Ⅲ

ロシアを社会主義に委ねるというレーニンの決定は、世界革命によって正当化されるはずだった。しかし、世界革命は起こらなかった。こうしてソヴィエト・ロシアは、社会主義により一世代にわたって貧困と後進性に苛《さいな》まれ、孤立せざるをえなくなった。ソヴィエト・ロシアは将来どのように展開されていくのか、その選択肢は決まった。少なくとも選択肢の幅は狭まった（第13・16章参照）。それでも、十月革命から二年たつあいだに革命の波は世界を駆け巡り、四面楚歌とはいえ、ボリシェヴィキの希望は非現実的にはみえなかった。「人民よ、合図をきけ（"Völker hört die Signale"）」は、ドイツ語版インターナショナルの歌詞の繰り返し部分の最初である。そして合図は、ペトログラードから大きくはっきりと聞こえた。首都がより安全な場所へ一九一八年に移されたあとは、モスクワから聞こえた(6)。この合図は、労働運動と社会主義運動が活動している所ならば、イデオロギーに関係なく聞こえた。それだけではない。キューバでは、ロシアがどこにあるかほとんど知られていないにもかかわらず、「ソヴィエト」がタバコ農園の労働者によって形成された。スペインでは、地元の左翼は熱心な無政府主義者、つまり政治的にはレーニンと対極にあったにもかかわらず、一九一七―一九年は「ボリシェヴィキの二年間」として知られることとなる。北京では一九一九年、コルドバ（アルゼンチン）では一九一八年、革命を求める学生運動が爆発的に起き、ラテンアメリカを席巻した。革命を目指すマルクス主義の指導者と政党が各地に生まれるのに時間はかからなかった。インドの民族主義の闘士M・N・ローイはメキシコで革命に魅せられた。メキシコでの革命は、一九一七年にもっとも急進的な段階に突入したが、革命ロシアには当然ながら親しみをもっていた。マルクスとレーニンは、モクテスマ、エミリアーノ・サパタ、苦役を課せられたさまざまな先住民と並んで革命を象徴する偶像となり、メキシコ公認の画家が描いた壮大な壁画にいまでも姿を留めている。ローイは数カ月もたたないうちにモスクワに来ると、新しい共産主義インターナショナルによる植民地解放政策の作成で重要な役割を担った。インドネシアでは、民族解放運動を担う主要な民衆団体サレカット・イスラームが十月革命の影響をすぐに受けた。なかには、ヘンク・スネーフリート（Henk Sneevliet）のようなインドネシア在住のオランダ人社会主義者たちを通して受ける影響もあった。トルコのある地方紙は、「ロシアの人々のこの行動は、いつの日か太陽となり、全人類を明るく照らすだろう」とまで書いた。遠く離れたオーストラリア内陸部では、羊の毛刈りを生業とする屈強な労働者たち（大部分がアイルランド系カトリック）は、政治理論に関心があったわけではないが、労働者の国としてソヴィエトを支持した。アメリカでは、移民コミュニティのなかで長いこともっとも強固な社会主義者であったフィンランド人が一斉に共産主義へ転向し、ミネソタの侘しい炭鉱集落では、「レーニンの名前を口にしただけで興奮する。（中略）神秘的な沈黙のなか、ほとんど宗教的な恍惚状態で、われわれはロシアから来るあらゆるものを称賛した」会合が次々に開かれた（Koivisto 1983）。要するに、十月革命は世界を揺るがした事件として世界的に認められたのである。

十月革命を目の当たりにしても宗教的恍惚をそれほど得られそうもない。にもかかわらず、身近でみた者の多くが社会主義に転向した。なかには、クロアチアの機械工のヨシップ・ブロズ（チトー）のように、戦争捕虜だったが敬虔なボリシェヴィキとして帰国し、それぞれの国で将来共産党の指導者になった者、『マンチェスター・ガーディアン』紙のアーサー・ランサムなどのようにロシア滞在中だったジャーナリストがいた。ランサムは、とくに政治で目立つ人物というわけではなく、かれに関してもっとも有名なのは、ヨット好きの情熱で子ども向けの本を書いたことだった。チェコの作家ヤロスラフ・ハシェク――のちに傑作『兵士シュヴェイクの冒険』を書くことになる――は、ランサム以上にボリシェヴィキの大物ではないが、その生涯で初めて大義のために戦う闘士となった。もっと驚いたことに、かれはこの時禁酒していたそうだ。内戦に赤軍の人民委員として参加したが、その後、もっとハシェクらしい役に戻った。つまり、無政府主義的で自由奔放な生活を楽しむプラハの飲んだくれに。革命後のソヴィエト・ロシアはかれの好みではない、というのが理由だった。とはいえ、革命は起きていた。

しかし、ロシアでの一連の出来事が刺激したのは革命家だけではなかった。もっと重要なことだが、革命を刺激した。一九一八年一月、冬宮を奪ってから数週間とたたぬ間に、民衆の政治的ストライキと反戦デモの波が中央ヨーロッパを席巻した。ボリシェヴィキが進軍してくるドイツ軍と何が何でも和平を結ぼうと必死に試みていた最中のことだった。ウィーンで始まり、ブダペストとチェコ各地を通じてドイツへ広まり、オーストリア＝ハンガリー海軍の水兵によるアドリア海での反乱で最高潮に達した。同盟国が敗北するのではないかという疑念が最後に消えた時、同盟国の軍隊はついに崩壊した。九月になると、ブルガリアの農民兵士たちは帰国するや共和国を宣言し、首都ソフィアを行進した。ドイツの助けもあり、この兵士たちは非武装のままではあったが。一〇月、ハプスブルクによる君主政治は、イタリア戦線での最後の戦いに敗れると崩壊した。さまざまな新しい国民国家が宣言された。これは、勝った側の連合国はボリシェヴィキの革命がもたらす危険よりも、建国のほうが好ましいと思うだろうという期待あってのことだった。ボリシェヴィキは講和を結ぼうと人民に訴え、そして、連合国同士でヨーロッパを分割するという密約を公にした。これに対する西側からの最初の反応がウィルソン大統領の「十四カ条の平和原則」で、レーニンの国際主義的な訴えに対し、民族主義という切り札を出したのだった。そして、小さな国民国家が集まる地域は、共産主義のウィルスに対するある種の検疫地帯を形成することとなる。一一月初旬、反乱を起こした水兵や兵士が、キールの海軍基地から全土にドイツ革命を広げた。共和国が宣言され、皇帝は退位してオランダへ退いた。これに代わって、社会民主党の元馬具屋が国家元首として登場した。

　革命は、ウラジオストックからライン川に至るまですべての政権を吹き飛ばした。これは、戦争に対する反乱だったこともあり、平和が達成されたことで、大部分の地域では革命が抱えていた爆弾のほとんどから信管が取り除かれた。革命が社会的にどのようなものかは、ハプスブルク・ロマノフ・オスマン各帝国と南東ヨーロッパの小国の農民兵とその家族以外にとり、いずれにせよ曖昧だった。こうした地域では、革命とは次の四つ、つまり、土地・都市・よそ者（とくにユダヤ人）・政府に対する疑念であった。このため、中央・東ヨーロッパの大部分では小作人は革命家になったが、ボリシェヴィキにはならなかった。例外はドイツ（バイエルンの一部を除く）・オーストリア・ポーランドの一部だった。ルーマニアやフィンランドのように保守的、いや反革命的ですらある国では、農地改革という方策によって小作人たちを宥《なだ》める必要があった。その一方で、小作人が人口の大多数を占める所では、その存在が、ボリシェヴィキはもちろん社会党員が民主的な総選挙では勝てないことの実質的な保障になっていた。かといって、小作人は必ずしも政治的保守主義の砦にはならなかったが、民主的な社会主義者たちにとって致命的障害にはなった。そうでなかったとしても、ソヴィエト・ロシアでのように、選挙に基づく民主主義を廃止する圧力になった。そのため、ボリシェヴィキは憲法制定議会を要求していた（一七八九年以降お馴染みになっている革命の伝統）にもかかわらず、十月革命から数週間して実際に招集されるや否や、解散させてしまった。ウィルソンの路線に沿って小さな国民国家を建設することで、革命が起きている地帯での民族同士の対立がなくなることは決してなかったものの、ボリシェヴィキ革命が及ぶ範囲を狭めた。それこそ、連合国側で調停に立った者が狙っていたことだった。

他方、ロシア革命が一九一八―一九年のヨーロッパの混乱に与えた影響は非常にはっきりしていたので、モスクワでは、世界のプロレタリアートによる革命が広がっていくという展望を疑問視するのはほぼありえないことだった。歴史家にしてみれば、あるいは各地の革命家の一部にとってさえ、ドイツ帝国は社会的にも政治的にもじゅうぶん安定しているように映った。強力な労働者階級による運動はあったが、基本的には穏健で、戦争さえなければ武装革命のようなものを経験することはなかっただろう。ドイツは混乱などが予測されるような国ではなかったのだ。そこが、帝政ロシアや揺らぐオーストリア゠ハンガリー、「ヨーロッパの病人」としてお馴染みのトルコ、ヨーロッパ大陸南東の山地に住む銃をもつ荒くれ者――なんでもする能力がある――と異なっている。そして、敗戦したロシアとオーストリア゠ハンガリーが本当に革命的状況を迎えていたのに比べると、革命を志すドイツの兵士・水兵・労働者の大部分はおとなしく、法に従順であった。その様子は、ロシアの革命家のジョーク――おそらく作り話だろう――が、いつももっともらしく言っていた通りである(「芝生への公衆の立ち入りを禁止する札が立っていたら、ドイツの暴徒たちは当然道のほうだけ歩くだろう」)。

それでもドイツは、革命を志す水兵たちがソヴィエトの旗をもって国中を回った国だ。ベルリンの労働者と兵士の評議会の執行委員会がドイツの社会主義政権を任命した国だ。そしてドイツでは、皇帝が退位したその瞬間から、急進的社会主義勢力が首都で権力を握るかにみえたこともあり、二月革命と十月革命が合わさった革命のように映った。しかし、これは幻想にすぎなかった。この幻想の原因は、完全なる敗北と革命というショックが重なり、古い軍隊・国家・権力構造が一時的ではあるがすべて麻痺してしまったことにある。何日か経つと、共和制をとることになった古い政治体制が権力の座に返り咲き、社会主義者によって真剣に悩まされることはなくなった。社会主義者たちは、最初の選挙が革命からたった数週間で行われたにもかかわらず、過半数を得ることすらできなかった。[7] 新しくつくられた共産党が返り咲いた政府を煩わすことはさらに少なかった。共産党の指導者にはカール・リープクネヒトとローザ・ルクセンブルクがいたが、ドイツ義勇軍の殺し屋によって間もなく殺害されてしまった。

それでも、ロシアのボリシェヴィキの希望は一九一八年のドイツ革命で確かなものとなった。というのも、短命ではあったが社会主義者共和国が一九一八年にバイエルンで実際に宣言され、一九一九年春にその指導者が暗殺されると、ソヴィエト共和国がミュンヘン——ドイツの芸術家・知識人による反体制文化の中心地であり（政治的破壊力はそれほどないが）、ビールの中心地——で樹立されたからだ。もっとも、長続きはしなかった。こうしたドイツでの出来事は、ボリシェヴィキの思想を西へ伝えようとするもう一つのより真剣な試み——一九一九年三—八月のハンガリー評議会共和国[8]——と重なる。もちろん二つとも予想通り残酷な形で抑圧された。さらに、社会民主党に対する失望はドイツの労働者を急激に急進化させた。その多くは忠誠心を独立社会民主党へ移し、一九二〇年を過ぎると、さらに共産党へ鞍替えした。このため共産党は、ソヴィエト・ロシア以外の共産党として最大規模のものになっていた。結局のところ、ドイツ版十月革命のようなものは期待できなかったのだろうか？　たしかに、西側の社会不安が最高潮に達していた一九一九年、ボリシェヴィキ革命の普及を目指していたたった一つの試みは敗れ、革命を目指す波は一九二〇年には急速に目に見えて後退していったが、モスクワにいたボリシェヴィキの指導者たちは、一九二三年の終わりごろまでドイツ革命が起こるかもしれないという希望を捨ててはいなかった。

捨てるどころではなかったのだ。一九二〇年には、ボリシェヴィキは国際労働運動を分裂させてしまった。この分裂はこの先ずっと続くことになるが、これは今振り返ると大きな誤りだった。かれらは、フルタイムの「革命の専門家」から成る精鋭集団というレーニンを信奉する前衛的な党に倣《なら》い、新しい国際共産主義運動を築こうとして、袂を分かった。すでに触れた通り、十月革命は国際社会主義運動で広い共感を得ていた。こうした運動は実質的にすべて大戦によって急進化し、桁外れに強くなっていた。ごくまれな例外を除いて、社会主義政党と労働党には、新しい第三インターナショナル、別名、共産主義インターナショナルの参加に好意的な意見がたくさん寄せられていた。このインターナショナルは、ボリシェヴィキが大戦に抵抗しなかったために信頼を失い、解体した第二インターナショナル（一八八九—一九一四）に代わるものとしてボリシェヴィキが創設したものである。(9)フランス・イタリア・オーストリア・ノルウェーの社会党とドイツの独立社会民主党なども参加を投票で決定したため、ボリシェヴィキを敵に回すような旧態依然とした者は少数派になった。しかし、レーニンとボリシェヴィキが望んでいたのは、十月革命に共感する社会主義者たちが国際運動を起こすことではなかった。百パーセント献身的で規律のとれた運動家集団、つまり革命の勝利実現に向けた世界規模の特攻集団的なものだった。こうしたレーニン的な構造を受け入れるのをよしとしない政党は、新しいインターナショナルへの参加を拒否されるか、追放された。マルクスがかつて「議会制のクレチン病」と呼んだものはもちろん、日和見主義者と改良主義者のような裏切り者を受け入れていては、新しいインターナショナルは弱体化してしまうからだ。戦いが迫った時、居場所があるのは闘士だけなのだから。

この話が意味をなす状況は、たった一つしかない。すなわち、世界革命がまだ進行中で、戦いがいつ起きてもおかしくない状況である。ところが、一九二〇年、ヨーロッパは安定からほど遠い状況だったものの、次の点は明らかだった。ボリシェヴィキの地歩はロシアでは恒久的に固められたにもかかわらず、ボリシェヴィキ革命は西側社会のアジェンダにない、ということだ。インターナショナルがロシアで開催されたころ、内戦で勝利し、ワルシャワへ向かって驀進《ばくしん》中の赤軍に、ポーランドの領土的野心が招いた短いソ連・ポーランド戦争の副産物として、武力で革命を西へ広めるチャンスがあるかにみえたことは間違いない。ポーランドは、一世紀半にわたって存在しないものとされてきたが、その状態から国家へ復帰すると、一八世紀当時の国境線を求めた。その国境線は、ベラルーシ・リトアニア・ウクライナの奥深くにあった。ソヴィエトの進軍は、イサーク・バーベリの『騎兵隊』という燦然《さんぜん》と輝く文学的記念碑を残したが、非常に幅広い同時代人から歓迎された。なかには、オーストリアの小説家で、のちにハプスブルク家への哀歌を綴ることになるヨーゼフ・ロート、将来トルコの指導者となるムスタファ・ケマルがいた。しかし、ポーランドの労働者たちは決起しなかったため、赤軍はワルシャワの入口で追い返された。これ以降、うわべの様子はどうあれ、西部戦線は静まりかえることとなった。革命の可能性が東方へ、アジアへ移ったのは確かだった。アジアには、レーニンも多大なる関心をもっていた。実際、一九二〇―二七年にかけて世界革命の希望は中国革命にかかっているように映った。中国革命は、当時は民族解放の党だった国民党の指導のもと進んでいた。国民党の指導者・孫文（一八六六―一九二五）はソヴィエト・モデルもソヴィエトからの軍事援助も、そして新しい中国共産党も、自分の運動の一環として歓迎した。国民党と共産党の共同戦線は、一九二五―二七年に大規模な攻撃を仕掛け、その基盤があった華南から北部にかけて驀進した。その結果、一九一二年の清朝滅亡後はじめて、中国のほぼ全域が単一の政府の支配下に置かれることとなった。ただしその後、国民党を率いる将軍・蔣介石が共産党に牙をむき、かれらを虐殺することになる。こうしたことから、十月革命が起きる機が東方で熟していなかったことがわかる。しかしこれが証明される前でも、アジアに将来性があるからといって、西方での失敗が隠せるわけではなかった。

一九二一年には、これは否定できなくなっていた。ソヴィエト・ロシアでは、ボリシェヴィキの権力は政治的には難攻不落であったが、革命は後退していた（下巻12章）。西側でのアジェンダからも革命は外されていた。このことを、コミンテルン第三回大会は、第二回大会で革命の実働部隊から追放した社会主義者たちとの「統一戦線」を呼びかけることで認めた。しかし完全に認めたわけではなかった。これは何を意味するのか？　まさにこの答えをめぐり、革命を志す運動家は次の数世代にわたって分裂することとなる。しかしいずれにせよ、遅すぎた。運動はその後ずっと分裂したままで、左派の社会主義者・個人・政党の過半数は、主に反共産主義の穏健派が率いる社会民主党の運動へ押し戻されていった。新しくできた共産主義を掲げる諸政党は、ヨーロッパの左派でも少数派にとどまり、ドイツ・フランス・フィンランドなど少数の例外を除き一般的には、熱心でも少数派のままだった。この状況は一九三〇年代まで続くことになる（第5章参照）。

Ⅳ

こうした混乱が何年か続いたあと残されたのは、共産党が統治し、資本主義とは違う道を築くことに専念する巨大な一つの後進国だった。これだけでなく、世界革命というヴィジョンに賭ける政府、統制のとれた国際運動、そして──同じくらい重要なことだが──革命家世代も置き土産だった。これらは十月革命で掲げられた旗のもと、モスクワに本部を置いていた運動が不可避的に指導していた（本部のベルリンへの早期移転が望まれていたこともあり、ロシア語ではなくドイツ語が、戦間期のインターナショナルの公式言語として残った）。運動は、ヨーロッパの安定化、アジアでの挫折、共産主義者による武装蜂起の企ての大失敗を経て、世界革命がどのように進むことになるのかじゅうぶんわかっていなかったと思われる（武装蜂起の企ては、一九二三年ブルガリア、ドイツ、一九二六年インドネシア、一九二七年中国、遅れて変則的にだが、一九三五年にブラジルであった）。それでも、このあとすぐ大恐慌が起きたりヒトラーが登場したりしたことからわかるように、戦間期の世界情勢は、終末論的な予想をせずにすむようなものではなかった（第3─5章参照）。かといって、これが原因で、一九二八年から一九三四年にかけてコミンテルンの弁論の様式が、革命至上主義かつ偏狭な左翼主義へ突然変わったわけではなかった。弁論の仕方に関係なく、運動は実際のところ、どこかで権力を奪取できると予想していなかったし、その準備もできていなかったのだから。この突然の変化は政治的な災難をもたらすことになったわけだが、原因はどちらかといえば、ソヴィエト共産党内部での政治にあった。例えば、スターリンが共産党を支配下に収めたこと、またおそらく、ソ連の利害が、よその国との共存を避けられない国家という立場――一九二〇年以降、ソ連は政権として国際的に認知されるようになっていった――と、運動――ソ連以外のすべての政府の転覆と打倒を目指していた――という立場とで、ますます分かれていくのをなんとか補おうとしたことが挙げられる。

結局のところ、ソ連の国家としての利益が、共産主義インターナショナルの世界革命のための利益よりも優先された。共産主義インターナショナルはスターリンによって、ソヴィエト共産党の厳しい支配のもと、国策の道具に矮小化され、インターナショナルを作り上げていたものに対しては、粛正・解散・改革が意のままに行われた。世界革命は、もはや過去のレトリックだった。世界革命が許容されるのは、（a）ソヴィエトの国益と矛盾せず、（b）ソヴィエトが直接統制するなかで実現される場合だけだった。西側政府のなかでも、一九四四年以降の共産党政権の進展を本質的にソヴィエトの権力の拡張としてみていた政府は、スターリンの意図を正しく読みとっていた。しかし、モスクワをこき下ろす旧態依然とした革命家たちの読みも当たっていた。かれらは、共産主義者による権力奪取をモスクワが望んでいないことや、そのような試みをすべて――ユーゴスラヴィアや中国でうまくいったものすら――阻んだことを厳しく非難した（第5章参照）。

それでも、ソヴィエト・ロシアは、共産貴族（ノーメンクラトゥーラ）と呼ばれる私腹を肥やす腐敗した層にとってすら、単なる大国以上の存在として映っていた。世界を解放し、資本主義社会に代わるよりよい社会を築くことが、結局のところ、ソヴィエト・ロシアの根本的な存在意義だった。そうでなければ、どうして、いかついモスクワの官僚たちが共産主義者と手を組んだアフリカ民族会議のゲリラに資金を援助し、武器を提供しなければならなかったというのか？　南アフリカのアパルトヘイトを廃止できる確率はごくわずかしかないようにみえたし、実際そうだったのだから（中国の共産党政権は、中ソ関係に亀裂が入ってからソ連が革命運動を裏切ったと非難したが、妙なことに中国自身は、これと比べられるような実質的支援を第三世界の解放運動に行ったという記録はない）。ソ連はずっと前に、人類というものは、モスクワが呼び起こした世界革命によって変わるようなものではないことを学んでいた。ブレジネフの衰退期が長く続くなかで、ニキータ・フルシチョフが心から信じていた信念――社会主義は経済的優位性によって資本主義を「葬る」ことになる――すら薄れていった。ソ連のシステムの世界的使命に対するこうした信念は、死に至るほど蝕まれた。抵抗なくシステムが解体してしまったのは、結局このせいだったのではないだろうか（第16章参照）。

このように、後ろ髪を引かれるものがあったにもかかわらず、十月革命の眩《まばゆ》い光りによって世界革命に人生を捧げようと奮起した最初の世代は、悩むことはなかった。一九一四年以前の社会主義者たちは、まるで初期のキリスト教徒たちのように、邪悪なものはすべて滅ぼし、不幸・抑圧・不平等・不正なき世界がもたらすはずの大きな黙示録的変化を信じた。マルクス主義は、こうした平和で幸福な時代への希望に、科学と歴史的必然という保証を与えたのだった。そしてこの時点で十月革命は、その大きな変化がすでに始まった証拠だった。

人類解放のための軍隊は、必然的に情け知らずで規律も厳しい軍隊だった。その兵士の数は、全部合わせても二、三万人程度だったと思う。国境を超える運動を本業とする運動家たち――ベルトルト・ブレヒトがかれらに敬意を払って詩に、「靴を履きかえるのより頻繁に国を変える」（※スヴェンボルの詩からの引用）と書いたような人々――の数は、二、三百人の域をおそらく出ていなかった。こうした人々と、イタリア人が、共産党が総勢百万人を誇った時代に「共産主義の人々」と呼んだ数百万の支持者と多種多様な党員とを、ごっちゃにしてはいけない。後者も新しい善い社会という夢は実現可能だと思っていた。しかし実質的にその運動は、古い社会主義運動がやった日常における運動以上のものではなかったし、かれらの関わり方は、いずれの場合も個人として献身するというより、階級や共同体としての献身だった。プロの運動家たちの数は少なかったものの、二〇世紀はかれらなしには理解できないだろう。

「職業革命家」を政党の幹部とするレーニン主義の「新しいタイプの政党」がなければ、十月革命から三十年たつかたたないかで全人類の三分の一が共産党政権のもとで暮らすことになるなど、想像できない。モスクワの世界革命の本山へ寄せるかれらの信頼と無条件の忠誠により、共産党員たちは自分たちを派閥の人間としてではなく、（社会学的にいえば）世界教会の一部として自分を位置づけられるようになった。モスクワ志向の各国共産党は、離脱や追放によって指導者たちを失っていたものの、一九五六年以降に国際運動が中心を失うまでは分裂しなかった。この点は、マルクス主義の流れを汲む反体制派グループの分裂と異なっていた。かれらのなかにはトロツキーに従った者もあれば、一九六〇年以後の毛沢東主義を掲げる「マルクス・レーニン主義者」の秘密集会についていった者もいた。後者は前者以上に分裂していった。どれほど数が少なかろうと――一九四三年にイタリアでムッソリーニが失脚した時、イタリア共産党は男女合わせて約五千人を擁しており、ほとんどは刑務所や亡命先から戻ってきた人々だった――、かれらこそ一九一七年二月のボリシェヴィキに相当する存在だった。つまり数百万の軍の中核であり、人民と国家を将来治めるかもしれない人々だった。

この世代、なかでも物心つく前であろうがなかろうが、とにかく混乱の時期を生き抜いた者にとり、革命は自分が生きている時に起きたことで、資本主義の終焉は必然的にみえていた。だから、革命を見るまで生き抜いた者にとっては、現代史は最終的な勝利を待つ控え室だった。ここに入ることが許されるのは、革命闘士のほんの一握りになるはずだった（それ以外は、ロシア人で共産主義者のレヴィーネが、一九一九年に成立したバイエルン・レーテ共和国を転覆した者たちに処刑される直前に言った通り、「休暇中の死人」のため）。ブルジョワ社会自体がその未来を疑うだけの根拠をじゅうぶんもっているのだから、資本主義が生き残るとかれらが信じる謂《いわ》れはない。そして現実は、かれら自身の人生によって示された。

ここで少しだけ、若い二人のドイツ人の例をとりあげたいと思う。かれらはバイエルン・ソヴィエト共和国で一九一九年に起きた革命に生涯にわたり駆り立てられた二人で、いっとき恋人同士だったこともある。オルガ・ベナリオはミュンヘンの裕福な法律家の娘、オットー・ブラウンは教師だった。オルガはのちに西半球で革命を組織することになり、ルイス・カルロス・プレステスに魅かれ、やがて結婚する。プレステスは、モスクワを説得して一九三五年のブラジルでの蜂起への支持を取り付けると、長期にわたった反乱軍によるブラジル僻地での行軍を率いた。この蜂起は失敗し、ブラジル政府はオルガをヒトラーのドイツへ送還、かのじょはやがて強制収容所で死を迎えた。その間オットーは、オルガよりは事をうまく運んだ。中国ではコミンテルンの軍事専門家として東方の革命化に乗り出し、モスクワ、やがてドイツ民主共和国へ戻る前には、あの有名な中国共産党の「長征」に加わった唯一の外国人となった（この経験からオットーは毛沢東に懐疑的になった）。二〇世紀前半でなければいったいいつ、二人の絡み合った人生はこのような形になりえただろうか？

このように、一九一七年後の世代では、ボリシェヴィキの思想は、他のすべての社会革命の伝統を吸い取るか、急進的な運動の周辺へと追いやった。一九一四年以前の世界の大部分では、マルクス主義より無政府主義のほうがだんぜん革命闘士を駆り立てているイデオロギーだった。マルクスは東ヨーロッパ以外では、どちらかというと大衆政党の教祖的存在として、こうした政党が勝利へ不可避的に向かって進んでいる――爆発的なスピードではないが――ことを示した者として理解されていた。一九三〇年には、スペイン以外の地域では、無政府主義はもはや重要な政治勢力を成さなくなっていた。それは、従来赤旗以上に赤と黒の無政府主義者の二色旗が闘士をより鼓舞してきたラテンアメリカでもそうだった（スペインですら、無政府主義は内戦によって破壊されることになった。そんななか、それまで取るに足らないものだった共産党は内戦によって出世した）。このような、モスクワの共産主義とは別に存在した社会革命を目指すグループはこれ以降、レーニンと十月革命を自分たちの評価基準とし、どの集団も必ずと言っていいほど、コミンテルンの反対派か追放された者によって指導ないし刺激を受けていた。コミンテルンの異端狩りは、ヨシフ・スターリンがソヴィエト共産党とインターナショナルに対する支配を確立し、やがて締め付けるようになるなか、残酷さを増していった。こうした反ボリシェヴィキの中心が政治的に重要な意味をもつことはほとんどなかった。異教徒のなかでもずば抜けて高名かつ有名な亡命中のレフ・トロツキー――十月革命の指導者の一人であり、赤軍の創設者――も、実際の企てでは完全に失敗した。かれの「第四インターナショナル」は、スターリン化された第三インターナショナルと競うことが目的だったが、存在感は事実上なかった。一九四〇年、スターリンの命によりトロツキーが亡命先のメキシコで暗殺された時、その政治的重要性は取るに足らないものだった。

要するに、社会的革命家＝レーニンと十月革命の信奉者、という傾向はますます強まっていただけでなく、モスクワと同盟を結んだ共産党の党員ないし支持者という意味合いも強まっていった。ドイツでヒトラーが勝利したのち、こうした共産党が反ファシストで団結する政策を採った時はなおさらそうだった。この政策を採ったおかげで各国共産党は派閥ごとの孤立状態を抜け出し、労働者や知識人からおおくの支持を得ることができた（第5参照）。資本主義を転覆させたくてしかたなかった若者たちは、正統派の共産主義者になり、自分たちの理念をモスクワを中心とする国際運動と同一視した。マルクス主義は、革命をもたらすイデオロギーとして十月革命で復活したが、今度は、モスクワのマルクス・エンゲルス・レーニン研究所のマルクス主義を意味するようになった。この研究所は、古典となったかれらの偉大なテクストの普及の世界的中心となっていた。目に見える範囲では、モスクワ以外から世界を解釈し、かつ世界を変える提案は出てこなかった。あるいは、モスクワ以上にそういった能力があるようにもみえなかった。この状況は一九五六年を過ぎても続いた。この年以降、ソ連におけるスターリンの正統性とモスクワ中心の国際共産主義運動が解体し、それまで周辺に追いやられていた左派の非正統派の思想家や伝統・組織が公の場に出てくるようになったのだが、それでも、こうした人々が十月革命の大きな影のもとで生きていることに変わりはなかった。イデオロギーの歴史を多少でも知っていれば、一九六八年以降の学生の急進派に、マルクスの精神よりもバクーニンのあるいはネチャーエフの精神があると気づけるが、これをもって無政府主義者の思想や運動が大々的に復活することはなかった。それどころか、一九六八年にはマルクス主義理論が大ブームになった。全般的には、マルクス本人が知ったら驚くようなものだったが。また、モスクワと従来の共産党を革命とレーニン主義の点で不十分だと拒否することでまとまっていた多様な「マルクス・レーニン主義者」の分派・集団も流行した。

逆説的ではあるが、社会革命の伝統は実質的に完全に乗っ取られてしまった。この乗っ取りが起きたのは、コミンテルンが一九一七―二三年の本来の革命戦略をあっさり破棄した時、いやむしろ、一九一七年とはかなり違う形で権力を奪うべく、その戦略を心に描いた時だった（第5章参照）。一九三五年以降、批判的な左派が書いた物は、モスクワが革命をもはや望んでいないことに対し、モスクワの運動は革命のチャンスを逃し、拒否し、いや、裏切ったのだ、という非難で溢れるようになった。ソヴィエトを中心に据え、「一枚岩」を誇ってきた運動が運動内部から崩壊が進むまで、こうした議論の影響はほとんどなかった。共産主義運動にその統一・団結・分裂に対する強い免疫力がある限り、世界革命が必要だと信じるほとんどの者にとり、共産主義運動こそもっとも重要だった。そもそも一九四四―四九年に世界的な社会革命の第二の大きなうねりのなかで資本主義を捨てた国は、正統派のソヴィエト中心の共産党の助けがあってこそ、それが可能だったのだ。これを認めない者などいないだろう。革命を目指す者たちが、政治的に実効力がある、あるいは反乱として実効力をもつと主張する複数の運動のなかから本当に選択できるようになったのは、一九五六年を過ぎてからである。トロツキズム、毛沢東主義、一九五九年のキューバ革命に刺激を受けた集団（第15章参照）など、掲げられた看板は多様であったが、もともとはやはり、多かれ少なかれレーニン主義が出発点だった。極左では、古い共産党が最大集団として残っていたものの、旧い共産主義運動は中心を失っていた。

V

世界革命を目指したこうした諸運動の強みは、共産党という組織形態、つまりレーニンの言う「新しいタイプの党」にあった。この組織形態は二〇世紀の社会が生み出した恐るべき発明で、中世キリスト教における僧院や修道会の発明に匹敵する。党は党員に対し、異常なまでの献身と自己犠牲を命ずることができたため、共産党という形をとることで小さな組織には不釣り合いなくらい大きな力をもつことができた。それは軍の規律や団結力をも凌駕し、党の決定をいかなる犠牲を払ってでも実行することに完全に集中するよう党員に求めた。敵対する非党員たちすら、これには深く感銘を受けるほどだった。しかし、「前衛的な党」のモデルが実力を発揮するようになったのが、革命が成功した後もしくは戦争中だったのは歴然としていたにもかかわらず、「前衛的な党」のモデルとその設立目的である大革命——実際に成功したこともまれにあった——との関係は、まったくもって不透明であった。なぜなら、レーニン主義の政党は基本的に、指導者のなかでもエリート（前衛）集団、厳密に言えば、革命が勝利する前には「反エリート集団」として構成されていたのだが、一九一七年の例が示す通り、社会革命が起きるか起きないか、成功するかしないかは、エリートも反エリートも管理しきれない民衆の間で、これまたエリートも反エリートも管理しきれない状況でなにが起きるかにかかっていたからである。たまたま、レーニン主義のモデルは昔ながらのエリート層の若者に、とくに第三世界で非常に魅力的に映った。各共産党が真の無産階級を育成しようと英雄的な努力を払い、わりとうまくいっていたにもかかわらず、党に参加する若者はこうしたエリート層が圧倒的に多かった。一九三〇年代にブラジルで共産主義が広がったのは、少数独裁政治を行っていた土地所有層の家庭出身の若いインテリや軍の若手将校が転向したためである（Martins Rodrigues 1984, pp. 390-97）。

これとは反対に、実際の「民衆」（「前衛」の積極的な支援者も含むことがある）の感情は、指導者の思想とたびたび食い違った。とくに、正真正銘の民衆による決起の時はそうだった。だからこそ、一九三六年七月にスペインで将校が人民戦線政府に対して立ち上がると、広い地域で社会革命がすぐに噴出した。革命の闘士、なかでも無政府主義者が生産手段の集産化に向かうことは、驚くようなことではなかった。とはいえ、こうした変化について共産党と中央政府はのちに反対し、可能な地域では元に戻したのだが。これに関しては政治学・歴史学で賛否両論あり、いまだに決着がついていない。ともかく、スペインでのこうした出来事により、偶像の破壊と権力を握る聖職者の殺害が相次いで起きるようになった。この時の破壊や殺害は、一八三五年にこうした形の行動がスペインではじめて民衆の煽動に使われて以来、最大規模だった。一八三五年は、闘牛に不満をもったバルセロナ市民が、多数の教会を焼き打ちして反撃した年である。およそ七千人の聖職者——スペインの神父と修道士の一二—一三％と、非常に少数ではあったが修道女たち——が殺害され、カタロニア（ヘロナ）教区一つだけで、六千体を超える像が破壊された（Hugh Thomas 1977, pp. 270-271; M. Delgado 1992, p. 56）。

この恐るべきエピソードに関して、二つ明らかなことがある。まず、スペインの革命を志す左派は、聖職者嫌いで悪名高い無政府主義者を含め、教権に猛烈に反対していたが、その指導者やスポークスマンはこの事件を糾弾したことが挙げられる。ところが、実行犯と目撃者の多くにとっては、これこそが、ほかでもないこれこそが、革命が真に意味することであった。つまり、社会秩序や価値観を、革命の象徴的な瞬間に少しのあいだ捨てるのではなく、永遠に捨てることが（M. Delgado 1992, pp. 52-53）。もう一つは、かねてからそうだったが、主要な敵は聖職者ではなく資本主義であると指導者が主張することは、かれら自身には好都合だったということだ。しかし民衆は、直観的に違う感じ方をしていた（イベリア半島ほどマッチョでない社会でも、民衆が政治的手段としてこれほど残忍な偶像破壊を行ったかどうかは、事実に即さない問いではあるが、女性の振る舞い方について真剣に研究すれば解明されることもあるかもしれない）。

政治的秩序と権威の構造が突然消え、男が（許される範囲内で女も）道端で好き勝手できるようになった革命は、二〇世紀には稀有だった。これにいちばん近い、既存の政権が突然崩壊した別の例（一九七九年のイラン革命）ですら、スペインの場合ほど組織的なものではなかった。テヘランではシャーに敵対する民衆が動員され、異常なほど団結していた――その多くは自然発生だったはず――にもかかわらず、だ。新政権は、完成形になるには少し時間がかかったものの、イランの聖職権主義のおかげで、新政権という廃墟のなかにすでに姿を現していた（第15章参照）。

十月革命以降の「短い二〇世紀」の典型的な革命は、局地的に噴出したものを除くと、クーデタ（ほとんどが軍事クーデタ）によって始められ、首都を制圧するタイプのものか、あるいは、長期的に展開されてきた――多くの場合は農村地域で――武装闘争の最終的な帰結か、どちらかであった。急進的な左翼に若手将校が共感する――下士官は滅多にいなかった――ことは貧しい後進国では珍しくなかった。なぜかというと、こうした国では、家族のコネや財産はないが能力と教育がある若者にとり、軍人としての生活は魅力的なキャリアへの展望を与えたからだ。したがって、エジプトのような国（一九五二年の自由将校団による革命）や中東では、軍人が革命でイニシアチヴをとるのが典型的だった（イラクでは一九五八年、シリアでは一九五〇年代以降たびたび、リビアでは一九六九年）。ラテンアメリカでは、軍人があからさまな左派の大義を掲げて国家権力を長期にわたって握ること、あるいは握ること自体ほとんどなかった。しかし、かれらはラテンアメリカの革命史を織りなす一部だ。その一方で、長期にわたる植民地の後衛戦に失望し急進化した若手将校たちが、一九七四年に暴動を起こし、当時右翼政権としては最長だった政権を転覆させ、傍観者たちの多くを驚かせた。ポルトガルの「カーネーション革命」だ。この革命では、地下から姿を現しつつあった強力な共産党と急進的マルクス主義のさまざまな集団とのあいだで同盟関係が結ばれていたが、これは間もなく分裂し、無視されることになった。ポルトガルがこの後すぐに加盟することになるヨーロッパ共同体は、これに安堵した。

先進国では、軍の社会構造とイデオロギーの伝統、そして政治的機能を背景として、国家に政治的関心をもつ軍人は右派を選んだ。共産主義者、あるいは社会主義者とすら手を組んだクーデタというのは、かれらが得意とするものではなかった。たしかに、フランスの植民地帝国からの解放運動では、フランスが植民地で育てた現地人から成る軍隊の兵士たちが――将校はほとんどいない――大きな役割を担った（とくにアルジェリア）。こうした兵士たちは、第二次世界大戦中も戦後もじゅうぶんな経験を積めなかった。それは、お決まりの差別だけでなく、ド・ゴールの「自由フランス」に入っていた大多数の植民地出身の兵士が、フランス国内で武装抵抗していた多くの非フランス人と同じように、さっさと日陰に追いやられてしまったからだ。

「自由フランス」軍は解放後に戦勝パレードを公式に何度か行ったが、ド・ゴールのもとで実際に戦果をあげ、称賛されていた軍隊よりもずっと「白」、つまり白人が多かった。そうであっても、帝国が植民地に有していた軍隊は、植民地出身者によって指揮された時ですら、全体的に祖国に忠誠をもち続け、あるいは政治に無関心のままであった。日本軍のもとインド国民軍に参加した五万人余りのインド人の例を斟酌《しんしゃく》しても、同じことが言える（M. Echenberg 1992, pp. 141–145; M. Barghava and A. Singh Gill 1988, p. 10; T. R. Sareen 1988, pp. 20–21）。

VI

二〇世紀の社会革命が長期のゲリラ戦を通じて革命に至る道を見出したのはかなり遅かった。おそらくその理由は、ゲリラという本質的に農村で活動する形態は、歴史的に原始的なイデオロギーと抗しがたく結びつけられており、都市の懐疑主義的な傍観者はすぐに保守主義や反動、反革命と混同してしまうからだろう。結局、フランス革命とナポレオンの時代の強力なゲリラ戦はすべてフランスと革命の大義に反対するものであって、決してフランスと革命の大義のためではなかった。「ゲリラ」という言葉自体、マルクス主義の言葉になったのは一九五九年のキューバ革命後である。ボリシェヴィキはロシア内戦で正規戦・非正規戦ともにしかけたが、「パルチザン」という言葉を使っていた。この言葉は、第二次世界大戦中にソヴィエトに鼓舞されたレジスタンスで一般的な言葉となった。振り返ってみると、スペイン内戦では、フランコ勢力が支配する共和国側にゲリラが活躍できそうな地域はたくさんあったはずだが、ほとんど役割を果たさなかった。これは驚くべきことである。共産党は実際、第二次世界大戦後には外部からきわめて重要なゲリラの中核を組織していくことになる。大戦前の段階では、いずれ革命をと願う者の道具箱に、単純にゲリラ戦は入っていなかった。

例外は中国だった。中国では、共産党指導者の幾人か（決して全員ではなかった）によってゲリラという新しい戦略が生み出された。その背景には、蔣介石指導下の国民党が元同志の共産党に一九二七年に牙をむいたこと、また、共産党による反乱が諸都市で大失敗に終わった（例えば一九二七年の広東）ことがある。この新しい戦略の主要な推進者は毛沢東で、これにより、かれはやがて中国共産党の指導者となっていく。毛は、革命が始まってから十五年以上の歳月を経ても、中国の大部分が中央のいかなる行政によっても実質的に管理されていないばかりか、ゲリラ戦術が中国の社会闘争の伝統にあることにも気づいていた（毛沢東は『水滸伝』――中国社会にはびこる略奪を描く偉大な古典文学――の大ファンだった）。たしかに、古典の教養がある中国人であれば、一九二七年に毛が江西省山間部に最初の自由ゲリラ地帯を設けたことと、『水滸伝』の英雄たちの山の要塞とが類似していることを見逃すはずはなかった。毛は一九一七年、まだ若かった頃、自分の学友に水滸伝の英雄を真似るよう呼びかけてまでいた（Schram 1966, pp. 43-44）。

中国の戦略は、どれだけ英雄的で刺激的であろうと、近代的な国内の通信手段が機能している国と、距離と物理的な難しさに関係なく全領土を管理するのを常としてきた政府に、適しているようにはみえなかった。実際のところ、この戦略は中国ですらうまくいかないことがすぐにわかった。中国では、国民政府が何度か軍事攻勢を行い、一九三四年に共産主義者に対し、国土の主要地域にある中華ソヴィエト共和国の領土を放棄させ、共産党はあの伝説的な長征によって、北東の国境地域にある遠方の過疎地まで退くのを余儀なくされた。

ルイス・カルロス・プレステスのようなブラジルで反乱を起こした大尉たちが、一九二〇年代後半に、僻地での行軍を経て共産主義へ移ってからというもの、他の地域の重要な左派グループでゲリラの道を選ぶ者はなかった。ただし、ニカラグアにおけるセサル・アウグスト・サンディーノのアメリカ海兵隊に対する戦い（一九二七―三三年）を数えなければ、の話だが。この戦いは五十年後、サンディニスタ革命のきっかけとなる（それでも信じがたいことに、コミンテルンはランピアォン――多数のチャップ・ブックに登場するブラジルでもっともよく知られている山賊兼英雄――を、この観点で描こうとした）。毛自身が革命を志す者たちを導く星となったのは、キューバ革命後の話である。

しかし、第二次世界大戦は、革命への道としてゲリラ戦を選択する差し迫った全般的な動機となった。つまり、ヒトラーのドイツとその同盟国によってヨーロッパ大陸のほとんど――ソ連の広大なヨーロッパ部分を含む――が占領されたことに抵抗する必要性が生じたのだ。レジスタンス、なかでもヒトラーによるソ連攻撃後にかなり大規模に展開されたた武力によるレジスタンスは、多様な共産主義運動を動員した。地域的なレジスタンスによるさまざまな貢献によりドイツ陸軍がやっと敗北した時（第5章参照）、ヨーロッパの占領地域ないしファシストを支持していた国の政治体制は解体し、武装レジスタンスが非常に効果的だった国（ユーゴスラヴィア、アルバニア、そして、イギリスとその後のアメリカによる軍事支援がなければギリシャも）のなかには、共産党支配下で社会革命を目指す体制が政治を引き継いだ国、ないしそれを試みた国もあった。おそらく、アペニン山脈の北側のイタリアでも、長くは続かなくとも政権を握る可能性はあったのだが、それは試みられなかった。その理由については、革命を目指す左派に残されていたものに関連していまだ議論が続いている。一九四五年以降に東アジアと南東アジアで樹立された共産党政権（中国、部分的に朝鮮、フランス領インドシナ）は、戦時中のレジスタンスから生まれたものとして考えなければならない。中国ですら、毛の赤軍が権力の座へ向かって大きく前進したのは、日本軍が一九三七年に中国本土の乗っ取りに着手し始めた後だったからだ。世界革命の第二の波は、第一の波が第一次世界大戦から生じたように、かなり違った形ではあるが、第二次世界大戦から生まれた。第二の波では、戦争に対する強い嫌悪ではなく、戦争をしかけることで革命は政権を獲得できた。

新しく樹立された革命政権がどのような性質や政策をもっていたかは、本書の他のところで考察している（第5・13章参照）ので、ここでは、革命自体がどのように進んだのかを論じておく。二〇世紀半ばの革命は、長い戦争が勝利で終わる頃に起きたものであるが、そのシナリオは、革命の古典ともいうべき一七八九年の革命や「十月革命」と異なっていた。それだけでなく、中華帝国やポルフィリオのメキシコ（『帝国の時代』第12章参照）のような古い帝国のゆるやかな崩壊とも違っていた。第一に、成功した軍事クーデタの結果に似ているのだが、誰が革命を起こしたのか、あるいは権力を行使したのか、実際に疑う余地がなかった点である。では誰かというと、レジスタンス諸勢力のみでドイツ・日本・イタリアを破ることはできなかっただろうから（中国においても無理だったろう）、勝利したソ連軍に協力した政治グループだった（もちろん、勝利した欧米軍は共産党が支配する政権に反対した）。権力の座に誰も座っていないような期間はなかった。ぎゃくに、強力なレジスタンス勢力が枢軸国崩壊後すぐに政権を獲得できなかったのは、解放された国に連合国側の欧米が地盤を維持していた場合（韓国、ヴェトナム）、ないしは、国内の反枢軸国勢力が、中国の場合のように分裂しているような状況だけであった。中国では、一九四五年以降の共産党は、共に戦った同士ではあるが、急速に弱体化し腐敗した国民党政府に対抗して、自分たちの地歩をさらに固めなければならなかった。ソ連はこうした動きに関心がないのは明らかで、ただ見ているだけだった。

第二に、ゲリラ戦を経て権力を摑もうとするならば、社会主義者の労働運動といった伝統的な勢力がある町や産業の中心地から離れ、農村の後背地へ行くほかない。より正確にいうと、ゲリラ戦をもっとも続けやすいのは、鬱蒼とした茂みのなかや山岳地帯、森、その他似たような場所であるため、ゲリラ戦は人口が多い町から離れた人影まばらな所へ入っていかざるをえない。毛の言葉で言うと、農村は都市を征服する前に、都市を包囲しているのだ。ヨーロッパのレジスタンスの言葉だと、都市での蜂起——一九四四年夏のパリや一九四五年春のミラノ——は、少なくともこれらの地域で戦争が実質的に終わるまで待たねばならなかった。だから、一九四四年ワルシャワで起きた蜂起は、機が熟する前に蜂起してしまった代償だった。たとえれば、自分たちの弾倉に弾を一つしか詰めていなかったようなものだ。たしかに大きな弾ではあったのだが。要するに、革命が起きそうな国であったとしても、ほとんどの人々にとってゲリラ戦から革命へ至る道が意味するのは、あまりできることがない状況のまま、変化がどこからともなくやってくるのを長い間待つ、ということだった。実際に効果をもたらしたレジスタンスの闘士の数が、かれらの下部組織を含めても少なかったのは、致し方ないことだった。

もちろん、ゲリラは自分たちの縄張りでも民衆の支持なしには機能しえなかった。とくに長期戦では、戦力の補充は地元でせざるをえなかったからだ。だから（中国と同じように）工場労働者や知識人が集団で、旧農民で構成される軍隊へ音もなく変身する可能性もあった。かといって、ゲリラと民衆との関係は、人民の水のなかで泳ぐ魚にゲリラを譬えた毛の言葉が示唆するほど、単純ではなかった。ゲリラ戦が行われていた典型的な国では、攻撃を受けた無法者たちの集団のほとんどは、現地で行儀よく振る舞っている限り、戦う相手が侵略してきた外国人兵士であろうが政府の手先であろうが、おおいに同情を買う傾向があった。しかし、農村に根深く残っていた分裂のため、友人を得ることで敵をつくるリスクも背負うことになった。中国共産党は農村ソヴィエトを一九二七年から二八年にかけて設立したが、ある一族が支配的な農村を転向させると、それと関連する複数の一族を基盤として「赤い村」のネットワークを築きやすいだけでなく、転向させることで、昔からの敵――似たような「黒い村」のネットワークを形成している――と争うことになると気づき、驚いた。驚くようなことではなかったのだが。かれらは、「階級闘争が村同士の戦いになってしまったこともあった。われわれの軍が村を完全に包囲し、破壊しなければならない場合もあった」と愚痴をこぼした（Rate-China 1973, pp. 45-46）。ゲリラで成功した革命家たちは、足を掬《すく》われかねない海を渡っていく術《すべ》を学んだ。とはいえ、ミロヴァン・ジラス（Milovan Djilas）によるユーゴスラヴィアのパルチザン戦争に関する回顧録が明らかにした通り、解放は、余所から来た征服者に対して被抑圧者が一致して蜂起するという単純なものではなく、ずっと複雑だった。

Ⅶ

以上のように評価しても、エルベ川から東・南シナ海に至る地域すべての政府を率いることになった共産党員の満たされた心は曇りはしない。共産党員を奮起させてきた世界革命は、目に見えて進んでいた。ソ連は単独で心許なげに孤立していたが、その代わりに一ダースほどの国がすでに登場、あるいは出現しつつあった。これらの国は、大国という名にふさわしい世界の二大強国のうちの一つが率いた世界革命の二度目の大きなうねりから姿を現した（超大国という用語の記録は一九四四年まで遡れる）。世界革命を推し進める力はまだ尽きていなかった。旧帝国主義国の植民地の独立が進行中だったのだから。脱植民地化によって共産主義の大義がさらに広がると期待できなかったのだろうか。世界のブルジョワジーは、少なくともヨーロッパで資本主義に何が残されるのか、心配しなかったのだろうか。フランスの若き歴史学者ル・ロワ・ラデュリの実業家の親戚たちは、工場を建て替えるにあたり、自分たちが抱える問題に決着をつけてくれるのは結局のところ国有化なのか、あるいは単純に赤軍なのか、自問自答しなかったのだろうか。こうした思いがあって、一九四九年にフランス共産党に入党する決心を固めたのだと、年老いた保守派になったル・ロワ・ラデュリは回想している（Le Roy Ladurie 1982, p. 37）。アメリカの商務次官は一九四七年三月に、トルーマン政権に対して、ほとんどのヨーロッパの国は崖っぷちで、いつでも崖下に落とされかねない状況にあり、他の国は深刻に脅かされていると言わなかったのか（Loth 1988, p. 137）。

こうした思いを抱いていたのは、違法・戦闘・レジスタンス・監獄・強制収容所あるいは亡命といった経験を経て、ほぼ廃墟と化した自国の将来に対する責任を引き継ぐことになった人々だった。おそらく、このなかにはこう観測した者もいただろう。資本主義を転覆するのは、その中心地よりも、資本主義の力が弱く辛うじて存在している国でのほうが簡単であることがまたもや証明された、と。しかも、世界が劇的に左傾化したのを否定する者などいるはずもなかった。仮に、資本主義が転覆した国で新しい共産党指導者、あるいは共産党と共同で統治している指導者が戦後すぐに何か心配していたとしても、それは社会主義の未来を憂慮していたわけではなかった。貧しく、消耗し尽くし、廃墟と化した国を、しかも国民が時に敵意を露わにするなかで、どのように再建したらいいのか、という懸念であった。また、再建によって社会主義陣営が安泰になる前に、資本主義勢力が社会主義陣営に戦争を仕掛ける危険性も憂慮していた。逆説的ではあるが、欧米の政治家やイデオローグは、同じ恐怖に夢のなかでも悩まされ続けた。あとで触れるように、冷戦は世界革命の第二波後の世界の行く末を決めたが、まるで悪夢の競演だった。東側陣営と西側陣営の怖れに根拠があろうがあるまいが、一九一七年一〇月が生み落とした世界革命の時代の一部であった。しかしその時代自身、終焉を迎えようとしていた。とはいえ、この時代の墓碑が書かれるまでに、さらに四十年の歳月がかかったのだが。

しかしそれでも、世界革命は世界を変えたのだ。ただし、十月革命に応えた者たちやレーニンが予期したような形ではなかったが。西半球を一歩出れば、革命・内戦・外国による支配へのレジスタンスと解放、世界革命の時代に終わりを告げる運命にあった帝国主義列強による予防措置的な非植民地化のいずれか、あるいは複数を経験していない国は、両手で数えられるほどわずかだった（ヨーロッパでは、イギリス、スウェーデン、スイス、おそらくアイスランドのみ）。西半球では、つねに「革命」だと地域住民には説明される政府による多くの暴力的な変化を除くと、主な社会革命――メキシコ、ボリビア、キューバ革命とそれを受け継いだ革命――はラテンアメリカの状況を一変させた。

共産主義の名のもと起きた実際の革命は、自らの体力を消耗するものだった。とはいえ、世界人口の五分の一を占める中国人が共産党が統治する国に住み続ける限り、追悼の辞を述べるにはまだ早すぎる。しかし、こうした国が旧体制（アンシャン・レジーム）の世界へ戻ることとは、革命とナポレオンの時代を経たフランスが革命以前に戻れないのと同じくらい無理な話である。ついでに言えば、旧植民地が植民地化以前の状態に戻るのと同じくらい無理がある。共産主義の体験が捨てられた国であっても、共産主義が終わった現在とおそらくその未来には、革命にとって代わった反革命特有の印が残っており、今後もそうだろう。ロシア史や世界史からソヴィエト時代をなかったかのように除いてしまう方法はない。サンクトペテルブルクが一九一四年の状態に戻る道はない。

一九一七年以降の激動の時代がもたらした間接的な影響は、直接的なものと同じくらい重大なものであった。ロシア革命から数年たつと植民地解放と脱植民地化が始まり、残忍な反革命の政治（ファシズムや他の似たような運動という形をとった〔第4章参照〕）と社会民主主義の政治がヨーロッパにもたらされた。よく忘れられているのだが、一九一七年まで労働党や社会党はすべて（やや周辺的位置にあるオーストラリアを除き）、社会主義にふさわしい時が来るまでずっと野党の立場でいることを選んでいた。太平洋地域以外での社会民主主義政府ないし連立政府がはじめて結成されたのは、一九一七―一九年にかけてで（スウェーデン、フィンランド、ドイツ、オーストリア、ベルギー）、数年のうちにイギリス・デンマーク・ノルウェーもこれに続いた。こうした政党がみせた中庸そのものは、古い政治システムがかれらと一体化する準備が整っていたのと同様に、大部分がボリシェヴィキの思想への反動だということは、忘れられがちである。

まとめよう。「短い二〇世紀」の歴史は、ロシア革命とその間接・非間接的影響を抜きにして理解することはできない。とくに、ロシア革命が自由資本主義の救世主であることがわかったからだ。ロシア革命は第二次世界大戦でヒトラーのドイツに対して西側を勝たせ、資本主義が自己改革するよう刺激を与えた。一見したところ、ソ連は大恐慌への免疫があるようだった。それは自由市場への信奉を捨てる動機になった。このあたりのことは次章で触れる。

註

（1）ロシアでは当時ユリウス暦がまだ用いられていた。これは、他のキリスト教世界ないし西洋化した世界が使っていたグレゴリウス暦より十三日遅い。そのため、二月革命が実際に起きたのは三月、十月革命は一一月七日、ということになる。ロシアの暦が改革されたのは、ロシアの正書法の改革と同じく十月革命であり、その影響力の大きさがわかる。周知の通り、こんな小さな変化であっても、普通は社会的・政治的激震なくして実施されることはないからである。フランス革命の影響のうち、もっとも長く普遍的なものは、メートル法である。

（2）一九一七年、この問題をめぐり、有力な政党であるドイツの独立社会民主党（USPD）は、戦争支持を止めなかった社会民主党（SPD）と正式に袂を分かった。

（3）人的な犠牲は十月革命より大きかったものの、比較的少なかった。死傷者数は将校が五三人、兵士六〇二人、警官七三人、民間人五八七人であった（W. H. Chamberlin 1965, vol. I, p. 85）。

（4）こうした「評議会」は、ロシアの農村共同体の自治経験にルーツをもつものと思われる。これらは一九〇五年の革命時に、工場労働者のなかから政治団体として登場した。組合労働者であれば直接選挙で選ばれた代表者たちから成る議会をよく知っていたし、こうした議会は生来かれらがもっている民主主義の感覚に訴えるものがあったため、「ソヴィエト」という言葉は、国際的にも非常に魅力的に響いた。また、いつもそうとは限らないが、各国の言葉に翻訳されることもあった（council, rate など）

（5）「私はかれらにこう言った。やりたいことをやり、望むだけ取ればいい。われわれは諸君を支えよう。ただ、生産に関しては管理し、生産が役立つよう取り計らってもらいたい。役に立つ労働を始めようではないか。間違えることもあるかもしれないが、学ぶだろう」（レーニン『人民委員会議の活動に関する報告書』一九一八年一月一一／二四日〔Lenin 1970, p. 551〕）。

（6）帝政ロシアの首都はサンクトペテルブルクだった。サンクトペテルブルクは、第一次世界大戦中にあまりにもドイツ語的に響いたため、ペトログラードと改名された。レーニンの没後はレニングラードとなった（一九二四年）。そしてソ連が解体されるなかで、最初の名前に戻った。ソ連は、政治的な地名学に病みつきになったが（奴隷のような衛星国もそれに倣った）、政党の浮き沈みや紆余曲折により複雑さがたびたび増していった。ボルガ川流域にあるツァリーツィンはスターリングラード――第二次世界大戦で叙事詩的な戦場となった――になった。そしてスターリンの没後、ヴォルゴグラードに改名された。これを書いている今も、同じ名前のままである。

（7）社会民主党の穏健な多数派は、総投票数の三八％――かれらの史上最高記録ではある――をちょうど下回る得票率だった。革命を目指す独立社会民主党は、約七・五％だった。

（8）ハンガリー評議会共和国の敗北は、政治的・知的難民のディアスポラを世界中に広めた。そのなかには、予期しなかったキャリアを将来歩むことになった者もいた。例えば、映画王アレクサンダー・コルダ卿、元祖ホラー映画『ドラキュラ』でもっとも知られているベラ・ルゴシなど。

（9）いわゆる第一インターナショナルは、カール・マルクス自身の手で設立された国際労働者協会（一八六四―七二年）である。

第3章　奈落の底へ落ちる経済

これまでも議会は招集され、合衆国の状態を見渡してきた。しかしいま以上に喜ばしい見通しのもとで開かれたものはなかった。（中略）我が国の企業と産業は莫大な富を生みだし、その富は経済によって蓄えられ、市民のあいだできわめて広く分配されてきた。くわえて、国外での慈善やビジネスのためにも絶え間なく用いられてきた。生存の条件に必要性を基準としたものどころか、贅沢なものまで入っている。生産を増やしても、国内だけでなく海外貿易での需要拡大もあり、消費される。アメリカは現状に満足しているといえる。そして、明るい未来が期待できる。

カルヴィン・クーリッジ大統領、議会教書、一九二八年一二月四日

われわれの世代でいちばん蔓延していて、しかも知らない間に進行してしまった病は、第一に戦争、第二に失業である。失業は、この時代の西洋文明特有の社会的病である。

ザ・タイムズ紙、一九四三年一月二三日

I

こう仮定してみよう。第一次世界大戦は、破滅的であったとしても、戦争さえなければ安定していた経済と文明が一時的に途絶えただけにすぎない、と。したがって、戦争で残された瓦礫の山を片づければ、経済はそれまで通りの状態に戻り、そこからまた続くはずだった。日本が、一九二三年の地震で三〇万の遺体を埋葬し、二百―三百万に及ぶ人々から住む場所を奪った廃墟を片づけ、耐震性を強化した以外は地震前と変わらない都市を再建したのと同じように。もしこんな状況だったら、戦間期の世界はどのようになっていただろう？　それは私たちにはわからないことだし、起きなかったことを、しかもほぼ確実にありえなかったことをあれこれ考えても無意味である。しかし、こういう問いが役に立たないわけでもない。なぜなら、戦間期の世界経済の崩壊が二〇世紀の歴史に及ぼした重大な影響を理解するうえで助けとなってくれるからだ。

この崩壊がなければ、ヒトラーはまちがいなく登場しなかっただろう。そしてルーズヴェルトもほぼ確実にいなかった。また、ソヴィエト型のシステムが、世界の資本主義と真剣に張り合えるほどのライバルであるとか、資本主義とは異なる可能性をもつものとしてみられることも、まずなかったろう。経済危機が非ヨーロッパないし非西欧社会にもたらした結末——別のところで簡単に触れているが——が強烈だったのは明らかである。つまるところ、二〇世紀後半の世界は、経済危機の影響をわからずして理解できるものではない。そして、本章ではこれが主題となる。

第一次世界大戦によって荒廃したのは、旧世界、主にヨーロッパの一部にすぎなかった。世界革命は、一九世紀のブルジョワ文明の崩壊のもっとも劇的な側面であったが、この地域以外でも広まった。その範囲は、メキシコから中国、さらに、植民地解放運動という形をとって、マグレブからインドネシアまで及んだ。しかし、市民が革命とも植民地解放とも縁遠い地域を探そうと思えば、ごく簡単に見つけることもできただろう。アメリカとサハラ以南のアフリカである。とはいえ、第一次世界大戦後に続いて起きた崩壊は、真の意味で世界規模——少なくとも人間が非人間的な市場取引に搦《から》め捕られたり、動かされたりしている地域では——の崩壊だった。自信に満ちたアメリカ自身、不運な国々で起きている劇的な変化を逃れられる避難所どころではなく、むしろその震源地になった。経済史家が使う指標では、史上最大の地球規模の揺れが観測された。つまり、戦間期の大恐慌である。一言でいえば、世界の資本主義経済は戦間期に崩壊寸前にみえた。この状況からどう回復するのか、誰にもわからなかった

資本主義経済が何の問題もなく機能するということはない。また、長さが異なる変動

――かなり激しいものも多い――があるのは、この世界を資本主義のやり方で運営していく以上致し方ないことだ。好況と不況が交互に訪れるいわゆる「景気循環」を、一九世紀以降商業に携わる者で知らない者はいない。この循環は、さまざまなヴァリエーションがあるものの、七―十年ごとに繰り返されると予測されていた。一九世紀末、想定外の急展開が数十年たって振り返られるようになると、七―十年よりも長い周期が注目を集めるようになった。ここでの想定外の急展開とは、一八五〇年頃から一八七〇年代初頭まで続いた記録破りの目を見張るような世界的好況の後に、経済が不安定な時期が二十年余り続き（経済評論家はやや誤解を招く形で大不況を話題に出した）、さらにその後、世界経済が確実に上向きに前進する時期が長く続いたことを指している（『資本の時代』『帝国の時代』第2章参照）。一九二〇年代はじめ、ロシアの経済学者であるN・D・コンドラチェフ（のちのスターリンによる粛清では初期の頃の犠牲者となった）は、一八世紀後半以降、経済が五十―六十年の「長い波」を繰り返しながら展開してきているというパターンを見つけた。コンドラチェフも他の研究者も、こうした動きがあることをじゅうぶん説明することができなかったし、疑り深い統計学者は、波の存在すら否定した。この波はその後、専門書ではコンドラチェフの名がつけられ、世界的に知られるようになった。ちなみに、コンドラチェフは当時、世界経済の長い波はちょうど景気の低迷に向かっている、と判断を下していた(1)。そしてこれは正しかった。

昔は、商業に携わる人々や経済学者が長期・中期・短期の波やら循環やらを受け入れるというのは、農家が天気——やはり上り坂と下り坂とがある——を受け入れるのと似ていた。したがって、人間にできることは何もなかった。波や循環によってチャンスが生まれることもあれば、問題が生じることもあった。個人や産業が巨額の富を手にすることもあれば、破滅することもあった。そんななか、社会主義者だけが、資本主義の内的矛盾によって資本主義の経済システムそのものが危機に瀕していると考えた。かれらはカール・マルクス同様、景気が循環するなかで、最後には乗り越えられない内的矛盾が資本主義によって生み出されると信じていた。世界経済は、景気循環で突然訪れた短期的な大惨事の時期を除き、過去一世紀にわたって成長と前進を重ねてきた。そして今後もそのように成長と前進を重ねるものと予測されていた。こうした新しい状況の何がそんなに珍しかったのかというと、おそらく資本主義の歴史上初めて、そして今のところ唯一、資本主義のシステムが景気変動によって本当に危機に晒されたようにみえたことだ。さらに、景気循環の波は長いこと上向きで推移してきたが、この上向き傾向が重要な点で途切れそうにみえたことも挙げられる。

産業革命からこの時代までの世界経済の歴史は、加速度的に技術が進歩してきた歴史であり、不均等ではあるが経済成長が途切れず続いてきた歴史であり、また「グローバリゼーション」の進展、つまり世界規模での分業がますます精巧で複雑なものになってきた歴史でもあった。こうして、流通と交換のネットワークの密度は濃くなり、世界経済はすべてグローバルなシステムと結びつけられた。技術的な進歩は「破滅の時代」にも続き、それどころかいっそう速い進歩を遂げ、世界大戦の時代を変えていった。また、ぎゃくにこの時代によって変えられもした。この時代の中心を成す経済的な出来事は、ほとんどの人間にとって地殻変動並みの出来事として経験され、それは一九二九—三三年の大恐慌で最高潮に達した。にもかかわらず、この数十年にわたって経済成長が止まることはなかった。単に速度を落としただけだった。当時経済規模が最大かつもっとも豊かであったアメリカですら、一九一三—三八年の人口一人当たりのGNPの平均成長率は、わずか〇・八%と緩やかなものだった。世界的な工業生産は、一九一三年からの二十五年間でなんとか八〇%以上増えたのだが、この成長率は、一九一三年から二十五年遡った期間と比べ、およそ半分だった（W. W. Rostow 1978, p. 662）。あとで述べる通り（第9章）、一九四五年以降の時代との差は、さらに鮮烈であった。それでももし火星人が、地上で人間が経験しているジグザグの推移がわからないほど遠くから経済の動きを表す曲線を観察したとすると、世界経済は間違いなく拡大し続けるという結論に至っただろう。

しかし、ある一点において、経済が拡大していないのは明白だった。経済のグローバリゼーションは、戦間期には成長を止めてしまっていたかにみえた。どのような尺度で成長を測ろうとも、世界経済の統合は停滞あるいは後戻りしていた。戦前は有史以来の大量移民の時代であったのが、戦間期には、こうした流れは干上がってしまったというか、戦争と政治的な縛りで堰き止められてしまった。一九一四年から遡ること十五年間で、アメリカにおよそ一五〇〇万人が上陸した。次の十五年では、流れは五五〇万人にまで縮小した。一九三〇年代と戦中は、ほぼ完全に止まった。アメリカに入国した数は、七五万人にも満たなかった（Historical Statics I, p. 105, Table C 89–101）。イベリア半島からの移民は圧倒的多数がラテンアメリカを目指しており、一九一一—二〇年には一七五万人いたが、一九三〇年代には二五万人以下にまで落ちた。一九二〇年代後半には、世界貿易は戦争と戦後の危機による混乱から回復し、一九一三年の状態を少し上回ったものの、大恐慌時代に転落した。しかし、「破滅の時代」の最後（一九四八年）には、規模という点では第一次世界大戦前とあまり変わらないまでになっていた（W. W. Rostow 1978, p. 669）。一八九〇年代初頭から一九一三年にかけて、二倍以上の規模に増えた。一九四八—七一年には五倍の規模にまで拡大することになる。第一次世界大戦によってヨーロッパと中東に新しい国家が数多く誕生したことを考えると、戦間期の停滞はいっそう驚きである。国家誕生に伴って国境線の数がもっと増えた以上、国家間貿易も自動的に増えると予測するのは至って当然である。なぜなら、かつて一つの国で行われていた商取引（例えば、オーストリア＝ハンガリーやロシアにおいて）が、今や国際取引として分類されるようになったからである（世界貿易の統計は、国家間での取引のみを対象としている）。これとまったく同じように、戦争や革命に続いて痛ましい大量難民がすでに数百万の規模で発生していたが（第11章参照）、これを考慮するならば、世界の移民人口は減少より増加すると予測を立てるのが当然だった。大恐慌の時には、資本の国際的流れすら干上がるかにみえた。一九二七—三三年で国際融資は九〇%以上も減少することとなった。

なぜこのように経済が停滞したのか？　これには諸説ある。例えば、世界最大規模の国民経済をもつアメリカで、事実上、少数の原材料を除いて自給可能になりつつあったことが挙げられる。また、海外との貿易にとくに依存してこなかったことも挙げられる。しかし、イギリスやスカンジナヴィア諸国のように貿易が盛んな国ですら、同じ傾向がみられた。当時は目につきやすい不安の原因に注目されたが、それはたしかに正しかった。どうしたかというと、各国は外部からの脅威に対して、つまり、非常に厄介な状態にあるのが明白な世界経済から、自国経済を全力で保護した。

商業に携わる者にしても政府にしても、大戦によって一時的な混乱はあっても、いずれは双方が正常だと思っていた一九一四年以前の幸せな時代へ世界経済は戻っていくと考えていた。そして実際に、少なくとも革命や内戦で滅茶苦茶にされていない国では、戦後直後の好況は先行きが明るいものにみえた。両者とも労働運動と労働組合がとてつもない力を得たことには否定的だったが。労働運動と労組はその力をもってして、賃上げと労働時間の短縮によって生産コストを引き上げているようにみえたからである。そうはいっても、再調整は予想したより難しいことが明らかになった。物価と好況が一九二〇年に崩壊したことで、労働運動の力は弱まった。例えばイギリスでは、その後の失業率が一〇％を大幅に下回ることがなくなり、労組はその後十二年間で半数の組合員を失った。こうして労使関係では再び雇用者側が確実に優位に立った。しかし、繁栄が手に入りそうもない状況に変わりはなかった。

アングロ・サクソンの世界と戦争中立国、そして日本は、できるだけ物価を下げようとした。要するに、健全な財政と金本位制が保証する安定した通貨という、昔からの確かな基準に経済を戻そうとした。財政も金本位制も、戦争の圧力に抵抗できなかったのだが。そして、一九二二―二六年には多少なりともそれはうまくいった。しかし、西はドイツから東はソヴィエト・ロシアにかけて敗戦と動乱を潜り抜けた広大な地域では、金融システムが見事なまでに崩壊していた。これに匹敵しうるのは、一九八九年に共産主義が終焉を迎えたことで起きた崩壊くらいだろう。極端なケースとしては一九二三年のドイツが挙げられる。ドイツでは、通貨単位が一九一三年の価値から一兆分の一にまで下がっていた。つまり、貨幣価値は実質的ゼロだった。ここまで極端でなくても、根底から覆されるような崩壊は他でも起きていた。筆者の祖父は好んでこの手の話をしてくれた。祖父いわく、オーストリアがインフレ[2]を迎えている時に保険が満期になったのだが、通貨切り下げのために、お金を引き出す時には膨大な量の札束になったにもかかわらず、お気に入りの喫茶店で飲み物一杯分にしかならなかったそうだ。

要するに、個人の貯蓄はすっかり消えてしまったのだ。結果として、ビジネスに運用できる資金はほぼ空っぽという事態に陥った。そのためドイツ経済は、以後数年にわたって外国からの貸付に大きく依存することになった。この依存のために、不況がやってくるとドイツ経済は普通では考えられないほど不安定になった。ソ連の状況も似たり寄ったりだった。しかし、貨幣という形をした個人の貯蓄の消失は違った形で政治・経済に影響した。一九二二―二三年にはひどいインフレにとどめが刺されたが、それは、本質的に政府の決断――無制限な紙幣の製造を止め、通貨を変更する――によるものだったが、固定給と貯蓄に頼って生活していたドイツの人々は壊滅的な状況に追いやられた。これに対し、ポーランド・ハンガリー・オーストリアでは、少なくともほんのわずかであっても貨幣価値の幾分かは守られた。しかし、この体験がこの地域の中流階級と中の下の階級に及ぼしたトラウマ的な影響は、想像できるだろう。こうして、ファシズムがヨーロッパに登場する素地ができた。病的な長期のインフレに人々を慣れさせる仕掛け（例えば、賃金やその他の収入の「インデクセーション」によって。この言葉は一九六〇年頃にはじめて使われた）が考案されたのは、第二次世界大戦が終わってからのことである。(3)

こうした戦後の凄まじい嵐は、一九二四年までにおさまっていた。某アメリカ大統領が「正常」と名付けた状態にまで回復するのを期待できそうだった。実際に、世界が再び成長しているようなこともあった。しかし、原材料や食糧の生産者、とくに北米の農家も含めると、一次産品の価格が短期的な回復の後にまた下がったため、頭を悩ませている者もいた。狂乱の二〇年代は、アメリカの農園では黄金時代などではなかった。さらに、ほとんどの西ヨーロッパでは失業率が驚くほど高いままで、一九一四年を基準とすると、それは病的なほどだった。一九二〇年代に好況だった数年間（一九二四―二九年）ですら、イギリス・ドイツ・スウェーデンの失業率は平均すると一〇―一二％、デンマークとノルウェーでは一七―一八％以上だった。これをいま思い出すのは容易ではない。経済が全速力で進んでいたのは、平均失業率が約四％のアメリカだけだった。こうした事実から、当時の経済が抱えていた深刻な弱点がわかる。つまり、一次産品の価格が下落した（備蓄を増やすことでさらなる下落は免れた）ということは、単純に、一次産品への需要が一次産品の生産能力のペースに追い付けなかった、ということである。また、それ自体はたいしたものではなかった好況をおおいに活気づけたのは、国際資本の膨大なフローであったという事実を見逃すべきではない。当時、この資本の流れは国境を越えて産業界に行き渡ったのだが、とくにドイツへ向かう資本が著しく多かった。ドイツ一国だけで、一九二八年には世界の資本輸出の約半分を受け入れており、二〇兆から三〇兆マルクを借り入れていた。その半分はおそらく短期の借入れだった（Arndt, p. 47; Kindleberger 1986）。そのため、再びドイツ経済は非常に脆弱な状態に陥った。これは、一九二九年を過ぎてアメリカが資本を引きあげると明らかになった。

だから、世界経済がわずか数年で危機的状況に再び陥った時、誰も驚きはしなかった。驚いたのは、アメリカの片田舎で世界経済を支援していた人々くらいだった。その頃、こうした人々のイメージは、シンクレア・ルイスの小説『バビット』を通してヨーロッパでも知られるようになってきていた。コミンテルンは、好況が絶好調の時にもう一度経済危機が来ることをすでに予期しており、それがきっかけで革命の新たな幕が開くことを期待していた。もしくは、コミンテルンの代弁者はそう信じていた、ないし信じる振りをしていた。時を置かずして、革命の新しい幕とは逆の現実になったことがわかった。しかし、一九二九年一〇月二九日のニューヨーク株式市場の大暴落で始まった危機が常軌を逸するほど広がり、底なしであったことは、今となっては歴史家でなくても知っているが、当時は誰も予期していなかった。おそらく革命家でさえ、もっとも自信がある時ですらこのような予測は立てていなかった。資本主義世界経済は崩壊寸前になり、悪循環に嵌ってしまったかのようだった。個々の経済指標の下降（失業者のみ増えており、天文学的な数に届きつつあった）が互いをさらに衰退させていた。

国際連盟の高名な専門家が気づいていたように――ほとんど注目されなかったが――、北米での工業経済の劇的な後退は、工業のもう一つの心臓部であるドイツにすぐに広がった（Ohlin 1931）。工業生産は一九二九年から一九三一年にかけて、アメリカでおよそ三分の一減り、ドイツでも同程度減った。しかし、これらはなだらかな平均的値だった。例えば、アメリカでは大手電機メーカーのウェスティンハウスは純利益が二年間で七六％減るなか、一九二九—三三年で売り上げは三分の一にまで減った（Schatz 1983, p.60）。一次産品の価格は、以前のようにストックを貯めて維持することができなくなったため、歯止めなく下落、食糧・原材料ともに生産は危機的状況に陥った。茶と小麦の価格は三分の一に落ち、生糸に至っては四分の三も下がった。このため、国際貿易をわずかな一次産品に依存している国はなぎ倒されていった。一九三一年に国際連盟に加盟していた国だけ数えても、アルゼンチン、オーストラリア、バルカン半島諸国、ボリビア、ブラジル、（イギリス領）マレー、カナダ、チリ、コロンビア、キューバ、エジプト、エクアドル、フィンランド、ハンガリー、インド、メキシコ、オランダ領東インド（現インドネシア）、ニュージーランド、パラグアイ、ペルー、ウルグアイ、ベネズエラが挙げられる。文字通り、恐慌はグローバルな規模にまで広がった。

オーストラリア、チェコスロヴァキア、ギリシャ、日本、ポーランド、そしてイギリスの経済は、西（あるいは東）からくるとてつもない衝撃から大きな影響を受け、ひとしく揺さぶられた。日本の生糸産業は、アメリカの巨大かつ成長中のシルク・ストッキング市場に供給するなかで、十五年間で生産量が三倍にまでなった。しかしその市場が一時的に消滅してしまい、アメリカへ輸出された日本の生糸の九〇％も市場を失った。その間、日本の農産物のもう一つの特産物である米の価格までもが、南・東アジアの他の米どころ同様に急落した。現実には、米以上に小麦価格が完全に暴落して米より安くなったため、多くの東洋人は米から小麦に代えたと言われている。しかし、チャパティと麺類のにわか人気――もしそういうものがあったなら――によって、米の輸出国、例えばビルマ（現在のミャンマー）・フランス領インドシナ・シャム（現在のタイ）では農家の置かれている状況が悪化した（Latham 1981, p.178）。農家は、価格の下落を補塡するためにより多くの穀物を育てて売ったものの、ますます安くなっただけだった。

市場、とくに輸出市場に依存していた農家にとって、自給自足という農民の昔ながらの最終的な拠り所に後戻りできないのであれば、これは破滅そのものだった。自給自足は、従属世界の多くで可能だった。アフリカ・南アジア・東アジア・ラテンアメリカの人々のほとんどは当時まだ小作人であったので、その分受ける衝撃が和らいだことは間違いない。ブラジルは、資本主義の浪費と大恐慌の深刻さを表す代名詞となった。例えば、コーヒー栽培者が、炭の代わりに蒸気鉄道のエンジンでコーヒーを焙煎して価格の下落を必死に食い止めようとしたほどだった（世界市場で販売されているコーヒーの三分の二から四分の三はブラジル産だった）。そうはいっても、当時国民の圧倒的多数がまだ農民だったブラジルにとり、一九八〇年代に経済が激変した時と比べれば、大恐慌はずっと耐えられるものだった。なぜなら、経済から得られるものに対する貧困層の期待はまだ非常に控えめだったからである。

それでもやはり、植民地の農業国で苦しんだ国もあった。例えば、ゴールド・コースト（現在のガーナ）への砂糖・小麦粉・魚の缶詰・米の輸入が三分の二も減ったことが挙げられる。ここではジンの輸入が九八％も減ったことは言うに及ばず、（農民を基盤とする）コア市場は底が抜けたかのように暴落した（Ohlin 1931, p. 52）。

定義上、生産手段を管理できない人々や生産手段をもたない人々（どこかの村で家族が農業を営んでいて、そこへ帰れないのであれば）——要するに賃金で雇われている人々——に大恐慌がもたらした結末は、想像だにしなかった未曾有の規模での失業と、この状態があらゆる予測以上に長期化したことであった。大恐慌が最悪だった時（一九三二—三三年）には、イギリスとベルギーでは二二—二三％、スウェーデン二四％、アメリカ二七％、オーストラリア二九％、ノルウェー三一％、デンマーク三二％、そしてドイツでは四四％以上の労働者が仕事を失う事態となった。これと等しく重要なのは、一九三三年を過ぎて状況が持ち直したにもかかわらず、一九三〇年代の平均失業率がイギリス・スウェーデンで一六—一七％、他のスカンジナヴィア諸国とオーストリア・アメリカで二〇％を切ることがなかった点だ。欧米で失業率を下げるのに成功した唯一の国は、一九三三—三八年にかけてのナチス・ドイツのみである。記憶されている限りでは、ここまで壊滅的な状況は労働者が経験したことがないものだった。

こうした状況をいっそう劇的にしたのは、失業対策を含む社会保障の公的な準備が、アメリカのようにまったく存在しないか、あるいは、二〇世紀後半の基準からすれば、失業が長期に及んでいる者にとってはとくに、きわめて貧弱だったことである。だからこそ、保障の問題はつねに労働者にとって死活問題となってきた。保障とは、雇用（賃金）・病気や事故といった、不確実な恐怖に対する予防線、収入のない老後という確実な恐怖に対する備えを指す。そのため手に職がある人々は、給料はほどほどでもいいが、安定していて年金が支払われる仕事に子どもに就いてもらいたいと願っていた。大恐慌以前に失業保険のプログラムがもっとも手厚かった国（イギリス）ですら、労働者のうち失業保険の対象になっていたのは六〇％に満たなかった。それもそのはず、一九二〇年以来イギリスは大量の失業に適応せざるをえない状況にすでに追い込まれていたからである。他のヨーロッパ諸国では、失業救済を要求する権利がある労働者の割合は、ゼロからおよそ四分の一だった（ただしドイツを除く。ドイツでは四〇％に達した）（Flora 1983, p. 461）。不安定に揺れ動く雇用や周期的にくる一定期間の失業に慣れていた人々は、わずかばかりの貯蓄も尽き、近所の食料品店でツケで買い物ができなくなっても仕事がみつからないことに絶望した。

こうして、大量の失業は工業国の政治にトラウマになるほど影響を与えた。なぜなら、大量の失業こそ、工業国に住む大部分の人々にとって世界恐慌が意味したことだったからだ。経済史家であれば（そして経済的論理でも）、国の労働者の大半は最悪の時期ですら雇用されており、戦間期を通して物価が下がり、景気がもっとも落ち込んだ時には食料品の価格は他のどんなものよりも急落したため、実際には暮らし向きはずっとよくなっていたと証明できる。しかし、そんなことは人々にどんな意味があるというのか？　この頃非常によく見られた光景といえば、炊き出しであったり、製鉄も造船もされないために煙があがらない町の一角から失業者が「飢餓行進」をし、首都で合流して責任者を糾弾している光景だった。また、ドイツ共産党は不況期のナチス党と同じくらいの早さで成長し、ヒトラーが権力の座へ就く直前の数カ月は、さらに速いスピードで増加していた。政治家は、この党の構成員の最大八五％が失業者であることを見逃してはいなかった（Weber, I, p. 243）。

政治的な統合をはかるうえで、失業が深い傷、下手をすれば命取りとして受け止められたことは、驚くようなことではない。「戦争の次に」と第二次世界大戦の最中ロンドン・タイムズ紙の論説委員が書いた言葉はこう続く。「失業は、われわれの世代にもっとも蔓延し、われわれをもっとも蝕む油断のならない病である。われわれの時代の西洋文明に特有の社会病である」（Arndt 1944, p. 250）。このような文章は、工業化の時代が始まる前にはありえなかった。この言葉は、欧米諸政府が戦後にどんな政策をとったのか、長期的な公文書の調査以上に説明している。

大恐慌によって破滅感が生じたり、方向性が見失われたりしたが、興味深いことに、それは大衆よりも実業家・経済学者・政治家でのほうが大きかった。大量の失業や農産品価格の崩壊は大衆を直撃したのだが、貧困層でも最低限のニーズが満たされることを期待できる限り、この想定外の不当な状況は政治的に――左派か右派かで――解決されるだろうと、信じて疑わなかった。経済政策立案者の苦境がかなりドラマチックなものになったのは、古い自由主義経済の枠組みに解決が見つからなかったからにほかならない。かれらはこう考えたのだ。差し迫った短期的な危機に立ち向かうためには、世界経済の繁栄を長期的に支えていた基盤を切り崩さねばならなかった。世界貿易が一九二九―三二年の四年間で六〇%落ち込んだ時には、荒れ狂う世界経済から国内市場と自国通貨を守るために、各国は障壁をどんどん高くしていった。これによって、世界の繁栄を支えていたと政策立案者たちが信じていたもの、つまり多国間貿易という世界的なシステムが解体することは、重々承知していた。多国間貿易の要はいわゆる「最恵国待遇」であるが、これが、一九三一―三九年に調印された五一〇にのぼる通商協定の約六〇%から消えた。最恵国待遇を残している協定であっても、ふつうは制限された形で残されていた(4) (Snyder 1940)。世界恐慌はどこで終わるのだろうか？　この悪循環を抜け出す出口はあったのか？

世界恐慌が時を置かずにもたらした政治的結末については、後でみていきたいと思う。これは、資本主義の歴史のなかでもっともトラウマになる出来事だった。この話に行く前に、そのもっとも重要かつ長期的な意味合いについて、いま言っておかねばならない。一言でまとめると、大恐慌は経済的自由主義を半世紀にわたって破壊し続けた。一九三一―

三三年、イギリス・カナダ・全スカンジナヴィア諸国・アメリカは、安定した国際取引の土台だとずっとみなされてきた金本位制を捨てた。そして一九三六年までには、金を崇め奉ってきた国——ベルギー、オランダ、最後にフランス自身——も、金本位制から手を引いた。[5] イギリスが一九三一年に自由貿易を断念したことは、象徴的ともいえる出来事だった。イギリスにとっての自由貿易は、合衆国憲法がアメリカの政治的アイデンティティの中心であるのと同様に、一八四〇年代以来イギリスの経済的アイデンティティの要だった。単一の世界経済における自由取引という主義からイギリスが撤退したことは、当時各国が我先に自国の保護に走っていたことを劇的に表している。すなわち、大恐慌によって欧米の政府は、国家政策で経済的配慮より社会的配慮を優先せざるをえなくなっていたのだ。そうしなかった場合の危険性——左派の急進化と、ドイツなどで近年みられたような右派の急進化——は、あまりにも恐ろしいものだった。

こうしてもはや各国政府は、関税という単純な手を使って外国との競争から農業を保護することはなくなった。ただし、政府がかつてそうしたことをやっていた国では、関税障壁をさらに高くしてはいたが。大恐慌のあいだは、農場価格を保証する形で農業を援助、一九三三年以降のアメリカと同様に、余剰分を買うか生産しないよう、農家に金を渡した。ヨーロッパ共同体の「共通農業政策」には、一九七〇・八〇年代にいっそう貧しくなった少数の農家が、自ら享受していた補助金のためにヨーロッパ共同体を破産させてしまう恐れを孕んでいたが、この奇妙なパラドクスは大恐慌に始まりがあったことになる。

労働者に関していうと、民主的な資本主義が改良された国々では戦後、「完全雇用」、つまり大量失業の除去が経済政策の要となった。これを予言した者や先駆となった者はひとりではなかったが、もっとも世に知られていたのはイギリスの経済学者ジョン・メイナード・ケインズ（一八八三―一九四六）である。ケインズは、恒久的な大量失業を撲滅することの利点を論じているが、それは、経済のみならず政治にも関係している。ケインズの信奉者たちは、完全雇用が達成されれば労働者の収入が生み出すに違いない需要は、不況にもっとも刺激的な効果をもたらすだろうと主張した。そしてこれは正論であった。そうはいっても、需要増大という手段が差し迫って優先されたのは――イギリス政府は、第二次世界大戦終結前からこの方法に賭けた――、大量失業は政治的にも社会的にも激しやすいと信じ込まれていたからだ。たしかに、実際大恐慌中にそういう事態になった。この意見は非常に強く、長い年月がたってから大量失業が再び発生すると、とくに一九八〇年代初期の深刻な不況の時には、第三者（筆者を含め）は社会的混乱が起きるだろうと自信満々で予測していたくらいだった。そうはならなかったことに唖然としたほど、思い込んでいたのだ（第14章参照）。

社会的混乱が起きなかったのは、もちろん、大恐慌の最中と後、そしてその結果として採られたもう一つの予防措置によるところが大きい。つまり、近代的な福祉制度を取り入れたことである。アメリカで一九三五年に社会保障法が通過したことに誰が驚くというのか。例外はいくつかあるものの（日本、スイス、アメリカ）、産業資本主義が発達した国で意欲的な福祉制度が満遍なく普及していることは、わたしたちにとっては当たり前のことになっている。そのため、近代的な意味での「福祉国家」が第二次世界大戦前にはどれほど少なかったか忘れてしまうほどだ。スカンジナヴィア諸国ですら、福祉制度がようやく発展し始めたばかりだった。福祉国家という用語自体、一九四〇年代以前に用いられたことはなかった。

大恐慌のトラウマは、資本主義に苦情を申し立てて袂を分かった国、つまりソ連が大恐慌に免疫があるかにみえた事実によってはっきりした。ソ連以外、少なくとも自由主義的な欧米の資本主義の国々が停滞するいっぽう、ソ連では、新しい五カ年計画のもと超人的な速さで大規模な工業化が進んでいた。一九二九年から一九四〇年にかけて、ソヴィエトの工業生産はどれだけ少なく見積もっても三倍に増えていた。世界の工業製品にソ連製が占める割合は、一九二九年には五％だったが、一九三八年には一八％にまで増えていた。同じ時期、米英仏三カ国を合計したシェアは、五九％から五二％へ下がった。しかも、ソ連には失業というものがなかった。これにはソ連に注目していた人々もイデオロギーに関係なく感服した。感銘を受けたなかには、社会経済に関心があってモスクワを訪れていた人々も含まれる。一九三〇—三五年にはこうした訪問の流れが小さいながらもできており、影響力のある人々がモスクワへ来ていた。ソヴィエトが成し遂げたことが、ソヴィエト経済の明らかな原始性やスターリンの集産化と人民抑圧の苛酷さ・残忍さ以上に印象を残したのは、かれらが折り合いをつけようとしていたことが、ソヴィエトで実際に起きている現象ではなく、自国の経済システムの崩壊、つまり欧米の資本主義の失敗の深さであったからだ。ソヴィエトのシステムの秘密はなにか？　そこから学べることはあるのだろうか？　ロシアの五カ年計画をオウム返しのように真似ること、「計画」や「計画立案」は政治の決まり文句になった。ベルギーやノルウェーでのように、社会民主諸党は「計画」を採用した。アーサー・サルター卿――イギリスでもっとも著名かつ尊敬を集めている役人で、既存体制の支柱的存在――は、『回復（*Recovery*）』という書籍を執筆し、国と世界が大恐慌の悪循環から抜け出すためには、計画された社会が必要不可欠だと提示した。他の中道派の公務員・役人は、党派と関係のないＰＥＰ（政治および経済計画）という名のシンクタンクを設立した。のちに首相になるハロルド・マクミラン（一八九四―一九八六）のような若き保守党の政治家たちは、「計画」の代弁者になることを買って出た。ヒトラーが一九三三年に「四カ年計画」を導入したように、ナチですらこのアイディアを盗用した（一九三三年以降、ナチスは恐慌への対処で成功するものの、世界的反響はこれほどなかった。その理由は次章で考察する）。

II

戦間期、資本主義経済はなぜうまく機能しなかったのだろか？　どんな回答をするにせよ、アメリカの状況が重要であることは間違いない。ヨーロッパ——少なくとも交戦国——の経済的問題の一端が戦中・戦後の混乱にあったと仮定できるが、アメリカの場合、決定的な形で短期間参戦したことはあっても、戦争自体から距離をとっていたからだ。その結果、第一次世界大戦はアメリカ経済を破壊するどころか、第二次世界大戦同様、目を見張るほどの恩恵をもたらした。一九一三年には、アメリカは世界最大の経済大国になっており、世界の工業生産の三分の一以上を担っていた。これは、独英仏の工業生産の合計をやや少し下回る程度である。一九二九年には、この三つのヨーロッパの工業大国が世界の工業生産に占める割合が二八％を切っていたのに対し、アメリカは四二％以上を生産していた（Hilgerdt 1945, Table 1.14）。これは本当に驚くべき数字である。具体的には、一九一三—二〇年にかけて鉄鋼生産がアメリカでは約四分の一増えたのに対し、他の地域では三分の一ほど減っていた（Rostow 1978, p. 194, Table III. 33）。要するに、第一次世界大戦が終わると、第二次世界大戦同様にアメリカ経済は、多方面において世界を席巻するようになった。このアメリカが優勢な状況を一時的に遮ったのが、大恐慌だった。

第一次世界大戦は、アメリカの世界一の工業生産国という地位を強固なものにしただけでなく、世界一の債権国にもした。戦時中、イギリスは国債投資の四分の一を、とくにアメリカに投資していた分を失った。軍需品を買うために売却せねばならなかったのだ。フランスは国債投資の半分を失ったが、その主な原因は、ヨーロッパで起きた革命と崩壊だった。他方、債務国の状態で参戦したアメリカは、戦争が終わった時には国際的に主要な債権国に転じていた。アメリカは投資をヨーロッパと西半球に集中させていたため（アジア・アフリカへの投資では、イギリスがまだ他国に大差をつけて一番多かった）、そのヨーロッパへの影響は絶大だった。

要するに、アメリカを抜きにして世界的な経済危機は説明できない。なにしろアメリカは、一九二〇年代には世界最大の輸出国であり、また、イギリスに次ぐ輸入国であったのだから。原材料と食糧に関しては、世界の主要商業国十五カ国の輸入品のうち、そのほぼ四〇%がアメリカへ輸入されていた。こうした事実は、大恐慌が生活必需品――小麦、木綿、砂糖、ゴム、絹、銅、スズ、コーヒー――の生産者にどれほど壊滅的な影響を与えたか明らかにするうえで重要である（Lary, pp. 28–29）。同様に、アメリカは大恐慌の最大の犠牲者になる運命だった。一九二九―三二年のあいだにアメリカの輸入品が七〇%減ったとすると、輸出も同じ割合で減少した。一九二九―三九年にかけて、世界貿易は急降下したものの、それでも三分の一に満たなかった。ところが、アメリカの輸出はほぼ半分に落ち込んだ。

かといって、問題の根が厳密にはヨーロッパにあることを過小評価しているのではない。その根は概して、もともと政治的なものだった。パリ講和会議（一九一九年）では、戦費と戦勝国が被った被害への「賠償金」という名目で、巨額にもかかわらず不明瞭な償いがドイツに課せられた。それを正当化するために、ドイツだけに戦争責任を負わせるという条項が講和条約にすでに入れられていた（いわゆる「戦争責任」条項）。これは歴史的にいかがわしいものであると同時に、ドイツのナショナリズムにとっては恵みともなった。ドイツが払うことになった金額は、ドイツの支払い能力に応じて賠償金の額を決めることを提案したアメリカと、戦費の完全な回収を主張するフランスを中心とした他の連合国とが妥協し、曖昧なまま残された。両国の、あるいは少なくともフランスの真の目的は、ドイツを弱体化させたままにしておくことと、ドイツに圧力をかける手段を備えておくことだった。一九二一年、金額は一三二〇億マルク、つまり、当時の時価で三三〇億ドルに決定した。これが現実離れしていることは誰の目にも明らかだった。

「賠償金」をめぐる議論は収束せず、危機が周期的に起きてはアメリカからの援助のもと処理された。なぜならアメリカは、旧連合国に対するドイツの債務問題を、ワシントンに対する旧連合国の戦時の債務問題につなげることを望んでいたからだ。これは旧連合国の不興を買った。というのも、その負債額がドイツに要求された額と同じくらい異常なものだったからだ。ドイツの場合、一九二九年の国民所得全体の一・五倍に相当する額が突き付けられたのに対し、イギリスのアメリカへの負債はイギリスの国民所得の半分、フランスに至っては国民所得の三分の二にのぼっていた（Hill 1988, pp. 15–16）。ドイツの毎年の支払い額を実際に決めたのは一九二四年の「ドーズ・プラン」で、「ヤング案」によって一九二九年に返済計画が修正されるとともに、バーゼル（スイス）に国際決済銀行が設立された。これは、第二次世界大戦後に増殖する国際金融機関の第一号だった（こう書いている今もまだ運営されている）。ドイツと旧連合国からの支払いは、事実上一九三二年に止まった。アメリカに戦債を返済したのはフィンランドだけだった。

　詳細は割愛するが、二つの問題が生じていた。ひとつは、若きジョン・メイナード・ケインズが指摘した問題である。ケインズは、イギリス代表団の若手メンバーとして自身も参加したパリ講和会議について仮借ない批判を『講和の経済的帰結』（一九二〇年）で繰り広げ、ドイツの復興なしに、ゆるぎない進歩的文明と経済の復興はヨーロッパでありえないと論じた。自国の「安全保障」のためにドイツを弱いままにしておこうとするフランスの政策は、かえって逆効果だった。実際、ドイツの支払い拒否を口実に一九二三年にフランスが西ドイツの工業の中心地を短期間占領した時、フランスは弱過ぎて自分たちの政策を強制することすらできなかった。一九二四年以降には、ドイツ経済を強化したドイツの「履行政策」という方針を徐々に大目に見なければならなくなった。そうはいっても、第二の問題として、どのように賠償金が支払われるのかという問題があった。ドイツを弱体化させたままにしておきたい国々は、現行の生産から現物で（合理的なように）支払われるよりも、現金を望んでいた。現金でないならせめて、ドイツが輸出で得た所得から支払われることを希望していた。というのは、生産から現物で支払うとなると、競合する国に対してドイツ経済が強くなってしまうかもしれない恐れがあったからだ。実際には、ドイツは莫大な借金をせざるをえない状況に追い込まれ、賠償金は一九二〇年代半ばの巨額の（アメリカからの）借入金で支払われた。これは、ドイツと競合する国からすると、ドイツが輸出拡大で対外収支のバランスを達成するよりも、巨額の債務を抱え込むというさらなる利点があるかにみえた。事実、ドイツの輸入はうなぎのぼりに増えた。しかし、本書ですでに述べたような世界情勢から、ドイツとヨーロッパ双方はアメリカからの貸付の減少に敏感になっていた。貸付は、「ウォール街の危機」に続いて起きたアメリカのタップ債券の廃止はおろか、危機よりも前に減り始めていた。賠償金という名の砂の家は、大恐慌のあいだに崩壊した。これまで述べた支払いをストップしても、ドイツや世界経済にプラスの効果をもたらすには時すでに遅しであった。というのも、世界経済は統合された制度として正常に機能しなくなっており、一九三一―三三年に国際決済のあらゆる仕組みもまた、崩壊してしまったからである。

しかし、経済が戦間期に破綻したことがどれほど深刻であったかは、戦中・戦後のヨーロッパにおける混乱と政治的混迷だけでは説明はつかない。経済的な観点に立つと、この問題には二通りの見方ができる。

一つ目は主に、国際経済の際立った不均衡が広がりつつあったことが挙げられる。これは、アメリカとその他の地域が不均等に発展したためだ。アメリカは、一九一四年に世界システムの中心に座していたイギリスと異なり、その他の地域をたいして必要としていなかったし、わざわざ世界経済の安定を保つ役割を買って出ようとしなかった。これもまた、ポンドが国際的な決済の仕組みを支えていることを理解し、その安定に努めたイギリスとの相違である。世界システムが機能しなかったのには、こうした理由があった。アメリカが世界をそれほど必要としなかったのは、第一次世界大戦後、ある種の原材料を除けば、資本にしても、労働力にしても、(相対的に)商品にしても、かつてないほど少ない輸入で済んだからである。アメリカからの輸出は、世界的には重要であり、ハリウッドが世界の映画市場を実質的に独占してはいたものの、国民所得への貢献は他の工業国と比べてはるかに少なかった。世界経済からのアメリカのこうした、いわゆる撤退がどれほど影響があったかは、意見が分かれる問題だろう。しかし、はっきりしていることがある。それは、大恐慌についてのこのような見解が一九四〇年代にアメリカの経済学者や政治家に影響し、一九四五年以降の世界経済の安定に責任をもとうという気持ちをアメリカ政府が戦時中に固めるうえで一役買った、ということである(Kindleberger 1973)。

大恐慌についての二つ目の見方は、経済が拡大し続けるうえで必要な需要を世界経済がじゅうぶんに生み出せなかったことに着目している。既述したように、一九二〇年代の繁栄の礎は弱かった。アメリカですらそうだった。アメリカでは農業が実質的にはすでに下り坂で、偉大なるジャズの時代という神話とは裏腹に、貨幣賃金が劇的に上がっていたわけでもなく、繁栄が終わりを迎えるまでの狂ったような時期には、実際のところ上昇すらしていなかった（Historical Statistics of the U. S. A., I. p. 164, Table D722-727）。何が起きていたのかというと、自由市場が好況の時には、こうしたことはよく起こることだ。つまり、賃金が上がらないいっぽうで利潤が不相応なほど増え、富裕層は国の利益のさらに大きな分け前にあずかっていた。しかし、ヘンリー・フォードの全盛期に急速に向上した工業システムの生産性に大衆の需要は足並みを揃えることができず、結果的に過剰生産と投機が起きた。そして、今度はこれが、崩壊の引き金となった。こうした問題をいまだに議論している歴史家や経済学者の主張が何であれ、国家政策に強い関心をもつ同時代人たちの胸に需要の弱さは深く刻みついた。とくに、ジョン・メイナード・ケインズはそうだった。

崩壊の時がやってきた。それは当然のことながらアメリカでいっそう強烈だった。なぜなら、ゆるやかな需要の拡大は、消費者信用の膨大な増加に補強されて拡大していたからだ（一九八〇年代後半を覚えている読者であれば、お馴染みの話だろう）。投機的な不動産ブームは、勘違いして楽観的に考えていた人々と金融関係者による不正の急増というお決まりのことで勢いづき、[6]大暴落の数年前にピークに達していた。銀行は、この投機ブームですでに痛手を負い、不良負債を抱え込んでいたため、新しい住宅ローンや既存のローンの資金の借り換えを拒んだ。それでも、数千に及ぶ銀行の破綻は止められなかった。[7]他方では、（一九三三年に）アメリカの全住宅ローンのほぼ半分が支払い不能な状態で、一日千件に及ぶ物件が差し押さえられていた（Miles et al., 1991, p. 108）。短期・中期ローンでの個人の負債は総額六五億ドルにのぼっていたが、車の購入だけで一四億ドルを占めた（Ziebura, p. 49）。消費者の借金が、生活に必要な昔ながらの大量消費財を購入するためではなかったため、経済はこの信用ブームの影響をいっそう受けやすくなっていた。ここでいう消費財とは、生きていくために必要なもので、非弾力的、つまり価格や収入の変化に需要が大きく左右されないもの、例えば、食品・衣服などが挙げられる。どれだけ貧しくても食料品への需要を度を越して下げるわけにはいかないし、また、収入が増えたからといって、需要が倍になるわけでもない。借金をしてまで購入されていたのは、アメリカが当時先駆けていた近代消費社会の耐久消費財だった。しかし、車や家の購入は迷わず延期できるだろう。いずれにせよ、こうしたものは今も昔も需要の所得弾力性が高い。

だから、このような危機は劇的な影響をもたらしうる。不況が短期的なものだという見通しが立つ、ないし実際に短期間で終わり、将来に対する自信が損なわれないような場合は別だが。その結果、アメリカの自動車生産が一九二九―三一年で半減したり、価格はずっと低いままだったが、貧困層のレコード（黒人向けの「黒人」レコードやジャズ）はしばらくの間、実質的に生産されなかった。要は、「鉄道や、より効率的な船、あるいは鉄鋼や工作機械の導入――これらによりコストは減った――と違い、新しい製品と新しい生活スタイルには、高収入と増収、そして将来への高い信頼が急速に広まっていなければならなかった」（Rostow 1978, p. 219）。しかし、崩壊しつつあったのはまさにこれだった。

景気循環における最悪の時期は遅かれ早かれ終わるもので、一九三二年を過ぎると、それを明らかに示す兆しが増えていった。それどころか、経済がおおいに成長した国もあった。日本と、それより控えめだったが、スウェーデンでは、一九三〇年代末には生産水準は不況前の二倍に達していた。ドイツ経済は、一九三八年に一九二九年の生産水準の二五％増になっていた（イタリア経済はそうならなかったのだが）。イギリスのように停滞していた国ですら、成長の兆しがたくさんあった。しかしなぜか、期待されていたような急成長にはならなかった。世界はいまだに不況の只中にいた。これが目に見えて顕著に明らかだったのは、世界一の経済大国アメリカだった。それは、F・D・ルーズヴェルト大統領の「ニューディール」政策のもと、経済を刺激するさまざまな試み――矛盾しているものもあった――が実施されたものの、期待通りの成果を挙げられなかったためである。順調に成長したものの、一九三七―三八年には、一九二九年の大恐慌後より小規模ではあったが、再び経済が破綻した。アメリカ産業の主導部門である自動車生産は、ピークだった一九二九年の水準に達することは二度となかった。一九三八年も、一九二〇年と比べてほとんど増えていなかった（Historical Statistics, II, p. 716）。一九九〇年代の時点から振り返ってみると、聡明な論客たちが悲観的であったことに衝撃を受ける。有能で賢い経済学者たちは、資本主義の意のままになった未来には停滞が待っていると考えていた。この見方は、ヴェルサイユ条約に反対してケインズが書いた冊子でも予測されており、大恐慌後にアメリカで広まったのは不思議なことではない。成熟した経済が停滞するのは必然なのか？　資本主義に悲観的な診断を下したもう一人の人物、オーストリア出身の経済学者シュンペーターによれば、「経済不安が長引くと、経済学者たちは他の人々と同じように、時代の一時的な雰囲気に同調し、不況は終わらないと見せかける理論を提示する」（Schumpeter 1954, p. 1172）。おそらく、一九七三年から「短い二〇世紀」末までの時期を、大恐慌から一九九〇年代までと同じくらい時間がたった時に歴史学者が振り返る場合にも同様のことがいえるだろう。つまり、世界中で資本主義経済が不況に陥る可能性を予見することは、一九七〇・八〇年代には頑なに嫌がられていたことに驚くはずである。

こうしたありさまではあったが、一九三〇年代はプラスチックの開発のように重要な技術革新が起きた時代だった。実際、ある分野――娯楽とのちに「メディア」という名で知られるところになる分野――は、戦間期には少なくともアングロ・サクソンの世界で飛躍的進歩を遂げ、グラビア印刷によるイラスト・写真付きの出版物はもとより、大衆向けラジオやハリウッドの映画産業が大成功を収めた（第6章参照）。大量の失業者がいる灰色の街で巨大映画館が夢の宮殿のようにそびえ立ったのは、それほど驚くことでもないだろう。なぜなら、映画館のチケットはびっくりするほど安く、最高齢の層と最若年の層は後年同様にこの時も失業に直撃する割合が他の層より高かったため、暇を弄《もてあそ》んでいたからだ。また、社会学者が気づいたように、大恐慌の時期には夫婦はそれ以前より一緒にレジャーをするようになっていたからでもある（Stouffer, Lazarsfeld, pp. 55, 92）。

Ⅲ

大恐慌により、知識人・運動家・一般市民は、自分たちが生きている世界は根本的になにかがおかしいと、いっそう強く思うようになった。それをどうしたらいいのか、いったい誰がわかっていただろうか？　国の権力者たちでなかったことは確実である。また、世俗的な自由主義や伝統的信仰といった昔の航海道具や、もはやまったく信用ならない一九世紀の海洋図によって道を選ぼうとする者でもなかったことは、確かである。経済学者たちは、当時のかれらが渦中にあった大恐慌は、自由市場社会が適切に運営されていれば起きないと、非常に明晰に論証した。その理由として（一九世紀初期のフランス人にちなんで名づけられた経済法則によると）、いかなる過剰生産もすぐに自己修正されることが挙げられた。いかに優秀であろうと、このような経済学者はどれほど信用に値しただろうか？一九三三年は、例えばだが、不況で消費者の需要と消費が減った地域で、投資を刺激する必要があるぶん金利が下げられ、縮小した消費者需要で生じた溝が投資需要の増加で埋まる、という見方を受け入れるのも難しい時代だった。失業者が急増するにつれ、公共事業は雇用増加にまったくつながらないと（イギリスの財務省がどうやら信じていたように）信じるのは、妥当ではないように思われた。公共事業が雇用増加に貢献しないと考えられたのは、公共事業の資金は民間セクターから回されてきたにすぎず、それさえなければ民間セクターでも公共事業と同じくらい雇用を創出していたと思われたからだ。経済の放任を勧めた経済学者と、デフレ対策で金本位制を守る以外に、健全財政とコスト削減という財政に関する正統派的な信念にこだわる政府とでは、状況が改善されないのは一目瞭然だった。それどころか、不況が続くなか、こういった経済学者や政府が事態の悪化を招いているとかなり力説された。これはとくにJ・M・ケインズが論じたことで、結果的にかれはその後四十年にわたってもっとも影響力のある経済学者となった。大恐慌の時代を生き延びたわれわれにも、大恐慌の時には明らかに信用を失った完全な自由市場の諸説が、一九八〇年代後半と一九九〇年代の世界的不況を治めるべく——理解も対処もできないのに——どのように再登場したのか、今なおほぼ理解不能である。それでも、この奇妙な現象に典型的に現れている歴史の大きな特徴にはさすがに気がつく。経済学者にしても経済を動かす側にしても信じられないくらい記憶力が悪い、ということに。だからこそ、社会には歴史家、つまり自分以外の人々が忘れたがっていることを記憶する専門家が必要だということを鮮やかに示している。

いずれにせよ、巨大企業による支配が強まる経済で「完全競争」という言葉が無化され、また、カール・マルクスに批判的な経済学者たちが、とくに資本集積が進むことを予言した点でマルクスは正しかったと認める時代において、「自由市場経済」とはいったい何なのか（Leontiev 1997, p. 78）？　戦間期の資本主義が一九世紀の自由競争とどう違っているのか観察するのに、マルクス主義者になる必要もなければ、マルクスに興味を示す必要もなかった。ウォール街の暴落よりずいぶん前のことだが、スイスのある賢い銀行家がこう述べていた。経済的自由主義（および一九一七年以前の社会主義、とかれは付け足している）が世界的に通用するプログラムとして立ち行かなくなったために、経済が専制状態――ファシストや共産主義、株主から自由な大企業主導のいずれであれ――へ向かった、と（Somary 1929, pp. 174, 193）。そして、一九三〇年代末までには、自由市場における競争という自由主義的な諸理論は遠のき、世界経済は三層から成るシステムとして考えられるようになっていた。すなわち、市場セクター、政府間セクター（このなかで、日本・トルコ・ドイツ・ソ連のような計画ないし統制経済を実践する諸国が取引をする）、経済を部分的に（国際商品協定などによって）規制する超国家的な公的・準公的機関の三つである（Staley 1939, p. 231）。

したがって、大恐慌が政治と大衆の考え方に及ぼした影響が甚大かつ直接的だったことは、驚くに値しない。この地殻変動の時期にたまたま政権の座についていた政府は不運としか言いようがない。それは、アメリカのハーバート・フーヴァー大統領時代（一九二九―三三年）のような右派でも、イギリスやオーストラリアの労働党政権のような左派でも、変わらない。変化はラテンアメリカほどいつもすぐに起きたわけではなかった。ラテンアメリカでは、一九三〇―三一年にかけて十二カ国で政権・政治体制が変わり、うち十カ国は軍事クーデタによるものだった。それでも一九三〇年代半ばには、大恐慌前と政治がおおきく変わっていない国はほとんどなくなっていた。ヨーロッパと日本では右傾化が進んだ。ただし、スカンジナヴィアとスペインは例外である。スカンジナヴィアでは、スウェーデンで一九三二年から半世紀にわたる社会民主労働党の支配が始まり、スペインでは、一九三一年にブルボン朝が不幸にも短命に終わることになる共和政に道を譲った。これについては次章でさらに触れるが、次の点だけここで指摘しておかねばならない。すなわち、大恐慌が政治にもたらした影響のうち、もっとも広範囲かつ禍をもたらしたのは、日本とドイツという二つの軍事大国で、民族主義を掲げる好戦的な政権が同時期に勝利した（それぞれ一九三一年、一九三三年）ことである。一九三一年、第二次世界大戦への扉は開かれた。

急進的な右派は、革命を目指す左派が大幅に後退したことを受けて、少なくとも大恐慌が最悪の状況だった時期にいっそう強力になった。コミンテルンは、大恐慌がきっかけで社会革命の新たな幕が開くことを期待した。しかし実際はそれとはほど遠く、国際的な共産主義運動は、ソ連以外では前例がないほど弱体化した。その原因は、多少はコミンテルンの自滅的な政策にあることは認めざるをえない。コミンテルンは、ドイツの国家社会主義の危険性を著しく過小評価する政策をとったばかりか、社会民主党と労働党が組織する大衆による労働運動（「社会ファシズム」と表現された）を主な敵として定めることで、党が孤立するような政策を推し進めた(8)。この政策は、いま考えるときわめて信じがたいものだ。一九三四年までに、合法・非合法を問わず、組織された影響力のある国際的革命運動は形をほとんど失っているかにみえたことはたしかである。それ以前に、ドイツ共産党（KPD）は、モスクワにとってかつて世界革命の希望であり、インターナショナルでも突出した規模をもち、非常に強力かつ成長しているかにみえたのだが、ヒトラーにより粉砕されていた。また同じ一九三四年、中国共産党は、農村ゲリラの基地から追い出され、遠く離れた安全な場所への脱出を目指す長征で苦汁を嘗めるただの一部隊にすぎなかった。同年のヨーロッパで政治的存在感が本当にまだあったのは、フランスの共産党のみだった。ファシスト化したイタリアは、国際的な不況のどん底ではあったが、ローマ進軍より十年を経て、ムッソリーニは自信を深め、記念日を寿ぐために服役中の共産党員を解放しようと考えていた（Spriano 1969, p. 397）。しかしこうした状況はすべて、長くもたなかった（第

5章参照)。それでも、大恐慌がヨーロッパに直接もたらした結末はなんにせよ、社会革命家が期待していたものとは真逆だった、という事実に変わりはない。

左派の衰退は、共産党に限ったことではなかった。というのも、ヒトラーが勝利したことで、ドイツ社会民主党は舞台から姿を消し、その一年後、オーストリアの社会民主党も武装して抵抗したものの、間もなく崩壊したからである。イギリス労働党は、一九三一年の時点ですでに大恐慌の、いやむしろ、一九世紀の経済理論への信仰の犠牲者になっていた。また、一九二〇年以降メンバーが半減した労働組合は、一九一三年よりも弱体化していた。ヨーロッパの社会主義勢力は、ほとんどが窮地に立たされていた。

しかし、ヨーロッパ以外では状況は違っていた。アメリカでは、新しく大統領に就任したフランクリン・D・ルーズヴェルト(一九三三―四五年)の指揮下で急進的なニューディール政策が試みられた。またメキシコでは、大統領ラサロ・カルデナス(一九三四―四〇年)のもと、初期のメキシコ革命がもともともっていたダイナミズムが、とくに農地改革において蘇っていった。危機的状況に見舞われたカナダの草原地帯では、かなり強力な社会的/政治的運動が生まれた。社会信用党と協同連邦党(現・新民主党)で、一九三〇年代までの基準でいうと、両者ともに左派だった。このように、北アメリカはいちじるしく左傾化した。

他のラテンアメリカに大恐慌が与えた政治的影響の特徴を挙げるのは簡単ではない。なぜなら、主要な輸出作物の世界価格の暴落で財政が破綻し、ラテンアメリカの政府や支配政党が将棋倒しになっていたとしても、倒れる方向はすべて同じというわけではなかったからだ。ただ、右よりも左に傾いた国のほうが――短い間であっても――多かった。アルゼンチンでは、文民統治が長く続いていたが、代わって軍事政権の時代に入った。将軍ウリブル（一九三〇―三二年）のようなファシスト志向の指導者たちはすぐに主役の座を降ろされたが、明らかに右傾化した。伝統主義的な右派だったが。チリでは逆だった。大恐慌は、ピノチェトが将軍になる前には珍しかった軍出身の大統領で独裁を敷いたカルロス・イバニェス（一九二七―三一年）を転覆するために利用された。そしてチリは怒濤の勢いで左傾化した。事実一九三二年には、マルマドゥケ・グロベという華々しく指名された大佐のもと、短命に終わったが「社会主義共和国」を経験した。その後はヨーロッパ型の人民戦線が発展した（第5章参照）。ブラジルでは、一八八九年から続いていた少数独裁の「旧共和国」が大恐慌によって一九三〇年に終わりを迎えた。そして、せいぜい民族主義的なポピュリストとしか言いようがないジェトゥリオ・ヴァルガスが権力の座に就き（二八三頁参照）、二十年にわたって権勢を振るった。ペルーでは、こうした国々以上に明確な左派への転換があった。ただし、アメリカ人民革命同盟（ＡＰＲＡ）――新政党のなかではもっとも力があり、西半球では、ヨーロッパ型の労働者階級を基盤とした大衆政党のうち、成功した数少ない政党の一つ[9]――は革命への志を遂げることはできなかったが

（一九三〇―三二年）。コロンビアは、チリ以上にはっきりと左傾化した。自由党は、ルーズヴェルトのニューディール政策に大きな影響を受けた改革志向の大統領のもとで、約三十年続いた保守党と政権交代した。キューバの急進的な変化はさらに際立っていた。ルーズヴェルトが米大統領に就任したことで、キューバの住人は、アメリカの沖合にあるこの保護国の大統領――当時のキューバの一般的な基準からしても異常なほど腐敗していた嫌われ者の――を転覆できた。

世界中に広がる植民地では、大恐慌がきっかけで反帝国主義運動がいちじるしく増えた。その背景には、植民地経済（あるいは、少なくとも被植民地の国家財政と中産階級）が依存する商品価格が暴落したことや、大都市を擁する宗主国自体が農業と雇用を保護するよう急いだことなどがある。後者では、こうした政策が植民地に及ぼす影響は一顧もされなかった。手短にいえば、ヨーロッパ諸国では経済に関する決定が国内的要因で決定されているのに対し、帝国では生産者の利益が限りなく複雑なため、帝国を長期的に統合することは不可能だった（Holland 1985, p. 13）（第7章参照）。

このため植民地世界のほとんどでは、大恐慌をきっかけに、現地の人々が政治的・社会的不満を抱くようになり、耳目を集めることとなった。その不満は、必然的に（植民地）政府に向けられた。第二次世界大戦後まで政治的な民族主義運動が表に出なかった地域ですらそうだった。（イギリス領の）西アフリカでもカリブ海諸島でも、いまや社会的混乱が表面化した。その直接の原因は、地元の輸出用作物（ココアと砂糖）が危機的状況に陥ったことだった。さらに、反植民地・民族主義運動がすでに展開していた国、とくに煽動的な政治運動が民衆にも広がっていた地域では、不況期に闘争はいっそう先鋭化した。振り返るとこの時期は、エジプトではムスリム同胞団（一九二八年設立）が拡大し、インドではガンディーによる民衆の二度目の動員（一九三一年）があった時期と重なる（第7章参照）。おそらく、アイルランドの総選挙（一九三二年）でデ・ヴァレラ率いる共和党過激派が勝利したことも、遅ればせながら、経済が壊滅状態になったことへの反植民地主義的な反応だったのではないだろうか。

大恐慌は、わずか数カ月単位・一年単位で政治的騒乱を生んでいった。その範囲は日本からアイルランド、スウェーデンからニュージーランド、アルゼンチンからエジプトとわたり、世界のあらゆる所といっても過言ではなかった。この状況をざっと俯瞰してみれば、大恐慌がどれほど世界的広がりをもち、かつ影響が甚大であったのか、もっともよくわかるだろう。政治への影響は短期的でも劇的なものが多かったが、しかし、大恐慌の甚大さを測るうえで、それだけを基準にできないことはおろか、主たる基準にすらできない。大恐慌は、「長い一九世紀」的な経済と社会を取り戻したいという希望をすべて打ち砕く大惨事だった。一九二九―三三年は大きな亀裂を生み、それ以後は一九一三年の経済・社会の復活が不可能ばかりか問題外になった。昔ながらの自由主義は死に絶えているか、そうでなければ死刑宣告を受けているかに思えた。かわりに、知的・政治的覇権をめぐって三つの立場が争いを繰り広げていた。そのうち一つはマルクス主義的共産主義であった。いろいろあったものの、結局マルクス自身の予言が実現しつつあるかにみえたのだ。実際に、一九三八年にアメリカ経済学会でそういった報告があったし、そして、ソ連は一連の大惨事の影響を免れているかにみえた。後者はより鮮烈な印象を残した。二つ目は資本主義である。自由市場こそ最適という信条を奪われた資本主義は、共産主義を奉じない労働運動といった穏健な社会民主主義と秘密裏に結婚するか、永続的な不倫関係を結ぶかして立ち直り、第二次世界大戦後にもっとも効果を発揮した。とはいっても短期的には、それは意識的な取り組みや政策的な代案というより、大恐慌がいったん終わった以上、二度とこんなことを起こしてはならないという自覚にすぎなかった。せいぜい、自由市場を奉じる古典的資本主義が明らかに失敗したことに刺激されて、進んで実験しようとする気持ちがあったぐらいだ。例えば、スウェーデンの政策が一九三二年から社会民主主義路線になったのは、一九二九—三一年に壊滅状態の英労働党政府で支配的だった正統派経済学が失敗したことに対して、意識的に取り組んだ結果だった。その主な立役者のひとりグンナー・ミュルダールは、とにかくそう考えていた。破綻した自由市場経済にとって代わる理論は、まだ精緻化の途上にあった。新しい理論形成でもっとも貢献し、影響力があったのは、J・M・ケインズによる『雇用・利子および貨幣の一般理論』だが、出版は一九三六年まで待たねばならなかった。一九三〇年代には、政府その他公的団体は、おそらくソ連のことが念頭にあって、国家経済を全体的にとらえ、国全体の生産量や収入の規模を評価するようになった。[10]しかし、政府がマクロ経済の舵を取り、かつ国民所得の計算に基づいて経済を管理するという新たな実践は、第二次世界大戦中と戦後にようやく発展した。

第三の立場は、ファシズムであった。ファシズムは、大恐慌をきっかけに世界的な運動になり、なによりも世界的な脅威となった。ドイツ版ファシズム（国家社会主義）は、ドイツの知的伝統――（オーストリアの場合と異なり）一八八〇年代以降世界的に正統派となった経済自由主義という新古典派の諸理論に敵意を抱いてきた――と、無慈悲な政府――失業解消にいかなる犠牲を払うことも覚悟した――の双方から恩恵を受けていた。ドイツ版ファシズムはもっとも迅速かつ首尾よく大恐慌に対処したと言わざるをえない（イタリアのファシズムの功績は、ドイツほど感嘆するものではない）。ただ、ドイツのこうした点が、進むべき道をほとんど見失っていたヨーロッパにおいて大きな魅力に映ったわけではなかった。大恐慌とともにファシズム勢力が立ち上がるなか、「破滅の時代」には平和・社会的安定・経済だけでなく、一九世紀の自由主義的ブルジョワ社会の政治制度や知的価値観までもが衰退ないし崩壊しつつあることがいよいよ明白になった。この点については次章で述べることにしよう。

註

(1) コンドラチェフの長期循環に基づいて正確な予測が可能になった――これは経済学では珍しいことで、多くの歴史学者ばかりか経済学者のなかにも、何だかわからないが波に何かあるはずだと確信するようになった。

(2) 一九世紀末の物価は初めよりずっと低かったのだが、一九世紀を通して人々は、物価が安定した状態ないし下がっている状態に慣れきっていたため、いまだったら「ハイパーインフレーション」というところを、当時はイ、ン、フ、レ、ー、シ、ョ、ン、という言葉だけでじゅうぶんだった。

(3) バルカン半島・バルト海諸国の政府は、インフレが深刻だったにもかかわらず、そのコントロールを完全に失うことは決してなかった。

(4) 「最恵国待遇」条項は、この言葉が意味していると思われることの反対を実は指している。つまり、商業上のパートナーは「最恵国」と同じ待遇になるということであり、特定の国が特別な計らいを受けるわけではない。

(5) 古典的な形の「金本位制」では、通貨単位(例えば一ドル)は特定の重さの金の価値をもっていた。そのため、銀行は必要に応じて通貨と金を交換した。

(6) 一九二〇年代が心理学者のエミール・クーエ(一八五七―一九二六)の時代であったのは、謂れのないことではなかった。かれは、「毎日あらゆる点で私はどんどんよくなっている」というスローガンをコンスタントに繰り返す方法で、楽観的な自己暗示を社会に広めた。

（7）アメリカの銀行制度では、ヨーロッパのような全国に支店をもつ巨大銀行は認められていなかったため、比較的力のないローカルな規模の銀行、よくてもせいぜい州規模の銀行によって成り立っていた。

（8）この政策の影響で、一九三三年にモスクワは、少なくともイタリアでは社会民主主義は最たる危険ではないだろう、というイタリアの共産党指導者P・トリアッティの意見を撤回するよう主張した。この時すでに、ヒトラーは実権を握っていた。コミンテルンは、この方針を一九三四年まで変えなかった。

（9）他に成功した政党としては、チリとキューバの共産党が挙げられる。

（10）これを最初に行った政府はソ連とカナダで、一九二五年のことだった。一九三九年には、国民所得に関する公式な政府統計は九カ国で実施されるようになっていた。また、国際連盟は計二十六カ国についてデータをもっていた。第二次世界大戦直後には、三十九カ国についてのデータが手に入るようになり、一九五〇年代半ばには九十三カ国にまで増えていた。それ以後、国民所得の統計は、国民生活の現実とかけ離れている場合も珍しくないものの、独立国にとっては国旗と同じくらいありふれたものになった。

第4章　自由主義の陥落

ナチズムにおいては、合理的な分析がほとんどできない現象がみられる。終末論的なトーンで世界権力や破滅について語る指導者と、人種的憎悪というまったく忌まわしいイデオロギーのうえに打ち立てられた政権のもと、文化的にも経済的にもヨーロッパでもっとも進んだ国の一つが、戦争を計画し、およそ五千万人が命を失った大火を世界に浴びせ、想像を絶する性質と規模の残虐をはたらいた。その残虐性は、数百万人にのぼるユダヤ人を機械的に殺戮したことに極まっている。アウシュヴィッツと向かい合う時、歴史家の説明能力というものは本当に取るに足らないものにみえる。

イアン・カーショー（1993, pp. 3-4）

祖国のために、理想のために死ぬこと！……いや、これは逃げの口上だ。前線に立った時だって、殺すのはひと仕事だ……死ぬことはなんでもない。死は実在しない。

自分の死を想像できる奴なんていやしない。問題は、殺すことなんだ。それこそ、越さなきゃならない一線なんだ。そうだ。殺すことは、おまえの意志が具体的に動くことなんだ。殺すことで、他の人間のなかにおまえの意志を生かすからだ。

イタリア社会共和国（一九四三―四五年）に志願した若者の手紙より

(Pavone 1991, p. 431)

I

「破滅の時代」のあらゆる出来事のなかでも、一九世紀を生き抜いた人々が一番衝撃を受けたのは、おそらく、自由主義文明の価値観と制度の崩壊だろう。世界の「先進国」あるいは「先進国になりつつある国」では、一九世紀、自由主義文明はなにはともあれ進歩するものと当然視されていた。この文明の価値観では、専制君主や独裁支配は信用ならないものであり、自由な選挙で選ばれた政府と議会という法の支配を保障するものにより、あるいはそのもとで立憲政治へ協力すること、言論・出版・結社の自由など一連の市民的権利・自由を認めることが是とされた。そして、国家と社会は、理性・公の討論・教育・科学・人間の成長可能性（必ずしも完璧になれるというわけではないが）といった価値観によって形成されるはずとされた。こうした価値観は一九世紀を通じて発展したのは明白で、さらに進歩する運命にあった。なにしろ一九一四年までは、ヨーロッパ最後の独裁国家――ロシアとトルコ――ですら立憲政治のほうへ譲歩していたし、イランもベルギーから憲法を拝借していたくらいだった。一九一四年より前に自由主義的価値観に異議申し立てをしていた勢力としては、ローマ・カトリックのような伝統勢力が挙げられる。カトリック教会は、教義という名のバリケードを築いて、近代性という趨勢に対抗した。他には、少数の反逆知識人たちが破滅を予見していた。かれらは主に「名門」かつ既成文化の中心地の出で、それゆえ、自分たちが挑戦している文明の一部でもあった。それから、民主主義勢力も挙げられる。これは全体的としては新しく、厄介な現象だった（『帝国の時代』参照）。こうした大衆の無知や後進性、社会革命によるブルジョワ社会打倒への傾倒、煽動政治家によって簡単に利用されてしまう人間に潜む非合理性は、もちろん警戒を要した。しかし、この新しい民主的な大衆運動のなかで一番身近な危険だった社会主義的な労働運動は、実際のところ、理論でも実践でも、理性・科学・進歩・教育・個人の自由といった価値観に、どの運動よりも情熱的に身を捧げた。ドイツ社会民主党のメーデーのメダルの表と裏には、カール・マルクスと自由の女神がそれぞれ描かれていた。この党が異議を申し立てたのは経済であって、立憲政治や文明ではなかった。仮に、ヴィクトル・アドラーやアウグスト・ベーベル、もしくはジャン・ジョレスが政権を率いたとして、それをもってして「われわれが知るところの文明」の終わりとみなすのは簡単ではないだろう。いずれにせよ、そのような政権の誕生はまだ先にみえた。

政治的には、自由民主主義の諸制度は発展していた。この発展は、一九一四―一八年に人間の野蛮さが一挙に剝き出しになるに至り、むしろ促されたように思える。第一次世界大戦から生まれ出た体制はすべて、ソヴィエト・ロシアを除き、老いも若きも基本的には選ばれた代表者によって構成される議会制をとった。トルコでさえそうだった。一九二〇年には、ソヴィエト国境の西側に位置するヨーロッパ諸国は、すっかりこのような体制だった。実際この頃までには、自由主義的な立憲政治の基本的な制度、つまり代表者が構成する議会および／ないし大統領選出のための選挙は、世界の独立国家でほぼ満遍なく実施されるようになっていた。ただし、戦間期に独立を保っていた六十五ほどの国が主に欧米で、世界人口の三分の一は植民地支配をうけていたことを忘れてはならないだろう。一九一九―四七年の間に選挙が一度も行われなかったのは、隔絶され、政治的に時代遅れとなった国、すなわちエチオピア・モンゴル・ネパール・サウジアラビア・イエメンのみだった。同期間に選挙が一度だけ実施された国は五つ、アフガニスタン・国民党時代の中国・グアテマラ・パラグアイ、そしてまだ「シャム」として知られていたタイである。これは、自由民主主義への強い志向を証明する材料にはならないが、選挙があったこと自体、自由主義的な政治思想がある程度普及していたことを示している。少なくとも理論的には。それ以上のことについてはもちろん、選挙の実施や頻度だけでは示唆できないだろう。イランは一九三〇年以降に選挙を六度、イラクは三度実施したが、だからといって、民主主義の牙城だとは言えない。

とはいえ、選挙で選ばれた代表者から成る政府は数多く登場した。それにもかかわらず、ムッソリーニのいわゆる「ローマ進軍」から第二次世界大戦で枢軸国が絶頂を迎えるまでの二十年で、自由主義的な政治制度の後退は加速度的かつ壊滅的に進んでいった。

一九一八—二〇年にかけて、立法議会が解散ないし機能を果たさなくなった国は、ヨーロッパで二カ国だった。その数は、一九二〇年代には六カ国、一九三〇年代には九カ国へと増えた。他方では、第二次世界大戦中にドイツによって立憲主義勢力が破壊された国は、五カ国にのぼった。つまり、民主主義的といえる政治制度が戦間期に間断なく機能していたヨーロッパの国は、イギリス、フィンランド（辛うじて）、アイルランド自由国、スウェーデン、スイスを数えるのみだった。

ヨーロッパ以外で独立国家から構成されていた地域・南北アメリカ大陸では、状況はもっと混沌としていた。ただ、民主主義的な制度が全体的に進展したとは言い難い。西半球で立憲政治と非独裁体制を貫いた国はわずかだ。カナダ、コロンビア、コスタリカ、アメリカ、そして、今では忘れられてしまった「南米のスイス」にして南アメリカで唯一真の民主主義国家となったウルグアイである。せいぜい言えるのは、第一次世界大戦終結から第二次世界大戦終結にかけて起きた運動は、左寄りの時もあれば右寄りの時もあった、ということぐらいである。ヨーロッパと南北アメリカ以外はどうだったかというと、ほとんどが植民地化されていたため、当然のことながら自由主義ではなかった。もともと自由主義的な憲法があった国は、それを手放さざるをえなかった。日本では、一九三〇—三一年にかけて、比較的自由な体制が国家主義かつ軍国主義的体制へ道を譲った。タイは立憲主義的体制のほうへ一時的に前進した。トルコでは、進歩的な軍人ケマル・アタテュルクが一九二〇年代前半に政権を樹立し、いかなる選挙もその道を邪魔することはなかった。アジア・アフリカ・オーストラリアの三大陸で一貫して民主主義を維持したのはオーストラリアとニュージーランドのみだった。南アフリカ共和国では、大多数が白人社会からきびしく締め出されたままであった。

このように、政治的自由主義は「破滅の時代」を通じてすっかり後退した。一九三三年にヒトラーがドイツ首相に就任して以降、後退は急速に進んだ。一九二〇年時点では、立憲主義かつ選挙で選ばれた政府は、世界全体で三十五カ国強あった（ラテンアメリカの共和国をどう位置付けるかで変わる）。その数は一九三八年には十七にまで減り、一九四四年には世界六十四カ国のうち十二を数えるくらいだった。世界がどの方向へ流れていくか、はっきりみえていた。

この時期、自由主義の諸制度にとっての脅威はもっぱら政治的右翼だったのは覚えていてもいいだろう。というのも、一九四五—一九八九年には、脅威の源は何を隠そう共産主義であったからだ。「全体主義」という言葉は、イタリア・ファシズムを（自ら）表すためにつくった造語で、その頃までは、事実上このような政権にのみ使われていた。ソヴィエト・ロシア（一九二二年以降ソヴィエト社会主義共和国連邦）は孤立し、共産主義を広める力もないばかりか、スターリンが頭角を現したあとは、その意志もなかった。レーニン主義（あるいはどの主義でもいいが）的な指導者のもとでの社会革命は、戦後の最初の潮が引いてしまってからは、広がらなかった。（マルクス主義に基づく）社会民主主義的な運動は、国家を転覆させる勢力というより維持する勢力へ変質し、民主主義への貢献は問題にされなかった。ほとんどの国の労働運動で共産主義者は数が少なく、共産主義が力をもっていた地域では、たいていすでに鎮静化されたか、されているか、される寸前だった。社会革命と革命における共産主義者の役割に対する恐怖には、じゅうぶん現実味があった。それは第二次世界大戦中・戦後の革命の第二の波からもわかる。しかし、二十年に及ぶ自由主義の退潮のなかで、「自由民主主義」と呼ぶに足る体制で、左派によって転覆させられたものは一つとしてなかった。(1) 危機はもっぱら右翼がもたらした。そして、右派が体現したのは憲法や代表によって構成される政府への脅威だけではなかった。「自由主義文明的なもの」をイデオロギー上脅かすものであり、それは潜在的には世界規模の運動でもあった。このような運動に対して、「ファシズム」というレッテルは不十分ではあるものの、完全にハズレというわけではなかった。

不十分であるのは、自由主義的な体制を倒しつつあった勢力が、全部が全部ファシストではなかったからだ。完全にハズレではないのは、両者に関連があったからだ。ファシズムは、この言葉が生まれたイタリアではイタリア的な形で、のちにドイツでは国家社会主義というドイツ的な形で、反自由主義勢力を鼓舞し、支え、そして国境を越えて広がる右派には、その歴史的役割の重要性を確信させた。一九三〇年代には、右派こそ今後進むべき道であるかのようにみえた。この辺りのことに詳しい研究者が言ったように、「東ヨーロッパの専制君主・官僚・役人、そして（スペインの）フランコはファシズムを模倣したはず……なのは、決して偶然ではない」(Linz 1975, p. 206)。

自由民主主義的な体制を倒しつつあった勢力は三種類あった。三つというのは、軍事クーデタという昔ながらのやり方——ラテンアメリカでは軍事指導者を権力の座に据えたが、もともとこれといった政治色はない——を除いた数で、例外なく社会革命に対抗していた。事実、この三つの根っこにあるのは、一九一七—二〇年に古い秩序が崩壊したことへの反発であった。すべて独裁的なもので、自由主義的な政治の諸制度に敵対した。自分たちの原理原則に基づいてというより、現実的な理由による時もあったが。古い反動主義者であれば、すべての政党とはいかないが、いくつか、とりわけ共産党を禁じるだろう。提督ホルティは、短命に終わったハンガリー・ソヴィエト共和国を転覆させると、もはや国王も海軍もなかったがハンガリー王国として維持した国の摂政となり、権威主義的国家——議会制が残っていても、一八世紀の寡頭制的なもので、民主的なものではない——を治めた。三つの勢力が軍に好意的で、警察ないし身体的拘束を実行できる組織を養成する傾向にあったのは、政府転覆に対してすぐに防波堤の役割を果たせるからだった。実際、こうした組織の援助で右派が政権の座に就くことは、よくあることだった。そして三つの勢力すべてがナショナリストであった。その一つの背景には、諸外国・戦争での敗北・領土がじゅうぶんにない帝国への憤りがあった。また、国の旗を振ることが正統性と人気を得る方法だったからでもある。しかし、三つの勢力には相違もあった。

時代遅れの独裁主義者、そうでなければ保守主義者は、反共産主義とこの階級が昔からもっていた偏見以外、これといってイデオロギー上の指針をもっていたわけではなかった。例えば、海軍中将ホルティ、フィンランド軍最高司令官マンネルヘイム（新たに独立したフィンランドで起きた白衛軍と赤衛軍との内戦で勝利した）、ピウスツキ大佐（のちに陸軍元帥）（ポーランドを解放した）、アレクサンダル一世（もともとセルビアの、のちにユーゴスラヴィアの国王となった）、スペイン総統フランシスコ・フランコが挙げられる。かれらは、ヒトラーのドイツとそれぞれの国でのファシストの運動を自分たちと同類だと思ったかもしれない。ただそれは、戦間期の非常事態にあって、政治的右派勢力すべてが「自然な」同盟関係に入っていたというだけの理由だ。当然ながら、同盟のなかには国ごとの考え方の違いはあった。ウィンストン・チャーチルはこの頃、かなり右寄りの保守党党員で（典型的な党員とはちがう)、ムッソリーニのイタリアに共感を示したことがあったが、フランコ元帥率いる軍勢に対して、スペインの共和制を支持しようという気にはならなかった。ところが、ドイツがイギリスの脅威になったことで、かれは、反ファシズムの国際的な連帯で旗振り役に転じた。他方では、こうした昔ながらの反動主義者たちは、自国の真正のファシズム運動——かなりの大衆が支持したものもあった——からの抵抗にも向き合わなければならなかっただろう。

右派のべつの流れは、いわゆる「有機的な国家主権主義」(Linz 1975, pp. 277, 306-313) という保守的な体制を生み、伝統的な秩序を守るというよりは、自由主義的な個人主義と労働者および社会主義からの挑戦に抵抗する方法として、伝統的秩序の原則を意図的に作り直した。その背景には、想像上の中世あるいは封建社会へのイデオロギー的な郷愁があった。想像上の中世や封建社会では、階級つまり経済的な分類は認知されているが、階級闘争という例の恐ろしい側面は、社会的序列が進んでから受容されたことで、視野の外に置かれていた。つまり、全階級から構成される有機的な社会では各社会集団つまり、「身分」が担う役割があるのだから、集合体として認知されるべきだという認識があったからだ。その結果、多種多様な「コーポラティズム」論が現れ、経済的な利益集団や職業ごとの利益集団から代表を送り込むことで、自由民主主義にとって代わった。これは「有機的」参加ないし「有機的」民主主義であり、したがって、本物の「参加」や「民主主義」

よりよいものとされることもあった。しかし実際のところは、たいていは官僚とテクノクラートによって、上からの支配である独裁体制と強い国家に例外なく結びつけられていた。こうして、選挙に基づく民主主義は一様に制限されるか、あるいは廃止された（ハンガリー首相を務めた伯爵ベトレンが言うところの「コーポラティズムで矯正された民主主義」）（Ranki 1971）。その最たる例はカトリック諸国である。なかでも大学教授オリヴェイラ・サラザールのポルトガル――ヨーロッパの反自由主義・右派政権のなかでもっとも長く続いた（一九二七―七四年）――、そして、民主主義の崩壊からヒトラーによる侵略（一九三四―三八年）にかけてのオーストリアが挙げられる。また、フランコのスペインもある程度当てはまる。

しかし、この種の反動的体制の起源や思想がファシズムより古く、相当異なっていても、両者には目的は違えど共通の敵がいたために、両者ははっきりと線引きされなかった。したがってローマ・カトリック教会は、第一バチカン公会議で一八七〇年に公式にされた時と同様に、筋金入りの反動主義者だったが、ファシストではなかった。実際、教会は、全体主義を主張する本質的に無宗教な国家に敵意を抱いていたため、ファシズムと対立せざるをえなかった。ところが、「国家コーポラティズム」の原理はカトリック諸国でももっとも典型的に現れ、（イタリアの）ファシストたちは、当然のごとくカトリックの伝統を利用し、理論をかなり精緻化した。事実、こうした体制は「教権的ファシスト」と呼ばれることもあった。カトリック諸国のファシストたちは、ベルギーのレオン・ドグレル(Léon Degrelle)のレクシズムのように、原理主義的なカトリック信仰から直接生まれた可能性がある。教会がヒトラーの人種主義に対して曖昧な態度をとったことは、これまでたびたび指摘されてきた。それに比べ、戦後、教会内部の人間、なかには要職にある者もいたが、かれらが亡命したナチス党員やさまざまなファシストに対し多大な援助をしたことは、指摘されていない。援助を受けたなかには、戦慄を覚えるような戦争犯罪で訴えられた者も多数いた。いったい何が、教会をして、旧態依然とした反動主義のみならずファシズムとも結びつけたのか? それは、教会・反動主義・ファシズムに共通する、一八世紀の啓蒙運動とフランス革命、そして両者から派生したと教会が考えるものすべてに対する憎悪であった。つまり、民主主義、自由主義、そしてもちろん、もっとも切迫したものとして、「神不在の共産主義」である。

実際、カトリックの歴史においてファシズムの時代はターニングポイントとなった。その大きな理由は、当時ヒトラーやムッソリーニを国際的な旗振り役としていた右派をカトリックが自らと同一とみなしていたために、社会主義的な考えをするカトリック信者は重大な道徳的問題を抱えてしまったからである。また言うまでもなく、ファシズムの敗北が不可避になるなか、ファシズムにじゅうぶん反対してこなかった聖職者に重大な政治的問題が生じたからでもある。ぎゃくに、民主主義的なカトリック信仰(キリスト教的民主主義）は、反ファシズムないし外国の占領に対して愛国主義的な抵抗をすることで、はじめて、教会内で正当性を得た。すでに、ドイツやオランダなどではローマ・カトリックからの票集めを目論む政党が実際的な理由から生まれていた。実際的な理由とは、カトリック信者が少数派ながら世俗国家に対して教会の権益を守ろうとした点で重要な存在だったということである。ところが教会は、民主主義と自由主義の政治に対するこのような譲歩に対し、公式にカトリックとされている国では抵抗した[2]。神なき社会主義の台頭を非常に憂慮し、社会政策という急進的な革新を一八九一年に処方したにもかかわらず、だ。この政策は、資本主義それ自体ではなく、家族や私有財産の神聖さを主張しつつ、労働者に当然支払われるべき対価を払う必要性を強く説いたものだった。こうしたカトリック教会の抵抗により、社会主義の立場に立つカトリックやカトリック信者の労働組合のような形で労働者を保護する用意があった人々、そしてこうした運動によってカトリシズムのリベラルな側面に関心をもった者たちは、最初の足掛かりを得ることとなった。民主主義かつ社会主義の立場に立つカトリック信者は、イタリアを除き、政治的な周縁に立たされるマイノリティを脱することはなかった。イタリアではすでに、教皇ベネディクト十五世（在位一九一四―二二年）が第一次世界大戦後に大きな（カトリック信者による）人民党の設立を許していた。もっとも、ファシズムに破壊されてしまうまでの短い間だったが。その存在を世に知らしめたのは、一九三〇年代のファシズムの台頭だった。カトリック信者のうちスペイン共和国を支持したのは優れた知性をもつ人々だったが少数派で、カトリック信者は圧倒的多数がフランコを支持した。かれらに好機と勝機をもたらしたのはレジスタンスだった。なぜなら、イデオロギーというより愛国主義という立場でカトリック信者が正当化できるものだったからだ。しかし、政治上のキリスト教民主主義がヨーロッパ、そして数十年の後にラテンアメリカの一部で勝利を収めるのは、もっと後のことである。自由主義が倒れた頃、まれな例外を除き、教会はその崩壊を喜んだのだった。

II

ファシズムの運動と偽りなく呼びうるものは残った。そのなかでもまず挙げられるのは、ファシズムの名付け親であるイタリアでの運動で、キリスト教を裏切った社会主義者でジャーナリストのベニート・ムッソリーニがつくったものだ。ベニートという名は、聖職者と対立したメキシコ大統領ベニート・ファアレス（Benito Juárez）に敬意を表してつけられた名だ。かれは出身地ロマーニャの教皇政治と激しく対立し、その象徴的存在となっていた。アドルフ・ヒトラー自身、ムッソリーニに恩があることを認め、尊敬の念を示していた。ムッソリーニとファシズムのイタリアが第二次世界大戦で弱さと無能を晒している時ですら、その気持ちは変わらなかった。かわりにムッソリーニは、最後の段階になって、ヒトラーから反ユダヤ主義を受け継いだ。これは、一九三八年以前のムッソリーニの運動だけでなく、統一後のイタリアの歴史にもまったくなかったものだ。[3] イタリアのファシズムは、余所で起きている同様の運動を支援、資金を提供しようとし、また、ウラジミール・ジャボチンスキー(Vladimir Jabotinsky)のように、予期せぬ方面で影響された者もいた。ジャボチンスキーは、「修正主義」シオニズムの祖であり、これは、メナヘム・ベギン(Menachem Begin)政権下で一九七〇年代にイスラエル政府になった。しかし、イタリアのファシズムだけでは他国を惹きつけることはなかった。

一九三三年の早い時期でヒトラーがドイツで勝利しなければ、ファシズムが広範囲な運動になることはなかっただろう。実際のところ、イタリア以外で盛んになったファシズム運動が始まったのは、ヒトラーが政権についてからである。とりわけ、ハンガリーの矢十字党とルーマニアの鉄衛団がそうだ。矢十字党は、ハンガリーで初めて行われた秘密選挙(一九三九年)で二五%の票を獲得し、鉄衛団の支持はさらに大きかった。実のところ、ムッソリーニが事実上すべて資金を援助した運動——例えば、クロアチアのアンテ・パヴェリッチ(Ante Pavelich)率いるテロリスト集団ウスタシャ——は、それほど支持されなかった。イデオロギーがファシズム化するのは一九三〇年代に入ってからで、その頃には、ドイツにもインスピレーションと資金を求めるようになっていた。この例に留まらず、ヒトラーのドイツでの勝利なくしては、ファシズムを世界的な運動ととらえる思想——国際共産主義運動の右派版のようなものであり、ベルリンはモスクワのような位置づけ——は発展しなかっただろう。第二次世界大戦中を除き、この思想から本格的な運動が生まれることはなかった。戦中は、ドイツ占領下のヨーロッパ各地にいる対独協力者に思想的な動機を与えた。この点では、革命に猛反対する伝統的右翼でも、わずかしか従わなかった。とくにフランスではそうだった。かれらはナショナリスト以外の何者でもなかったからだ。なかにはレジスタンスに加わった者すらいた。さらに、紛うことなき成功を収めて台頭しつつある覇権国家というドイツの国際的な地位がなければ、ファシズムがヨーロッパ以外の地域で深刻な影響を与えることはなかっただろう。また、ポルトガルのサラザール(Salazar)が、自分とヒトラーは「同じイデオロギーによって結ばれている」と一九四〇年に主張した時のように、ファシストではない反動的な支配者が、ファシズム支持をわざわざ装うこともなかっただろう(Delzell 1970, p. 348)。

多種多様なファシズムの共通点は、ドイツが主導権を握った、と一九三三年以後全般的に感じられたこと以外、簡単にはみつからない。ファシズムのさまざまな運動は、理性と合理主義は不適切、直観と意志こそ優越すると掲げており、理論は強みではなかった。ファシズムは、学界で保守が盛んな国々——まさにドイツが当てはまる——のあらゆる類の反動的な理論家を魅了したが、こうした理論家たちは、ファシズムを構成する要素というよりは、飾りのようなものだった。ムッソリーニは、イタリアのジョヴァンニ・ジェンティーレがいなくても何の問題もなかっただろうし、ヒトラーも哲学者ハイデガーの支持などおそらく知らなかっただろうし、知っていたとしても気にかけていなかっただろう。ファシズムを、国家コーポラティズムのような国家編成の一形態としてみることはできない。ナチス・ドイツがこれに関心を急になくしたのは、ドイツを統一された単一民族共同体とする考えと衝突するからこそだった。当初イタリアのファシズムには、人種主義のような明らかに中心を占める要素すらみられなかった。ぎゃくに、すでに述べた通り、ファシズムはナショナリズム・反共産主義・反自由主義という点で、右派の非ファシストたちと当然同じだった。なかには、街中での暴力行為としての政治を好んだことが、ファシズムとの共通点になっていた場合もあった。とくに、フランスのファシストではない反動的な人々がそうであった。

ファシストの右派と非ファシストの右派との大きな違いは、ファシズムの場合、大衆を下から動員することで存在した、ということだった。そして本質的にファシズムは、伝統的な反動主義者が非難し、「有機的国家」の擁護者たちが避けて通ろうとした民主的かつ民衆による政治の時代のものだ。また、ファシズムは権力を手にした時ですら喜んで大衆を動員し、共産主義運動同様、それを公の舞台で象徴的に維持した。例えばニュルンベルク党大会や、バルコニーで話すムッソリーニの身振り手振りを見上げるヴェネツィア広場の大衆が挙げられる。ファシストは、反革命の革命家だったのだ。このことがよく表れているのは、自分は社会の犠牲者だという意識をもつ者への弁論での訴え、まったく新しい社会の要求、社会革命のシンボルや名前の慎重なアレンジである。最後の点は、ヒトラーの「国家社会主義ドイツ労働者党」が（修正を施した）赤い党旗をもち、一九三三年にメーデーを公式な祝日としてすぐに定めたことからも一目瞭然である。

似たようなことは他にもあった。ファシズムは過去の伝統への回帰というレトリックをお手の物とし、できることならこの一世紀を消してしまいたいと心から望むような人々から大きな支持を得た。にもかかわらず、まったくといっていいほど伝統主義的な運動——例えば、スペイン内戦でフランコの支持母体の一つとなったナヴァーラのカルロス主義者、ガンディーによる手動機織りへの回帰と農村の理想を謳う運動——ではなかった。ファシズムは多くの伝統的な価値観を強調したが、これはまた別の話である。ファシズムは、女性は家庭にとどまり、多くの子どもを生み育てるのが義務と主張したように、自由主義的な解放を非難した。また、近代文化、なかでも芸術面でのモダニズムが社会を蝕んでいく様に不信感を抱いていた。モダニズムを、ドイツの国家社会主義者は「文化的ボルシェヴィズム」で堕落的だと評した。それでも、ファシズムの主流、つまりイタリアとドイツのファシズムは、教会と王という保守的な秩序を歴代守ってきた人々に訴えかけることはなかった。それどころか、完全に非伝統的な指導者のあり方——自力で出世する男性像に体現されており、大衆が支持している——と世俗的なイデオロギー——時には個人崇拝——

によって、教会と王の地位を奪おうとした。

ファシズムが訴えた過去というのは、偽りの作りものだった。かれらの伝統は創作だった。ヒトラーの人種主義でさえ、切れ目も混ざりけも一切ない血統——それゆえ、一六世紀頃のサフォーク州のヨーマンから続く家系であることを証明したいアメリカ人は系図学者に仕事を委託する——を誇りにしていたわけではなかった。そうではなく、一九世紀末にダーウィンの死後登場した、遺伝学という新しい科学、より正確にいうと応用化学（「優生学」）の一派への支持を主張した（悲しいかな、その支持はドイツに集まることが多かった）諸説の寄せ集めだった。優生学は、血統を選別して不適者を排除することで、きわめて優れた人種を創造することを夢見ていた。この人種は、ヒトラーという人物を通して世界を支配する運命にあったが、一八九八年にある人類学者が「ノルディック」という言葉を造るまで、名前すらなかった。一八世紀の啓蒙主義とフランス革命の遺産に原則敵対したファシズムは、近代性と進歩を公に信じてはいなかった。しかし、ファシズムがその狂信的な信条と近代の技術的な面での近代性とを現実的なことで結びつけるのは難しくはなかった。ただし、それが科学の基礎研究をイデオロギー上の理由で機能不全にするような場合を除くが（第18章参照）。ファシズムは意気揚々と自由主義に対抗心を燃やした。またファシズムは、狂信的な世界観をもつことと、現代の高い技術を自信をもって習得することとを、人間はたやすく結びつけられることの証明でもあった。この現象は、二〇世紀後半、原理主義者たちがテレビやコンピュータでの資金集めという武器を駆使するなかで、私たちにもお馴染みのものになった。

とはいっても、保守的な価値観・大衆民主主義の技術・無分別な残虐行為という革新的なイデオロギーの組み合わせ——本質的にナショナリズムにみられる——は、説明を要する。このような急進的な右派による非伝統的な運動は、一九世紀後半のヨーロッパ諸国にすでにあった。こうした運動は、自由主義（要は、資本主義による社会の急激な変質）と社会主義的な労働者階級の運動の台頭、そしてより広い視点からすると、史上最多の人間が越境移動するなかで世界各地に押し寄せていた外国人の波への反動であった。人は海や国境線を越えて移動しただけでなく、地方から都市へも、つまり、国内のある地域から別の地域への移動もあった。こうして人々は「故郷」から見知らぬ人々の土地へ移っていったが、それは裏を返せば、よそ者として他人の故郷へ入って行ったということでもあった。ポーランドの場合、百人中十五人近くもが祖国を永遠に離れた。くわえて年間五〇万人が季節労働者として外国へ行き、ポーランドに限らず、このような移民のパターン同様、圧倒的多数が受入れ国の労働者階級に入った。一九世紀後半には、二〇世紀後半を予言するような形で大衆の外国人嫌いが生じた。そしてこの外国人嫌いにおいて、人種主義が一般的な表出となった。この場合、人種主義とは、人間以下の群れが侵入することで起きる汚染や侵入から純血種を保護することを指す。人種主義がどれほど強かったかは、ポーランド人移民への恐れだけでなく、アメリカでますます熱を帯びてきていた大量移民への反対運動から推し測れる。ポーランド人移民への恐れは、偉大かつリベラルなドイツの社会学者マックス・ヴェーバーをして、一時的ではあったが汎ドイツ連盟支持へと動かしたほどであり、また、アメリカの反移民運動はやがて、第一次世界大戦中・後、この自由の女神の国をして、女神像が歓迎するべきはずの人々がフロンティアに来ることを禁じさせた。

こうした動きをつないでいたのは、共通して、大企業と大衆による労働運動が台頭する狭間で普通の人々が粉々になってしまう社会に生きる、小市民の憤りであった。少なくともこうした社会では、ごく普通に生きる人々から、もともとかれらが占めていた社会秩序における尊厳ある立ち位置、当然値すると信じてきたそうした立場が奪われたり、ダイナミックな社会で求める権利があると思っていた社会的地位が取りあげられた。こうした感情の典型的な捌《は》け口になったのが、反ユダヤ主義であった。これは一九世紀最後の四半世紀に複数の国で、ユダヤ人に対する敵意を土台とする特有の政治運動に発展した。ユダヤ人は世界中のだいたいどこにでもいたこともあり、不公平な世界に関するきわめて忌まわしいことのすべてを表す象徴にすぐになった。とくに、ユダヤ人自身を解放した啓蒙主義とフランス革命思想へのユダヤ人の傾倒――そうすることで余計にかれらの存在は目立つようになった――を象徴した。またユダヤ人たちは、憎々しい資本家／金融業者、革命の煽動家、「根なし草の知識人」と、新しいマスメディアの退廃的な影響を象徴する存在としても使われた。さらに、競争――教育が必要な類の専門職ではユダヤ人が過度に増えていたのだから、「不公平」以外のなにものでもない――、そして外国人やよそ者の象徴でもあった。ユダヤ人がイエス・キリストを殺したのだという、旧態依然としたクリスチャンで受け入れられていた見解は、言うまでもないだろう。

ユダヤ人憎悪は西洋世界でたしかに広がっており、一九世紀の社会におけるかれらの立場は実に曖昧であった。ただし、スト中の労働者たち――非人種主義的な労働運動の労働者の場合ですら――がユダヤ人の店主を襲ったり、自分の雇い主はユダヤ人だと思う（中欧・東欧の広範囲で、これは当たっていることが多かった）傾向にあったりしたからといって、こうした労働者を国家社会主義者の原型とみるべきではない。これは、ブルームズベリー・グループのようなエドワード朝時代のイギリスのリベラル知識人にとって反ユダヤ主義は当然であっても、だからといって急進的右派の政治的な反ユダヤ主義に同調しなかったのと同様である。ヨーロッパ東部から中心にかけて、ユダヤ人は農民の生活とかれらが当てにしている外部経済とを事実上つないでいたが、この地域の農民の反ユダヤ主義は、当然ながらより恒常的で激しやすかった。そして、スラヴ・ハンガリー・ルーマニアの農村社会が近代世界という不可解な地殻変動で揺れるにつれ、いっそう強まった。こうした未開の人々にとり、キリスト教徒の子どもを生贄として差し出すユダヤ人の物語は当時まだ信じうるもので、急激な社会変化はポグロムを引き起こすこととなる。ポグロムは、帝政ロシアの反動主義者たちが、とくに革命家による一八八一年のアレクサンドル二世の暗殺後、後押しした。ここに、もともとの草の根の反ユダヤ主義から第二次世界大戦中のユダヤ民族殲滅に至る一本道がある。草の根の反ユダヤ主義によって、大衆に基盤を獲得した東ヨーロッパのファシズムの諸運動——とくにルーマニアの鉄衛団やハンガリーの矢十字党——が足がかりを得たことは確かである。いずれにせよ、このつながりは、第三帝国よりもハプスブルク家とロマノフ家の旧領土でより明白だった。第三帝国では、草の根の農村・地方レベルの反ユダヤ主義は強く、深く根付いていたものの、旧領土に比べて暴力的ではなかった。より寛容であった、とすら言えるかもしれない。新たに占領されたウィーンからベルリンへと一九三八年に逃げてきたユダヤ人は、街中で反ユダヤ主義に遭遇しないことに驚いた。ベルリンでは、暴力の行使は上から命令されるものだったのだ。一九三八年一一月のように（Kershaw 1983）。しかしだからといって、ポグロムという残虐行為が断続的だったことと一世代あとに起きたこととを比べられはしない。一八八一年に少数の命が奪われ、一九〇三年キシナウで四〇—五〇人が死亡したことに、世界は激怒した。これはもっともで、というのは、蛮行が酷くなる前のことであり、文明の進歩を期待していた世界では、この犠牲者数は耐えがたいものだったからだ。より大規模なポグロム——一九〇五年のロシアで例の革命のさなか農民が大衆暴動を起こし、これに付随して起きた——ですら、後の基準からすると死傷者数はそれほど多くはなく、全体の死者はおそらく八百人だった。このことは、一九四一年、制度的な殲滅作戦が実施される以前だが、ドイツがソ連に進軍したたった三日間で、リトアニア人がヴィリニュスでユダヤ人三八〇〇人を殺害したことに比べられるだろう。

急進的右派の間では、こうした不寛容な古くからの伝統に訴えつつも、それを抜本的に変える新たな運動が起きていた。こうした運動は、とくにヨーロッパ社会の下層・中間層の集団にアピールし、一八九〇年代に流行として登場したナショナリストの知識人により、そのレトリックと理論は練られた。「ナショナリズム」という言葉自体この時期に造られたもので、こうした革命に反対する新しい語り手を表現するためにできた。下層・中間層の闘争心が急進的右派の方向へ進んだのは、主に民主主義と自由主義が優勢でない国、両者に共鳴しない階級だった。つまり、フランス革命的なものを経験していない国々だった。実際、西欧でリベラリズムの核となっていた国――英仏米――では、革命の伝統が一般的に優勢だったため、ファシズムを支持する重大な大衆運動は起きなかった。アメリカの人民党の人種主義とフランスの共和制支持者の狂信的愛国主義は左派の運動だったのだから、ファシズムの原型とみなすのは誤りである。

だからといって、自由・平等・博愛の優位性がいったん障害でなくなると、古い本能が新しい政治的スローガンに親近感を抱かないわけではなかった。オーストリア・アルプス地方では、ナチスの活動家の多くは、獣医や測量技師などその地域の専門職からリクルートされていったことは、ほぼ疑いない。かれらは、地元ではリベラル派で、教権を重視する農民が支配的な環境にあって高い教育を受け、解放された少数派であった。同様に、二〇世紀を下るにつれてプロレタリア階級の古典的な労働・社会主義運動が崩壊すると、多くの肉体労働者が本能的にもっていた愛国主義と人種主義は、自由に振る舞えるようになった。それ以前では、かれらはこうした感情から自由だったわけではないが、こうした偏狭さを非常に嫌う政党への忠誠心から、公の場で表すのはためらわれていた。一九六〇年代以降、西欧での外国人嫌いや政治上の人種主義は、肉体労働者の層で主にみられるものだった。しかし、ファシズムが誕生した時代には、労働で手を汚さずにすむ人々のものだった。

ファシズムが台頭した時期を通して、下層・中間層はその運動の支柱であり続けた。ナチスの支援に関して一九三〇年から一九八〇年にかけて発表されたあらゆる――といってもいいくらい――分析で意見が一致しているようなことでも修正しようと躍起になっている歴史家ですら、真剣に否定はしない（Childers 1983; Chilers 1991, pp. 8, 14-15）。戦間期のオーストリアにおけるこうした運動のメンバーと支援に関する調査はたくさんあるが、一つだけ挙げておきたい。一九三二年にウィーンで地区の評議員として選ばれたナチス党の党員のうち、一八％が自営業、五六％がホワイトカラー・事務職・公務員、一四％がブルーカラーであった。同年オーストリアでは、ウィーン以外の五つの議会で選ばれたナチス党の党員のうち、一六%が自営業・農家、五一%が会社員など、一〇%がブルーカラーだった(Larsen et al., 1978, pp. 766–767)。

だからといってファシズム運動は、貧しい労働者の間で大衆から真に支持されなかったわけではない。ルーマニアの鉄衛団は、その幹部の構成はさておき、貧しい農民から支持されていた。ハンガリーの矢十字党の選挙民の大多数は労働者階級だった(共産党は非合法とされ、社会民主党はつねに弱小で、ホルティ体制による寛容さのツケを払わされていた)。一九三四年にオーストリア社会民主党が敗北すると、労働者は明らかにナチス党よりになった。とくにオーストリアの都市以外の地域で顕著だった。くわえて、イタリアやドイツのように公的な正統性を得たファシズム政権がいったん確立されると、もともと社会主義者や共産主義者だった労働者たちは、左派の伝統では考えられないほど、その多くが新体制に歩調を合わせるようになった。そうはいっても、ファシズム運動は農村の純粋に伝統的な人々を惹きつけるのに苦労しており(クロアチアのようにローマ・カトリック教会のような組織に補強してもらっていれば、そうでもなかったが)、組織化された労働者階級と同一視されるイデオロギーや政党の目の敵とされていた。したがって、ファシズム運動の中核を成すのが中間層であったのは、当然のことだった。

ファシズム本来の訴えが中間層にどれくらい届いたかは、議論の余地がある。確かなのは、この層の若者、とくに戦間期に極右で悪名高かったヨーロッパの学生に強く訴えかけるものがあったことだ。一九二一年のイタリアのファシズム運動（「ローマ進軍」より前）に加わった者のうち、学生は一三％を占めた。ドイツでは早くも一九三〇年の段階で、全学生のうち五一一〇％がナチ党員であった。この頃は、のちにナチ党員となる者たちの大多数が、ヒトラーにまだ関心をもっていなかった（Kater 1985, p. 467 ; Noelle/ Neumann 1967, p. 196）。この先述べる通り、中間層の元士官も非常に目立っていた。かれらにとり、個人的な業績の頂点は、どれほどの恐怖を感じたにせよ、第一次世界大戦だった。そしてその頂から臨む将来の展望は、市民生活という期待外れの低地だった。当然のごとくこうした人々は、中間層のなかでもファシズム運動の訴えをとりわけ受容した集団となった。かれらの社会秩序を支えることになっている枠が歪み、壊れていくなかで、大まかには、急進的右派からの訴えが強くなることと、中間層の職業上の地位――実際の地位や慣例として期待される地位――への脅威が大きくなることとは呼応した。ドイツでは、貨幣価値をゼロにまで下げたハイパーインフレーションとその後の大恐慌というダブルパンチをくらい、中堅・幹部公務員などの中間層までもが急進化した。かれらの身分は保障されており、それほど状況が苦しくなければ、ヴィルヘルム二世を懐かしみ、旧態依然とした保守的愛国主義者を喜んで続けただろうし、陸軍元帥ヒンデンブルク率いる共和国に対して、もしそれが足元で目に見えて崩壊していなかったら、進んで義務を果たすつもりだっただろう。戦間期、政治に関心をもたないドイツ人の多くが懐かしんだのは、ヴィルヘルム二世の帝国だった。時を経て一九六〇年代には、ほとんどの西ドイツの人々は、ドイツ史で最良の時は「今」だという結論に至った（もっともだと思う）が、六〇歳以上の場合だと、三二％は奇跡的な経済復興によって「今」に心変わりしたのに対し、四二％は現在より一九一四年以前のほうがよかったと考えていた（Noelle/Neumann 1967, p. 196）。一九三〇―三二年、ブルジョワの中道と右派の票は多くがナチス党へ投じられた。しかし、ファシズムを築いたのはかれらではなかった。

もちろん、このような保守的な中間層はファシズムの潜在的な支持者であった。転向した者もいた。それは、戦間期の政治闘争の線引きのされかたゆえであった。自由主義的な社会とその価値観に対する脅威は右派から、その社会秩序への脅威は左派からきた。中間層は、自分たちが何を怖れるかによって、支持する政治を選んだ。伝統的な保守派は通常ファシズムの煽動政治家たちに共鳴し、この大きな敵に対して同盟を組む準備ができていた。イタリアのファシズムは一九二〇年代、そして一九三〇年代に入ってからですら、好意的に紙面で――自由主義的なものから左派にかけては例外――評されていた。「ファシズムという大胆な実験を除き、建設的な政治手腕という点でこの時代は実りが少ない」と、イギリスの著名な保守党の政治家兼スリラー作家のジョン・バカン（John Buchan）は書いている（残念だが、スリラーを書くのが好きなことと左派の信念とがうまく調和した例はこれまではほとんどない）（Graves/ Hodge 1941, p. 248）。ヒトラーを権力の座に就かせたのは、伝統的な右派――のちにヒトラーに飲み込まれてしまったが――の連合体であった。将軍フランコは、当時それほど重視されていなかったスペインのファランへ党を自身の国民戦線に入れた。というのは、かれが代表したのは一七八九年と一九一七年の亡霊に対する全右派の団結であったからだ。この両者にフランコは細かい区別をつけなかった。フランコは、運よく第二次世界大戦にヒトラー側に立って戦うことはなかったが、ドイツ人とともにロシアで神なき共産主義者と戦うため、義勇軍「青《あお》師団」を派遣した。元帥ペタン（Pétain）がファシストでもナチスの支持者でもなかったことは確かである。戦後、根っからのファシストだったフランス人やドイツの協力者たちと、ペタン元帥のヴィシー政権の主な支持母体とを見分けるのが難しかったのは、両者の間に明確な線引きが実はされていなかったからである。父親世代がドレフュス、ユダヤ人、尻軽な共和国を嫌っているという年代――ヴィシー政権の面々には、自身もかつてそうだった高齢の者もいた――は、気づかないほど少しずつ、ヒトラーのヨーロッパを狂信的に信じるようになっていった。つまり、戦間期の右派の「自然な」同盟は、伝統的な保守派から始まって昔ながらの反動主義者たちを経由し、ファシズムという病の外縁へ行きついた。保守主義や反革命といった昔からある勢力は強かったが、たいていは活発ではなかった。こうした人々にファシズムは活力を与えただけでなく、おそらくより重要なことだが、混乱をもたらす勢力に勝利する模範を示した（「ムッソリーニのおかげで列車が時間通りに運行した」というのは、イタリアのファシズムに与する有名な議論ではなかったか?)。一九三三年以降、共産主義者のダイナミズムが方向性も指針もない左派を引きつけたように、ファシズムの成功は、とくにドイツでナチス党が支配権を掌握したあと、ファシズムこそ来たるべき波であるかにみえた。この頃ファシズムが、あらゆる国のなかでも保守党政権下のイギリスの政治的舞台に華々しく登場した——短期間だったが——という事実それ自体から、この「デモンストレーション効果」の力がわかる。イギリスの政治家のなかでももっとも有名な政治家の一人、オズワルド・モズレー卿(Sir Oswald Mosley)を転向させ、新聞王のうちの一人から支持を取り付けたということは、尊敬すべき政治家たちがモズレーの運動をすぐに見放し、ロザーメア卿(Lord Rothermere)の新聞デイリー・メールがイギリス・ファシスト連盟の支持をすぐ止めたことより重要な意味がある。なぜなら、その頃のイギリスはまだ、政治的・社会的安定の模範として一般的に考えられていたためであり、それは正しかった。

III

第一次世界大戦後の急進的右派の台頭が、一般的には社会革命と労働者階級の力、具体的には十月革命とレーニン主義という脅威——事実それは現実のものだった——への反応だったことは間違いない。こうした危機がなければファシズムもなかっただろう。というのは、煽動的な極右は一九世紀末から多くのヨーロッパ諸国で声高に政治的な主張をし、攻撃的であったにもかかわらず、一九一四年までは、必ずといっていいほどしっかり統制されていたからである。この点で、レーニンがムッソリーニとヒトラーを生んだとファシズムを擁護する人々が主張するのは、おそらく正しい。しかしながら、ロシア革命という先に起きたことになっている蛮行によってファシズムが鼓舞され、ファシズムはそれをまねたのだと主張することで、ファシストの蛮行を無罪放免にする——一九八〇年代にドイツの歴史家でこれに近いことを主張した者がいたように（Nolte 1987）——のは完全に不当である。

しかし、右派からのバックラッシュは本質的に革命的な左派への反応であったという論には、二つ重要な但し書きをつけなければならない。第一に、この論は第一次世界大戦が民族主義的な兵士——その大部分は中流や中流の下層——、つまり、一九一八年一一月以降英雄になるチャンスを失い憤慨していた若者であるが、この重要な層に与えた影響を見くびっている。いわゆる「前線の兵士」は、急進的右派による運動の神話で非常に重要な役割を担うことになっていた。ヒトラー自身、その一人であった。そして「前線の兵士」は、カール・リープクネヒト（Karl Liebknecht）やローザ・ルクセンブルク（Rosa Luxemburg）を一九一九年初頭に殺害した兵士たち、要するにイタリアの黒シャツ隊やドイツ義勇軍のような、初期の超国家主義者たちの屈強な組織で重要な一角を占めることになる。

イタリアでは、初期のファシストの五七％が元軍人であった。すでに述べた通り、第一次世界大戦は世界から人間性を失わせるように働き、こうした男たちは自分たちに潜む残虐性を解き放つことに喜びを覚えた。

反戦・反軍国主義運動といった第一次世界大戦という大量虐殺への民衆の大きな憎悪に左派が深く関わったことで、相対的には数は少ないが絶対数としては数の多いある種の人々——一九一四—一九一八年の状況下ですら戦ったという戦闘経験を大事にし、そこから活力を得る人々——が登場したことは軽視された。かれらにとり、軍服と規律、自己犠牲・他者犠牲、血、武器そして力は、男の一生を生きるに値するものだった。わずかな例外（とくにドイツで）を除いて、かれらは戦争について多くの書籍を書くことはなかった。当時、ランボーのようなたくましい男たちは、右派のために集まるべくして集まった者たちだった。

二つ目の但し書きは、右派からのバックラッシュはボリシェヴィキの思想そのものに対する反発ではなく、あらゆる運動、なかでも組織化された労働者階級——既存の社会秩序を脅かし、あるいは、その崩壊の原因とされている——に向けてのものであった、ということだ。レーニンは実際にリアリティのある存在というよりは、こうした脅威の象徴だった。ほとんどの政治家にとりこの脅威は、指導者がじゅうぶん穏健だった社会主義を奉じる労働党というよりは、労働者階級の力・自信・急進主義の急激な高まり——これにより、旧来の社会主義諸政党は新しい政治的勢いを獲得し、自由主義的な国家に欠かせない支柱となった――に表れていた。戦後間もない時期、八時間労働という社会主義の煽動家たちの一八八九年以来の中心的な要求が、ヨーロッパのほぼ全域で認められたのは偶然ではない。

保守派を戦慄させたのは、労働組合の指導者や敵対する弁論家が大臣になったことより――もちろんこれもじゅうぶん苦々しいことではあったが――、労働者の力の台頭に潜む脅威だった。当然、かれらは「左派」だった。社会的混迷の時代に、かれらとボリシェヴィキとの間にはっきりした線引きはなかった。実際のところ、戦後直後には、社会主義諸政党の多くは、共産党が拒否しなければ、共産党に喜んで加わっていただろう。ムッソリーニが「ローマ進軍」後に暗殺したのは共産党の指導者ではなく、社会主義者マッテオッティ(Matteotti)だった。伝統的な右派にとっては、神の存在を認めないロシアは世界中の悪すべてを体現した存在に思えていたかもしれない。しかし、一九三六年の将軍らによる蜂起は、共産主義者そのものに向けられたのではなかったのは、かれらが人民戦線の端役にすぎなかったというだけではない(第5章参照)。この蜂起は、社会主義者と無政府主義者に好意的な――冷戦までだが――民衆が急増したことに対して向けられたものだった。レーニンとスターリンをファシズムの口実とするのは、後付けの合理化にすぎない。

なおも説明しておかねばならないのは、第一次世界大戦後の右派からのバックラッシュが、ファシズムという形で決定的な勝利を収めた理由である。というのも、極右過激派による運動は一九一四年以前にも存在したからだ。それらは狂信的な民族主義で外国人を嫌い、戦争と暴力を美化し、不寛容で、暴力的な抑圧に憑かれ、熱狂的な反自由主義・反民主主義・反プロレタリア・反社会主義・反合理主義で、血統と国土、そして近代が水を差した価値への回帰を夢見る運動だった。これらは、政治的右派とある種の知識人サークルのなかで政治的影響力をもったが、どこかで優位に立ったり支配したりということはなかった。

そんな運動が第一次世界大戦後にチャンスを得たのは、旧体制の崩壊とともに古い支配階級とその権力・影響力・指導権の装置も崩壊したことによる。これらが正常に機能しているところでは、ファシズムの必要性はなかった。既述の通り、イギリスでは短期的に不安の嵐が駆け巡ったものの、ファシズムは発展しなかった。伝統的な右派が主導権を握ったままだった。フランスでも、一九四〇年の敗北までは、実質的な進展はなかった。フランスの伝統的な急進的右派——例えば、王党派のアクション・フランセーズ（*Action Française*）、ラ・ロック中佐の火の十字団（*Croix de Feu*）——は左派を叩きのめす準備はできていたが、厳密にはファシストではなかった。実際、伝統的右派からはレジスタンスに参加する者さえ出ることとなる。

さらに、新たに独立した国で新しい民族主義的な支配階級ないし集団が支配権を握った所では、ファシズムは必要とされなかった。後述する理由ゆえに、こうした集団は反動的になりうるし、独裁政権を選ぶ可能性もあった。しかしそれは、戦間期のヨーロッパにおける反民主主義的な右派への転換のすべてをファシズムと同一視する誇張である。独裁的な軍国主義者が統治する新生ポーランドでも、民主政だったチェコスロヴァキアのチェコでも、さらには新生ユーゴスラヴィアの（支配的立場を占める）中心セルビアでも、重要なファシズムの運動はなかった。支配者が旧態依然とした右派か反動主義者の国で重要なファシズムないし同様の運動が起きた所――ハンガリー、ルーマニア、フィンランド、そして、指導者自身はファシストではなかったが、フランコのスペインさえも――では、ドイツが（一九四四年ハンガリーでやったように）圧力をかけてこない限り、ファシズムはほとんど問題なく制御されていた。だからといって、新旧の国々での少数派の民族主義運動がファシズムに魅力を感じなかったわけではない。イタリアと一九三三年以降はドイツからも資金・政治両面での支援を期待できたのだから。こうした状況は、（ベルギーの）フランドル・スロヴァキア・クロアチアで明白だった。

機能不全に陥った古い統治機構とその支配装置は、狂信的な極右の勝利に有利に働いた。つまり、市民が幻滅し、方向性を見失い、不満を抱え、どこに忠誠を尽くしたらよいかわからなかったり、強力な社会主義運動は社会革命という脅威をつきつけ、ないしその脅威が迫っているかにみえ、実のところは達成できそうもなく、民族主義的な憤りが一九一八一二〇年の講和条約に向けられたりしている状況である。こうした状況において、力を失った古い支配的エリート層は、一九二〇―二二年にイタリア自由党がムッソリーニのファシストに対して、一九三二―三三年にドイツ国家人民党がヒトラーのナチス党にしたように、過激な急進派に頼る誘惑にかられた。こうした状況のもと、同様に、急進的右派の運動は強力に組織化され、時には画一化された民兵組織（黒シャツ隊などの突撃隊）に姿を変えたり、あるいは大恐慌時代のドイツでのように、選挙で巨大な集団になったりした。ところが、イタリアでもドイツでも、ファシズムは「街頭制圧」や「ローマ進軍」というレトリックを使ったが、両ファシスト国家のどちらでも、ファシズムが「権力を勝ちとる」ことはなかった。ファシズムが権力の座に就けたのは、旧政権が黙認、ないし（イタリアのように）イニシアチヴをとったからだった。つまり、「合法的に」政権の座に就いた。

　ファシズムの新奇さは、いったん権力の座に就くなり、古い政治ゲームをすることを拒み、可能な所では完全に権力を掌握した点にある。権力の完全なる移譲、つまりありとあらゆるライバルの排除には、ドイツ（一九三三―三四年）よりもイタリア（一九二二―一九二八年）のほうがずいぶん長くかかった。しかしいったん達成されると、究極のポピュリスト「指導者」（イタリアの「ドゥーチェ」、ドイツの「フューラー」）による無制限な専制に、国内で政治的制約がさらに課せられることはなかった。

　ここでわれわれは、ファシズムに関する二つの主張――同じくらい不適切である――を手短に退けておかねばならない。一つはファシストに関して、多くの自由主義の歴史家によって引き継がれた主張であり、いま一つは、正統派のソヴィエト的マルクス主義にとって馴染みのある主張である。要するに、「ファシストの革命」なるものはなかったし、ファシズムは「独占資本主義」や大規模ビジネスの表出ではなかったということだ。

ファシストの運動には、反資本主義・反少数独裁をたびたび強く主張し、社会の抜本的変化を望む人々が参加していた以上、革命運動の要素もあった。しかし、革命を目指すファシズムという馬は、スタートを切ることも走ることもできなかった。ヒトラーは、国家社会主義ドイツ労働者党という名称にある「社会主義」的要素を真剣に受けとめる者たちを素早く排除した。かれはもちろん真剣に受けとめてなどいなかったからだ。普通の人間にとっての中世――世襲の小自作農民、ハンス・ザックス（Hans Sachs）のような職人、ブロンドのおさげの少女たちで溢れている――のような世界に回帰するというユートピアは、二〇世紀の主要国家で実現可能なプログラムではなかった（人間の人種的浄化というヒムラーの悪夢のようなプログラムを除く）。とりわけ、イタリア・ドイツのファシズムのように、自分たちの流儀で近代化と技術の進歩に邁進していた政権では。

国家社会主義が確かに達成したのは、旧来の帝国的エリートと制度的構造を徹底的に排除したことだった。結局のところ、ヒトラーに対して反乱を実際に起こし（一九四四年七月）、結果的に粛清されたのは、唯一、古い貴族的なプロイセン陸軍だった。古いエリート層と制度的構造の破壊は、大戦後、西ヨーロッパの占領軍によっていっそう進められ、やがて、一九一八―三三年のワイマール共和国――カイザーこそいないが、敗戦した帝国と大差はなかった――よりもずっと健全な土台の上に、連邦共和国を建設することができた。ナチズムはたしかに大衆のための社会計画をもち、いくつかは達成した。例えば、祝日、スポーツ、計画的に生産された「国民車」――第二次世界大戦後にフォルクスワーゲンの「ビートル」として世界中で知られるようになった――などが挙げられる。ナチスの主要な功績は、しかし、他のいかなる政府よりも効果的に大恐慌に始末をつけたことだ。これができたのは、ナチスの反自由主義には自由市場にア・プリオリに信頼を置かないという肯定しうる側面があったからである。それでもナチズムは、根本的にこれまでと違う新体制というよりは、これまでの体制を改造・再生したものだった。一九三〇年代の帝国主義・軍国主義的日本のように（これが革命的なシステムだとは誰も主張しないだろう）、ドイツの産業システムの驚異的な活性化を成しえたのは、非自由主義的な資本主義経済だった。ファシスト政権下のイタリアの経済およびその他の領域での成果は、第二次世界大戦中にはっきり証明された通り、ドイツよりかなり見劣りするものだった。イタリアの戦争経済は普通では考えられないほど脆弱だった。「ファシズムの革命」の話はレトリックだった。多くのイタリア人兵士にとっては偽りのないレトリックだったのだが。この政権は、明らかに古い支配階級のための政権であり、ドイツのような、大恐慌とそれに対処できないワイマール共和国の無能さから生じたトラウマへの反発というよりは、一九一八年以降の革命による混乱に対する防衛として生まれた。イタリアのファシズムは、一九世紀からのイタリア統一のプロセスをある意味で継続したがゆえに、より強力で中央集権的な政府が生まれ、評価に値する重要な成果をいくつか挙げた。例えば、シチリア島のマフィアとナポリのカモッラの抑え込みに成功したイタリアの政権は、ファシスト政権のみある。それでも、この政権の歴史的重要性は、その目指したものと成果にあるのではなく、勝利した反革命の新しい型の世界的な先駆者としての役割にある。ムッソリーニはヒトラーに刺激を与え、ヒトラーはイタリアから刺激を受けたことと、イタリアが先んじていたことを必ず認めていた。他方でイタリアのファシズムは、芸術的なアヴァンギャルドである「モダニズム」を容認した――好みさえした――ことや、その他の点――一九三八年にムッソリーニがドイツと歩調を合わせるようになるまで、反ユダヤ主義的人種主義にまったく関心がなかった――で、急進的右派の運動では長い間異例な存在だった。

「独占資本主義」の議論に関していえば、巨大ビジネスでは、政府が資産を実際に没収しない限り、どんな政府でも妥協すること、そしていかなる体制も巨大ビジネスと妥協せねばならない、という点が重要である。ファシズムは、アメリカのニューディール政策やイギリスの労働党政権、あるいはワイマール共和国以上に「独占資本の利益の表れ」ではなかった。一九三〇年代初頭、巨大ビジネスはとくにヒトラーを望んでいたわけではなく、より正統派の保守主義が好みだっただろう。そのため、大恐慌までヒトラーへの支持はほとんどなかった。また、大恐慌が起こりすぐにヒトラーが支持されたかというとそうではなかったし、まとまりのないものだった。しかしかれが権力を掌握すると、企業はかれに全面的に協力するようになり、第二次世界大戦中には、強制労働と絶滅収容所の労働力を自社運営に使うほどだった。したがってもちろん、企業は大小問わず、ユダヤ人の搾取から利益を得た。

しかしながら、ファシズムは企業にとり、他の体制より大きな利点がいくつかあったことは触れておかなければならない。第一に、左翼の社会革命を排除ないし敗退させ、実際、革命に対する主な防波堤のようにみえた。第二に、労働組合と、経営者が労働者を管理する権利に関して他の制約をなくした。実際、ファシストの「指導者原理」は、監督する立場にある者や企業幹部のほとんどが部下に対して各自の職場で適用していたものだったので、ファシズムはこれを権威で正当化したにすぎない。第三に、労働運動の崩壊は、大恐慌が企業にとってきわめて好ましい形で解決されるうえで一役買った。アメリカでは、一九二九―四一年にかけて、消費単位の上位五％が全（国民）所得に占める割合が二〇％減った（イギリスとスカンジナヴィアでも同様の傾向があったが、より緩やかで均等であった）。これに対して同じ頃ドイツでは、上位五％が占める割合は一五％増えた（Kuznets 1956）。最後に、すでに述べたことだが、ファシズムは欧米の民主主義国家のような大胆かつ長期的な技術・科学の立案には劣るものの、工業経済を活性化・近代化するのに長《た》けていた。

Ⅳ

ファシズムは、大恐慌が起きなかったとしても、世界史できわめて重要なものになっただろうか？　おそらく答えはノーだ。イタリア一国だけでは、世界を震撼させられるほどしっかりした基盤たりえなかった。共産主義的な社会革命を目指す反乱計画が失敗したのとほぼ同じ理由で、一九二〇年代のヨーロッパの急進的右派による他の反革命運動に、見込みがありそうなものはなかった。一九一七年以降、革命の波は引き、経済は復活したかにみえた。ドイツでは、帝国の社会的支柱たる将校・公僕などは、(当然のことながら) 新しい共和国を保守・反革命として、なによりも軍事的戦略のために国際社会で居場所を保てる国家として維持することに主力を注いだが、一一月革命後、どこにも属さない民兵組織やその他右派の乱暴者を実際に支持していた。しかしかれらは選択を迫られると、一九二〇年の右派によるカップ一揆から一九二三年のミュンヘン一揆——この時初めてアドルフ・ヒトラーの名前が新聞の見出しに出た——の時のように、なんのためらいもなく現状を支持した。一九二四年に経済が好転した後、国家社会主義ドイツ労働者党を選ぶ有権者はわずか二・五—三％にまで減少した。一九二八年の選挙では、少数ではあるが文明的なドイツ民主党の半数よりやや多いくらい、共産党の五分の一より少し多め、社会民主党の十分の一をはるかに下回った。ところがその二年後、支持者は一八％にまで増え、ドイツ政界で二番目に強い党となった。さらに二年後の一九三二年夏、投票総数の三七％を獲得して圧倒的な首位に立った。民主的な選挙が続いていた間は、この支持を維持できなかったのだが。ヒトラーを、政治舞台の片隅にいる存在から将来の国家元首候補、やがては本当に国家の主へと変えたのが大恐慌であったのは明白である。

しかし、この種の運動が大恐慌を背景にドイツ、すなわち規模、経済的軍事的潜在能力、それから地理的配置により、いかなる体制下でもヨーロッパで主要な政治的役割を担うことが運命づけられてきた国家で権力を掌握していなければ、大恐慌があったからといって、一九三〇年代に権力や影響力を振るうことはなかっただろう。ドイツは二つの大戦で完敗を喫したものの、結局、ヨーロッパの支配的国家として二〇世紀を終えることとなった。左派側で、世界でもっとも広大な国（戦間期に共産主義者が好んで自慢した通り、「地球の表面積の六分の一」）でマルクスが勝利したことで、共産主義は、ソ連外部での政治勢力が微々たるものだった時ですら、国際的なプレゼンスをもった。ちょうどこれと同じように、ヒトラーがドイツを掌握することで、ムッソリーニのもとでのイタリアの成功が確かなものになったようにみえ、また、ファシズムが世界規模での強力な政治の流れになったかにみえた。ドイツとイタリアが採った侵略的な軍国主義的拡張政策――日本の同様の政策によっていっそう強まった――の成功（第5章参照）は、当時の国際政治を席巻した。したがって当然のことながら、ファシズムに適した国家ないし運動は、ファシズムに魅力を感じ、影響を受け、ドイツ・イタリアから支援を求め、そして――両国の拡張政策ゆえに――実際にたびたび受け取っていた。

ヨーロッパでは、こうした運動の圧倒的多数は当然のことながら政治的右派に属していた。だから、シオニズム（この頃は圧倒的にヨーロッパ在住のアシュケナージ系ユダヤ人による運動だった）のなかでは、イタリアのファシズムに傾倒していた派閥、すなわちウラジミール・ジャボチンスキーの「修正主義者」は、（優勢な）社会主義的かつ自由主義的なシオニスト団体に対して明らかに右派と見られ、かつそういう自己認識をもっていた。それでも、一九三〇年代のファシズムの影響は、ファシズムがダイナミックで活発な二つの強国と関係があった以上、ある程度世界規模にならざるをえなかった。しかし、ヨーロッパ以外の地域では、ヨーロッパでファシズム運動が生まれた条件はほとんど存在しなかった。そのため、ファシズム運動ないし明らかにファシズムに影響された運動が起きた所では、かれらの政治的立場や機能はずっと大きな問題を孕んでいた。

もちろん、ヨーロッパのファシズムの特徴のうちいくつかは、海外で反響があった。例えば、エルサレムの法学者（ムフティー）やパレスチナのユダヤ人入植（とそれを保護するイギリス）に抵抗していたアラブ人にとってヒトラーが好みに合わなかったというなら、驚くべきことだ。それ自体は、多様な無神論者とムスリムが伝統的に共存してきたことに関係はないのだが。インドの上級カーストのヒンドゥー教徒のなかには、現代のスリランカのシンハラ人過激派のように、インド亜大陸にいる肌の色が濃い人々に対し、真の――というより、本来の――「アーリア人」としての優越感を意識している者もいた。また、第二次世界大戦中にドイツの支持者とみなされ抑留されたボーア人の過激派――一九四八年以降のアパルトヘイトの時代に国の指導者となった者もいる――は、人種差別主義者を自認し、オランダのエリート層であるカルヴァン派極右の流れから神学的影響を受けたことから、ヒトラーのイデオロギーと親和性があった。だからといって、ファシズムは現地の政治状況と何の関係もなさそうなので、共産主義と異なり、アジア・アフリカには（そこに住むヨーロッパ人の移住者を除き）存在しなかったという基本的な主張はさして弱まらない。

これは概して日本にすら当てはまる。日本はドイツ・イタリアと同盟を結び、第二次世界大戦では味方として戦い、政治的には右派に支配されていた。「枢軸国」の東の端と西の端で支配的だったイデオロギーの神話性は、じつに強力だった。自己犠牲・命令への絶対服従・自制と禁欲主義を信奉するなかで、日本ほど人種の優越性と人種の純化の必要性に確信をもっている国はなかった。「サムライ」であれば、ヒトラーの親衛隊のモットー（“Meine Ehre ist Treue”――「忠誠こそわが誉《ほまれ》」と訳すのがもっとも適切だろう）に誰でも共感したのではないだろうか。日本社会は厳しく階層化された社会であり、個人（「欧米における「個人」と同じような意味が日本語の「個人」の語にもあったと仮定するなら）を国家や神聖なる天皇に捧げつくす社会であり、自由・平等・博愛を完全に拒絶した社会であった。野蛮な神々・純粋で英雄的な中世の騎士にまつわるヴァーグナー風の神話や殊更ドイツ的な性質をもつ山や森――ともにドイツ民族の夢が詰まっている――を、日本人は簡単に理解した。強制収容所で拷問していた人間がシューベルトのカルテットを好んだように、日本人は、野蛮な行為と洗練された芸術的感受性とを併せもつ同じ能力をもっていたのだ。もし、ファシズムを禅の言葉に翻訳できるのなら、日本はファシズムを喜んで受け入れたかもしれない。実際には翻訳の必要性はなかったが。事実、ヨーロッパのファシスト国家に派遣された外交官、とくに愛国心が不十分な政治家の暗殺に病みつきになっている過激な国粋主義者のテロ集団、そして満州と中国を征服・維持・隷属化させた関東軍のなかには、こうした親和性に気づき、ヨーロッパのファシスト国家とのさらなる一体化を目指そうと運動した日本人もいた。

しかし、ヨーロッパのファシズムは、帝国としての国家的使命をもつ東洋の封建制に収まりきれなかった。ファシズムは本質的に民主主義と普通の人々の時代に属していた。他方、ヒロヒトの日本では、自分たちで選んだ指導者を支持し、真新しい、真に革命のために大衆を動員する「運動」という考え方自体、意味をなさなかった。ヒトラーというよりはプロイセン陸軍とその伝統のほうが、日本の世界観に合致していた。このように、日本にはドイツの国家社会主義と類似する点があった（イタリアとの親和性はずっと低かった）が、日本はファシストではなかった。

ドイツ・イタリアからの支援を模索していた――とくに第二次世界大戦で枢軸国が勝利しそうだった時期に――国や運動についていうと、ヨーロッパの小さな民族主義政権――その立場がドイツからの支援に完全に依存していたものもある――のなかには、とくにクロアチアのウスタシなど、ナチス親衛隊以上にナチス的であると喧伝したものもあった。しかし、イデオロギーがその動機ではなかった。さらに、アイルランド共和軍（ＩＲＡ）やベルリンに基盤を置くインドの民族主義者たちを、第一次世界大戦同様に第二次世界大戦中にも、「敵の敵は味方」という主義でドイツから支持を得るために交渉した者がいたというだけで、「ファシスト」と呼ぶのはいかなる意味においてもばかげているだろう。事実、アイルランド共和軍の指導者フランク・ライアン（Frank Ryan）はこうした交渉を始めたが、イデオロギー的には反ファシストであったので、スペイン内戦でフランコ元帥と戦う国際旅団に実際に加わり、やがてフランコ軍に捕まり、ドイツへ送還された。こうした事例に時間を割く必要はない。

しかしまだ、ヨーロッパのファシズムからイデオロギー的に影響されたことが明白な大陸が残っている。南北アメリカだ。

北米では、ヨーロッパに刺激された人々や運動は、スカンジナヴィアの人々やユダヤ人が社会主義的傾向を一緒にもち込んだように祖国のイデオロギーをもってきたり、出身国への忠誠をある程度維持したりしていた特定の移民コミュニティの外では大きな意味をもたなかった。したがって、ドイツ系アメリカ人が大量にファシストになったことを示す十分な証拠はないものの、ドイツ系アメリカ人の感情――これに比べるとずっと弱いが、イタリア系アメリカ人の感情も――は、アメリカの孤立主義の一因となった。民兵の装備ともいえるカラーシャツと指導者への敬礼は、アメリカ生まれ・アメリカ育ちの右派や人種主義的な動員――もっともよく知られているのはクー・クラックス・クラン――のものではなかった。右派による現代アメリカ版反ユダヤ主義――デトロイトから発信されるコグリン神父の説教におけるように――はおそらく、ヨーロッパのカトリックのコーポラティズムに負うところがより多かったが、反ユダヤ主義が強かったのは確かである。一九三〇年代に煽動的なポピュリズムとしてもっとも成功し、おそらくもっとも危険だったのはヒューイ・ロング（Huey Long）のルイジアナ征服で、アメリカでいうところの、明らかに急進的な左派の伝統から生まれた。これは一九三〇年代のアメリカに特徴的なことだった。それは、民主主義の名のもとで民主主義を減退させ、プチブルの怒りや金持ちの反革命という自己保存本能ではなく、貧困層の平等主義に訴えた。また、人種主義的でもなかった。「誰もが王様」というスローガンを掲げる運動が、ファシズムの伝統に属することは不可能だった。

ラテンアメリカはヨーロッパのファシズムに影響され、それが認められることとなる。個々人の政治家レベルでは、コロンビアのホルヘ・エリエセル・ガイタン（Jorge Eliécer Gaitán 一九〇三―一九四八）やアルゼンチンのフアン・ドミンゴ・ペロン（Juan Domingo Perón 一八九五―一九七四）、体制レベルでは、一九三七―四五年のジェトゥリオ・バルガスの「新国家」（Estado Novo）が挙げられる。事実、ナチスが南から包囲してくるのではとアメリカは根拠のない恐怖を抱いていたが、ファシズムのラテンアメリカへの主要な影響は国内的なものだった。明らかに枢軸国に好意的だったアルゼンチン――ペロンが一九四三年に権力を握る以前・以後も――を除き、西半球の政権は戦争でアメリカ側について戦った。少なくとも名目上は。しかし、南米諸国のなかには、軍隊がドイツのシステムを手本にしたり、ドイツ人あるいはナチス幹部による訓練を受けたりした所すらあったのは事実である。

リオ・グランデ川以南へのファシズムの影響は、簡単に説明できる。南側からみると、一九一四年以降のアメリカはもはや、一九世紀にそうであったように、国内の進歩的勢力の同盟や帝国主義ないしかつて帝国主義だったスペイン・フランス・イギリスに対抗する外交上の勢力にはみえなかった。石油産業・バナナ産業の興隆はもちろん、一八九八年にアメリカがスペインから奪った帝国の占領地やメキシコ革命は、反米・反帝国主義をラテンアメリカにもたらした。それは、二〇世紀最初の三十数年の間、ワシントンが明らかに武力外交を好み、海軍を上陸させてきたために、抑制されることはなかった。アメリカ革命人民同盟（APRA）の創設者ヴィクトル・ラウル・アヤ・デ・ラ・トーレ（Víctor Raúl Haya de la Torre）——同盟が根付いたのはかれの祖国ペルーだけだったが、その野望は全ラテンアメリカに及んだ——は自分の兵士たちを、反米で名高いニカラグアの抵抗運動の指導者サンディーノ（Sandino）のグループに訓練させる計画を立てていた（一九二七年以降のアメリカの占領に対するサンディーノの長期的なゲリラ戦は、一九八〇年代に「サンディニスタ」革命を引き起こすこととなった）。さらに、一九三〇年代のアメリカは大恐慌によって弱体化しており、かつてのように恐ろしく支配的にはみえなかった。フランクリン・D・ルーズヴェルトが前任者たちの武力外交を捨てたことは、「善隣外交」としてだけでなく、弱さを示しているとも（誤って）理解されることもあった。一九三〇年代のラテンアメリカに、北を仰ぐつもりはなかった。

しかし、大西洋の向こう側からみれば、ファシズムがこの時代のサクセス・ストーリーのようにみえたことは間違いない。もし、文化的な覇権地域からつねに刺激を受けていた大陸の前途洋々たる政治家——近代的で豊か、かつ偉大になれる方法にいつも注意している国家の将来的な指導者たち——が、真似るべき手本がこの世界にあるとすれば、それはベルリンやローマで必ずみつかるはずだった。というのも、ロンドンやパリから得られる政治的な刺激はもはや多くなく、ワシントンも活動停止状態だったからだ（モスクワは基本的には社会革命の手本としてまだみられていたが、それゆえ、政治的魅力は限定的だった）。

それでいて、自分たちが知識の点でムッソリーニとヒトラーから恩恵を受けたと正直に認めた南米の人々の政治活動と成果は、ヨーロッパでかれらが模範とした者たちとなんと違うことか！　革命期のボリビアの大統領が、私との個人的な会話でこのことを何のためらいもなく認めたのだが、それを聞いた時のショックを今でも覚えている。ボリビアでは、ドイツに目を向けていた兵士や政治家が、一九五二年の革命を自然と組織することになった。この革命では、錫鉱山が国有化され、先住民の農民に対して過激な土地改革が行われた。コロンビアでは、大衆の偉大な擁護者ホルヘ・エリエセル・ガイタンが、政治的右派を選ぶどころか、自由党の指導権を握った。もしかれが、一九四八年四月九日にボゴタで暗殺されて――その後すぐに大衆（警察官も含め）は首都で暴動を起こし、コロンビアの多くの州の市町村で革命共同体が宣言された――いなかったら、大統領として過激な方向へ導いていたであろう。ラテンアメリカの指導者たちがヨーロッパのファシズムから受け継いだのは、行動が評価されているポピュリストの指導者たちの神格化だった。しかし、こうした指導者たちが動員の対象とし、実際に動員されることとなった大衆は、何かを失う可能性を恐れなかったのではなく、失うものは何もない者たちだった。そして、指導者たちが大衆を動員して対抗しようとした敵は、外国人や外の集団ではなく（ペロン主義者その他によるアルゼンチンの政治では反ユダヤ主義の要素は否定できないが）、「少数独裁政治を行う集団」、つまり、富裕層と各地の支配階級であった。ペロン支持の中核を担ったのはアルゼンチンの労働者階級と、かれが育てた民衆による労働組合運動を中心に作られた労働党的なグループにある、基盤となる集票組織だった。ブラジルのジェトゥリオ・ヴァルガスも同じ発見をした。軍隊は一九四五年にかれを失脚させ、一九五四年に自殺に追いやった。政治的支持の見返りにかれが社会的保護を与えていた都市の労働者階級は、国民の父として追悼した。ヨーロッパのファシズム政権は労働運動を壊したが、かれらが刺激を与えたラテンアメリカの指導者は労働運動を作ったのである。知的関係がどうであれ、歴史的には、同じ類の運動とは言えない。

V

しかしこうした運動も、「破滅の時代」における自由主義の衰退と陥落の一部として理解しなければならない。というのは、もしファシズムが自由主義の後退をもっとも劇的に表しているとしたら、一九三〇年代ですら、この後退をファシズムという点からだけ考えるのは誤りであるからだ。したがって、本章の最後に、ファシズムとナショナリズムを同一視するありがちな混乱を、最初に取り除かねばならない。

一九三四―三八年のポルトガルやオーストリアのように、ファシストになりかけの組合国家は大部分がカトリックからの刺激のもとにあり、他の地域、つまり神を裁かない国民・国民国家に対し無条件に敵意を抱かざるをえなかった。にもかかわらず、ナショナリストの情熱や偏見にファシズム運動が訴える傾向にあったのは明らかだ。さらに、ドイツないしイタリアによって征服・占領された国々のファシズム運動や、ドイツ・イタリアが自国政府に勝利することに命運がかかっている国々の地域的なファシズム運動では、ナショナリズムは単純なものではなかった。ぴったりくる事例（フランドル地方、オランダ、北欧）の場合、地域のファシズム運動は、より偉大なゲルマン民族という人種集団の一部として、自分たちをドイツ人と同一視していた。しかしもっと都合のよい立場（戦時中のゲッベルス博士のプロパガンダという強力な支えがあった）が国際主義的であったのは、逆説的である。ドイツはシャルルマーニュと反共産主義を日頃から訴えており、未来のヨーロッパの秩序の中核であり、唯一の保証人として考えられていた。これは、戦後のヨーロッパ共同体の歴史家があまり深く考えたくないヨーロッパ思想の発展段階における時期である。第二次世界大戦中にドイツ国旗のもとで戦った――主に親衛隊の一部として――非ドイツ人部隊は通常、この部隊の越境的な要素を強調した。

他方では、すべてのナショナリズムがファシズムに共感したわけではないこと、その理由は、ヒトラーとかれほどではないがムッソリーニの野望が多くのこうした国――例えば、ポーランド人やチェコ人――の脅威となっただけではないことも、はっきりさせておきたい。事実、のちに多くの国で見ることになるように（第5章）、ファシズムに対抗する動員は左派の愛国主義を生んだ。これはとくに戦時中に言えることだが、この頃は、枢軸国に対して「国民戦線」や政府――全政治的範囲に及んでおり、ファシストと協力者のみ除外していた――が抵抗していた。大ざっぱに言うと、地域のナショナリズムがファシズムの味方につくか否かは、枢軸国の進歩によって失うものより得るものが多いか、そして、共産主義およびその他の国家・国籍・エスニック集団（ユダヤ人、セルビア人）に対する嫌悪が、ドイツ人・イタリア人への嫌悪より大きいかどうかで決まった。したがってポーランド人は、ロシア人・ユダヤ人を非常に嫌悪していたにもかかわらず、ナチスのドイツに対して著しい協力をしなかった。一方、リトアニア人と一部のウクライナ人（一九三九―四一年にソ連に占領された）は協力した。

戦間期、ファシズムを受けつけなかった国ですら、自由主義が後退してしまったのはなぜか？　この時期を実際に体験した欧米の急進派・社会主義者・共産主義者たちの間には、グローバルな危機の時代を資本主義体制の最後の苦悶としてとらえる傾向があった。かれらによれば、資本主義やもはや、議会制民主主義を通し、自由主義的な特権が守られるなか統治するなどという贅沢をしている場合ではなかった。ブルジョワは、解決できない経済問題やますます革命を目指すようになってきている労働者階級に直面し、力と強制、つまりファシズム的なものに頼らざるをえなくなっていた。

資本主義も自由主義的民主主義も、一九四五年に意気揚々と帰還を果たすことになったので、この視点と、やや煽動的すぎる弁論のなかに真実の中心があることを忘れるのは簡単である。民主主義のシステムが機能するには、ほとんどの市民の間に自国と自国の社会システムについての基本的な見解の一致があるか、少なくとも妥協で落とし所をつけるために交渉する準備ができていなければならない。そしてそれは、経済的な繁栄によっていっそう容易になる。ヨーロッパのほとんどでは、一九一八年から第二次世界大戦にかけて、こうした条件は単純に存在しなかった。社会の大変動は今にも起こりそうな状況下で、すでに起きていた。革命の恐怖は、ほとんどの東・南東ヨーロッパおよび地中海地域にかけて、共産党は非合法からようやく現れることが許された程度だったことに表れている。一九四五年以降、カトリックと社会主義というまったく同じ二党体制のもと、民主主義はオーストリアで繁栄してきているにもかかわらず、一九三〇—三四年にかけては、イデオロギー上の右派は穏健な左派とすらギャップを埋めることができず、オーストリアの民主主義は挫折した（Seton Watson 1962, p. 184）。スペインでも、同様の緊張のもと民主主義は崩壊した。フランコ独裁からの協議を経ての移り変わりは、劇的である。

このような政権が安定する可能性がどれくらいあったかはともかく、大恐慌を生き残れなかった。ワイマール共和国が勢力を失った大きな理由は、大恐慌ゆえに、それまで共和国を支えてきた国家・雇用者・組織化された労働者の間での暗黙の協定を維持できなくなったことにある。産業界と政府は、経済的・社会的に削減を余儀なくされ、後は大量解雇で何とかした。一九三二年半ば、国家社会主義者と共産主義者だけで、全ドイツ人票の絶対数で多数派となった。そして、共和国に献身している政党は三分の一弱まで減った。反対に、第二次世界大戦後の民主主義政権の安定、とくに新しいドイツ連邦共和国の安定は、この頃の経済的奇跡にかかっていた（第9章）。失業手当の受給者全員を満足させられるだけじゅうぶんに分配でき、ほとんどの市民の生活水準が順調に上がってきている政府であれば、民主制の熱が過度になることはほとんどない。資本主義の転覆をもっとも熱心に信じる者たちですら、理論上というよりは実践という点で現状を許容できるようになり、資本主義を強硬に推進する人々でも社会保障制度と賃上げと諸手当に関して労働組合と定期的に交渉することを当然とみなすようになるにつれ、妥協と合意が広まっていく傾向にあった。

しかし、大恐慌自体が示した通り、これは答えの一部にすぎない。まさに似たような状況――組織化された労働者たちが大恐慌による削減を拒否した――のために、議会政治は崩壊し、やがて、ドイツでは政府の首長としてヒトラーが候補に挙げられた。しかしイギリスでは、労働党政権から（保守的な）「挙国一致内閣」へはっきりと移っただけだった。(4) アメリカにおける政治的帰結（ルーズヴェルトのニューディール）と北欧（社会民主主義の勝利）から明らかな通り、大恐慌が起きたからといって、代表制民主主義が自動的に一時的に停止されたり、破棄されたりしたわけではなかった。ラテンアメリカ——政府の財政がほとんど一つか二つの主要生産品の輸出に依存しており、さらにその価格が突如急激に下がった（第3章参照）——においてのみ、大恐慌が起きたことでほぼ瞬時かつ自動的に、主に軍隊によって政府——どのような政府であろうとも——は崩壊した。チリとコロンビアでは逆方向での政治的変化が起きたことも付け加えておくべきだろう。

実際には、自由主義の政治は脆弱である。なぜなら、政府の典型的な様式である代表制民主主義が、国家運営にあたって説得力をもつことがほとんどないからである。そして、「破滅の時代」の状況が、民主主義を効果的にするどころか、実現可能にする条件さえも保証することはほとんどない。

民主主義を実現可能にする条件とは何か？　第一に、幅広い同意と正当性を得ることである。民主主義そのものはこの合意に依拠しているが、合意を生み出すことはない。ただし、よく確立して安定している民主主義国家で、定期的に行われる投票プロセスそのものが、市民——マイノリティの市民であっても——に対し、選挙プロセスによって選挙の結果生まれる政府が正当化されるという感覚を与える傾向にある場合を除く。しかし戦間期には、よく確立された民主主義国家はほとんど存在しなかった。実のところ、二〇世紀初頭を迎えるまで、アメリカとフランスを除き、民主主義は珍しかった（『帝国の時代』第4

章参照）。事実、第一次世界大戦にはヨーロッパの国のうち少なくとも十カ国は、完全に新しいものか、そうでなければ前身から変わったために住民にとって特別な正当性をもたないものであった。民主主義国家として安定したものは、これよりさらに少ない。「破滅の時代」の国家の政治は、たいてい、危機の政治であったのである。

民主主義を実現可能にする第二の条件は、「国民」の多種多様な構成員――主権をもつかれらの投票が共通の政府を決定することになっている――をどの程度両立させられるかである。自由主義的なブルジョワ社会の公の理論では、「国民」は集団・コミュニティ・その他集合体のひとまとまりとして、認識されていなかった。人類学者・社会学者、あらゆる活動中の政治家は認めているのだが。公には、国民――現実の人間の集合体というよりは理論的概念として――は、独立した個人から構成されている。こうした個人の投票が計算のうえでのマジョリティとマイノリティという結果を生む。そしてこの結果が、多数派の政府と少数の反対派として、選挙で選ばれた議会へと変換される。国の住民の分断線を国内での選挙が超える所、あるいは、分断によるコンフリクトを調停したり弱めたりできる所では、民主主義は実行可能だった。しかし、革命と過激な社会的緊張の時代には、階級間の平和が通例になっているというよりは、階級闘争は政治に変換された。イデオロギーと階級における妥協は、民主主義的政府を難破させる可能性がある。さらに、一九一八年以降、しくじった和平合意は、民主主義の死活問題にかかわるウィルスとして二〇世紀末に知られているもの——つまり、もっぱらエスニシティと民族による境界線ないし宗教的境界線による市民集団の分断——を増幅させた（Glenny 1992, pp. 146-148）。旧ユーゴスラヴィアや北アイルランドでのように。ボスニアで三つのエスニシティ・宗教共同体がブロックとして投票したように。アルスターでは二つのコミュニティが和解不可能であった。ソマリアでは周知のように六二の政党があり、それぞれが部族なり士族を代表していた。これらは、民主主義的な政治システムを提供できず、論争中の集団のいずれか、あるいは外部の権威が（非民主的な）支配を確立するほど強力でない限り、不安定さと内戦のみを提供する。オーストリア＝ハンガリー、ロシア、トルコという三つの多国籍の帝国が崩壊したことで、支配下の多数の民族の間で中立性を保つ政府をもつ三つの超国家的な国家は、非常に多くの多国籍国家——国境線内部にあるエスニック・コミュニティの一つあるいは多くて二、三と同一視される——によって置き換えた。

民主主義を実行可能にする第三の条件は、民主的な政府が統治をあまりする必要がないということだった。議会が存在するようになったのは、統治する者の権力を支配するというよりは管理するためであった。これは、アメリカ連邦議会や大統領制で今でも明らかである。議会は、エンジンとして動かなければならないが、ブレーキとしても設計されている装置であった。独立した議会は選挙権——限定的だが広がりつつある——に基づいて選ばれるが、当然のことながら、「革命の時代」以降ますます当たり前のものになりつつあった。しかし、一九世紀のブルジョワ社会で、市民生活の大部分は、政府の領域ではなく、自律的な経済や私的・非公式のアソシエーション（いわゆる「市民社会」(5)）で起きていると仮定していた。こうした社会では、選挙で選ばれた議会を通して政府を運営するうえでの困難が、二つの方法で避けられていた。一つは、議会からの統制や法律すら、あまり期待しないことである。いま一つは、政府――いやむしろ、運営――は議会の気まぐれにかかわらず存続すると理解することであった。すでに述べた通り（第1章参照）、独立し、永続的に指名された公務員の集団は、近代国家の政府にとって欠かせない装置となった。議会の多数派が必要不可欠なのは、議会制度の幹部（アメリカを除き）は通常、直接選ばれたわけではない以上、主要かつ問題含みの職権による決断がなされ、認められなくてはならず、適切な支援集団の組織ないし維持が政府指導者の主な課題である場合のみである。選挙権が制限されている国（つまり、選挙民を主に構成している裕福で権力ないし影響力がある少数の者）では、集団の利益（「国益」）――支援者の資源については言うに及ばず――について共通の一致があるため、こうしたことはより簡単にされた。

二〇世紀、こうしたことが政府による統治の本質を成す場面が倍増した。こうした類の国家、つまり、内外の危険を遠ざけておくうえでビジネスと市民社会、警察・刑務所・軍隊に、基本原則を与えるだけの国家、要は政治的才覚のある「夜警国家」は、この譬えのもとになった「夜警」と同じくらい、時代遅れになった。

民主主義が実行可能になるための第四の条件は、富と繁栄である。一九二〇年代の民主主義は、革命・反革命の緊張感（ハンガリー、イタリア、ポルトガル）ないしは内戦の緊張感（ポーランド、ユーゴスラヴィア）のもと崩壊した。そして一九三〇年代の民主主義は、大恐慌の緊張感のもと、崩れた。ワイマール時代のドイツと一九二〇年代のオーストリアの政治的空気と、連邦共和国となったドイツと一九四五年以降のオーストリアの政治的空気とを比べれば、おわかりいただけるだろう。少数派の政治家たちが国家が用意してくれる飼い葉桶で餌にありつけることができていれば、内戦はそれほど手がつけられないものではなかった。このことは、東・中欧ヨーロッパで唯一の真の民主主義国家であるチェコスロヴァキアの農業党の強みであった。一九三〇年代になるとしかし、チェコスロヴァキアですらチェコ人・スロヴァキア人・ドイツ人・ハンガリー人・ウクライナ人をまとめられなくなった。

こうした状況のもと、民主主義はしばしば、和解不可能な集団の間の分断に一定の形を与える装置として機能した。最適な状況においてですら、民主主義は、民主主義政府に安定した基盤を生み出すことがまったくできないことが非常に多くあった。とくに、民主的な代表制の理論が比例代表制のもっとも厳密なものに適用された時に。(6) 危機という点からは、ドイツのように（イギリスと異なり）(7) 議会の多数派が対応できない場面では、他を見てしまう誘惑が圧倒的である。安定した民主主義においてすら、システムが暗に示す政治的分断は、多くの市民によって、システムの恩恵というよりも、費用とみなされる。政治の弁論そのものが候補者と政党を、政党の狭い利益の代表者というよりは国益の代表者として宣伝する。危機という点からすると、政治システムのコストは安定せず、恩恵も不確かであった。

こうした状況下で、古い帝国の後を担った国家や地中海・ラテンアメリカの議会制民主主義が、石だらけの大地で育つか弱い植物であることは容易に理解できる。それをもっとも強く支持する論調は、悪かったとしても他の選択肢よりましだ、といういい加減なものだった。戦間期にこの議論が現実味を帯びたり、説得力をもったりすることはほとんどなかった。その勝者だって自信満々で話してはいなかった。アメリカですら、不必要に憂鬱な評論家が「ここで起きうる」と記したように、議会制民主主義の後退は避けられないかにみえた（Sinclair Lewis 1935）。議会制民主主義が戦後復興するとはだれも真剣に予測も期待もしていなかったし、一九九〇年代初頭に世界中で普及した政治形態として、たとえ短くとももどってくることは、なおさら予測も期待もされていなかった。この頃戦間期を回顧した人々からすれば、自由主義的政治システムの崩壊は、これが世界を征服していくうえでの短い中断のように考えられた。残念なことに、新しい千年紀が近づくにつれ、政治的民主主義に関する不安定さは、もはや遠くにあるようにはみえなかった。世界は不幸にも、議会制民主主義の有利な点が一九五〇—九〇年代ほどはっきりしない時代へと入っていった。

註

(1) 左翼による転覆にもっとも近かったのは、一九四〇年のソ連によるエストニア編入である。この時期、このバルト海の小国は、独裁主義的な時代を経て、より民主主義的な体制へ再び移っていた。

(2) これは教皇の回勅「レルム・ノヴァールム(Rerum Novarum)」で、四十年後、大恐慌の真っ只中に回勅「クアドラジェシモ・アンノ(Quadragesimo Anno)」によって補足されたのは偶然ではない。これは今日に至るまで教会の社会政策の礎となってきたが、それは例えば、「レルム・ノヴァールム」の百周年記念で発表された教皇ヨハネ・パウロ二世の回勅「センテシムス・アヌス(Centesimus Annus)」をみればわかる。どの程度非難するかは、これまで政治的な文脈によって異なってきた。

(3) ムッソリーニと祖国を同じくする人たちの名誉ために、次のことに触れておきたい。イタリア陸軍は戦時中、殲滅のためにユダヤ人をドイツ人へ引き渡すことだけでなく、イタリアの占領地——主にフランス南東部とバルカン半島の一部——にいる何人《なんびと》をも引き渡すことを断固拒否した。殲滅という点ではイタリア政府も明らかに冷めていたのだが、イタリア在住の数少ないユダヤ人はおよそ半分が死亡した。命を失ったユダヤ人のなかには、単なる犠牲者というよりは、反ファシズムを唱える過激派もいた（Steinberg 1990 ; Hughes 1983）。

（4）一九三一年、労働党政権はこの問題で分裂した。指導者や自由主義者でかれらを支援する者たちは保守党員へ転向した。これに続く選挙でこの保守党員たちは圧倒的勝利をおさめ、一九四〇年五月まで不自由なく権力の座に就いた。

（5）こうした仮定のもとに建設され、理想化された一九世紀へ、完全に実現不可能にもかかわらず、回帰したいという懐古的な弁論が、東洋でも西洋でも一九八〇年代にはたくさんあった。

（6）民主的な選挙システム――比例代表制であれ何であれ――を絶えず入れ替えているのは、盤石な政権を可能にする安定した多数派を確実に獲得し、維持するためである。安定した政府を可能にする安定した多数派を確実なものにする、ないしは維持する試みであるが、その性質上、安定した政府の実現を難しくする。

（7）イギリスでは、いかなる形であっても比例代表制を受け入れることを拒んだことが二大政党制に有利に働き（「勝者総取り方式」）、二大政党以外は傍流に追いやられた。例えば、第一次世界大戦以降、かつて優勢だった自由党は、全国的には安定して一〇％の票を獲得していたのだが、周辺化された。ドイツでは、比例代表制は大政党にやや有利ではあった。しかし、一九二〇年以降、五つの主要政党と十余りの少数政党があるなかで、いずれも議席の三分の一すら占めることができなかった（一九三二年のナチスは除く）。多数派不在のなか、憲法は、非常手段、つまり民主主義を停止することで、行政機関による（一時的な）支配を認めていた。

第5章　同じ敵に抗って

若者のための明日に　詩人は爆弾のように炸裂する
湖畔の散歩　数週間の満ち足りた交わり
明日　自転車が駆け抜ける
夏の夕方に郊外を
しかし今日は　闘争……

W・H・オーデン「スペイン」一九三七年

母さん、私の最期の思いはあなたのもとへ行きます。私が知っているあらゆる人のなかで、あなたはそれをもっとも感じる人だからです。私が死んでも他の誰かを責めないでください。私の運命は私自身が決めたのですから。

何を書いていいのかわかりません。というのも、頭ははっきりしているのに、ぴったりな言葉を見つけられないからです。私は解放軍に参加しました。勝利の光がすでに差し込み始めるなか、私は死にます……。二三人の同志とともにもうすぐ射殺されるでしょう。

戦争が終わったら、年金を受け取る権利を申し立てなければなりません。私が刑務所でもっていたものは、かれらがあなたに渡してくれるでしょう。ただ、父さんの肌着だけは手元に残してあります。だって、寒さで震えたくないですから。

最後にもう一度、さようなら！　勇気を！

息子より
スパルタコ

スパルタコ・フォンタノートは二二歳の金属加工職人で、一九四四年、ミサク・マヌキアンのフランスでのレジスタンスに参加した。(Lettere p. 306)

I

世論調査は一九三〇年代にアメリカで生まれた。市場調査員による「標本調査」を政治にも用いる手法は、一九三六年にジョージ・ギャラップ（George Gallup）とともに始まった。この新しいテクニックが使われ始めた頃には、フランクリン・D・ルーズヴェルト以前のすべての大統領が驚いてしまうような調査結果が出ていた。それは、第二次世界大戦以降に物心がついた読者諸氏でも仰天する結果だった。一九三九年一月、ソ連とドイツで戦争になったらアメリカ人はどちらに勝ってほしいか、という質問に対し、一七％がドイツだったのに対し、八三％はソ連と回答したのだ（Miller 1989, pp. 283-284）。ソ連に代表される十月革命の反資本主義の共産主義とアメリカを擁護者かつ模範とする反共産主義の資本主義とのせめぎ合いに支配された世紀に、屈強な反共産主義国――その経済は明らかに資本主義――かつ世界革命誕生の地に対して共感、少なくとも好ましい感情が広く表明されたのは、きわめて奇異に思われる。その頃のソ連におけるスターリン専制は最悪の状態だったことは誰もが認めるところであり、なおさら奇異である。

こういう歴史的状況はもちろん例外で、比較的短命だった。長く考えてみても、一九三三年（アメリカがソ連を公式に承認した年）から一九四七年（イデオロギーを異にする二つの陣営が「冷戦」で敵として対立した）までだ。しかし、一九三五―四五年というのがより現実に即している。つまり、ヒトラーのドイツ（一九三三―四五年）の台頭と崩壊（第4章参照）が決定的要素になったということだ。ドイツについて米ソ両国は、互いよりもずっと危険視していたため、連携することになった。

この連携は、従来の国際関係やパワー・ポリティクスを超えていたこともあり、国と運動との変則的な協力関係――やがて第二次世界大戦を戦って勝利を収めることになる――が重要な意味をもつことになった。ドイツに対する結束を最終的に固めたのは、単にドイツが自国の状況に不満を抱いている諸国家のうちの一つだったからではなく、イデオロギーによって政策と野心を決定する国だったという事実である。つまり、ドイツがファシストの大国だったということだ。この点を考慮しない、あるいは理解がじゅうぶんに及んでいない場合、現実的な政治が普段通りに判断すればよかった。国の政策や全般的な状況に利するか否かに応じて、ドイツに敵対するのか、和解するのか、必要があれば戦うのかを決めればよかった。実際一九三三―四一年には、国際ゲームの全主要プレイヤーがそのようにドイツを扱っていた時があった。ロンドンとパリはベルリンに譲歩し（どこか別の国を犠牲にして譲歩を申し出た）、モスクワは領土獲得の見返りのために、敵対する立場を捨て、有益な中立の立場に転じた。国益ゆえにドイツと連携していたイタリアと日本ですら、同様に国益のために、一九三九年には第二次世界大戦の第一幕に巻き込まれないようにしていた。実際には、ヒトラーの戦争の論理は、日伊両国はおろか、やがてはアメリカまでも第二次世界大戦へと引きずり込むことになる。

ところが、一九三〇年代が進むにつれて、国際（＝主にヨーロッパ）システムを構成している国民国家間の相対的な力の均衡以上の問題があることが、ますます明らかになっていった。実際のところ、西洋の政治――ソ連からヨーロッパ、南北アメリカに至るまで――は、国家間の争いを通してよりも、国家間でのイデオロギー上の内戦としてもっともよく理解できる（後述するが）。植民地主義という現実が支配していたアジア・アフリカ諸国と極束を理解するうえでは最適ではない。第7章参照)。蓋を開けてみれば、この内戦における重要な線引きは、資本主義そのものと共産主義的な社会革命との間ではなく、イデオロギー上の共同体、すなわち一八世紀の啓蒙主義とさまざまな偉大な革命――当然ロシア革命も含む――の末裔、そしてそれらの敵との間にあった。要するに、境界線は資本主義と共産主義との間ではなく、一九世紀だったら「進歩」と呼ぶであろうものと「反動」と呼ぶであろうものとの間に引かれていた。ただ、こういう用語がしっくりこなくなっていただけのことだった。

それが世界的な戦争になったのは、西洋諸国のほとんどで本質的に同じ問題が生じたためである。世界的な戦争が内戦でもあったのは、親ファシズムと反ファシズムとの境界線が国内でも引かれていたからである。愛国心――市民が自国政府に対して自動的に忠誠心をもつという意味での――が、この時期ほど下火になった時代はこれまでない。第二次世界大戦終結時には、ヨーロッパの古い国々のうち少なくとも十カ国の元首は、開戦当初(スペインの場合は内戦開始時)は謀反人だったり、政治的亡命者だったりした人物、控えめに言っても、自国政府を道義に反する正統性をもたないものとみなしていた人間が務めていた。人々は自国への忠誠より共産主義(つまり、ソ連)への忠誠を選んだ。そのなかには、国の政治的階級の中心にいる者も多くいた。「ケンブリッジ・スパイ」と、おそらくより活用されていたゾルゲのスパイ組織の日本人構成員は、多数いたこうしたグループのうちの二つにすぎない。[1] 他方、ヒトラーに攻撃された国では、ご都合主義というより確信犯として自国の敵に与《くみ》する政治勢力を表すために、ノルウェー人のナチス党員の名前から「クヴィスリング（quisling：売国奴）」という言葉が特別に造られた。

こうしたことは、世界的なイデオロギーというより、愛国心に動かされた人々にすら当てはまった。なぜなら、伝統的な愛国心ですら、いまや分裂していたからである。ウィンストン・チャーチルのように断固帝国主義・反共産主義の保守党員や、ド・ゴールのような反動的カトリックをバックグラウンドにもつ者がドイツと戦う道を選んだのは、ファシズムに対してとくに敵意を抱いていたからではない。「フランスについてのある種の思想」ないし「イギリスについてのある種の思想」のためである。しかしこれを考慮したところで、愛国心をかれらがどう理解しているかは、政府と必ずしも一致しなかったのだから、かれらの関与は世界的な内戦の一部になりえた。一九四〇年六月一八日、ロンドンに亡命したシャルル・ド・ゴールは、自分の指揮のもと「自由フランス」はドイツと戦い続けると宣言したが、それはフランスの合法的な政府に対して反乱を起こしていたことになる。政府は憲法に則って戦争を終わらせるとすでに決めており、当時のフランス国民の大多数は確実にそれを支持していた。このような状況に置かれれば、チャーチルも同じような反応をしていただろう。もしドイツが戦争に勝っていたら、フランス政府は間違いなくド・ゴールを売国奴とみなしただろう。ソ連に対してドイツ軍とともに戦ったロシア人が一九四五年以降そうなったように。スロヴァキアとクロアチアは、ヒトラーのドイツの衛星国として（条件付きの）国家の独立を最初に経験したが、過去を振り返るなかで、戦時中の国家の指導者を愛国心溢れる英雄とみるか、ファシズムの協力者とみるか、イデオロギーによって異なる。両国の人々は両方の側で戦ったのだった。(2)

こうした国内での市民の分断のすべてを結びつけて、国際的にも国内的にも一つの世界戦争にしたのは、ヒトラーのドイツの台頭だった。より正確にいうと、一九三一－一九四一年にかけてヒトラーのドイツが中心的支柱となった日独伊の連合による征服と戦争へのマーチだった。ヒトラーのドイツは「革命の時代」の「西洋文明」の価値と制度の破壊に無慈悲かつ明確に勤《いそ》しみ、自分たちの野蛮な計画を実行することができた。日独伊の犠牲に将来なる可能性があった人々は、「枢軸国」と呼ばれるようになったこの三カ国が征服をさらに戦争――一九三一年以降は不可避にみえた――へと推し進めていくのを徐々に目の当たりにするようになった。それが進むにつれて、「ファシズムは戦争を意味するようになった」。一九三一年、日本は満州を侵略、傀儡政権を築いた。一九三二年には万里の長城以北の中国を征し、上海に上陸した。ドイツでは、一九三三年にヒトラーが政権の座に就いた。この時かれは自分の計画を隠そうともしなかった。オーストリアでは一九三四年、短期的内戦により民主主義が消滅し、半分ファシズムといってもよい政権が始まった。違いは主に、ドイツへの併合に抵抗したことと、オーストリア首相を殺害したナチス党員によるクーデタを挫折させた（当時イタリアの支援があった）ところにある。一九三五年、ドイツは講和条約の破棄を通告し、陸海軍を擁する軍事大国として再登場、西側の国境に位置するザール地方を（住民投票により）再び獲得、そして、軽蔑の眼差しを向けながら国際連盟を脱退した。国際世論を同じくらい軽んじていたムッソリーニは、同年、エチオピアを侵略した。一九三六―三七年にかけて進軍、植民地として征服・占領した。その後、イタリアも国際連盟と袂を分かった。一九三六年、ドイツはラインラントを取り戻した。そしてスペインでは、イタリア・ドイツが大っぴらな支援をした軍事クーデタにより大規模な内乱、つまりスペイン内戦が勃発した。これついては後ほど詳しく述べることにする。二つのファシスト国家は公式に連携を結ぶことになった。ベルリン・ローマ枢軸である。他方、ドイツは日本と日独防共協定を結んだ。一九三七年には予想通り日本が中国を侵略し、一九四五年まで終結することのない戦闘へ至る道筋がつくられた。一九三八年、ドイツも征服の時機が到来したとはっきりと感じた。三月には、軍事的抵抗なしでオーストリアを侵略・併合した。あの手この手の脅しがあった後、一〇月のミュンヘン協定によりチェコスロヴァキアは解体され、その大部分がヒトラーのものになった。この時も軍事衝突はなかった。残りの地域は一九三九年三月に侵略された。これにより、帝国主義的な野望を数カ月間垣間見せていなかったイタリアが刺激を受け、アルバニアを侵攻した。あまり時を置かずして起きたポーランドでの危機――ドイツの領土要求に端を発して再発した

――により、ヨーロッパは麻痺状態に陥った。この状態から生まれたのが一九三九―四一年のヨーロッパの戦争であり、それはやがて第二次世界大戦へと発展していった。

しかし、各国の政治という糸を一つの世界的な網み目に織り込んだものは他にもあった。それは、自由民主主義国家（偶然にも第一次世界大戦の戦勝国でもあった）が一貫して脆弱で、それがどんどん目立つようになっていったことだ。すなわち、単独であれ共同であれ、とにかく敵の進軍に抵抗するために動く能力も意志もなかったのだ。既述の通り、ファシズムと独裁政府の論調と勢力を強めたのは、こうした自由主義の危機であった（第4章参照）。一九三八年のミュンヘン協定は、一方では自信に満ちた好戦性、かたや恐怖と譲歩が入り混じっている様を申し分なく示している。だからこそ、数世代にもわたって「ミュンヘン」という言葉自体が、欧米の政治的言説において「臆病な撤退」と同義語になってしまったのだ。ミュンヘン協定に署名した者ですら、署名するやいなや恥辱を感じた。その恥辱はヒトラーに勝利を単にやすやすと渡してしまったことだけでなく、先んじて起きた戦争への明白な恐怖、万難を排して戦争を避けられたという、もっとはっきりした安堵感にあった。「大ばか者」。ダラディエ（フランス首相）は軽蔑を込めてそう呟いたといわれている。フランスの同盟国の命を譲り渡してしまった後、パリへ戻れば野次を浴びると覚悟していたにもかかわらず、浮かれた声援に迎えられたからだ。ソ連に人気があり、そこで起きていることを批判するのがためらわれたのは、ソ連がナチス・ドイツにつねに対峙してきた——西ヨーロッパは躊躇していたのに——ためであった。それだけに、一九三九年八月の独ソ不可侵条約の衝撃はいっそう大きかった。

II

したがって、ファシズム、要するにドイツ陣営に対抗するうえで得られそうな支援をフルに動員するには、三つのことが求められた。一つは、枢軸国の進軍への抵抗に共通の利益がある全政治勢力が団結すること、実際の抵抗政策、そして、そのような政策を実行に移す準備のある政府である。この総動員を達成するまで実に八年かかった。いや、もし世界戦争へ至る争いの起点を一九三一年とするならば、十年かかったことになる。というのは、この三つの呼びかけへの反応は、仕方ないことだが、煮え切らないものか、抑えられたものか、でなければ、いろいろ入り混じったものだったからだ。

反ファシズムで団結しようという呼びかけには、ある意味、真っ先に反応がありそうだった。なぜなら、ファシズムは種々の自由主義者・社会主義者・共産主義者、またあらゆる民主政権やソヴィエト体制をも等しく破壊されるべき敵として扱っていたからである。古い英語の言い回しでいうところの、別々に絞首刑になりたくなければ、団結しなければならない、という状況だった。共産主義は、それまでは啓蒙主義的な左派勢力で一番争いの種になっていた。かれらは明白な敵ではなく、もっとも身近に潜む敵、なかでも社会民主主義（第2章参照）に集中砲火を浴びせていた（悲しいかな、政治的急進派の特徴である）が、ヒトラー政権が誕生してから十八カ月たたない間に方向転換し、反ファシズムで団結するもっとも組織的で――いつものことだが――有能な英雄に様変わりした。これにより、左翼の間で深く根づいた互いへの不信感は残ったものの、団結への障害は取り除かれた。

コミンテルンが（スターリンと提携して）提示した戦略は、本質的にこれと同心円にあるものだった（その戦略のなかで、新しい書記長としてブルガリア人、ゲオルギ・ディミトロフ〔Georgi Dimitrov〕が選出されていた。一九三三年の国会議事堂放火事件の裁判では、果敢にもナチス政権に公然と挑戦し、各地の反ファシストを驚かせた(3)）。労働者が結集した勢力（「統一戦線」）は、民主主義者や自由主義者とのより広い選挙および政治的連携（「人民戦線」）の基盤になるかもしれなかった。ドイツの進攻が続くと、共産党員たちはこの戦略をさらに拡大させ、イデオロギーや政治的信条はさておき、ファシズム（ないし枢軸国の力）を主な脅威とみなすすべての者による「国民戦線」を思い描いた。このように、反ファシズムの同盟が政治的中道を超えて右派まで及ぶこと――フランスの共産党は「カトリックにまで手を伸ばし」、イギリスでは共産党を弾圧したことで悪名高いウィンストン・チャーチルを抱き込む覚悟ができていた――については、戦争の流れによって最終的に追い込まれるまで、伝統的左派からの抵抗のほうが大きかった。とはいえ、政治的には中道と左派の団結は理解できることであり、「人民戦線」は（この仕掛けでの先駆者である）フランスとスペイン（地元の右派からの攻撃を押し返した）で設立され、スペイン（一九三六年二月）とフランス（一九三六年五月）両国の選挙で劇的な勝利を収めた。

これにより、それまで団結してこなかったことのマイナス面が浮き彫りになった。なぜなら、中道と左派は候補者リストを統合して議席の大多数を得たからである。こうした勝利は左派の内部で、とくにフランスで、共産党を支持する主張が著しく変わったことを示したが、反ファシズムへの政治的支援が本格的に広がっていく様子はなかった。事実、フランス人民戦線の勝利によって、社会党率いるフランス政府がはじめて誕生――党首は知識人のレオン・ブルム（Léon Blum、一八七二―一九五〇）――したが、それを可能にしたのは、急進派・社会党・共産党の総得票数が一九三二年になんとか一％増えたことと、スペイン人民戦線が得票数を一％よりはやや多く増やして選挙で勝ったこと――ただし新政府にはほぼ半数の有権者が反対していた（そして右派は以前より多少強くなっていた）――だった。それでも、こうした勝利は希望――幸福感すら――を各地の労働運動・社会主義運動へと注ぎ込んだ。イギリス労働党に関してはもっと多くのことが言える。一九三一年の不況と政治危機により打ち砕かれ、残りのメンバーが五〇人にまで減り、四年たっても大恐慌前の票数を完全に取り戻していなかったものの、一九二九年の議席数の半分は優に超えていた。一九三一―三五年にかけて保守党の得票数は、約六一％から約五四％へとわずかに下がった。ネヴィル・チェンバレン──ヒトラーに対する「宥和《ゆうわ》」と同義語になった──が一九三七年から率いたイギリスのいわゆる「挙国一致」内閣は、大多数の確固たる支持のうえに成り立っていた。もし一九三九年に戦争が勃発せず、一九四〇年に選挙が実施されていれば（そのはずだった）、保守党が再び快勝しない訳はなかった。事実一九三〇年代の西ヨーロッパでは、社会民主主義が強固な地盤を築いていたスカンジナヴィア半島の多くは例外として、選挙結果が左へ大きくシフトする兆候はなかった。南・南東ヨーロッパのうち選挙がまだ実施されていた地域では、かなりの数の人々が右へシフトした。旧世界と新世界ではかなり異なっていた。ヨーロッパのいかなる地域でも、一九三二年の共和党から民主党への劇的なシフト（民主党の大統領選での得票数はおよそ四年間で一五〇〇─一六〇〇万から二八〇〇万へと増えた）のようなものは起きなかった。しかし、選挙という点からすると、フランクリン・D・ルーズヴェルトのピークは一九三二年で、（誰もが驚いたのだが）一九三六年はわずかに届かなかった。

したがって反ファシズムは、伝統的なライバルである右派を組織化したものの、反ファシズムの数自体は大幅に増えなかった。また、少数派が多数派より簡単に動員された。こうした少数派のなかには、知識人や芸術関係の者もおり、反ファシズムの訴えにとくに心を開いていた（国粋主義的右派や反民主主義的右派に刺激を受けた文学の国際的潮流を除く。第6章参照）。なぜならば、文明の価値に対してそれまで国家社会主義が抱いてきた傲慢かつ攻撃的な敵意は、かれらが関係する領域でも間もなく露骨に現れたからだ。ナチスの人種主義によりユダヤ人と左派の学者は大量に脱出し、寛容さが残る他の世界へ散っていった。ナチスの知的自由に対する敵意ゆえに、ドイツの大学の教員のおそらく三分の一がすぐさま追放された。「モダニズム」文化に対する攻撃と「ユダヤ教」その他の望ましくない書籍の公の焚書は、ヒトラー政権が誕生するなり事実上始まった。しかし、一般市民はこの仕組みのさらに残酷で野蛮な行為――強制収容所とドイツ系ユダヤ人（少なくとも祖父母の一人がユダヤ人の場合、ドイツ系ユダヤ人と認定された）を権利のない最下層として隔離したこと――に賛同はしないだろうが、驚くほど多くの人々はこうした行為を、最悪の場合でもまったくの逸脱だとは思っていなかった。結局のところ、強制収容所というのは、主には潜在的にあった共産主義からの抵抗に対する抑止装置であり、刑務所は転覆を企む組織に対する抑止装置だと思われていて、その目的には多くの伝統的な保守派がある程度共感していたのだ。戦争勃発時、これらの施設に収容されている人々は合わせても約八千人にすぎなかった（数十万人、いや数百万人の恐怖・拷問・死という強制収容所の宇宙にまで拡大したのは戦時中だった）。戦争までのナチスの政策は、ユダヤ人の扱いがどれだけ野蛮であろうとも、「ユダヤ人問題」の「最終的解決」は大量虐殺というよりは大量追放と考えているように思われた。ドイツ自体、政治に関心がない者からみると安定した国家に映り、実際、経済はうまくいっていた。魅力的でない面もあったものの、政府は人気があった。総統の『わが闘争』も含め、本を読む習慣があれば、人種主義的な煽動者たちの血に飢えたレトリックや、ダッハウやブーヘンヴァルトの地で行われた拷問や殺人に、文明を意図的に捨てることで一つの世界が成立しているという危険な兆候に気がつく可能性は高かった。西洋知識人たち（この頃は学生のほんの一部にすぎず、当時は大多数が「堅気の」中産階級の子弟か、いずれこの階級に入る者たちだった）はこうして、一九三〇年代にファシズムへの抵抗に集団で動員された最初の社会階層となった。この階層は、どちらかというと数は少なかったが、影響力はきわめて大きかった。というのは、とくにジャーナリストが含まれていたからだ。かれらは、非ファシズムの欧米諸国において、より多くの保守的な読者や政策決定者をして国家社会主義の性質に注意を喚起させるうえで重要な役割を果たした。

ファシズム陣営の台頭に抵抗するための実際の政策は、またもや単純で、机上の空論だった。それは、侵略者に対してすべての国を団結させ（国際連盟はその枠組みになる可能性があった）、侵略者に一歩も譲らず、脅しあるいは必要に応じて実際に共に行動に訴えることで侵略者を抑止ないし倒すという政策だった。ソ連の外務人民委員マクシム・リトヴィーノフ（Maxim Litvinov、一八七六―一九五一）は、自ら「集団安全保障」のスポークスマンとなった。言うは易く、行うは難し。大きな障害となったのは、今と同様、当時も、侵略者に対して恐れと疑念を共有するものの、分裂を招く、もしくは分裂させるために利用されるような利益を各国が有していたことだった。

ブルジョワ政権打倒とブルジョワの帝国に至る所で止めを刺すことを理論的に掲げているソ連と、転覆を刺激・煽る存在としてソ連をみている他の国々との間に引かれたもっとも明確な分断線がどれほど重要なのか、はっきりしない。諸政府——一九三三年以降、すべての主要国がソ連を承認した——の目的に合致する場合には、ソ連と妥協する用意がつねにできていたいっぽう、なかには、一九四五年以降と同様の気構えで、国内外のボリシェヴィキを最重要の敵とみなし続けた人々・機関もあった。イギリスの諜報機関が共産主義の脅威に集中して対抗し、一九三〇年代半ばまで主要な標的としてソ連を切り捨てなかったのは明らかに例外だった（Andrew 1985, p. 530）。そうはいっても、かなり多くの保守派、とくにイギリスの保守派は、最善の解決策は独ソ間での戦争であり、敵同士弱め合い、ことによると粉砕されればいいと思っていた。弱体化したドイツにボリシェヴィキの思想が負けるというのも悪くはなかった。一九三八—三九年、ヒトラーに対抗する同盟の緊急性を誰も否定しなくなった頃ですら、ヨーロッパ諸政府は共産主義国家と実効的な交渉を始めるのをあからさまに嫌がっていた。実のところ、スターリン——一九三四年以降、対ヒトラーでヨーロッパと同盟を結ぶことを絶えず主張してきた——をして一九三九年八月にスターリン＝リッベントロップ協定（訳注：独ソ不可侵条約）を結ばせたのは、一国だけ取り残されてヒトラーに対峙する羽目に陥るのが怖かったからだ。この協定によりスターリンは、ソ連が戦争に巻き込まれるのを避けつつ、ドイツと他のヨーロッパ強国の共倒れを望んだ。それが祖国の利益——協定の秘密条項によって革命後にロシアが失った西側の広大な領土を獲得する——になると考えた。この計算は結局外れた。この誤算には、ヒトラーに対して共同戦線を張ろうとして失敗したいくつもの試みと同様に、一九三三—三九年の間にナチス・ドイツの驚異的かつ破竹の勢いといっていいほどの台頭を許してしまった国家間の分断がはっきり示されている。

さらに、地理・歴史・経済により、各国政府は異なる世界観をもっていた。日本・アメリカ・イギリスはヨーロッパ大陸そのものにほとんど関心をもたないか、あるいはまったく無関心だった。日米の政策は太平洋とアメリカ大陸に関するものであり、イギリスは、世界規模の帝国と世界規模の海洋戦略に、そのうち一つすら維持できないほど弱体化していたにもかかわらず、いまだに身を捧げていた。ドイツとソ連との間に位置する東ヨーロッパ諸国は両国から圧力を受け、とくに（のちにそうなったように）西ヨーロッパ諸国が保護できない時には、各国が政策を決めるうえでこの圧力が決定的な役割を果たした。東ヨーロッパのなかには、もともとロシアのものだった土地を一九一七年以降に獲得した国もある。反ドイツの同盟によってソ連がそこに戻ってくる可能性があったため、ドイツに敵意を抱いていたものの、同盟には抵抗した。それでも、実効力のある反ファシズムの同盟はただ一つ、ソ連が加わった同盟のみであることを、第二次世界大戦ははっきり示すことになる。経済に関しては、イギリスのように自国の財政能力を超えて第一次世界大戦を戦ったと自覚している国は、再軍備にかかる費用に後ずさりした。つまり、枢軸国を深刻な脅威と認識することと対策をとることとには大きな隔たりがあった。

この隔たりは、自由民主主義（定義上、ファシズム側や独裁側には存在しない）によってさらに広がった。自由民主主義のために、とくにアメリカでは政策決定が遅れたり阻まれたりすることがあり、大衆受けしない政策を推進するのは間違いなく困難に、時には不可能になった。己の無力を正当化するために自由民主主義を言い訳に利用した政府もあっただろう。とはいえ、アメリカの事例は、F・D・ルーズヴェルトのように人気・力ともにある大統領であっても、有権者の意に反して反ファシズム政策を実施することはできなかったことを如実に表している。パール・ハーバーとヒトラーの宣戦布告さえなければ、アメリカは第二次世界大戦に参戦しなかったはずだ。どのような状況なら参戦しえたかは、はっきりしていない。

とはいえ、英仏といったヨーロッパの重要な民主主義国の決意を鈍らせたのは、民主主義の政治的仕組みというよりは、第一次世界大戦の記憶だった。第一次世界大戦の影響は未曾有で、あらゆる人々に及んだがために、その傷の痛みを有権者も政府も感じていた。英仏にとっては、人的な（物質的ではなく）点で言うと、第二次世界大戦がのちにもたらす影響よりも、第一次世界大戦が残した傷はずっと大きかった（第1章参照）。このような戦争が再び起きることはいかなる犠牲を払ってでも避けなければならなかった。戦争は、あらゆる手を尽くした後の政治的最終手段であった。

フランスは他の交戦国より被害が甚大で、その潜在的な士気は一九一四—一八年のトラウマで確かに弱まっていた。しかし、戦争に気乗りしないということと戦争の拒否とを混同してはならない。第二次世界大戦に参戦できて嬉しいと思った国などないのだ。ドイツですらそうだ。他方では、無条件の（非宗教的）平和主義（一九三〇年代イギリスでかなり一般受けした）は大衆運動になることはなく、一九四〇年には姿を消した。第二次世界大戦では「良心的兵役拒否」が大幅に許されるようになったにもかかわらず、戦闘を拒否する権利を主張する者は少なかった（Calvocoressi 1987, p. 63）。

共産主義者以外の左派の側では、一九一四年以前にも増して一九一八年以降は戦争と軍国主義を（理論的に）憎むことにのめり込んでいたが、いかなる犠牲を払ってでも平和を維持しようとする立場は少数派だった。この意見がもっとも強かったフランスでもそうだった。イギリスでは、選挙での大敗により一九三一年から平和主義者のジョージ・ランズベリー（George Lansbury）が労働党党首を務めていたが、一九三五年には乱暴にも指導者の地位を実質的に外された。一九三六—三八年にフランス社会党が率いた人民戦線政府と異なり、イギリス労働党が非難されうるのは、ファシストの侵略者に対する断固とした姿勢が足りないからではなく、再軍備なり徴兵制なりをして抵抗に効力をもたせればいいものを、それに必要な軍事措置への援助を拒んだからだった。したがって同様の理由により、共産党は平和主義に一度も誘惑されなかったものの、批判の対象になりえた。

左派は実際のところ苦境に立たされていた。一方において反ファシズムの強みは、第一次世界大戦と次の戦争の未知の恐怖を案ずる人々を動員していることにあった。ファシズムが戦争を意味することは、ファシズムと戦う理由として説得力をもった。他方、武器を使わないファシズムへの抵抗は、成功するはずがなかった。さらに、ナチス・ドイツあるいはムッソリーニのイタリアですら、集団として平和への断固とした決意をもって崩壊に導ける見込みがあるというのも、ヒトラーとドイツ国内にいると信じられていた反対勢力に関する思い違いに基づいていた。いずれにせよ、この時代を生き抜いたわれわれとしては、戦争を回避するために説得力のない筋書を大まかに考えてみたものの、戦争が起きることはわかっていた。われわれは——歴史家であれば自分の記憶に問うてみることもできるだろう——、次の戦争で戦い、おそらく死ぬであろうことも予期していた。ファシストに抵抗する者として、来たるべき時が来れば戦う以外に選択肢はないのだと、少しも疑わなかった。

そうはいっても、左派の政治的ジレンマでは、政府の失敗を説明しきれない。戦争に向けて効率的な準備を進めることは党大会で可決（ないし否決）された決議で決まるものではなく、また、ある程度期間をおけば、選挙に対する懸念に左右されるものでもなかったからだ。しかし、英仏をはじめとする各国政府は、第一次世界大戦によって消せない傷を負わされていた。そのような状況をフランスは大量に血を流しながら切り抜けたが、潜在的には敗戦国のドイツよりも弱小国家だった。復活したドイツに対抗する同盟なくして、フランスは何者でもなかった。そして、フランスと同盟を結ぶことに同じくらい関心があったのは、ヨーロッパでは、ポーランドとハプスブルク帝国を継いだ国ぐらいで、目的を達成するには明らかに弱すぎた。フランスは要塞化に資金をつぎ込んだ（すぐに忘れられてしまったが、大臣の名前を冠して「マジノ線」と名づけられた）。この要塞化によってフランスは、ドイツ軍はヴェルダンの戦いでのような損失（第1章参照）を見越して攻撃を抑えるのではないかと期待した。それ以上のことについては、フランスはイギリスを、一九三三年以降はソ連を当てにするしかなかった。

同様に、イギリス政府も根本的な弱さをわかっていた。財政的に、もう一度戦争をする余力はなかった。戦略的なことを言えば、三大洋と地中海で同時に作戦を遂行できる海軍はもはやなかった。同時にイギリス政府を悩ませたのは、ヨーロッパに何が起きるかという問題ではなく、軍事力が明らかに不十分な状況で、世界帝国——地理的には史上最大規模だが崩壊寸前——をどう繋ぎ止めておけるか、という問題だった。

イギリスにしてもフランスにしても、現状——両国の都合のいいように一九一九年に大部分が確立されていた——を、自分たちでは弱すぎて守れないことをわかっていた。また、この現状は安定せず、維持が不可能であるということも理解していた。もう一度戦争をしたところで、英仏が得るものはなく、それどころか失うものは多かった。言うまでもなく、理にかなった政策は、より耐久性のあるヨーロッパの型を作るために、復活したドイツと交渉する政策だった。そしてこれは、ドイツの国力増大への譲歩を間違いなく意味した。運が悪いことに、この蘇ったドイツはヒトラーの支配下にあった。

いわゆる「宥和」政策は一九三九年以降評判が非常に悪かったこともあり、本能的に反ドイツでもなければ主義として反ファシストでもない多くのヨーロッパの政治家にとり、「宥和」がどれほど賢明にみえたか、ここで思い出しておかねばならない。これはとくにイギリス――大陸の地図、なかでも「われわれがほとんど知らない遠い国」(一九三八年チェンバレンがチェコスロヴァキアに言及して)が変わっても血圧は上がらない――に言える(フランスの場合は当然、遅かれ早かれ牙を剝いてくるにちがいないドイツに有利ないかなる動きにも神経を尖らせていた。ただ、フランスは弱かった)。もう一度大戦が起きた場合、イギリス経済は壊滅状態になり、大英帝国の大部分がバラバラになるであろうことは間違いなく予見できた。事実そうなった。それは、社会主義者・共産主義者・植民地解放運動・F・D・ルーズヴェルト大統領がファシズムを負かすためなら喜んで支払う代価だったのだが、合理的なイギリスの帝国主義者からすると、大きすぎる代償だった。

しかし、ヒトラーのドイツとの妥協や交渉は不可能だった。なぜなら、国家社会主義の政策の目的は非合理的で際限がなかったからである。拡大と侵略は制度に組み入れられており、あらかじめドイツの支配を受け入れる、つまりナチスの進攻に抵抗しない道を選ばない限り、戦争はすぐにでも起こりえた。こうして、一九三〇年代の政策が形成されるうえでイデオロギーが中心的な役割を果たした。イデオロギーがナチス・ドイツの目的を決定すれば、他方にとっては現実政治の排除を意味した。状況を現実的に鑑みてヒトラーとの妥協はありえないと悟った人々は、まったく現実的でない理由から、その悟りに至ったのだった。つまり、道義的にも直観的にも、かれらはファシズムを許容できないものとみなしていた。あるいは（ウィンストン・チャーチルのケースのように）自分たちの帝国は何を「支持し」、何を犠牲にできないか、という同様に直観的な思想に駆り立てられていた。ウィンストン・チャーチルは一九一四年以降、自画自賛していた軍事戦略の評価を含め、あらゆることに関する政治的判断がほとんどつねに間違っていたのだが、この偉大なロマンチストは、逆説的にもことドイツの問題については現実主義であった。

反対に、理性的に状況を見守っていればヒトラーとの交渉による妥結が一九三八―三九年にかけて不可能だということが明らかになった時でさえ、宥和政策をとる政治的リアリストたちは、状況判断において完全に非現実的であった。このため、一九三九年の三―九月に不吉な悲喜劇が起きた。その結末が、当時誰もが欲さず、どこにも（ドイツですら）望まれていなかった戦争だった。また英仏は、一九四〇年の電撃戦によって一蹴されるまで、交戦国として何をすべきかわからないままだった。両国自身が認める証拠を前にしても、英仏の宥和主義者たちはソ連と同盟を結ぶために真剣に交渉しようとする気にはなれなかった。この同盟を抜きにしては、戦争を先送りすることも勝つこともできず、また、ネヴィル・チェンバレンが東ヨーロッパ中に突然かつ不注意にばら撒いたドイツの攻撃に対する保証――にわかに信じがたいと思うが、ソ連には相談もなければじゅうぶんな連絡もなかった――は紙くずだった。ロンドンとパリは戦いを望まなかったが、力を見せることで戦争を抑止したかった。ヒトラーは、一瞬たりともこれが妥当と思わなかった。さらに、スターリン――その交渉担当者はバルト海諸国での共同作戦の提案を求めたが無駄だった――にとっても妥当とは思えなかった。ドイツ軍がポーランドに侵攻していた時ですら、ネヴィル・チェンバレン政権はヒトラーの計算通り、ヒトラーと取引する心づもりでいた（Watt 1989, p. 215）。

ヒトラーは誤算をしていた。ヨーロッパ諸国が宣戦布告をしたのだ。各国の指導者たちが戦争を欲したからではなく、ミュンヘン以降のヒトラー自身の政策が宥和主義者の裏をかいたからだった。それまで特定の立場に与してこなかった大衆をしてファシズムに対抗して結集させたのは、ヒトラー自身であった。基本的には、一九三九年三月にドイツがチェコスロヴァキアを占領したことでイギリスの世論が抵抗に転じ、気の進まない政府は行動せざるをえなくなった。同様に、唯一実行力のある同盟国とうまくやっていくほか選択肢がないフランス政府も、行動に出ざるをえなくなった。こうして、イギリスではじめて、ヒトラーのドイツに対する戦いが、分断というより団結へとつながっていった。とはいえ、その時点では何の効果もなかった。ドイツが無慈悲にも手早くポーランドを破壊し、残骸を破棄される運命にある中立政策をとって引きこもっていたスターリンと分割するなかで、ヨーロッパの信じがたい平和は「まやかし戦争」へと続いていった。

現実政治のいかなるものも、ミュンヘン以降の宥和政策を説明できない。戦争が起きてもおかしくないと思ったのであれば——一九三九年にいったい誰がその可能性を疑うというのか?——、なすべきことはただ一つ、できる限り効率的に戦争に備えることだった。しかし、そうはならなかった。というのも、フランス崩壊後には平和交渉を真剣に支持する——つまり負けを認める——声があっても、イギリスは、チェンバレンのイギリスですら、ヒトラーが支配するヨーロッパを、実際にそうなるまでまったく受け入れる用意がなかったからである。フランスでは、敗北主義と紙一重の悲観主義が政治家と軍人の間でイギリスより広くみられたが、一九四〇年六月に軍隊が崩壊するまで政府は諦めるつもりはなく、実際そうだった。フランスの政策が及び腰だったのは、権力政治の理屈にも、抵抗する人々——ファシズム(ファシズムそのものないしヒトラーのドイツ)と戦うことが最重要——や反共産主義者——「ヒトラーの敗北は、共産主義革命の主な壁となる権威主義体制の崩壊を意味する」——の直観的な信念にも従う勇気がなかったからだ(Thierry

Maulnier 1938 in Ory, 1976 p.24)。何が政治家の行動を決定づけるのかは簡単ではない。というのは、政治家は知性だけでなく偏見・先入観・希望・恐怖といった、無言のうちに考えを歪めてしまうものにも影響されるからだ。第一次世界大戦の記憶が残っているなか、自由民主主義的な政治システムと経済が最終的な撤退をしているかもしれないと考えた政治家たちは、自信を失っていた。これはイギリスより大陸のほうに典型的に見られた心理状態だった。こうした状況では、抵抗の政策がうまくいった場合の結果が予測できない以上、それに伴う法外な代償を正当化できるのかどうか、正直わからなかった。なぜなら、結局のところ、英仏のほとんどの政治家にとってできることといえば、あまり満足できない、安定もおそらく欠いている現状を維持することぐらいだったからである。これらすべての背景には、いずれにせよ現状が命運尽きているならば、ファシズムはそれに代わるもの、すなわち社会革命とボリシェヴィキの思想より好ましいのか否かという問題があった。もし選択肢がイタリアのファシズムしかなかったならば、保守派にしても穏健派の政治家にしても、躊躇する者はほとんどいなかっただろう。ウィンストン・チャーチルですら、親イタリアだったほどだ。問題は、対決する相手がムッソリーニではなくヒトラーだったことだ。それでも、一九三〇年代に非常に多くの政府と外交官が主に望んでいたのは、イタリアと妥協すること、あるいは少なくともムッソリーニをかれの信奉者との連携から切り離すことでヨーロッパを安定させることだったが、それには意味がないわけではなかった。

しかし、この希望は挫折した。ムッソリーニ自身が、一九四〇年六月にドイツが勝利したと誤った結論――しかしまったく意味不明というわけではない――を下して宣戦布告するまで、ある程度の行動の自由を守るためにじゅうぶん現実的であったのだが。

Ⅲ

一九三〇年代の問題は、決着がついたのが各国内部であろうと国家間であろうと、国境を越える問題であった。この問題が真っ先かつ明白に出ていたのが、一九三六―三九年のスペイン内戦だった。スペイン内戦には、この世界規模での対決が典型的に表れていた。

思い返してみると、欧米の左派・右派両方、とくに西側世界の知識人がこの対立にすぐさま共感を寄せたことは、意外にみえるかもしれない。スペインはヨーロッパの周縁に位置しており、その歴史は、ピレネー山脈の壁で分断された大陸の他の地域とつねにずれていた。ナポレオン以降、スペインはあらゆるヨーロッパの戦争の蚊帳の外で、第二次世界大戦でもそのつもりでいた。一八九八年、アメリカはスペインに対し戦争をしかけ、一六世紀の古い世界帝国の最後の残骸、つまりキューバ・プエルトリコ・フィリピン(4)を奪おうとしたが、ヨーロッパの諸政府は一九世紀初頭からスペインの問題に何の関心も抱いていなかった。実際、筆者世代が信じてきたことと異なり、スペイン内戦は第二次世界大戦の

第一幕ではなかった。そしてフランコ将軍――すでに触れた通り、ファシストに分類することすらできない――の勝利は、世界に大きな影響を与えたわけではなかった。単純に、以後三十年にわたってスペイン（とポルトガル）を世界の他の地域の歴史から孤立させ続けた。

それでも、この悪名高く自己完結した国の政治が一九三〇年代に世界的闘争を象徴するようになったのは、偶然ではなかった。この時代の根本的な政治問題を提起していたのだ。一方には、民主主義と社会革命があり、スペインはヨーロッパで唯一いまにも爆発しそうな国だった。他方には、妥協を決して許さない反革命・反動の陣営があった。この陣営は、マルチン・ルター以降の世界の出来事すべてを拒絶してきたカトリック教会に鼓舞されていた。興味深いことに、モスクワ的な共産主義の政党も、ファシズムによって命を吹き込まれた政党も、内戦以前はスペインで重要な意味をもたなかった。なぜなら、スペインは無政府主義者の極左にしても、カルロス党の極右にしても、独自の特異な道を歩んでいたからである。(5)

ラテン系国家の一九世紀のしきたりに従う善意の自由主義者――反教権主義であり、フリーメーソン的でもある――は一九三一年の平和的な革命によってブルボン家を引き継いだが、都市と田園地帯の両方にいる貧困層の社会的動乱を封じ込めることも、効果的な社会（主に農業の）改革によって鎮めることもできなかった。かれらは一九三三年に保守派政権によって脇へ追いやられた。この政権は、一九三四年のオーストリア人炭鉱夫の暴動のような煽動や地域的な騒乱を抑圧するという政策をとり、革命へ向かう潜在的な圧力がつくられるうえで一役買うこととなった。この段階でスペインの左派は、隣国フランスから勧められつつあったコミンテルンの人民戦線を見出した。右派に対抗し、全政党が選挙で単一の戦線を張るという考えは、何をすべきかよくわかっていなかった左派にとっても理解できるものだった。無政府主義者でさえ、世界最後の大衆の砦・スペインでは、支持者らに対し、投票というかれら自身が真の革命家にふさわしくないとして拒んできた資本家階級の悪徳を実践するよう依頼する傾向がみられた。実際には、立候補して自らの顔に泥を塗る無政府主義者はいなかったが。一九三六年二月、人民戦線は選挙で辛うじて多数派となったが、決して圧倒的な差ではなかった。スペイン議会、つまりコルテスにおいては、調整の結果、じゅうぶんな過半数を獲得した。この勝利は、有能な左派政権ではなく、むしろ、社会的不満という堆積したマグマが噴き出し始める亀裂を生んだ。次の数カ月でこのことはますます明らかになっていった。

　この段階で、伝統的な右派による政治は失敗し、スペインは自身が先駆となった政治形態へ戻った。つまり軍事クーデタの宣言であり、これはイベリア半島の特徴となっていた。しかし、スペインの左派が国境線を越えて人民戦線に期待を寄せたように、スペインの右派はファシズムの大国に惹かれていた。これは、穏健で地域的なファシズム運動であるファランへ党を通してではなく、むしろ、教会と君主制を支持する者たちを通してのことであった。かれらにしてみれば、神を信じない点で自由主義者と共産主義者に大差はなく、どちらかと妥協する可能性はゼロだった。イタリアとドイツは、右派の勝利から道徳的な恩恵だけでなく、おそらくは政治的利益も引き出したいと望んでいた。選挙後にクーデタを真剣に計画し始めたスペインの将軍たちは、資金援助と実行に当たっての支援を必要としており、イタリアと交渉していた。

しかし、民主的勝利の瞬間と大衆を政治的に動員できた瞬間は、軍事的クーデタにとって理想的ではなかった。軍事的クーデタの成功は、軍のなかでも中立を保った人々は言うに及ばず、民間人がクーデタのサインを受け入れるという習わしにかかっている。同様に、軍事クーデタの首謀者たちは、サインが受け入れられなかった場合には自らの失敗を認める。古典的な軍事クーデタは、大衆がおとなしくしている時か、政府が正統性を失った時に行うと一番うまくいくゲームだった。ただ、スペインにこうした条件は揃っていなかった。将軍たちによる一九三六年七月一七日のクーデタが成功した町はいくつかあったものの、他の地域では住民や国に忠誠を誓う軍部から激しい抵抗に遭った。そして首都マドリードを含め、スペインの二大都市を抑えることができなかった。結果的に、クーデタが機先を制するつもりでいた社会革命が早まった所もあった。このことはスペイン全土で、合法的かつ正規に選挙で選ばれた共和国政府と、反乱を起こした将軍との間での長期にわたる内戦になっていった。前者はいまや、社会主義者・共産主義者・無政府主義者まで含むようになっていたが、クーデタに勝った大衆の反乱勢力と不安ではあるが共生していた。後者は、自らをして共産主義に対する愛国主義者の十字軍とした。こうした将軍のなかでも、最年少かつもっとも政治的な知識をもっていたフランシスコ・フランコ・イ・バアモンデ（一八九二―一九七五）が、新政権の指導者となった。この新政権は戦争が進むにつれて、単独の政党しかもたない独裁国家となった。その政党は、ファシズムから古い君主制支持者、カルロス党の過激派まで含む右派の集合体で、スペイン伝統主義ファランへ党という馬鹿ばかしい名前が付けられていた。内戦ではどちらの側も支援を必要とした。そしてどちらの側も潜在的な支持者に呼びかけた。

将軍の反乱に対し、非ファシスト政権と異なり、反ファシスト側の意見はすぐさま自発的に反応した。非ファシスト政権は、ソ連やフランスで政権の座に就いたばかりの社会党率いる人民戦線政府のように、共和国を強く支持していた時でさえ際立って用心深かった（イタリアとドイツはすぐに武器と兵士を味方に送った）。フランスは援助の提供を希望し、（公式には「拒否できる」）支援を共和国に送った。ただし、イギリス政府――イベリア半島での社会革命やボリシェヴィキの進展とみなすものに敵意をむき出しにしていた――の内輪もめにより、公式な政策として「非介入」をとるよう促されるまでだった。ヨーロッパの中流階級と保守派の意見は一般的に、このような態度をとった。しかし、（カトリック教会とファシズムの賛同者を除き）将軍たちと自分たちとを熱心に同一視したわけではなかった。ロシアは断固として共和国の味方だったが、イギリスが発起人の非介入協定に加わった。この協定の目的は、ドイツ・イタリアからの将軍たちへの支援を阻止することだったが、誰も達成できると思っていなかったし、望んでもおらず、結果的には、「曖昧な表現から偽善へと進んだ」（Thomas 1977, p. 395）。一九三六年九月以来、ロシアは全身全霊で、公式ではなかったにせよ、共和国支援のために人と物資を送っていた。非介入とは単に、枢軸国のスペインへの大規模な介入について対策をとることを英仏が拒否したことを意味しており、そうするなかで共和国を見捨てたのだった。そのため、ファシストであれ非ファシストであれ、非介入を唱える者への軽蔑の念は確固たるものとなった。ソ連はスペインの合法的政府と国内外の共産党率いる合法的政府を支援していた唯一の大国だった。その名声がいっそう高まったのは、支援を国際的に組織していただけでなく、共和国軍による軍事的な取り組みの中心に自国の立場を確立したからでもあった。

しかし、ソ連が自分たちの資源を結集する前ですら、自由主義者から左派の周辺に至るすべての者は、スペインでの闘争を自分たちの闘争としてすぐに認識した。この時代のもっともすぐれたイギリスの詩人W・H・オーデンは、こう書き残している。

乾ききった広場で、熱いアフリカから摘み取られた破片が創造に富むヨーロッパに、荒々しく結合される。
川によって刻み目がついたその高原の上で、
我々の思想は肉体をもつ。我々の熱の恐ろしげな形ははっきりしており、生きている。

そのうえスペインでは、いやスペインでのみ、左派の終わりなき失意の後退は、右派の前進と武器をもって戦った男女によって食い止められていた。コミンテルンが国際旅団（その最初の派遣団は一〇月半ばに将来的な拠点になる所に到着した）を組織し始める前から、組織された義勇兵の縦隊がはじめて前線に登場する（イタリアの自由主義的社会主義者の運動である「正義と自由」）のを待たずして、多くの外国人義勇兵が共和国のために戦った。やがて、五十カ国以上から集まった四万人以上の若い外国人たち[6]は戦闘を始め、その多くが、学校の地図でみた地形以外何も知らないであろう国で命を落とすこととなった。フランコ側で戦った外国人義勇兵がたった千人だったことは重要である（Thomas 1977, p. 980）。二〇世紀後半の道徳的環境のなかで育った読者のために補足しておくと、かれらは傭兵でもなければ、わずかな例外を除いて冒険家でもなかった。かれらは大義のために戦ったのだ。

一九三〇年代を生き抜いた自由主義者と左派の人々にとってスペインは何を意味したのだろうか？　われわれ、つまり今では聖書が示す人間の寿命を超してしまった生存者の多くにとり、振り返ってみて、一九三六年の時のように純粋で切迫したものとして立ち現れるのは、政治的大義のみであるものの、今となっては思い出すのは難しい。今ではスペインにおいてすら、先史時代の出来事であるかのようだ。それでも当時は、ファシズムと戦う者にしてみれば、自分たちの戦いが最前線にみえた。なぜなら、二年半以上にわたって戦闘行為が一度たりともやまなかった唯一の戦線であり、また、資金を集めたり、難民を助けたり、怖じ気づいた自国政府に圧力をかける政治活動を絶えず行うことで、軍服を着てではなく個人として参加できた唯一の戦線であったからだ。そして徐々にではあるが、民族主義が後戻りできない形で歩を進め、共和国の敗北と死が予測されうるようになるなかで、世界のファシズムに対して団結する必要性が、絶望的なほどに急を要することとなった。

というのは、スペイン共和国はわれわれからあらゆる共感と（不十分な）援助を受けていたにもかかわらず、初めから敗北を引き延ばすための戦闘をしていたからである。思い返しても、これは共和国の弱さゆえであったことは明らかだ。二〇世紀の人民戦争の基準からすると、勝とうが負けようが、一九三六—三九年の共和国の戦争は、すべての英雄的行為を勘案しても、低く評価される。その理由の一つは、優位に立つ昔ながらの軍隊に対して、強力な武器、つまりゲリラ戦を本格的にしかけなかったからである。スペインは、この不正規戦争の形態にゲリラという呼称を与えた国なのだから、ゲリラ戦が省かれるのは奇妙だった。民族主義者は単一の軍隊と政治的方向性をもっていたが、共和国はそれと異なり、政治的に分断されたままで、共産党は貢献したものの、手遅れになるまで軍隊の意志も戦略の指揮系統も統一できなかった。共和国にできたことといえば、致命的になる可能性のあった敵からの攻撃を時々撃退したことだったが、結果として、マドリードの陥落で一九三六年一一月に事実上終わってもよいはずだった戦争を長引かせることとなった。

当時、スペイン内戦はファシズム敗北の吉兆だとはほとんど思われていなかった。国際的にみると内戦は、ファシスト国家と共産主義国家との間で戦われるヨーロッパの戦争のミニチュア版だった。後者は前者より明らかにより慎重ではあるが、決意は弱かった。ヨーロッパの民主主義国家は、非干渉ということ以外、何の確信ももたないままでいた。国内的には、左派より右派を動員したほうがずっと効果的だということが証明された戦争であった。内戦は、完全な敗北で終わり、数十万人が死亡、難民を受け入れた国にはやはり数十万人の人々がやってきた。そのなかには、生き残ったスペインの知識人や芸術家――ごくまれな例外を除き、共和国に馳せ参じていた――のほとんどが含まれていた。コミンテルンは、スペイン共和国のためにその有能な人材を動員した。チトー（Tito）――後年、共産主義ユーゴスラヴィアの解放者であり指導者となった元帥――は、国際旅団にパリから兵を補充する流れを組織した。イタリア共産党の指導者パルミロ・トリアッティは経験の浅いスペイン共産党を事実上切り盛りし、一九三九年にこの国を逃れた最後の集団の一人だった。コミンテルンは失敗し、ソ連——非常に素晴らしい軍事的才覚のある人々をスペインで戦うために派遣した（例えば、将来司令官となるコニェフ、マリノフスキー、ヴォロノフとロコソフスキー、将来ソ連海軍の最高司令官となったクズネツォフなど）——同様、失敗しつつあるのだとわかっていた。

Ⅳ

それでも、スペイン内戦はフランコの勝利から二、三年のうちにファシズムを倒すことになる勢力の姿を予感させ、準備を整えた。つまり、第二次世界大戦での駆け引き——国の敵を倒すため、また同時に社会の立て直しのために、愛国主義的保守派から社会革命家にまで及ぶ独特な国民戦線——の先駆けとなった。というのも、勝者の側にしてみれば第二次世界大戦は、軍事的勝利のための戦いだけでなく、英米においてですら、よりよい社会を実現するための戦いでもあったからである。第一次世界大戦後に政治的指導者たちが一九一三年の世界へ戻ることを夢見たようには、第二次世界大戦終結後に一九三九年の世界への回帰、いや一九二八年あるいは一九一八年の世界への回帰すら、夢見た者はいなかった。ウィンストン・チャーチル下のイギリス政府は、捨て身の戦争の最中に、包括的な福祉国家と完全雇用の実現を約束した。こうした政策を推奨したベヴァリッジ報告が、一九四二年というイギリスの命懸けの戦争のなかでも暗黒の年に出版されたのは、決して偶然ではなかった。アメリカの戦後計画は、ヒトラーのような人物を再び登場させないという問題に取り組んだが、何かのおまけ程度にすぎなかった。戦後に社会を設計した人々は、歴史が繰り返されないよう、大恐慌と一九三〇年代の教訓を学ぶことに真剣に知的努力を注いだ。枢軸国に敗れ、占領された国の抵抗運動については、解放と社会革命、ないしは最低でも大きな変化とが切っても切れないものであることは言うまでもないことだった。さらに、東西ヨーロッパのかつての占領地域では、勝利は同じ類の政府を生んだ。つまり、イデオロギー的な区別をしない、ファシズムに敵対する全勢力を基盤とする挙国一致の政権である。ヨーロッパのほとんどの国で共産党の大臣が保守党や自由主義政党、あるいは社会民主党の大臣の隣に座ったのは、史上初めて、かつ歴史上この一度きりだった。もちろん、こうした状況は、長く続かない運命にあった。

ルーズヴェルトとスターリン、チャーチルとイギリスの社会主義者、そしてド・ゴールとフランス共産党という、相反する者たちによる驚くべき団結は、共通の脅威によって可能になったものの、十月革命の擁護者と反対派との間の敵意と相互不信がある程度緩むことがなければ、おそらく不可能だっただろう。そしてこの団結は、スペイン内戦によってかなり容易になった。スペイン政府が反乱を指揮する将軍に対抗するうえで支援を訴えた時、反革命政権ですら、自由党の大統領と首相のもと、スペイン政府が完全な憲法上・道徳的な正統性をもっていることを忘れていなかった。自分たちの命惜しさにスペインを裏切った民主主義的な政治的指導者ですら、やましい気持ちになった。スペイン政府と、より端的には内戦で影響力を増大させてきた共産党の双方は、社会革命は自分たちの目的ではないと主張し、社会革命を統制したり覆したりするために、できることは目に見える形で何でも行った。それは革命しか頭にない者たちがぞっとするほどだった。両者は、革命が問題なのではなく、民主主義の防衛が問題なのだと主張した。

　興味深いのは、これは単なる日和見主義、あるいは潔癖な極左が考えたような、革命への裏切りではなかったということだ。これは、反乱から漸進主義へ、対立から交渉、さらには議会への計画的な移行を反映しており、政権へ通じる道だった。クーデター――革命[7]的であることには間違いない――に対するスペインの人々の反応を踏まえ、共産党は当時、ヒトラーが権力の座に就いて以降共産党による運動が絶望的な状況に置かれ、その状況から必然的に防衛を本質とする戦略をとったが、それが前進への展望をどのように開いたか、理解していた。前進への展望とはつまり、戦中の政治経済という避けられない状況から「新しい類の民主主義」が生まれることである。反逆者を支援した地主や資本家は財産を、地主・資本家としてではなく、裏切り者として失うことになる。政府は経済を設計し、引き受けなければならなくなる。イデオロギー上の大義のためではなく、戦争経済の論理のために、そうするのだ。結果的にもし勝つのであれば、「そのような新しいタイプの民主主義は保守派の精神にとって敵でしかありえない……それはスペインで労働者が将来経済的・政治的にいっそう幅を利かせられるようになる保証を与えてくれる」(ibid., p. 176)。

一九三六年一〇月のコミンテルンのパンフレットでは、一九三九―四五年の反ファシズム戦争における政治の姿が非常に正確に説明されていた。その戦争は、あらゆる「人民」を包括する、つまり、「国民戦線」政府ないし抵抗の連合体によってヨーロッパで起きるべくして起きた戦争だった。また、国家が統制する経済によって遂行され、占領地域では、資本家から没収したものにより、公共部門における多大な進展をもたらして終わった戦争でもある。資本家は資本家としてではなく、ドイツ人ないしドイツの協力者ということで没収されていた。中欧・東欧のなかには、反ファシズムから「新しい民主主義」――共産党が支配的で、やがて飲み込まれてしまう――への道筋がまっすぐ敷かれた国もあった。しかし冷戦が始まる前までは、こうした政権が戦後に目指したのは、社会主義的システムにすぐ切り替えることではなく、複数政党制や私有資産を放棄することでもなかったのは非常にはっきりしていた。[8] 西欧諸国では、戦争と解放が社会・経済に実質的にもたらした帰結に大差はなかった。政治的状況はかなり違っていたが。社会・経済改革が導入されたのは、(第一次世界大戦後のように)大衆の圧力や革命の恐怖への対応ということではなかった。主義として社会・経済改革を約束している政府が導入したのだ。こうした政府のなかには、アメリカの民主党やイギリスで当時政権を握っていた労働党のように、古い改革論者のような類も一部いた。また、多様な反ファシズムの抵抗運動からじかに生まれた改革と、国の再生を掲げる政党によっても社会・経済改革は導入された。つまり、反ファシズム戦争の論理は左へと動いた。

V

一九三六年、そして一九三九年ですら、スペインの戦争がもつこうした意味合いは遠く、非現実的にさえみえた。反ファシズムで団結したコミンテルンの路線は、一見したところ完全な失敗が十年続いた。その後スターリンはこれを、少なくともしばらくの間は、自分の計画から消した。そして、ヒトラーと妥協しただけでなく（両者ともこれが長く続かないとわかっていた）、この国際的な運動に対して反ファシズムの戦略を捨てるよう指示した。この無分別な決定の背景にはおそらく、かれのよく知られている、ごくわずかな危険すら嫌う傾向がある。[9] しかし一九四一年、コミンテルンの路線の論理は真価を認められることとなった。なぜならば、ドイツがソ連に侵攻し、アメリカを戦争に引きずり込むと――つまり、ファシズムに対する闘争がとうとう世界戦争になるなか――、この戦争は軍事的であるのと同じくらい政治的にもなったからである。国際的には、アメリカの資本主義とソ連の共産主義とで同盟が結ばれた。ヨーロッパの各国内部では、この時点でヨーロッパの帝国主義に依存している世界を除き、ドイツやイタリアに抵抗する用意がある者すべてが結集することが望ましかった。つまり、政治的領域を横断するようなレジスタンスの連合が。イギリス以外のヨーロッパの交戦国はすべて枢軸国による占領を経験していたこともあり、抵抗する者たちによるこの戦争は、本質的に民間人の戦争、あるいは元民間人が構成する武装勢力で、ドイツ軍やイタリア軍は戦争として認知していなかった。パルチザンによる残酷な闘争であり、これによってあらゆる人は政治的選択を迫られた。

ヨーロッパのレジスタンス運動の歴史は、大部分が神話的である。なぜなら、(ドイツ自体はある程度例外とする)戦後の政権や政府の正統性は本質的に、抵抗の記録に依拠しているからだ。フランスは、その極端な例だ。これには二つ理由がある。第一に、フランスでは、解放後にできた政府は一九四〇年当時のフランス政府——ドイツと和解し、協力した——との実質的な継続性をまったくもたなかったからである。第二に、組織化されたた——言うまでもなく武装化した——抵抗は、なにはともあれ一九四四年までどちらかというと弱く、人民からの支援もまばらだったからである。戦後のフランスは、永遠なるフランスは敗北を一度たりとも受け入れたことはない、という神話に基本的に基づいて、将軍ド・ゴールが再建したものである。ド・ゴール自身が述べたように、「レジスタンスは空威張りがうまくいった」(Gillois 1973, p. 164)のだ。フランスの戦争記念碑で偲ばれているのは、レジスタンスの闘士とド・ゴールの勢力に加わった者たちだけであるが、これは政策がそうさせたのだった。しかし、レジスタンスの神話に基づいて建国されたのは、フランスだけでは決してなかった。

ヨーロッパのレジスタンス運動について、二点述べておかねばならないことがある。一つは、レジスタンスの軍事的重要性（ロシアは例外かもしれない）は、一九四三年にイタリアが戦争から撤退する以前はとるに足らないもので、バルカン半島各所を除いて決定的なものではなかった。繰り返し述べておかねばならないのは、レジスタンスの大きな意義は政治的なものと道徳的なものだったことだ。イタリアの人々の生活は、二十年以上にわたってファシズム——知識人を含め、かなりの支持を得ていた——を経験したのち、一九四三—四五年にかけて、普通ではありえないほど印象に残る幅広いレジスタンスへの動員により変質した。なかにはイタリア中部・北部での武装パルチザンの活動もあり、最高一〇万人の戦闘員が参加し、四万五〇〇〇人が命を落とした（Bocca 1966, pp. 297-302, 385-389, 569-570; Pavone 1991, p. 413）。イタリア人は、やましさを感じることなくムッソリーニ時代の記憶と決別することができたいっぽう、最後まで自国政府をしっかり支援していたドイツ人は、一九三三—四五年の間ナチスを突き放すことはできなかった。ドイツ国内の抵抗勢力は、共産党の過激派、プロイセン軍の保守派、まとまりのない宗教的かつリベラルな異議申し立てをする人々からなる少数派で、息絶えているか、強制収容所から這い上がってきた面々だった。その逆、つまりファシズムを支援した人々や占領軍に協力した人々は、一九四五年以降は当然のことながら、次の世代にまでわたって公的生活から排除された。共産主義に対する冷戦では、西側の軍事・諜報活動の裏社会ないし半裏社会で、こうした人々向けの雇用が大量に生まれた[10]。

ヨーロッパのレジスタンスについての二点目は、ポーランドは明らかな例外として、政策が左派に偏っていたことである。それは明白な理由があってのことだった。各国では、ファシストの急進的右派・保守派・各地の富裕層、そして社会革命に大きな恐れを感じる人々は、ドイツ人に共感する、少なくとも敵対はしない傾向にあった。地域主義者の運動や、これよりは規模が小さい民族主義運動も然りである。こうした運動自体、イデオロギー的には右派であり、なかには、対独協力からの恩恵を実際に望んでいる運動もあった。とくにフランドル・スロヴァキア・クロアチアの民族主義がそうだった。カトリック教会の徹底的で妥協を許さない反共分子と昔から敬虔だった大勢の信者も同様だったことを、忘れてはならない。ただ、教会政治は複雑すぎて「裏切り者」として単純に分類はできないのだが。したがって、抵抗を選んだ政治的右派の人々は、必然的に、かれらの政治的支持基盤の典型例ではないことになる。ウィンストン・チャーチルとド・ゴール将軍は、両者のイデオロギー的な系統からすると、その典型的なメンバーではなかった。理屈抜きの右派で軍事的センスのある伝統主義者たちのなかには、祖国を守らない愛国主義など論外だと思う人々もいたことは、言っておかなければならないが。

抵抗運動で共産党員が目立ち、結果として政治的な躍進を戦時中に驚くほど遂げたことにもし特別な説明が必要であれば、以上の点を挙げることができる。こうした背景のもと、ヨーロッパの共産主義運動は一九四五―四七年に影響力がピークに達した。ただしドイツは例外で、一九三三年の残酷な追放とその後三年に及んだ英雄的だが自滅的でもあった抵抗の企てから立ち直っていなかった。ベルギー・デンマーク・オランダのように社会革命がまず起きそうもない国ですら、共産党は選挙で一〇―一二％の得票率だった。これはかつての数倍にのぼり、各国議会で第三ないし第四のブロックとなった。フランスでは、一九四五年の選挙では共産党は最大政党として登場、昔からのライバルである社会党をはじめて上回った。イタリアでは、共産党はさらに驚く記録を残した。戦前の共産党は、小規模で苦境に喘《あえ》いでおり、失敗ばかりの悪名高い違法組織だったが――実際、一九三八年にコミンテルンから解散すると脅されていた――、二年にわたる抵抗のなかから八〇万の構成員を抱える大衆政党として浮上し、その数はすぐ（一九四六年）二百万人に達した。ユーゴスラヴィア・アルバニア・ギリシャといった、枢軸国に対する戦争を国内の武装勢力が基本的に担っていた国では、共産党員がパルチザン勢力をすでに掌握していた。チャーチル政権下のイギリスは、王党派のミハイロヴィッチより共産党のチトーのほうがドイツ軍に比べられないほど大きな打撃を与えうることがはっきりすると、ミハイロヴィッチからチトーへ支持と支援を移したほどだった。チャーチル自身は共産主義にはまったく共感していなかったのだが。

共産党は手段としてレジスタンスを用いた。その理由は、レーニンの「前衛党」の構造が、規律のとれた私心のない、効率的な行動を目的とする組織を生み出すよう意図されていただけではなく、違法・抑圧・戦争などの極限の状況こそ、「革命のプロ」集団の目的だったからでもある。事実、共産党「だけが抵抗闘争の可能性を見越していた」(M. R. D. Foot 1976, p. 84)。共産党はこの点で、大衆的な諸々の社会党とは異なっている。社会党の場合、選挙や公開集会などを非合法に行うことはほぼ無理だと思っていた。これがかれらの活動を特徴づけ、決定した。社会民主主義を掲げる諸政党は、ファシストが支配権を握ったりドイツが占領したりすると、冬眠状態に入る傾向にあった。ドイツやオーストリアのようにもっともうまくいった場合は、暗黒時代末期には古くからの支持の大部分を取り戻し、政治を再開する準備を整えて、この冬眠から目を覚ますこともあった。こうした社会民主主義系の諸政党は抵抗に参加していなかったわけではないのだが、構造的な理由から、過小評価されていた。極端な例では、デンマークの場合、ドイツに占領された時、政権の座に就いていたのは社会民主党で、おそらくナチスへ共感してはいなかっただろうが、戦時を通じてその座に居座った(これで受けた傷を治すのには数年を要した)。

レジスタンスにおいて共産党員が傑出した存在になったのには、共産党のもう二つの特徴に理由がある。それは国際主義と自分たちの命を大義に捧げているという情熱的な信念で、後者はキリスト教徒が神の千年王国の到来を信じる様に似ていた（第2章参照）。一つ目の国際主義により、いかなる愛国主義的な呼びかけよりも反ファシズムの訴えに耳を傾ける人々の動員に成功した。例えばフランスでは、南西部の武装パルチザンによるレジスタンスのほとんどを占めたスペイン内戦の難民――D－デー前にはおそらく一万二〇〇〇人の戦士がいた（Pons Prades 1975, p. 66）――と十七カ国から来たその他の難民と移民労働者は――MOI（Main d'Oeuvre Immigrée）という頭文字をとった名称のもと――パリでドイツ軍将校を襲ったマヌキアンのグループ（アルメニア人とポーランド系ユダヤ人）のように、もっとも危険な仕事を請け負うこともあった。[11] 二つ目の特徴である大義に命を捧げているという信念からは、勇気・自己犠牲・残酷さが組み合わさったものが生まれた。これは敵すら感嘆させ、それについて驚くほど素直に述べた作品・ユーゴスラヴィア人ミロヴァン・ジラス（Milovan Djilas）の『戦時』（Djilas, 1977）で、非常に鮮やかに浮き彫りにされている。政治的に穏健なある歴史家によれば、共産党員は「勇者のなかの勇者」であり（Foot 1976, p. 86）、規律のとれた組織ゆえに、刑務所や強制収容所で生き残る可能性がもっとも高かったにもかかわらず、多くが命を落とした。フランス共産党の指導者層は他の共産党員の間ですら忌み嫌われており、フランス共産党に対する疑念があったがゆえに、「銃殺される人々の党」という主張を完全に否定はできなかった。フランス共産党は、少なくとも一万五〇〇〇人の闘士が敵によって処刑された（Jean Touchard 1997, p. 258）。かれらが勇敢な人々、とくに若者に、そしてフランスやチェコスロヴァキアのように積極的なレジスタンスを大衆がほとんど支持しなかった国々で心に強く訴えかけたのは驚くべきことではない。また知識人も魅了された。かれらは反ファシズムの御旗のもとに進んで動員され、超党派（とはいえ一般的に左派）の抵抗組織の中核となった集団だった。こうした抵抗は、フランスの知識人たちとマルクス主義との情事、そして共産党関連の人物によるイタリア文化の支配——それぞれ一世代にわたって続いた——を生んだ。その知識人たちが、戦後に某有力出版社の社員全員がパルチザンとして武器をとったと誇らしく書いていたように、自らレジスタンスに飛び込んだのか、あるいは、自分や家族が実際には抵抗していなかったからこそ共産党に共感するようになったのか、いずれの場合でも、おしなべて共産党に魅力を感じていた。

バルカン半島でゲリラの本拠地となっている所を除けば、共産党が革命政権を樹立しようとしたことはなかった。たしかに、権力を手に入れたかったとしても、トリエステ以西でそれができる立場に共産党はいなかった。しかし、各国共産党が完全に忠誠を誓っていたソ連が、そのような一方的な権力への希求を強く思いとどまらせていたことも事実である。実際、共産主義革命（ユーゴスラヴィア、アルバニア、のちに中国）は、スターリンの忠告に反して起こされた。ソ連は、国際的にも国内的にも、戦後の政治は包括的な反ファシズム連合という枠組みのなかで続くべきだと考えていた。つまりソ連としては、資本主義と共産主義のシステムの共存ないしは共生関係が長く続き、さらなる社会的・政治的変化に関しては、戦中の協力関係から生まれる「新しいタイプの民主主義国家」内部での変化により起きると予期していた。この楽観的なシナリオは、間もなく冷戦という闇夜に完全に消えることとなる。そのため、スターリンがユーゴスラヴィア共産党に君主制の維持を要請したことや、一九四五年にイギリス共産党がチャーチルによる戦時中の大連立の解体に反対、つまり、労働党政権が誕生しそうな選挙戦をめぐる動きに反対したことは、ほとんど忘れられている。それでも、スターリンが本気だったことと、一九四三年にコミンテルン、一九四四年にアメリカ共産党を解散することによってそれを証明しようとしたことに疑問の余地はない。

スターリンの決意は、「われわれは社会主義の問題を、団結（中略）を危機に晒したり、弱体化させたりするような形で提起しない」というアメリカ共産党の指導者の言葉に表れており、その意図するところは明らかだった（Browder 1994 in J. Starobin 1972, p. 57）。反対派の革命家が気づいていたように、事実上、これは世界革命への永遠の別れの言葉だった。つまり、ソ連とその勢力範囲として外交交渉で指定された地域、つまり、基本的には終戦時に赤軍が占領していた地域に社会主義を限定しようとするものだった。その勢力圏内ですら、社会主義は新しい「人民民主主義」諸国の差し迫った計画というより、将来への漠然とした見通しとして留まるはずだった。歴史というものは、政策の意図にほとんど気がつかないものであるが、実際違う方向へ展開した。ある一点を除いて。世界全体、あるいは世界の大部分を二つの勢力圏へ分断することは、一九四四—四五年に交渉され、落ち着いた状態が続いた。三十年にわたり、互いに境界線を踏み越えることはほんの一瞬しかなかった。双方とも表立った対立から退くことで、冷たい世界戦争が熱い戦争にならないことを保証したのだ。

VI

米ソの戦後パートナーシップ、というスターリンの儚《はかな》い夢は、ファシズムに対する自由主義的な資本主義と共産主義のグローバルな連携を実際に強化することはなかった。むしろ、この同盟に力と広がりがすでにあったからこそ、かれはこの夢を抱いた。もちろん、これは軍事的脅威に対する連携であり、ソ連への侵攻とアメリカへの宣戦布告に至ったナチス・ドイツによる一連の攻撃がなければありえなかった。しかし、戦争の性質そのものは、スペイン内戦の含意についての一九三六年の洞察を裏付けた。軍事と民間人の動員を一本化することと社会変革についての洞察である。ファシスト側以上に連合国側では、この戦争は改革者の戦争であった。その一つの理由としては、もっとも自信に満ちた資本主義国家であっても、「通常通りの業務」を捨てずに長期戦で勝つことは望めなかったためである。もう一つの理由としては、第二次世界大戦という事実そのものが、戦間期のさまざまな過ちを劇的な形で表していたからであった。侵略者に対して団結できなかったことは、その一つの小さな兆候にすぎなかった。

勝利と社会の希望とがうまく調和したことは、世論を表現する自由があった交戦国ないし解放された国での世論の展開からも明らかである。面白いことに、アメリカはこれに当てはまらなかった。アメリカでは一九三六年以降、民主党は大統領選で票をわずかに減らし、共和党は著しい復活を遂げていた。この国は国内の懸案事項で頭がいっぱいで、どの国よりも戦争のさまざまな犠牲からほど遠いところにいた。本物の選挙が実施された国では左派への急激なシフトが見られた。もっとも劇的だったのはイギリスだ。一九四五年の選挙では、世界中で敬愛されていた戦争指導者ウィンストン・チャーチルが敗北し、労働党が得票率を五〇％伸ばして政権の座にのぼり詰めた。労働党はその後五年にわたり、前代未聞の社会改革の時期を取り仕切った。二大政党は同じくらい戦争協力をし、有権者は、勝利と社会改革の両方を誓った党を選んだ。この現象は交戦中の西ヨーロッパでは一般的だった。ただし、一般的なイメージにありがちなその規模や急進性については、元ファシストや裏切り者の右派を一時的に排除したからといって、誇張すべきではない。

大量虐殺、大規模な強制退去・追放や強制移住ゆえに、同じ古い国名を冠していても戦前と戦後の比較は不可能になった。これだけでも、ゲリラによる革命ないし赤軍によって解放されたヨーロッパの地域での状況はいっそう判断しにくくなる。こうした地域一帯では、枢軸国が侵略した国の住人の大部分は、自分たちを犠牲者だと考えていた。ただし、政治的に分断されていたスロヴァキア人とクロアチア人の場合は、ドイツの庇護のもと名目上の独立国家を獲得したため例外である。また、ドイツの同盟国だったハンガリーとルーマニアの多くの人々、そしてもちろん、ドイツ国外に大量に離散したドイツ人も例外である。とはいえ、犠牲者と自ら思っていた人々が、あらゆる人から迫害されていたユダヤ系はおそらく除き、共産党が鼓舞する抵抗運動はもちろん、ましてやロシア（伝統的にロシア贔屓のバルカン半島のスラヴ系を除き）に共感していたわけではなかった。ポーランド人は圧倒的に反ドイツ・反ロシア、言うまでもなく反ユダヤであった。バルト海に面した小国は一九四〇年にソ連に占領されたが、そこの人々は、一九四一―四五年にかけて選択肢が与えられているなかで、反ロシア・反ユダヤかつ親ドイツだった。ルーマニアでは共産党もレジスタンスも起きることはなかった。ハンガリーでもほとんどないに等しかった。他方ブルガリアでは、レジスタンスはまばらだったものの、共産主義と親ロシア感情は強かった。チェコスロヴァキアでは、つねに大衆政党だった共産党は、本当の意味での自由選挙で他を圧倒する最大政党として登場した。こうした政治的違いは、ソ連の占領によりすぐに現実的に消滅した。ゲリラが勝ったのは住民投票によってではないが、ユーゴスラヴィアのほとんどの人々がチトー率いるパルチザンの勝利を歓迎していたことにほとんど疑いはない。例外は、ドイツ系のマイノリティやクロアチアのウスタシャ政権の支持者——セルビア人たちは以前起きた虐殺の報復で残忍な復讐をした——、そしてセルビア——チトーの運動は盛りあがらず、ゆえに反ドイツ戦も盛んではなかった——の伝統主義勢力の中心にいる人々だった。[12] ギリシャで共産党と親共勢力は、反共勢力を支援するイギリスに対抗したが、スターリンは支援を拒んだ。にもかかわらず、周知の通り、ギリシャの分裂状態は続いた。アルバニア人が、共産党が勝利した後にどのような政治的思いを抱いたか敢えて推測したいのは、親族研究の専門家だけだろう。しかし、こうした国すべてにおいて、大規模な社会変革の時代が幕を開けようとしていた。

奇妙なことに、戦争が何ら重要な社会的・制度的変革をもたらさなかった交戦国はソ連(とアメリカ)のみだった。ソ連はヨシフ・スターリンのもとで戦争を始め、戦争を終えた(第13章参照)。しかし、戦争によって体制の安定性に多大な負担がかかったことは明らかで、とくに抑圧が厳しかった地方でそうだった。国家社会主義の信条には、スラヴ人は人間以下の奴隷人種だという思いが根づいていた。それさえなければ、ドイツ人の侵略者たちはソ連の人々から末永い支持を得られただろう。ぎゃくに、ソ連の勝利の真の土台は、ソ連の多数派民族である大ロシア人の愛国心だった。かれらはつねに赤軍の中核を成し、ソヴィエト政権は危機に瀕してその愛国心に訴えかけた。事実、第二次世界大戦はソ連では「大祖国戦争」として公に知られるようになったが、これは当然のことだった。

VII

ここで歴史家は、一〇〇%西洋的な分析の落とし穴にはまるのを避けるため、大きく飛躍せねばならない。というのは、本章でここまで述べてきたことのうち、西洋以外のより広い世界に当てはめられることはほぼないからである。これは、日本と東アジアの大陸部分との間の闘争とまったく関係がないわけではない。日本の政治は超国家主義的な右翼に牛耳られ、ナチス・ドイツと同盟していたのに対し、中国の主要な抵抗勢力は共産主義者だったのだから。また、ファシズムや共産主義といったヨーロッパで流行しているイデオロギーを多く輸入していたラテンアメリカ、とくにメキシコにもある程度当てはまる。メキシコはラサロ・カルデナス大統領（一九三四—四〇年在任）のもと、一九三〇年代に偉大な革命を復活させ、スペイン内戦では第二共和制に熱心に味方していた。実を言うとメキシコは、第二共和制が敗北したのちもそれをスペインの正統な政府として認め続けた唯一の国だった。しかし、アジア・アフリカ・イスラーム世界のほとんどにとり、イデオロギーとしてであろうが侵略国の政策としてであろうが、ファシズムは主要な敵ではなかったし、ただの一度もそうならなかった。もちろん唯一の敵ですらなかった。主要な敵は「帝国主義」や「植民地主義」で、帝国主義列強には自由民主主義国家が圧倒的に多かった。

すなわちイギリス・フランス・オランダ・ベルギー・アメリカである。また、日本を除けば帝国主義勢力はすべて白人国家だった。

論理的には、帝国主義列強の敵は、植民地解放闘争における潜在的な味方でもあった。日本の場合、朝鮮半島・台湾・中国の人々などならわかるように、独自の残酷な植民地主義があった。その日本ですら、白人に勝った有色人種の勝者として東南アジア・南アジアの反植民地勢力に訴えかけるものがあった。反帝国主義の闘争と反ファシズムの闘争は、したがって、逆の方向へ進みがちであった。だから、一九三九年にスターリンがドイツと結んだ独ソ不可侵条約によって西ヨーロッパの左派は混乱したものの、インドやヴェトナムの共産主義者は、幸いにも英仏に対抗することに集中できた。他方、一九四一年にドイツがソ連に侵攻すると、よき共産主義者としては、枢軸国打倒を最優先せざるをえなかった。つまり、自国解放の優先順位をずっと下げざるをえなかった。これは不評を買っただけでなく、西洋の植民地帝国がまだ崩壊してはいないにせよ、もっとも弱体化していたこともあり、戦略的に愚かであった。そして事実、コミンテルンという鉄の輪からの拘束を感じていなかった各地の左派は、このチャンスを利用した。インド国民会議派は「インドを立ち去れ」運動を一九四二年に始める一方で、ベンガル人の急進派スバス・チャンドラ・ボースは、電光石火の侵攻で捕えられたインド人兵士の捕虜のなかから、インド人による解放軍を日本のために募った。ビルマとインドネシアの反植民地の闘士たちも同様に考えていた。この反植民地主義のロジックの背理法は、パレスチナをイギリスから解放するための支援を、パレスチナの非主流派のユダヤ人過激派がドイツ人と（ヴィシー・フランスの支配下にあったダマスカスを通して）交渉しようとしたことである。しかも、かれらはこれをシオニズムの最優先事項に位置づけていた（このミッションに加わった集団のなかに、やがてイスラエル首相となる闘士がいた。イツハク・シャミルである）。ナチスの反ユダヤ主義はシオニストの入植者と争うパレスチナのアラブ人に訴えるものがあっただろうし、南アジアにはナチス神話における優等なアーリア人だと自負する集団もいただろうが、ユダヤ人が上記のようなアプローチをとったからといって、ファシズムのイデオロギーに共感を抱いていたわけではないことは明白だ。ただしこれらは特殊なケースである（第12・15章参照）。

説明を要するのは、結局のところ、反帝国主義と植民地解放運動がなぜ圧倒的に左派寄りで、少なくとも終戦時に反ファシズムを掲げる世界的な動員に加わったのか、その理由である。根本的な理由は二つある。第一に、西ヨーロッパの左派が反帝国主義の理論と政策の苗床になっていたことが挙げられる。第二に、植民地解放運動への支援は国際的な左派、（ボリシェヴィキがバクーで開いた東方諸民族大会以来）とくにコミンテルンとソ連が圧倒的に多かったからである。さらに、独立運動の活動家や未来の指導者たちは、主に西ヨーロッパで教育を受けたその国のエリート集団だったが、かれらが植民地本国の帝都を訪れた際、その土地の進歩主義者・民主主義者・社会主義者・共産主義者から成る反人種主義的・反植民地的な環境が、他のどこにいる時より安心できることに気がついた。いずれにせよ、かれらのほとんどは近代化の推進者だった。こうした人々にとり、回顧主義的な中世賛美の神話であるナチスのイデオロギーとその理論がもつ人種主義的排他性は、「共同社会に価値を置く人々」と「同族であることに価値を置く人々」の二つの潮流があることを気づかせるものだった。そして、この潮流は自国の後進性を表すものであり、それを帝国主義は利用したと考えた。

要するに、「敵の敵は味方」という原則に則った枢軸国との同盟は、戦術的なものにしかなりえなかった。東南アジアでは、日本による統治はそれ以前の植民地主義者に比べれば抑圧的ではなく、白人に対して有色人種が行ったものであったが、短命に終わっていてもおかしくなかった。というのも、日本は自分たちの間で広まっていた人種主義はさて置くとして、植民地解放自体に関心をもっていなかったからである（事実、日本はすぐに負けてしまったため短命だった）。ファシズムや枢軸国のナショナリズムが特別魅力的ということもなかった。それどころか、ジャワハルラール・ネルーのような人々――（共産党員と違い）一九四二年という大英帝国の危機の年に「インドを立ち去れ」運動に迷うことなく飛び込んだ――は、インドは解放後に社会主義に基づく社会を築くであろうこと、その試みをソ連は支持してくれるはずで、あらゆる条件を満たした模範になってくれるだろうと信じ続けた。

植民地解放の指導者や代弁者たちはたいてい、実際に解放しようとしていた人々の典型ではなく、少数派であった。そのため、反ファシズムとの合流は容易になった。というのも、ファシズムが多少は訴えかけたであろう感情や思想（人種的優位性への傾倒を別にして）――伝統主義、宗教的・民族的排他性、近代世界への懐疑――は植民地の多くの人々を動かした、少なくとも動員を可能にしたからである。実際のところは、こうした感情が目を引くほど大きな動員に利用されたことはなく、仮に利用された場合でも、政治の場で優勢にはならなかった。イスラームの大衆動員は、一九一八―四五年にかけてムスリム世界でかなり強硬に進められた。例えば、ハサン・アル・バンナー（Hasan al-Bannā）のムスリム同胞団（一九二八年創設）は自由主義と共産主義を敵視する原理主義運動であるが、一九四〇年代にエジプトの大衆の怒りを代弁する指導者となった。枢軸国のイデオロギーとの潜在的な類似性は、とくに同胞団のシオニズムへの敵意を鑑みると、限定的な戦術以上のものだった。とはいえ、この原理主義運動やイスラーム諸国で実際に権力を上り詰めた政治家たちは、原理主義的な民衆に後押しされて歩みを進めることもあったが、世俗的な近代化を進めていった。一九五二年の革命をやがて起こすことになるエジプトの大佐たちは、解放された知識人だった。かれらはエジプトの小さな共産主義グループと連絡をとりあっており、このグループの指導者層は偶然にも大部分がユダヤ系だった（Perrault 1987）。

インド亜大陸では、パキスタン（一九三〇・四〇年代の落とし子）が、「ムスリム人口の（領土上の）分裂と多数派のヒンドゥー教徒との競争のために、自分たちの政治社会を民族的に分離した社会というより、「イスラーム」社会と呼ばざるをえなかった世俗化したエリートによる計画」として説明されてきたが、これは的を射ている（Lapidus 1988, p. 738）。シリアで主導権を握っていたのは、一九四〇年代にパリで教育を受けた二人の教師が創設したバアス党だった。バアス党はアラブの神秘主義的要素をもちながらも、イデオロギー的には反帝国主義かつ社会主義だった。シリアの憲法には、イスラームについて何も書かれていない。イラクの政治は（一九九一年の湾岸戦争まで）、民族主義的な将校・共産党員・バアス党員といった、コーランの戒律ではなく、アラブの団結と（少なくとも理論上は）社会主義にすべてを捧げてきた人々が多様に組み合わさり、決定されていた。アルジェリア革命は、地域的な事情と、アルジェリアの革命運動が幅広い大衆に基盤をもっていた（とくに、フランスへ大量に移民した労働者の間で）こととが重なり、多分にイスラーム的な要素を含んだ。ただし、革命家たちは、「自分たちの運動は時代錯誤の植民地化を潰すための闘争であり、宗教戦争ではなかった」ことにはっきり同意しており（一九五六年）（Lapidus 1988, p. 693）、社会民主主義的な共和国を築こうと提案した。そしてこれが、憲法上、一党体制の社会主義共和国となった。事実、反ファシズムの時期は、部分的ではあるがイスラーム世界、とくにシリア・イラク・イランにおいて、実在する共産党が大きな支持と影響力を得た唯一の時期だった。政治的指導者層からの世俗的かつ近代化を推し進める声が、原理主義が復活するなかで大衆政治によりかき消され、沈黙させられるのは、ずっと後のことである（第12・15章参照）。

西ヨーロッパ先進国の反ファシズムとその植民地の反帝国主義は、利益が対立していた──戦後再浮上することになる──にもかかわらず、社会変革という戦後の将来像として両者が思い描くものに向かって一致していくことになった。ソ連と各地の共産党はこのギャップを埋めるのに役立った。なぜなら、相反する利益はある人々にとっては反帝国主義を意味し、別の人々にとっては勝利のためにすべてを捧げることを意味したからだった。しかし、ヨーロッパの交戦圏と異なり、非ヨーロッパの交戦圏では、共産党が大きな政治的勝利を収めることはなかった。例外は（ヨーロッパのように）反ファシズムと民族／社会の解放とが偶然一致した特殊なケースのみで、日本が植民地化していた中国・朝鮮半島とインドシナ（ヴェトナム・カンボジア・ラオス）が挙げられる。インドシナでは、解放を阻む目の前の敵はフランスで、フランスが現地に設けた政権は日本が東南アジアを制圧した際に日本軍に屈していた。これらの国々は戦後、毛沢東や金日成、ホー・チ・ミンのもと、共産党が勝利する運命にあった。それ以外の所では、脱植民地化を遂げようとする国の指導者たちは運動、一般的には左派の運動から頭角を現した。一九四一─四五年にかけては枢軸国打倒を最優先させねばならなかったが、かれらにとってはそれほどネックにはならなかった。この時点ではまだ、こうした指導者たちですら、枢軸国敗北後の世界状況をいくらか楽観的に考えずにはいられなかった。二つの超大国は古い植民地主義の相棒ではなかった。少なくとも書類の上では。最大の帝国の中心では、反植民地主義で有名な政党がすでに権力の座に就いていた。古い植民地主義勢力とその正統性はかなり損なわれていた。解放へのチャンスはかつてないほどあるようにみえた。事実その通りになった。しかし、古い帝国によるなりふり構わない延命工作がないわけではなかった。

VIII

したがって、枢軸国の敗北、より正確にはドイツと日本の敗北が嘆かれることは、日独以外でほとんどなかった。日独の人々は、頑なな忠誠心と並はずれた能力で最後まで戦い抜いた。結局のところ、ファシズムがその中心国以外で動員できたのは、イデオロギー的な少数派である急進的右派――そのほとんどは自国の政治では非主流派のまま――、わずかばかりの民族主義的なグループ――ドイツと同盟を結ぶことで自分たちの目的を達成できると期待していた――、戦争と占領の有象無象《うぞうむぞう》の落とし子たち――ナチス占領時に獰猛な予備軍に採用された――のみだった。日本は、白い肌より黄色い肌への同情をほんの束の間動員できたが、それ以外は何も動員できなかった。ヨーロッパのファシズムの主な魅力は、労働者階級の運動・社会主義・共産主義、そしてこれらすべてを鼓舞したモスクワの神なき悪魔の総本山に対する予防手段となったことである。これによりファシズムは、保守的な富裕層から多くの支持を取り付けた。とはいえ、巨大ビジネスからの援助は、主義に基づいたものというよりは、実利的なものだったが。こうした魅力をもってしても、失敗と敗北は乗り切れるものではなかった。いずれにせよ、国家社会主義が十二年のあいだにもたらした最終的な影響は、ヨーロッパの多くの地域がボリシェヴィキに翻弄されていることに現れている。

こうしてファシズムは、川へ投げ込まれた土の塊のように崩壊し、政治の舞台から事実上永遠に姿を消した。ただしイタリアは例外だった。イタリアでは、ムッソリーニを称える穏健なネオ・ファシズムの運動（イタリア社会運動）が、国内政治でつねに存在感を保っている。ファシズムが姿を消したのは、ファシスト政権でかつて目立っていた人々を政治から排除したからだけではなかった。政治から排除されたといっても、国務や国民としての生活が許されなかったわけでは決してなかったし、経済生活からの締め出しも政治ほどではなかった。一九四五年の物理的・道徳的混乱で世界が崩壊した善良なドイツ人（また違った意味で忠実な日本人）のトラウマのせいでもなかった。かれらにとり、昔の信条に忠実であることは、それだけで望ましくない結果を生むことを意味した。占領軍のもと、新しい――当初は理解不能だった――生活に適応するうえで障害になったのだ。占領軍はその制度や価値観を押し付けるとともに、ドイツ人たちが今後歩まなければならないレールを敷いた。国家社会主義が一九四五年以降ドイツに与えたものは、記憶のほか何ひとつなかった。ヒトラーのドイツのなかでも国家社会主義が強固だった地域、つまりオーストリア（国家間外交の思わぬ展開により、有罪より無罪に分類されることとなった）では戦後、一九三三年に民主主義が禁止される前とまったく同じ状態に——やや左傾化したことを除き——政治が戻ったが、それは珍しくなかった（Flora 1983, p. 99 参照）。ファシズムは、その登場の背景にあった世界危機とともに消え去ったのだった。普遍的なプログラムでもなければ、政治的プロジェクトでもなかった。理論の上ですら、ファシズムは普遍的な企みにも政治的試みにもなれなかった。

他方、反ファシズムは通常では考えられないくらい幅広い勢力を結集させることができた。その動員は非常に雑多で一時的なものであったが。さらに、この結束は悲観的なものではなく前向きで、いくつかの点で長続きした。イデオロギー的なことを言えば、「啓蒙」と「革命の時代」の価値観と志の共有に基づいた団結だった。具体的には、理性と科学の応用による進歩、教育と一般民衆による政府、生まれ・出身による差別がないこと、過去より未来志向な社会、などが挙げられる。こうした共通点のなかには、まったくの机上の空論もあった。しかし、メンギストゥのエチオピア、シアド・バーレ失脚前のソマリア、金日成の北朝鮮、アルジェリア、共産主義の東ドイツのように、西ヨーロッパの民主主義やその他いかなる民主主義とも結びつかない政治的主体が、自国に「民主」ないし「人民民主主義共和国」という名前を正式につけたことは、まったく無意味というわけではない。この名称は、戦間期であったならば、ファシスト・独裁者、そして伝統主義的な保守政権ですら、軽蔑して拒んだであろうものだ。

その他の点では、共通の願いは共通の現実からそれほど乖離《かいり》していなかった。西ヨーロッパの持ち前の資本主義、共産主義システム、そして第三世界は、あらゆる人種と男性・女性の平等な権利のため、同じくらい力を尽くしていた。言い換えれば、この三つの世界は共通目標をもつには至らなかったものの、体系的に大きく異なる別個のもの、というわけでもなかった[13]。すべて世俗的国家であった。さらに重要なことは、これらの国々はすべて、一九四五年以降、意識的に盛んに市場の優位性を否定し、国家による経済の積極的な運営・計画を信じていた。新自由主義経済の神学の時代に思い出すのは難しいかもしれないが、一九四〇年代初頭から一九七〇年代にかけて、フリードリヒ・フォン・ハイエクのようにもっとも名声があり、かつてもっとも影響力があった完全な自由市場の推進者たちは、自分や同類の人々を、無鉄砲な西洋資本主義に「隷従への道」(Hayek 1944) をひた走っていると荒野でむなしく警笛を鳴らしている予言者と考えていた。実際には、経済的奇跡の時代へと進んでいった(第9章参照)。資本主義の政治体制は、経済への介入によってのみ、戦間期の経済的破滅へ戻るのを防ぐことができ、人々が共産主義を選ぶほど急進的になる——かつてヒトラーが選ばれたように——政治的危険を避けられると確信していた。第三世界諸国は、公的な手段によってのみ、経済を後進性と依存から救えると信じていた。脱植民地化した世界では、ソ連の啓示に従い、社会主義として進むべき道を見据えようとしていた。ソ連と新たに加わった仲間たちは、中央計画経済のみを信じていた。そして、先に挙げた三つの世界はすべて、鉄血政策だけでなく政治的動員と革命的な政策が可能にした枢軸国に対する勝利により、社会変革の新たな時代が切り開かれたと確信し、戦後世界へ足を踏み入れた。

ある意味、それは正しかった。広島・長崎のキノコ雲のもと始まったこの時代ほど、地球と人間の営みの表情が劇的に変わった時代はなかった。しかし、歴史は人間の意図することを、国家の意思決定者の意図ですら、ほとんど気にかけなかった。いつものように。真の社会変革は、意図されたものでも、計画されたものでもなかった。いずれにせよ、三つの世界が対峙せねばならなかった最初の偶然の出来事は、反ファシズムの大同盟がほとんど間髪いれずに崩壊したことだった。団結して闘わなければならないファシズムがなくなった途端、資本主義と共産主義は、不倶戴天の敵として再び対決する攻勢を整えたのだった。

註

（1）一九四一年後半の段階で日本にはソ連を攻撃する意志はないという、もっとも信頼できる消息筋に基づくゾルゲの情報があったため、ドイツ軍がモスクワ郊外に迫った時、スターリンは国の存亡にかかわる援軍を西部戦線に派遣できた、と論じられている（Deakin and Storry, 1964, Chapter 13 ; Andrew and Gordievsky, 1991 pp. 281-282）。

（2）だからといって、これは両者が行った残虐行為を正当化するために用いられるべきではない。一九四二—四五年にクロアチア人の国では確実に、スロヴァキア人の国ではおそらく、両者の敵国の残虐行為よりもひどい状況だった。いずれにせよ、弁解の余地なしである。

（3）ヒトラー政権誕生から一カ月しない間に、ベルリンにあるドイツ議会の建物が原因不明の火事で焼失した。ナチス政権はすぐに共産党を非難し、弾圧するチャンスとしてこの事件を利用した。共産党側は、ナチスが弾圧目的で組織的に火事を起こしたのだと非難した。革命支持者で精神の均衡を欠いたファン・デア・ルッベ（Van der Lubbe）というオランダ人に加え、共産党系会派の指導者、そしてコミンテルンのためにベルリンで働いていた三人のブルガリア人が逮捕され、裁判にかけられた。ファン・デア・ルッベの放火への関与は確実だったが、逮捕された四人は共産党員ではないのは確かで、ドイツ共産党も見るからに無関係だった。現在の歴史研究では、ナチスの挑発行為とする説は支持されていない。

（4）スペインはモロッコに地盤をもっていたが、地元の好戦的なベルベル人はそれに異を唱えていた。また、世界から取り残されたようなさらに南のアフリカの領土にも足場を維持していた。ベルベル人は屈強な戦闘部隊としてスペイン軍に加わってもいた。

(5) カルロス主義とは、強烈な君主制主義・超伝統主義の運動で、主にナバラで農民から強く支持されていた。カルロス党員は一八三〇年代と一八七〇年代に、スペイン王室の分家を支援するために、いくつかの内戦を戦った。

(6) このなかにはおそらく一万人のフランス人、五〇〇〇人のドイツ人とオーストリア人、五〇〇〇人のポーランド人とウクライナ人、三三五〇人のイタリア人、二八〇〇人のアメリカ人、二〇〇〇人のイギリス人、一五〇〇人のユーゴスラヴィア人、一五〇〇人のチェコ人、一〇〇〇人のハンガリー人、一〇〇〇人のスカンジナヴィア人、その他大勢が入っている。二〇〇〇—三〇〇〇人のロシア人は義勇兵としては分類できない。全体のおよそ七千人がユダヤ人だったといわれている(Thoma 1997, pp. 983-984; Paucker 1991, p. 15)。

(7) コミンテルンの言葉では、スペインの革命は「もっとも幅広い社会基盤に依拠した反ファシズム闘争に欠かせないものだった。これは人民による革命である。これは国の革命である。これは反ファシズムの革命である」(Ercoli, October 1936, Hobsbawm 1986 で引用したもの p. 175)。

(8) 新たな冷戦下における共産党・労働者党情報局(コミンフォルム)の設立大会に至っても、ブルガリアからの使節のヴァルコ・チェルヴェンコフ(Valko Tchervenkov)は、こうした用語でブルガリアの視点をしっかり表現した(Reale 1954, pp. 66-67, 73-74)。

(9) おそらくスターリンは、フランスやイギリスの反ファシズム戦争に共産党が熱心に加担すると、スターリンが秘密裏に裏切っている印であるとヒトラーが解釈し、スターリンを攻撃する口実にするかもしれないと恐れていた。

(10) 一九九〇年にイタリアのある政治家が存在を暴露して以来、グラディオ(イタリア語で「剣」

の意味）作戦として知られるようになった反共武装勢力の秘密組織は、ソ連占領後のヨーロッパ諸地域において国内での抵抗を必要に応じて継続させるため、一九四九年に設立された。メンバーにはアメリカが武器と資金を提供し、ＣＩＡやイギリスの秘密特殊部隊が訓練を施した。その存在は、活動地域の政府に選ばれた人々を除き極秘にされた。イタリア、そしておそらく他でも、こうした反共武装勢力をもともと構成していたのは、敗れた枢軸国が抵抗の中核として残していった勇猛果敢なファシストたちで、やがて狂信的な反共主義者として新たな価値を得ることとなった。一九七〇年代、アメリカのシークレット・サービスの工作員すら赤軍による侵略が非現実的なものとみなすようになると、グラディオ作戦の工作員は右派のテロリストとして新たな活動の場を見つけた。時には左派のテロリストになりすますこともあった。

(11) 筆者の友人には、やがてチェコ人アルトゥール・ロンドンのもとでＭＯＩの副司令官になった者がいる。かれはポーランド人の祖先をもつオーストリア系ユダヤ人で、フランス駐留中のドイツ軍の間で反ナチスのプロパガンダを組織することが任務だった。

(12) しかし、クロアチアとボスニアのセルビア人とモンテネグロ人（パルチザン部隊の将校の一七％）は、クロアチア人（チトーの出身地域の人々）とスロヴェニア人の有力な集団と同様に、チトーの熱心な支持者だった。戦闘のほとんどはボスニアで起きた。

(13) とりわけ、戦争・抵抗・解放で女性が担った重要な役割はすっかり忘れられている。

第6章　芸　術——一九一四—四五年

シュールレアリストたちのパリも、ちょっとした「宇宙」だ。……もっと大きい宇宙、すなわち森羅万象では、ものは違ってみえることはない。車の流れからはぼんやりとした信号が点滅する交差点もあり、出来事と出来事の想像もつかない類似性やつながりが流行《はや》っている。その地帯から、シュールレアリスムの叙情詩は現れる。

ヴァルター・ベンヤミン「シュールレアリスム」『一方通交路』(1979, p. 231)

アメリカで、いわゆる新しい建築はほとんど進歩していないようだ……新しいスタイルの提唱者は熱意の塊で、なかには、単税論の信奉者が声高に教えを説くかのごとく、振る舞っている者もいる……しかし、工業デザインのレベルを除いて、たくさんの改宗者を出しているようにはみえない。

H・L・メンケン、一九三一年

I

才気あふれるファッション・デザイナーたちは、分析的なタイプでないことで有名だ。しかし、予言を生業とする者より、次に流行りそうなものを当てられるのはなぜか。それは、歴史上もっともはっきりしない問題の一つである。そして文化史を研究する者にとっては、もっとも重要な問いの一つでもある。社会が地殻変動する時代が、ハイ・カルチャー、エリート層の芸術作品、なかでもアヴァンギャルドに及ぼす影響を理解したいと思うならば、そういった人すべてにとって、これは確実に重要な問題である。というのも、こうした芸術作品が、自由主義的なブルジョワ社会の崩壊を数年先だって予言していたことは誰もが認めることだからだ（『帝国の時代』第9章参照）。一九一四年までには、「モダニズム」という広くもやや漠然とした翼のもとに退避できうるものはすべて、そうしていた。すなわち、キュビスム、表現主義、未来派、絵画では完全な抽象画、建築の機能主義と装飾からの逃避、音楽においては調性の放棄、文学における伝統との決別である。

　著名な「モダニスト」としてほとんどの人が挙げるであろう膨大な数の芸術家たちは、一九一四年の段階では全員が成熟の域に達し、多くの作品を生み出していたし、名前が売れている者すらいた。[1] 一九一七年以降にようやく詩が公刊されたT・S・エリオットですら、その頃までにはロンドンのアヴァンギャルドのシーンに（ウィンダム・ルイス編集の文芸誌『ブラスト』にエズラ・パウンドと並んで寄稿者として）確実に登場していた。こうした、遅くとも一八八〇年代までに生まれた世代は、四十年後にはモダニティを象徴する憧れとして残った。戦後ようやく頭角を現し始めた多くの男女もまた、傑出した「モダニスト」のハイ・カルチャーの選抜者リストに載ることになるが、それは、かれらより古い世代が君臨することに比べれば、驚きは少ない(2)（例えば、シェーンベルクの後継者たちであるアルバン・ベルク、アントン・ヴェーベルンは、一八八〇年世代に入る）。

実際のところ、「世間的に認められた」アヴァンギャルドの世界において、一九一四年以降に生み出された表現形式は二つしかないようにみえる。一つはダダイスムで、ヨーロッパの西半分ではシュールレアリスムへと変わっていた、あるいはシュールレアリスムを先取りしたものである。いま一つ、東側では、ソヴィエトで構成主義が生まれた。構成主義とは、骨組みに立体感があり、なるべく動きがある建造物――実在するものでもっとも近いのは、（大観覧車やジェットコースターなど）祭りの会場でみかける建造物――をつくる試みである。これは間もなく、建築と工業デザインの主流に、主にバウハウス（詳細は後述）を通じて飲み込まれた。第三インターナショナルを祝したタトリンの有名な回転する斜塔のようなもっとも野心的だった諸プロジェクトは、実際に建設されることはないか、実現されても初期ソヴィエトの公的行事の飾りとして束の間の命を生きるに終わった。構成主義はたしかに真新しくあったが、建築におけるモダニズムの作品の幅を広げる以上のことは、ほとんどなかった。

ダダイスムは、チューリヒ（ここではレーニンのもとで他の亡命者グループが革命を待っていた）に亡命中の雑多な集団の間で、世界戦争とそれを孵化させた社会——その芸術も含む——に対する苦悩に満ちた、しかし皮肉なニヒリストの抗議として、はっきりとした形をみせた。一九一六年のことだ。ダダイスムは、一九一四年以前のキュビスムと未来派のアヴァンギャルドからいくつかヒントを得てはいたが——とりわけコラージュ、つまり、絵画のパーツも含め、いろいろなものの断片を貼り合わせる——、あらゆる芸術を拒絶したため、表現形式上の特徴をもたなかった。基本的に、従来のブルジョワ芸術愛好家たちが卒倒しそうなものであれば、なんでもダダイスムとして受け止められた。スキャンダルがダダイスムを束ねる主義だったのだ。例えば、マルセル・デュシャン（一八八七—一九六八）が一九一七年にニューヨークの展覧会で、公衆トイレの男性用便器を「レディ・メイドの芸術」として展示したことは、百％ダダ——アメリカから戻ってから加わった——の精神に適うものだった。しかし、その後、チェスのほうを好み、芸術と関わることを静かに拒否するようになったのは、ダダの精神にそぐわない。なぜなら、ダダには静粛などなかったからである。

シュールレアリスムは、従来知られているように芸術の否定に身を捧げたが、それと同じくらい、公の場でスキャンダルを起こすことに溺れ、さらには（後述するように）社会革命に、より魅了されていた。だがそれは、単に否定的な抗議ではなかった。このことは、シュールレアリスムが基本的にはフランス――どんな流行であっても理論が求められる――を中心とした運動だったことから予想できるのではないだろうか。事実、ダダが生みの親である戦争と革命が続いた一九二〇年代初頭に失敗していくなか、シュールレアリスムは「精神医学が暴いたような無意識に基づきつつ、魔術・偶然・非合理性・象徴・夢を新たに重視する想像力の復権を求める訴え」と呼ばれ、その姿を現した（Willett 1978）。

それはいくつかの点で、二〇世紀の装いをしたロマン主義の復活だった（『革命の時代』第14章参照）。ただ、昔のロマン主義よりは非合理的で遊び心をもっていた。シュールレアリスムは、主流「モダニスト」のアヴァンギャルドと異なり、ダダのように、表現形式の刷新それ自体に関心はなかった。例えば、無意識というものが、言葉のランダムな流れのなかに現れているのか（「自動筆記」）、それとも、一九世紀のアカデミー会員の緻密な表現――サルヴァドール・ダリ（一九〇四―八九）が砂漠の風景のなかに今にも溶けだしそうな時計を描いたスタイル――に現れるのか、関心はなかった。重要だったのは、合理的な管理システムが介在しない自然に想像する力を認めることや、一貫性のないところから一貫性を、まったく非合理的ないしは不可解なものから必然にみえる論理を創り出すことだった。ルネ・マグリット（一八九八―一九六七）の「ピレネーの城」――写真葉書のような様式で丁寧に描かれている――は、巨大な岩のてっぺんに、まるでそこから育ったかのように姿を表している。巨大な卵のような岩岳だけが、同じように写実的に描かれた海の上空を浮遊している。

シュールレアリスムは、斬新さでもってアヴァンギャルドの芸の幅を確実に広げた。その斬新さは、古い世代のアヴァンギャルドの間ですら衝撃、理解不能さ、あるいは結局は一緒なのだが、時として当惑した笑いを生み出せる力によって、証明済みである。これは、一九三六年にロンドンで開催された国際シュールレアリスム展に対して、また、のちにパリ在住のシュールレアリスムの画家の友人に対して、私自身――まだ幼稚であったことは認める――が思ったことである。その友人は、私には理解しがたいのだが、人間の腹わたの写真を油絵で正確に模写することを力説しているような人だった。そうはいっても、振り返ってみると、シュールレアリスムは際立って多くの実りがあった運動として理解されなければならない。主にはフランスやフランスの影響が色濃いスペイン語圏の国でのことだが。フランス（エリュアール、アラゴン）、スペイン（ガルシア・ロルカ）、東ヨーロッパとラテンアメリカ（ペルーのセサル・バジェホ、チリのパブロ・ネルーダ）など、各国の一流詩人に影響を与えた。なかには、かなり後になってもラテンアメリカで「魔術的リアリズム」の作品を通してその影響が響いているものもある。その形や光景――マックス・エルンスト（一八九一―一九六七）、マグリット、ジョアン・ミロ（一八九三―一九八三）、そしてそう、サルヴァドール・ダリですら——は、われわれの一部になった。また、それ以前のほとんどの欧米のアヴァンギャルドと異なり、シュールレアリスムは、二〇世紀の中心を飾った芸術、つまり写真を本当に豊かにした。フォト・ジャーナリズムではアンリ・カルティエ゠ブレッソン（一九〇八—二〇〇四）がシュールレアリスムから恩恵を受けていたし、映画でシュールレアリスムに借りがあったのは、ルイス・ブニュエル（一九〇〇—八三）やこの時代のフランス映画の中心的な脚本家だったジャック・プレヴェール（一九〇〇—七七）で、これは決して偶然ではない。

とはいえ、全体的にみるとこういったことは、高尚な芸術でのアヴァンギャルド革命の拡大であった。その拡大は、アヴァンギャルドが崩壊を表現した世界が本当にバラバラになる前から、すでに始まっていた。激動の時代に起きたこの革命について、次の三つのことが言える。第一に、アヴァンギャルドはいわば、世の中で認められた芸術の一部になった。第二に、日常を織りなすもののなかに、少なくとも部分的に取り込まれた。第三に、おそらく何よりも重要なことだが、劇的に政治化した。たぶん、「革命の時代」以来のどの時代の高尚な芸術より政治と関わるようになった。それでも、この時期を通してシュールレアリスムは、一般的に認識されていた以上に欧米の大衆に影響してはいたものの、その好みや関心から離れたところにあったことは絶対忘れてはならない。関心をもつ者は一九一四年以前よりも多少増えたが少数派の例外で、ほとんどの人にとっては実際に意識して楽しむような対象ではなかったのだ。

新しいアヴァンギャルドが世に認められた芸術の中心になったからといって、古典や流行の芸術が居場所をなくしたわけではない。そうではなくて、アヴァンギャルドは両方を補完し、文化的なことに真剣に関心をもっていることの証となった。世界で上演されるオペラのレパートリーは、基本的に「帝国の時代」のままで、一八六〇年代初頭生まれの作曲家（リヒャルト・シュトラウス、マスカーニ）や、それより前の「近代」にぎりぎり入らない頃に生まれた作曲家（プッチーニ、レオンカヴァッロ、ヤナーチェク）の作品だった。[3]大まかに言えば、今現在もそのままだ。

しかし、オペラの伝統的なパートナー、つまりバレエは、主に第一次世界大戦中、ロシアの偉大な興行主、セルゲイ・ディアギレフ（一八七二―一九二九）によって、意識的にアヴァンギャルドの媒体へと変質した。一九一七年にパリで「パラード」（デザインはピカソ、音楽はサティ、台本はジャン・コクトー、プログラムの言葉をギヨーム・アポリネールが担当）を創らせると、ジョルジュ・ブラック（一八八二―一九六三）やファン・グリス（一八八七―一九二七）のようなキュビストによる舞台装置、ストラヴィンスキーやデ・ファリャ、ミヨー、プーランクによる音楽ないし編曲は、必須となった。その一方、舞踏と振り付けは両方ともそれなりに近代化された。一九一四年以前は、「ポスト印象派展」は少なくともイギリスで無教養な大衆の冷笑の対象になっていた。他方でストラヴィンスキーは、ニユーヨークその他で行われたアーモリー・ショーの時のように、行く先々で世間を騒がせていた。こうした無教養な人々は戦後、「モダニズム」の挑発的な表明、つまり信用をなくした戦前の世界からの用心深い離脱宣言と文化革命のマニフェストを前に、押し黙った。モダニストのバレエが大衆向けのアピールと流行（ヴォーグ）（加えて新生『ヴォーグ』誌）の磁力、エリート芸術の地位を独自に混ぜ合わせて利用することで、アヴァンギャルドは、自身の柵を破って飛び出した。一九二〇年代イギリスの文化的ジャーナリズムを特徴づけたある人物は、こう書いている。ディアギレフのおかげで、「最高かつもっとも嘲笑されている存命中の画家たちの手による装飾を、大衆は積極的に楽しんできている。かれはわれわれに、涙なしの近代音楽、笑いなしの近代絵画を与えてくれている」(Mortimer 1925)。

ディアギレフのバレエは、アヴァンギャルド芸術が普及するための単なる人の媒体だった。いずれにせよ、アヴァンギャルドは国ごとで違っていた。単一のアヴァンギャルドが西洋世界に普及したわけでもなかったのだ。なぜなら、エリート文化の広い範囲でパリが引き続き覇権を握っていた――これは、一九一八年以後、アメリカからの海外居留者（ヘミングウェイとスコット・フィッツジェラルドの世代）が多く流入してきたことでさらに強化された――にもかかわらず、旧世界には、統一されたハイ・カルチャーなどもはや存在しなかったからである。ヨーロッパでは、スターリンとヒトラーの勝利がロシア・ドイツのアヴァンギャルドを沈黙あるいは消滅させてしまう前、パリはモスクワ－ベルリン枢軸と競っていた。かつてのハプスブルク帝国とオスマン帝国の欠片《かけら》は、文学において独自の道を歩んだ。それは、言語のための孤立した道だった。なぜなら、一九三〇年代に反ファシズムのディアスポラの時代が来るまで、誰も真剣に、あるいは体系的に翻訳しようとしなかったからである。大西洋を挟んだスペイン語圏の両方で詩が驚くほど花開いたことは、それが一九三六—三九年のスペイン内戦で明らかになるまで、ほとんど世界的影響はなかった。バベルの塔による障害がもっとも少なかった芸術、つまり目と耳の芸術ですら、ドイツ内外でのヒンデミットのコンサートやフランス内外でのプーランクの相対的な立場を比べればわかるように、想定されるほど国際性をもっていなかった。戦間期のエコール・ド・パリのさほど重要ではないメンバーすらよく知っている高学歴のイギリス人の芸術愛好家ですら、ノルデやフランツ・マルクのようなドイツ表現主義の重要な画家の名前を耳にしたことはなかっただろう。

アヴァンギャルド芸術のなかでも、関連国での芸術的革新の旗を担う者すべてが間違いなく称賛したのは、実のところたった二つだけで、両方とも旧世界というより新世界から生まれた。映画とジャズだ。映画に関しては、第一次世界大戦前はどういうわけか無視されていたのだが、大戦中のある時期にアヴァンギャルドに吸収された（『帝国の時代』参照）。映画という芸術、とりわけその偉大なる人物チャーリー・チャップリン（自尊心のある現代詩人でかれに作品を捧げなかった者はほとんどいない）を称賛することが必要不可欠になったばかりでなく、アヴァンギャルドの芸術家たちは自ら映画製作を始めた。ほとんどのものはとりわけワイマール共和国とソヴィエト・ロシアでつくられ、映画製作はアヴァンギャルドの芸術家ばかりによって行われた。劇的変化が地球の隅々で起きている時代にあって、特別に設《しつら》えた映画の小さな神殿で高尚な映画マニアが褒め称えるであろう「芸術映画」の正典は、基本的にこのようなアヴァンギャルドの作品だった。例えば、セルゲイ・エイゼンシュテイン（一八九八―一九四八）の『戦艦ポチョムキン』（一九二六年）は、一般的に、いつの時代でも変わらぬ傑作だと評価された。この作品の「オデッサの階段」のシーンは、一度見れば忘れられないシーンで、私も一九三〇年代にチャリング・クロスのアヴァンギャルドの映画館で観たのだが、「サイレント・シネマの古典となったシーンであり、映画史上もっとも影響力のある六分間」と評されてきた（Manvell 1944, pp. 47–48）。

一九三〇年代半ばから、知識人たちは大衆向けのフランス映画を好むようになった。例えば、ルネ・クレール、ジャン・ルノワール（画家の息子だったことは珍しいことではない）、マルセル・カルネ、元シュールレアリストのプレヴェール、アヴァンギャルドの音楽グループ「六人組」の元メンバー、オーリックが挙げられる。知識人ではない批評家が好んで指摘したように、こうした人々は、それほど楽しめるものではなかった。芸術的なことをいえば、（知識人を含め）数百万の人々がどんどん巨大かつ豪勢になっていく映画館で毎週見ている大量の、要はハリウッド製の映画より格上であったことは確かだが。一方、ハリウッドの抜け目のないプロデューサーたちは、アヴァンギャルドがどれくらいの利益につながるか、ディアギレフと同じくらい早くから気づいていた。ユニヴァーサル・スタジオのドン、カール「おじさん」ことカール・レムリは、ハリウッドの大手製作会社のなかでも知的熱意にもっとも欠けていた人物だが、生まれ故郷のドイツに年に一度戻るたびに、人材とアイディアに関して最新情報をしっかり入手していた。結果として、ユニヴァーサル・スタジオの十八番となったホラー映画（「フランケンシュタイン」や「ドラキュラ」など）のなかには、ドイツの表現主義者のお手本のコピーにかなり近いものもあった。ラング、ルビッチ、ワイルダーなど中央ヨーロッパの映画監督はそれぞれの出身国で知識人と思われていたが、大西洋を渡るとハリウッド自体に大きな影響を与えることになった。カール・フロイント（一八九〇―一九六九）やオイゲン・シュフタン（一八九三―一九七七）のような技術者はいうまでもない。しかし、映画と大衆芸術が歩んだ道については、あとで考察する。

「ジャズの時代」の「ジャズ」、つまり、アメリカの黒人・シンコペートされたリズミカルなダンスミュージック・器楽編成を組み合わせた感じのものは、伝統的な基準からしたら型破りではあるが、アヴァンギャルド全般で好意的に受け止められていたことはほぼ間違いない。アヴァンギャルドにメリットがあってのことというよりは、近代の別のシンボル、機械化の時代、過去との決別、要するに、文化革命のこれまでと違うマニフェストだったからだ。バウハウスのスタッフは、サックスと一緒に写真に収まった。ジャズというジャンルに対する真摯な情熱は、今では二〇世紀音楽にアメリカが大きく貢献したこととして認識されてはいるものの、二〇世紀後半に入るまで、アヴァンギャルドであるなしにかかわらず、世間的に認められた知識人たちの間ではなかなかみられなかった。そういった情熱を育んだのは――一九三三年にデューク・エリントンがロンドンに来てから筆者がそうなったように――少数派の人々だった。

自分には教養があり、流行に敏感なんだと他人に示したければ、モダニズムが地域によってどのように形を変えようとも、戦間期にはそれは印になった。世間的に認められたそれなりの人物による作品について、例えば一九三〇年代前半のイギリスの文学少年のあいだであれば、T・S・エリオット、エズラ・パウンド、ジェイムズ・ジョイス、D・H・ロレンスなどについて、本当に好きかどうか、実際に読んだかどうか、見たかどうか、聞いたかどうかに関係なく、博識ぶって話さないということは、考えられないことだった。たぶんもっと面白いのは、文化の旗手たちが各国で、現代が求めるものに適するように過去のものを書きなおしたり、再評価したりしたことだ。イギリス人たちは、ミルトンやテニソンについて忘却し、ジョン・ダンを称賛するようきつく言われていた。当時影響力がもっとも大きかったイギリスの批評家でありケンブリッジ大学の教員でもあったF・R・リーヴィスは、イギリス小説の聖典、つまり「偉大なる伝統」を考案した。それは実際の伝統と正反対で、なぜかというと、この批評家が好まないもの、例えばディケンズの全作品を――この名手の二流作品に数えられていた『困難な時代』を例外として――歴史の継承のなかに入れなかったからだ[4]。

スペイン絵画を愛する者にとり、ムリーリョは今や退場扱い、しかしエル・グレコへの称賛は義務だった。というより、「資本の時代」と「帝国の時代」に関連するものは、(アヴァンギャルドを除いて)どんなものでも単純に拒絶されたのではなかった。事実上無視されるようになったのだ。これは、一九世紀のアカデミック美術の影響下で描かれた絵画の価格が暴落したこと(また、これにつられるように印象派や後期モダニズムの絵画の価格が緩やかに上がっていったこと)にみてとれる。実際一九六〇年代には、一九世紀の絵画が売れ残ってしまう状況が続いた。ヴィクトリア朝の建築物に何かしら功績を認めようとする試み自体、本当に趣味のいいものによって意図的に挑発しようとしている感じがあり、反動的な立場を連想させた。筆者は、ウィーン旧市街の「中心」をぐるりと取り巻く自由主義的なブルジョワの偉大な記念碑的建築物に囲まれて育ったのだが、こうした建造物がいずれは偽物として、あるいは仰々しいものとして、もしくは偽物かつ仰々しいものとして評価されるようになるであろうことを、文化的に自然に理解していった。実際、こうした建物が一挙に壊されるのは、一九五〇年代から六〇年代、つまり近代建築でももっとも破壊が進んだ時期になってからだった。だから、一八四〇―一九一四年に建てられた建造物を保護するヴィクトリアン協会が設立されたのは一九五八年になってからのことだった（ジョージアン・グループが、一九世紀のものほど軽視されていなかった一八世紀の遺産を保護するためにできてから二十年以上たっていた）。

商業映画にアヴァンギャルドが影響を及ぼしたことは、「モダニズム」が日常生活に足跡を残し始めていたことも意味した。それは遠回しで起きた。というのも、幅広い大衆が「芸術」とは思わず、したがってその美的価値は直感を基準に判断すべきとみなした作品、主に広告、工業デザイン、商業用の印刷や絵、純粋な物体を通してのことだったからだ。例えば、モダニズムの最高峰のなかでもマルセル・ブロイヤー（一九〇二ー八一）の有名なワシリー・チェア（一九二五ー二九年）には、イデオロギーと美への思いが計り知れないほど込められていた（Giedion 1948, pp. 488-495）。とはいえ、この椅子が成功したのは、現代世界におけるマニフェストとしてではなく、簡素だがどこでも使えてもち運びができ、重ねて置ける便利な椅子としてであった。しかしながら、第一次世界大戦勃発から二十年たつ前に、西洋世界の大都市圏での生活が、モダニズムに目に見える形で影響を受けていたことは疑いようがない。アメリカとイギリスのような、一九二〇年代にはモダニズムをまったく受け付けていないようにみえた国ですら、そうだ。流線形は、一九三〇年代初期より合う製品・合わない製品の両方でアメリカのデザイン界を席巻したが、イタリアの未来派の写しであった。アール・デコ（その由来はパリ万国装飾美術博覧会にある）は、モダニズムのもつ堅苦しさと抽象性を家庭向けに変えた。一九三〇年代に起きた現代のペーパーバック革命（ペンギン・ブックス）は、ヤン・チヒョルト（一九〇二—七四）のアヴァンギャルドのタイポグラフィを支持した。モダニズムからの直接的な挑戦は、さらに他にも向けられた。モダニズム建築のいわゆるインターナショナル・スタイルに関しては、その宣伝や実践の主要な担い手であるグロピウス、ル・コルビュジエ、ミース・ファン・デル・ローエ、フランク・ロイド・ライトなどは活発に活躍していたのだが、それが都市の風景を変えたのは第二次世界大戦を終えてからだった。例外はいくつかあるものの、公共建築物の大半は左派が運営する市町村の公営住宅計画——社会的関心が高い新しい建築に共鳴することが期待されていたかもしれない——も含めると、明らかに装飾を嫌っていることを除いては、インターナショナル・スタイルの影響はほとんど見て取れなかった。一九二〇年代に労働者階級の「赤いウィーン」で行われた大規模な再建は、ほとんどの建築史で辛うじて目につく程度の建築家によって担われた。しかし、建築ほど大きくない日常生活で使われる道具は、モダニズムによって急速に形を変えていった。

これはどのくらいアーツ・アンド・クラフツ運動とアール・ヌーヴォー——前衛芸術が日用品の作製に没頭した——の遺産に負っているのか？　どこまでロシア構成主義者——なかには大量生産されるデザインを意図的に激変させようとした者もいる——に負っているのか？　どの程度が、現代家庭で使われるテクノロジーにモダニストの純粋主義が見事に合致した（例えばキッチンのデザイン）ことによるものだったのか？　こうした判断は、芸術史に任せるほかない。政治と芸術のアヴァンギャルドの中心として始まり、短命に終わったある組織が、二世代に渡って建築と応用美術を方向付けるようになった。この組織とはバウハウス（一九一九―一九三三年）で、中央ドイツのワイマールで設立され、のちにデッサウに移転した美術デザイン学校のことである。この学校はワイマール共和国と同時期に存在し、ヒトラーが政権を獲得すると国家社会主義者によって解散させられた。何らかの形でバウハウスと関係した人物のリストは、ライン川とウラル山脈にはさまれた地域の先端芸術の人名録のようだ。例えば、グロピウスとミース・ファン・デル・ローエ。リオネル・ファイニンガー、パウル・クレーとワシリー・カンディンスキー。マレーヴィチとエル・リシツキー、モホリ＝ナジ・ラースローなどがいる。バウハウスの影響力は、かれらの才能のみに支えられたわけではなかった。一九二一年からは、古い美術工芸と（アヴァンギャルドの）美術の伝統から、実用性と工業生産を目的とするデザインへと慎重に路線変更したことにもよっている。つまり、車体（グロピウス）、飛行機の座席と広告のグラフィックス（ロシア構成主義者のエル・リシツキーが情熱を注いだもの）、一九二三年にドイツがハイパーインフレに見舞われた時の百万マルクと二百万マルク紙幣のデザインももちろん含む。

バウハウスは、バウハウスに賛同しない政治家たちとトラブルがあったことからわかるように、かなり反体制的だと思われていた。そして事実、何らかの形での政治的関与は、「破滅の時代」の「真面目な」芸術に著しく影響した。これは一九三〇年にはイギリスとアメリカまで届いた。イギリスは、ヨーロッパで革命の嵐が吹き荒れるさなか、社会的・政治的に安定した避難所であり、アメリカは戦争から離れているものの、大恐慌は避けられなかった。急進的な芸術愛好家は、とくに若い時には、創造的才能と進歩的意見とが調和しないことを受け入れがたく感じていた。しかし、政治的関与は決して左派へのものだけではなかった。そのうえとくに文学では、進歩への強硬な反対意見は、ファシストのやり方に転換されていることにもあったように、西ヨーロッパで共通して見られた。はっきりした例としては、イギリスに逃げてきた詩人T・S・エリオットやエズラ・パウンド、アイルランドのウィリアム・バトラー・イェーツ（一八六五—一九三九）、ノルウェーの小説家でナチスの熱烈な協力者だったクヌート・ハムスン（一八五九—一九五二）、イギリスのD・H・ロレンス（一八八五—一九三〇）、フランスのルイ゠フェルディナン・セリーヌ（一八九四—一九六一）が挙げられる。眩いばかりの才能をもち、ロシアから他の国へ移住して行く人々は、反動的な者もいれば、そうなっていった者もいるが、自動的に「反動的」とは分類できない。というのも、ボリシェヴィキを拒否することを通して、多様な政治的意見をもつ亡命者たちは一致団結していたからである。

それでも、第一次世界大戦と十月革命直後にアヴァンギャルドを主に惹きつけたのは左派、とくに革命を志す左派であったといって間違いない。一九三〇年代・四〇年代の反ファシズムの時代にはなおさらだ。事実、戦争と革命は、政治への無関心がはなはだしかった戦前の仏・露におけるアヴァンギャルド運動の多くを政治化させた（ロシアのアヴァンギャルドのほとんどは、しかし、十月革命当初まったく情熱を示さなかった）。レーニンの影響で、社会革命の唯一かつ重要な理論・イデオロギーとしてマルクス主義が西洋世界で復活してくるにつれ、国家社会主義者が「文化的ボルシェヴィズム」と呼ぶ――誤りというわけではない――ものにアヴァンギャルドは確実に転向していった。ダダは革命を支持した。アヴァンギャルドを引き継いだシュールレアリスムにとり、どの種の革命を支持するか決めるのは難しかったが、大多数はスターリンよりもトロツキーを選んだ。ワイマール文化を主に形作ったモスクワ－ベルリン枢軸は、政治的感性の共有に基づいていた。ミース・ファン・デル・ローエは、スパルタクス団の指導者で殺害されたカール・リープクネヒトとローザ・ルクセンブルクへ捧げる記念碑を、ドイツ共産党のために建てた。グロピウスとブルーノ・タウト（一八八〇－一九三八）、ル・コルビュジエ、ハンネス・マイヤーと「バウハウス旅団」全体は、ソ連からの依頼を受けていた。これは明らかに、大恐慌のためソ連がイデオロギー的かつ職業的に西洋の建築家に魅力的にみえた時のことだ。基本的にそれほど政治色があるわけではないドイツ映画ですら、急進化された。例えば、G・W・パープストという素晴らしい映画監督。かれの関心は公の出来事より女性を表現するほうにあったことは明白だが、のちにナチスのもとで働く心づもりをじゅうぶんにしていた。それでも、ワイマール共和国時代末期には、ブレヒトとヴァイルがコンビを組んだ『三文オペラ』を含め、もっとも急進的な映画が製作された。

モダニストの芸術家たちの悲劇は、左・右どちらであれ、かれら自身の大衆運動という、より効果的な政治的関与と政治家たち――モダニストの敵対者は言うに及ばず――に拒絶されたことだ。右派・左派それぞれの新しい独裁主義政権では、未来派に影響されたイタリアのファシズムを一部例外として、建築では古いタイプの巨大で堂々とした建物と景観、絵画・彫刻では刺激的な表現、舞台では古典の精巧なパフォーマンス、そして文学ではイデオロギーと合うものがより好まれた。ヒトラー自身が芸術の道で挫折していたので、当然のように、やがてかれの壮大な思いつきを実現するために、アルベルト・シュペーアという若く有能な建築家が見出された。ムッソリーニやスターリン、フランコ将軍は、自国で時代遅れの建築を奨励したが、しかし、そんな個人的な野心を最初からもっていたわけではなかった。こうして、ドイツのアヴァンギャルドもロシアのアヴァンギャルドも、ヒトラーとスターリンが台頭する時代を生き抜くことはできなかった。ドイツとロシアは、一九二〇年代には先進的かつ名声を博した芸術において最前線に立っていたにもかかわらず、文化の舞台からほぼ姿を消すこととなった。

振り返れば、ヒトラーとスターリンの勝利がどのような文化的破滅を招くことになったのか、別の言葉で言えば、アヴァンギャルドが中央・東ヨーロッパの革命的土壌にどれほど根差していたのか、同時代人よりもわれわれのほうが理解できる。芸術の最良のワインは、溶岩の跡が縞模様で残っている火山の斜面で育ったようだ。それは単に、政治的革命を目指した政権で文化を担う機関が、政治の中枢にまったくその気がない場合でも、前の保守政権以上に芸術の革命家に対し公の承認、つまり物質的支援を与えた、というだけではない。レーニンの芸術の好みはきわめて平凡なものであったにもかかわらず、「啓蒙のための人民委員」ことアナトリー・ルナチャルスキーは、アヴァンギャルドを奨励した。プロイセンの社会民主主義政府は、一九三二年にもっと右寄りのドイツによって政権の座から(抵抗なしに)追われたが、それまでは、革新的な指揮者であるオットー・クレンペラーを鼓舞し、ベルリンのオペラハウスの一つを一九二八―三一年の先進的な音楽すべてを披露できる場にしようとした。しかし、どういっていいかわからないのだが、激動の時代は、中央・東ヨーロッパでこの時を生き抜いた人々の感性を高ぶらせ、情熱を燃え立たせたようだ。かれらの描く未来図は厳しくはあっても幸せなものではなく、その厳しさとそこに込められた悲劇的意味により、才能があっても傑出していたわけではない人々は、辛辣に糾弾する雄弁さを得た。例えば、B・トレヴンが挙げられる。かれは目立たないアナーキストで、放浪する旅人でもあった。一時、短命に終わったミュンヘン・ソヴィエト共和国と関係をもったこともある。船乗りたちとメキシコの物語を感動的に書いたりもした（ヒューストンが監督、ボガートが出演した『黄金（*Treasure of the Sierra Madre*）』は、かれに基づいている）。これがなかったら、トレヴンは、当然のことながら無名のままだったろう。このような芸術家が、世界は耐え難いのだ、という感覚を失ってしまうと、表現する技法が秀でているだけの感傷しか残らなかった。ドイツの獰猛な風刺画家ゲオルク・グロスが一九三三年になってアメリカへ移り住んだ時にそうだったように。

「激動の時代」の中央ヨーロッパのアヴァンギャルドは、希望についてはっきり述べたことはほとんどない。政治的革命を目指すアヴァンギャルドの仲間たちは、イデオロギー上の信念から、未来はどんどんよくなるという将来像に賭けていたのだが。そのもっとも影響力があった功績は、ほとんどがヒトラーとスターリンの支配が始まる前まで遡り、黙示録と悲劇から生まれた。オーストリアの偉大な風刺作家カール・クラウスは、「ヒトラーについて何と言っていいかわからない」と皮肉を言った。[5] 第一次世界大戦でも、かれは決して口を閉ざさなかった（Kraus 1922）。他には、アルバン・ベルクの『ヴォツェック』（一九二五年初演）、ブレヒトとヴァイルによる『三文オペラ』（一九二八年）、『マホガニー』（一九二七年）、ブレヒトとアイスラーの『処置』（一九三一年）、イサーク・バーベリの『騎兵隊』（一九二五年）、エイゼンシュテインの『戦艦ポチョムキン』（一九二六年）、アルフレート・デーブリーンの『ベルリン・アレクサンダー広場』（一九二九年）が挙げられる。またハプスブルク帝国が崩壊したことで、文学が異常なほど次々と生まれた。カール・クラウスの『人類最期の日々』（一九二二年）における糾弾、ヤロスラフ・ハシェク『兵士シュヴェイクの冒険』（一九二一年）のよくわからない道化、ヨーゼフ・ロート『ラデツキー行進曲』（一九三二年）の憂鬱な哀歌、そしてロベルト・ムージルの『特性のない男』（一九三〇年）における終わりのない内省などである。創造へつながる想像力をこれほど掻き立てる政治的事件は、二〇世紀には他に類を見ない。アイルランドのイースター蜂起とその後の内戦（一九一六―二二年）はオケーシーを通じて、また、メキシコ革命（一九一〇―二〇年）はより象徴的な形で壁画家を通して――ロシア革命は違う――それぞれの国で芸術を刺激してはいたのだが。崩壊する運命にある帝国は、弱体化し、壊れつつある西洋のエリート文化自体の暗喩だった。こうしたイメージは、中央ヨーロッパの人々の想像の暗い隅に長く巣食うことになった。こうした秩序の終焉は、偉大な詩人ライナー・マリア・リルケ（一八七五―一九二六）の『ドゥイノの悲歌』（一九一三―二三年）でうたわれている。もう一人、プラハ出身ながらドイツ語で書いていた作家は、個人と集団が抱える人間の苦境の不条理について、より絶対的な意味を表現した。フランツ・カフカ（一八八三―一九二四）である。その作品のほとんどは、死後出版された。

つまりは、アヴァンギャルドと関係のない、古典研究者であり詩人でもあるA・E・ハウスマン（Housman 1988, p. 138）を引用すると、

天国が落ちてくる日に
地球の土台が霧消する時に

創造されるのがこうした芸術である。これは「歴史の天使」という見方で考えた場合の芸術だ。「歴史の天使」とは、ドイツ系ユダヤ人でマルクス主義者のヴァルター・ベンヤミン（一八九二―一九四〇）がパウル・クレーの『新しき天使』の絵に見出し、主張しているものである。

かれの顔は過去に向けられている。目の前にある一連の出来事をわれわれが見ているところで、天使が目にするのは一つの破滅で、それは天使の足元に届くまで、廃墟の上に残骸を積み続けている。死人を蘇らせ、砕け散った破片をつなぎ合わせることが天使にできたらよかったのに！　でも天国のほうから嵐が押し寄せ、天使の羽を捕まえ、もはや羽を閉じることすらできない。この嵐は抗しがたい力で天使を未来へ追いやる。その未来とは、足元の残骸の山が空まで積もっていくあいだ、天使が背を向けていたものである。そしてこの嵐は、われわれが進歩と呼ぶものである（Benjamin 1971, pp. 84–85）。

崩壊と革命が起きている西側の地域では、悲劇的で不可避の大変動はそれほど感知されていなかったが、未来は同じくらい謎に包まれていた。第一次世界大戦はトラウマになっていたが、過去との連続性がはっきりと切れるのは、一九三〇年代、つまり、大恐慌とファシズム、戦争が着々と近付いてきていた時代を待たねばならなかった。[6] そうではあったが、振り返ってみると、西ヨーロッパの知識人の雰囲気というのは、その頃すでにモスクワからハリウッドに至るまで離散したり孤立したりしていた中央ヨーロッパの人々や、失敗と恐怖によって沈黙させられ、囚われの身になっていた東欧の人々に比べれば、絶望的ではなく、もっと希望をもっていたように思う。西ヨーロッパの知識人たちは、脅威に晒されてはいるもののまだ破壊されていない価値観を自分たちは守っている、自分たちの社会に生きているものを、必要ならば社会を変えることで再活性化していると、感じていた。あとで見るように（第18章）、スターリン主義時代のソ連の失敗が西ヨーロッパの目に入らなかったこととの大きな理由は、結局のところ、ソ連は理性の崩壊に対して啓蒙主義の価値観と、古くて単純な意味で言うところの「進歩」の価値観を体現している、と確信していたからだ。ヴァルター・ベンヤミンの「天国から吹く風」より問題はない。世の中を理解不能な悲劇として理解する、いやそれよりも、この時代のもっとも偉大なイギリスの小説家イーヴリン・ウォー（一九〇三―六六）の作品におけるように、禁欲主義者のためのブラック・コメディとみなす、はたまた、フランスの小説家ルイ＝フェルディナン・セリーヌ（一八九四―一九六一）のように、皮肉屋のための悪夢ととらえる感覚は、超反動主義者にしかなかった。W・H・オーデン（一九〇七―七三）は、当時のイギリスのアヴァンギャルドの若手詩人でもっとも洗練され、もっとも知性豊かだったが、歴史を悲劇としてとらえており、それは「スペイン」や「美術の宮殿」に表れている。しかし、かれが中心となっていたグループは雰囲気として、人間の苦境を受け入れられるものとみなしていた。イギリスのアヴァンギャルドの芸術家でもっとも印象に残るのは、彫刻家のヘンリー・ムーア（一八九八―一九八六）と作曲家のベンジャミン・ブリテン（一九一三―七六）である。この二人は、自分たちの領域を侵さなければ、世界的危機がすぐ目の前を通っても構わないという心の準備がじゅうぶんできていたような印象を与える。しかし実際は侵犯した。

当時アヴァンギャルドというのは、ヨーロッパとその飛び地および属国の文化に限定された概念で、芸術革命のフロンティアに立つ先駆者たちですら、パリやロンドン――パリほどではないが、それでも驚くほど――を憧れを込めた眼差しで見つめていることが多かった。[7] ニューヨークは、まだ憧れの対象ではなかった。これが意味することは、非ヨーロッパのアヴァンギャルドというものは、アヴァンギャルドが芸術的実験と社会革命と固く結びついている西半球の外にほとんどなかった、ということだ。その頃知名度がもっとも高かったアヴァンギャルドを代表する人物たち、つまりメキシコ革命の壁画家たちは、スターリンとトロツキーに関しては意見が分かれたものの、サパタとレーニンについては意見が合った。この二人については、ディエゴ・リベラ（一八八六―一九五七）が、ニューヨークの新しいロックフェラー・センター（クライスラー・ビルに次ぐアール・デコの偉業）を飾ることになるフレスコ画に入れるべきだと主張し、ロックフェラー家を不快にさせた。

しかし、非ヨーロッパ世界の芸術家のほとんどにとり、基本的な問題は近代性であって、モダニズムではなかった。インドでベンガル人が一九世紀半ばからしてきたように、非ヨーロッパ世界の作家たちは、土着の言葉をどのようにして、現代社会に適した理解可能な文学表現へ変えられるのだろうか？　詩を書くために必須だった古典ペルシア語の代わりに、男たちは（おそらく最近では女すら）どのように、ウルドゥー語の詩を書くのだろうか？　アタテュルクの革命が歴史のゴミ箱に、男性のトルコ帽と女性のヴェールと一緒に捨てた古典アラビア語の代わりに、トルコ語で詩を書くのだろうか？　古代文化をもつ国々では、自分たちの文化をどうするのだろうか？　どれほど人を惹きつける芸術でも、二〇世紀にふさわしくなければどうしたらいいのか？　過去を捨てることがあまりにも急進的だったために、近代の一側面が別の一側面に対峙するという西洋の反乱を無関係にみせてしまうどころか、理解不能にしてしまった。近代化を進める芸術家は往々にして同時に政治的にも革命を目指しているが、そういう場合はなおさらそうだった。自身の課題――そして自身を鼓舞するもの――が「人民のもとへ行く」ことで、かれらの苦悩をリアルに描き出し、立ち上がるのを助けることだと感じている者にとっては、チェーホフとトルストイは、ジェイムズ・ジョイスよりしっくりくる手本に思われるかもしれない。日本人の作家のなかでも一九二〇年代からモダニズムに傾倒していた（おそらくイタリアの未来派と接することを通して）者は、強力な、そして時として有力な社会主義ないし共産主義の「プロレタリア階級」の集団を有していた（Keene 1984, chapter 15）。事実、中国最初の偉大な近代作家である魯迅（一八八一―一九三六）は、ヨーロッパを手本とすることを意図的に拒み、「抑圧された者の情け深い魂、かれらの苦悩と戦いを、みることができる」（Lu Hsun 1975, p. 23）ロシア文学に関心を向けた。

ヨーロッパ以外の世界に住む想像力豊かな才能あふれる人々は、そのほとんどが自分たちの伝統の枠内に囚われることもなければ、単純な西洋かぶれでもなかった。こうした人々が抱えていた重要な課題は、自国の人々が今まさに経験している現実を発掘し、そのヴェールを取り払い、表現することだったろう。リアリズムが、かれらの運動だった。

II

ある意味、この願いが東と西の芸術を結びつけた。というのも、どんどん明らかになっていったように、二〇世紀は普通の人々の世紀であり、普通の人々によって、普通の人々のために創られた芸術が優位に立つ世紀であったからだ。そして、二つの関連する方法により、平凡な市民の世界がかつてないほど明らかにされ、記録可能なものになった。ルポルタージュと映画だ。両方とも新しいものではない（『資本の時代』第15章、『帝国の時代』第9章を参照）が、一九一四年以降は自覚できるくらいの黄金時代へと入った。作家、とくにアメリカの作家は、記録者あるいはレポーターとしての役割を自ら負っただけでなく、新聞向けにも執筆もした。実際、作家兼新聞記者だったり、過去に新聞記者をしたりしていた。例えば、アーネスト・ヘミングウェイ（一八九九―一九六一）、セオドア・ドライサー（一八七一―一九四五）、シンクレア・ルイス（一八八五―一九五一）が挙げられる。「ルポルタージュ」という用語が初めて登場したのは、フランス語の辞書だと一九二九年、英語の辞書だと一九三一年だが、一九二〇年代に、社会批判をする作品かつ視覚的表現のジャンルとして世間的に認められるようになった。これはロシアの革命を目指すアヴァンギャルドの大きな影響を受けていた。このアヴァンギャルドは、ヨーロッパの左派が人民の阿片だとしてつねに非難してきた大衆向けの娯楽に対し、現実を称揚した。チェコの共産主義者のジャーナリストであるエーゴン・エルヴィン・キッシュは、「慌ただしいレポーター」（一九二五年出版の *Der rasende Reporter* は、かれのルポルタージュ・シリーズの最初のタイトル）という名で得意になって喜んでいたが、かれのおかげで、中央ヨーロッパでは「ルポルタージュ」という言葉が広まったようだ。それは主に映画を経由する形でヨーロッパのアヴァンギャルドを通して広まっていった。そのはじまりは、「ニュース映画」や「カメラの目」――アヴァンギャルドの記録映画作家ジガ・ヴェルトフに暗に言及している――と見出しがついたセクションに確認できる。これによってジョン・ドス・パソス（一八九六―一九七〇）の三部作『U・S・A』（パソスが自分が左派だった頃に書いた）では、物語がインターカットされている。「ドキュメンタリー映画」はアヴァンギャルドの左派の手のなかで、自覚的な運動になっていった。しかし一九三〇年代には、ニュース・雑誌業界の頭の堅い専門家たちですら、ニュース映画の格を上げることで知性や創造性におけるより高い地位を主張するようになっていた。ふつうは、なんのこともない余白を埋めるだけのものを、もっと仰々しい『マーチ・オブ・タイム』のドキュメンタリーにグレードアップしたり、また、アヴァンギャルドの写真家たちの技術的発明――一九二〇年代に共産党のAIZで先駆けて開発され、アメリカの『ライフ』誌、イギリスの『ピクチャー・ポスト』誌、フランスの『ヴュ』誌といった写真付き雑誌の黄金時代を創った――を借用したりすることで、そうしていた。しかし、アングロ・サクソン系の国以外で盛んになり始めたのは、第二次世界大戦を過ぎてからのことだった。

新しい写真ジャーナリズムの功績は、媒体としての写真を発見した才能ある人々――なかには女性もいた――だけでなく、「カメラはウソをつかない」、つまり、カメラは何らかの形で「本当の」真実を映し出すという錯覚のような信念、技術的進歩――新しい小型カメラは、被写体がポーズをとらなくても楽に写真を撮れるようにしてくれた(一九二五年、ライカが登場した)——にも帰する。しかし何よりも、映画があらゆる場所で優勢になったことだろう。男も女も、カメラのレンズを通して現実を見ることを学んだ。というのは、印刷物の流通量は増えたのだが(今日では、タブロイド紙ではグラビア写真がますます混ざっている)、映画に押されてしまったからである。「破滅の時代」は巨大スクリーンの時代だった。一九三〇年代後半、日刊紙を買うイギリス人と映画のチケットを購入する人の比率は一対二だった(Stevenson, pp. 396, 403)。なんと、恐慌が深刻化し、世界が戦争に飲み込まれるにつれ、西ヨーロッパでは映画の観客動員数が過去最高に達した。

新しい視覚メディアにおいて、アヴァンギャルドと大衆芸術は互いを豊かにした。実際に古いヨーロッパの国々では、教育を受けた層とある種のエリート主義よる支配が、映画というマスメディアにまで浸透しており、ワイマール共和国時代はドイツの無声映画の黄金期を創りだした。フランスのトーキーは一九三〇年代、イタリア映画の場合は、才能を隠していたファシズムの覆いがとられるとすぐ、黄金期に入った。このなかで、知識人が文化に求めたものとより広い大衆が娯楽に求めたものを組み合わせることをもっともうまくやってのけたのは、おそらく一九三〇年代の大衆向けのフランス映画だろう。これは、物語、とくに愛や犯罪についての物語の重要性を一度たりとも忘れなかった唯一高尚な映画であると同時に、気の利いた冗談を言えたのもこうした映画のみだった。ドキュメンタリー運動やアジプロ芸術でそうだったように、アヴァンギャルド（政治のほうであれ、芸術のほうであれ）が完全に勝手気ままにふるまえた所では、その作品は少数の集団を越えて広がることは滅多になかった。

しかし、アヴァンギャルドが投入されたから、この頃の大衆芸術が重要性を帯びたわけではない。大衆芸術が、押しも押されもせぬ形で文化的覇権を握っていったのだ。とはいってもすでに見た通り、アメリカ以外では、教育を受けた層による監視をまだ完全に免れていなかったのだが。優位に立った芸術（というより、むしろ娯楽）は、伝統的な好みをもち、人数が多く、かつ増えてきている中産階級や中産階級の下位に属する市民というより、できる限り幅広い大衆をターゲットにした。当時はまだこうしたものが、ヨーロッパの「大通り」ないし「ウェストエンド」の界隈ないし似たような場所に溢れていた。少なくとも、ヒトラーがそのような創作の製作者を追い散らしてしまうまでは。ただし、こうした作品の面白みはあまりなかった。高等でも下等でもない真ん中の領域で起きたもっとも面白い展開は、あるジャンルが驚くほど爆発的に成長したことだった。それは、一九一四年以前から存在自体はなんとなくわかっていたのだが、その後成功する気配はまったくなかった。謎解きをする探偵小説である。当時、本を作れるほどの厚さの探偵小説が主流になっていた。これは当初、イギリスの――一八九〇年代に世界的に名を馳せたA・コナン・ドイルのシャーロック・ホームズのおかげだろうか――ジャンルだった。また、驚くことに、大部分が女性や研究者のおかげでもあった。この分野のパイオニアであるアガサ・クリスティー（一八九〇—一九七六）の作品は、今も変わらずベストセラーである。このジャンルが国際的なものになってからも、やはり、イギリスの本家からだいぶ刺激を受けていたことは間違いない。要するに、ほとんどの場合ストーリーは殺人事件で、ある程度の発想力が求められる室内ゲームだった。難解なヒントがついている高級なクロスワード（探偵小説以上にイギリスだけの十八番）と言えなくもない。このジャンルは、危機が迫ってはいるが破綻はしていない社会秩序を、好奇心をそそるやり方で想起させるジャンルとして一番よく理解できる。殺人は、探偵を動かす重要かつほぼ唯一の犯罪となっており、田舎の邸宅や馴染みのある職場など、特殊な秩序をもった環境で突然発生する。そして、腐ったリンゴ——それは樽に入っている他のリンゴが安全であることを証明している——の一つに端を発している。秩序が回復されるのは、探偵がその問題を推理していくことを通してである。探偵自身（いまだに圧倒的多数が男性）がその場の代理人になっている。おそらくこういうわけで、警官が上・中流階級である場合を除き、そしてそんなケースはほとんどないのだが、私的に調査することが強調される。探偵小説は、非常に保守的だが、自信をもっているジャンルである。その点で、同時期に人気が出てきたもっとヒステリックな秘密諜報員が出てくるスリラー小説（これもまた主にイギリスのもの）とは違う。二〇世紀後半には、スリラー小説は大きな将来性をもつジャンルになった。そしてこの分野の作家たちは、文学的功績がある程度ありながらも、自国の諜報機関で相応の仕事に就いていることもたびたびあった[8]。

一九一四年には、今のような規模のマスメディアは、多くのヨーロッパの国々ですでに当たり前のものとみなされるようになっていた。そうはいっても、激動の時代におけるその成長には、目を見張るものがあった。アメリカでの新聞発行部数の増加は、人口の増加よりも速く、一九二〇―五〇年にかけて倍に増えた。その頃までには、典型的な「先進」国では、千人の人口（男性・女性・子ども）当たり三〇〇―三五〇部の新聞が売れるようになっていた。とはいえ、スカンジナヴィア諸国とオーストラリアの人々はそれ以上に新聞を消費し、都市部のイギリス人に至っては、おそらく新聞が地方限定というより全国紙のためだが、人口千人当たりで、驚くことに六百部の売り上げがあった（*U. N. Statistical Yearbook*, 1948）。大衆向けの学校教育が行われている国々では新聞は、写真やシリーズものの漫画――まだ知識人から尊敬を得ていない――と、長すぎる言葉を避け、色鮮やかで目を引く庶民的な表現を発展させることで、読み書きが不完全な人々も満足できるよう策を尽くした。しかし、新聞業界は文字が読める層にアピールした。その文学への影響は看過できない。一方映画では、読み書き能力はあまり必要とされなかった。そして一九二〇年代にトーキーが始まると、英語圏の大衆には、理解するうえで読み書き能力はまったく必要がなくなった。

新聞が惹きつけたのは、世界のほとんどの地域で少数のエリート層のみだった。こういう新聞と違って映画は、ほぼ最初から国際的なマスメディアだった。無声映画では、異文化間コミュニケーションで必要な作法がすでに検証されていたため、普遍的な伝達手段になる可能性があった。それを捨てたことで、英語の話し言葉は世界的に普及し、二〇世紀後半にグローバルなピジン語としてその地位を築くことができた。なぜなら、ハリウッドの黄金時代には、映画といえば基本的にはアメリカ製だったからだ。ただし、アメリカと同じくらいのフルサイズの映画が製作された日本は除く。他の地域については、第二次世界大戦前夜、ハリウッド製の映画の本数は、全先進国で製作される映画の本数のすべてを合計したのと同じくらいあった。この状況は、たとえインドを入れたとしても変わらなかった。インドは日本と同じくらいの観客規模をもっており、アメリカともだいたい同じくらいで、年間一七〇本製作されていた。一九三七年には五六七本の映画が作られた。一週間に十本以上だ。覇権を握るうえでの資本主義と官僚化された社会主義との能力の差が、この五六七本という数と、ソ連が一九三八年に製作したと主張する四一本という数に出ている。そうはいっても、一つの産業が世界で桁外れに優位に立つ状況は続かなかった。その原因は明らかに言語にあった。いずれにせよ、夢を大量生産する機械としてこの頃ピークに達していた「スタジオ・システム」の解体を生き抜くことはできず、第二次世界大戦後すぐに崩壊した。

第三のマスメディアはまったく新しいものだった。ラジオである。新聞や映画と異なり、ラジオの主な基盤となっていたのは、当時は先端的であった機械の個人所有だった。したがって、ラジオは比較的豊かな「先進」国に基本的に限定された。イタリアでは一九三一年まで、ラジオ受信機の数は自動車の数を越さなかった(Isola 1990)。第二次世界大戦前夜にラジオ受信機がもっとも普及していたのは、アメリカ、スカンジナヴィア、ニュージーランド、そしてイギリスだった。こうした国では、目を見張るスピードで普及したために、貧困層ですら買えるようになっていた。一九三九年、イギリスには九百万台のラジオがあったが、その半分は週給二・五—四ポンド——とりたててよくも悪くもない収入——の人々が購入したもので、そのうちの二百万台はこの給与以下の人々が買ったものだった(Briggs, II, p. 254)。ラジオの聴取者が大恐慌時代に倍に増えたことは、驚くようなことではないだろう。後にも先にも、これほど聴取者が急増したことはなかったほどである。というのも、ラジオは貧困層の生活、とくに家に引きこもりがちの貧しい女性の世帯の生活を、これまでにない形で変えたのだから。かれらが生活する部屋に世界を届けたのだ。こうして、孤独をもっとも感じている人々も、完全な一人ぼっちに二度とならずにすむようになった。そして、話や歌、演奏、あるいは音で表現されるものすべてに、いまや自分の意のままに触れられるようになったのだ。第一次世界大戦終結時には誰も知らなかったメディアが、株価が暴落するまでにアメリカで千万世帯、一九三九年までに二七〇〇万世帯以上、一九五〇年代までに四千万世帯以上の心を摑んだとは、驚きではないだろうか？

映画や大幅に変わった大衆向けの新聞と異なり、ラジオは人間が現実を感知する仕方を大きく変えはしなかった。五感で感じることと思想との関係を理解し、構築するうえで、新たな方法を生み出したわけではなかった（『帝国の時代』参照）。ラジオは所詮、媒体であってメッセージではなかった。しかし、何百万にものぼる無数の人々に一斉に語りかける、そして聞き手は一人ひとりに語りかけられていると感じる、その力によってラジオは、大量の情報を伝える道具として考えられないほど影響力をもった。この点は、ラジオをプロパガンダと広告に用いた支配者やセールスマンがすぐに気づいた通りである。一九三〇年代初頭までに、アメリカの大統領はラジオの「炉辺談話」の可能性を、イギリスの国王は王室によるクリスマス放送の可能性を、すでに見出していた（それぞれ一九三二、三三年のこと）。第二次世界大戦中はニュースへの需要は絶えず、ラジオは政治的道具として、また情報媒体として、その真価を発揮した。ヨーロッパ大陸のラジオの数は、戦争でもっともひどい被害を受けた幾つかの国を除き、大幅に増えた（Briggs, III, Appendix C）。なかには倍、あるいはそれ以上に増えた国も複数あった。ヨーロッパ以外のほとんどの国においては、ラジオの増加はさらに急激ですらあった。商業は、はじめからアメリカ全土の放送電波を牛耳っていたのだが、他の地域でそうするのは難しかった。というのも、市民に対する影響力が甚大なメディアの管理を渡してしまうことに対し、諸政府は伝統的に及び腰だったからだ。BBC放送は公的独占を維持した。商業放送が大目にみてもらえた地域であっても、政府の公式見解に従うことが求められた。

ラジオ文化が新たにもたらしたものを認識するのは難しい。なぜなら、ラジオが先駆的役割を果たしたことのあまりにも多くが、日常生活の付属品の一部になってしまったからである。例えば、スポーツの実況解説、ニュース放送、有名人を招くショー、連続ドラマ、そしてあらゆる種類のシリーズもののプログラムがそうだ。ラジオがもたらしたもっとも重大な変化といえば、きちっと決まったタイムテーブルに沿って、自分の私生活を送りつつ、生活を構築することである。これ以後、このタイムテーブルによって、労働の領域だけでなく、余暇の領域も規定されるようになった。それでも面白いことに、このラジオというメディアは――そして、ビデオとビデオレコーダーが台頭するまでは、ラジオの後継であるテレビも――基本的に個人と家族に重点が置かれているにもかかわらず、独自の公共空間を築いた。歴史上はじめて、どこの誰だかわからない者同士でも、会ってみると、各々が昨夜、十中八九聞いていた（のちには見ていた）もの――例えば、大きな試合、お気に入りのお笑い番組、ウィンストン・チャーチルのスピーチ、ニュース放送――がわかるようになった。

ラジオの影響をもっとも大きく受けた芸術は、音楽だった。なぜなら、ラジオにより、音が届く範囲への音響上ないし技術上の制限がなくなったからだ。音楽は、口でのコミュニケーションを制限する身体という檻を破って出てきた最後の芸術であるものの、一九一四年以前に蓄音機によって技術的に再現できる時代にすでに入っていた。とはいえ、大衆にとってはまだまだ手が届かないものだったが。戦間期になって、大衆は蓄音機とレコードに手を出せるようになった。しかし、「レイス・レコード」、つまり典型的な貧困層向けの音楽のレコード市場がアメリカの大恐慌時代に事実上崩壊したことは、この拡大の脆弱さを表していた。それでも、レコードの技術面での品質は一九三〇年頃から向上したが、長さという点で限界が残った。さらに、普及する範囲は売り上げに依存していた。ラジオによってはじめて音楽は、理論上は無数の聴取者が遠く離れた場所で、かつ五分以上続けて聞くことができるものになった。こういうわけでラジオは、今でもそうであるように、少数派向けの音楽（クラシック音楽も含む）を独自の方法で普及させるだけでなく、レコードを販売するうえで飛びぬけて影響力のある手段になった。ラジオは音楽を変えなかった。たしかに影響しはしたが、演劇や映画には及ばなかった。演劇と映画も音の再生方法をすぐに身につけた。しかし、現代の生活における音楽の役割は、日常生活のバックグラウンド・ミュージックという役割まで入れると、ラジオなしには考えられない。

このように、大衆芸術で有力だった勢力は主に、新聞・カメラ・映画・レコード・ラジオといった、技術や産業に関わるものだった。しかし、大都市によっては一九世紀後半以降、技術・産業と関連しない自律的な創造を目指すイノヴェーションという正真正銘の泉が、エンターテイメント界隈で明らかに湧き出てきていた(『帝国の時代』参照)。その泉は枯渇するどころか、そこで生み出されたものは、メディア革命によってもともとの範囲を超えて伝えられた。例えば、アルゼンチン・タンゴは形式が整えられ、ダンスから歌へ展開したが、その到達点と影響力という点でピークに達したのはおそらく一九二〇・三〇年代だった。もっとも偉大なるスター、カルロス・ガルデル(一八九〇—一九三五)が一九三五年に飛行機事故で他界した時には、その死はスペイン語圏のアメリカ大陸の至る所で悼《いた》まれ、(レコードのおかげで)永遠の存在になった。タンゴがアルゼンチンを象徴するように、ブラジルの象徴になったサンバは、一九二〇年代にリオのカーニヴァルが民主化されたことから生まれた。しかし、もっとも印象を残し、かつ長期的にみて影響力のあったこの種の発展は、アメリカでのジャズの進歩で、そのおおくは、南部の州から中西部・北東部の大都市へ黒人が移住したことに影響されている。ジャズは、プロのエンターテイナー(主に黒人)による自主的な芸術音楽だった。

そうはいっても、こうした普通の人々による発明や発展の影響は、それが生まれた領域の外では限られていた。またその影響は、二〇世紀後半に比べると、この段階ではまだそれほど革命的ではなかった。二〇世紀後半とは、誰にでもわかる例を挙げるならば、アメリカの黒人ブルースから直接派生した表現がロックンロールとして若者文化の世界共通語になった時代である。マスメディアと普通の人々の創作活動は、映画を除いては、二〇世紀後半と比較すると慎ましいものだったが（これについてはのちほど考察する）、しかし、量という点ではすでに膨大であり、質の点でも目覚ましいものもあった。とくにアメリカではそうだった。こうした分野でアメリカは、経済での圧倒的な優位と商業・民主主義への一途《いちず》な献身、そして大恐慌後はルーズヴェルト的なポピュリズムの影響により、誰も異議を唱えられないような指導力を発揮し始めた。大衆文化では、世界はアメリカ的か、さもなければ田舎扱いの二択だった。局地的レベルでは多大な影響を及ぼした国や地域はあるし（例えば、イスラーム世界におけるエジプト音楽）、ダンスミュージックのカリブ海的・ラテンアメリカ的な構成要素のように、異国情緒的な感じが世界的な規模で商業化された大衆文化にたまに登場することはあったが、一つの例外を除き、アメリカほど世界中に自国文化を確立した国や地域はなかった。唯一の例外はスポーツだ。大衆文化のこの領域では――ブラジル・チームの栄光の日々を目の当たりにして、スポーツが芸術だという主張を誰が否定するだろうか？――、アメリカの影響はワシントンが政治的に支配している地域に限定されていた。クリケットが民衆のスポーツとしてプレイされるのは、かつてユニオン・ジャックがたなびいたことがある地域だけであるように、野球は、アメリカ海兵隊が過去に上陸したことがある地域以外ではほとんど影響を及ぼさなかった。世界的にプレイされることになったのはサッカーで、イギリスが世界経済で占めた地位から生じた産物だった。イギリス企業の名を冠したチームや在外イギリス人で構成するチーム（例えば、サンパウロ・アスレチック・クラブ）が極氷から赤道までの地域に投入されてきた。このシンプルかつエレガントなゲームは、複雑なルールや道具に邪魔されることもなく、また、必要な広さがあり、ほぼ平らな空き地があれば練習も可能だった。サッカーは、それ自体がもつ長所によって世界中に広まり、一九三〇年のワールドカップ創設（ウルグアイが優勝）をもって、真に国際的なスポーツになった。

大衆スポーツは、それでも、世界中に普及していたとはいえ、われわれの基準からすると非常に原始的なままだった。選手たちはまだ、資本主義経済に取り込まれていなかった。大スターたちですら、テニスの場合のようにアマチュアのままか（言い換えると、伝統的なブルジョワの地位に融合していた）、あるいはイギリスのサッカーの場合のように、熟練産業労働者よりそれほど高くない賃金が支払われるプロのどちらかだった。ラジオをもってしても、目の前の試合やレースのシーンを、解説者の声の音量を上げることくらいにしか変換しえなかったため、大衆スポーツは対面で楽しむものだった。テレビと映画スター並みの給料をもらうスポーツ選手の時代が来るのは、あと数年先だった。しかしこれから見るように（第9―11章）、それほど先というわけではなかった。

註

(1) 絵画ではマティスとピカソ、音楽ではシェーンベルクとストラヴィンスキー、建築だとグロピウスとミース・ファン・デル・ローエ、文学ではプルースト、ジェイムズ・ジョイス、トーマス・マン、フランツ・カフカ、イェーツ、エズラ・パウンド、アレクサンドル・ブローク、アンナ・アフマートヴァ。

(2) なかでも、イサーク・バーベリ(一八九四年生まれ)、ル・コルビュジエ(一八八七年生まれ)、アーネスト・ヘミングウェイ(一八九九年生まれ)、ベルトルト・ブレヒト、ガルシア・ロルカ、ハンス・アイスラー(以上一八九八年生まれ)、クルト・ヴァイル(一九〇〇年生まれ)、ジャン・ポール・サルトル(一九〇五年生まれ)、W・H・オーデン(一九〇七年生まれ)が挙げられる。

(3) 比較的まれな例外——アルバン・ベルクやベンジャミン・ブリテン——を除いて、一九一八年以降に舞台ミュージカルのために創られた作品——例えば、『三文オペラ』、『マホガニー』『ポーギーとベス』——は、正式なオペラハウスのために書かれたものではなかったことは、重要である。

(4) 公平を期しておくと、リーヴィス博士はやがて、やや不承不承であったかもしれないが、この偉大な作家に対してはもうすこしまともな賛辞を送っている。

(5) だからといって、長い沈黙の後にクラウスが、自分の理解を超えていたこのテーマについて、数百枚を費やして書くことの障害にはならなかった。

(6) 実際に、第一次世界大戦の文学への大きな反響がようやく聞こえ始めたのは、一九二〇年代末に向かっている時だった。エーリヒ・マリア・レマルクの『西部戦線異状なし』(一九二九年出版、一九三〇年ハリウッドで映画化)は、十八カ月の間に二十五言語で二五〇万部売れた。

（7）アルゼンチンの作家ホルヘ・ルイス・ボルヘス（一八九九―一九八六）は、イギリス贔屓とイギリス志向で悪名高かった。非凡な才能をもつアレクサンドリア出身のギリシャの詩人C・P・カヴァフィス（一八六三―一九三三）の第一言語は、実は英語だった。同様に、二〇世紀ポルトガルのもっとも偉大な詩人フェルナンド・ペソア（一八八八―一九三五）も、少なくとものを書くうえでは英語が第一言語だった。ベルトルト・ブレヒトへのキプリングの影響は周知の通りである。

（8）現代の「ハードボイルド」の推理小説や私立探偵の小説の文学上の先祖は、もっとずっと庶民的だった。ダシール・ハメット（一八九四―一九六一）は、ピンカートン探偵社の探偵として働き始め、安雑誌で出版した。ついでに言えば、探偵小説を真の文学へと変えた唯一の作家であるベルギーのジョルジュ・シムノン（一九〇三―八九）は、独学の下請けライターだったことがある。

第7章　帝国の終わり

一九一八年、かれは革命を目指すテロリストになった。かれが教祖と慕う人物は、結婚式の夜に来ていた。そしてかれは、一九二八年に妻が死ぬまでの十年間、一度たりとも妻と住むことはなかった。女性と距離をとることは、革命家にとって鉄の掟だったのだ……。（中略）かれは昔よく、アイルランド人のように戦うことで、インドがどのように自由になれるのか、わたしに語ってくれた。ダン・ブリーンの『アイルランドの自由のためのわが闘争』を読んだのは、かれと一緒にいる時だった。ダン・ブリーンは、マステルダの理想だった。かれは、アイルランド共和軍にならって、自分の組織をインド「共和国軍・チッタゴン支部」と名付けた。

カルパーナ・ドート（1945, pp. 16–17）

植民地行政官のなかでも気が利く者は、賄賂で腐敗した組織を許容するどころか、奨励すらした。それは、こうした組織が、不満をもつどころか反体制の場合すらある人民を管理する安上がりの装置を与えてくれたからだ。それは事実上、なにか欲しいと思ったら（例えば、裁判で勝つ、政府と契約を結ぶ、叙勲される、公職に就く）、与奪する権力のある人間の願いを叶えてやれば得られる、ということだ。「願い」の叶え方は、必ずしも金銭を贈ることではない（これはお粗末なやり方で、インドにいたヨーロッパ人で、この手の方法で手を汚した者はほとんどいなかった）。贈り物は、友情だったり、尊敬の念だったり、あるいは贅沢なもてなしだったりしてもいい。もしくは「大義」のための資金でもいい。しかしなによりも、イギリスのインド統治への忠誠心が一番だ。

M・キャリット（1985, pp. 63-64）

I

一九世紀、非ヨーロッパ世界はわずか数カ国――ほとんどは北大西洋に面する国――によって、馬鹿ばかしいほど簡単に征服された。そのうち、あえて占領と支配をしようと思わなかった所では、ヨーロッパ諸国は経済・社会システムや、組織と技術という手段によって、もっと揺るぎない優越性を確立した。資本主義とブルジョワ社会は世界のあり方を一変させて支配下に置き、歴史という不可抗力に飲み込まれたり、吹き飛ばされたりしたくない国に、模範を示した。そして模範は、一九一七年までたった一つしかなかった。一九一七年以降はソヴィエトの共産主義というもう一つの模範ができたが、私企業と自由主義的な制度がない以外、本質的には同じタイプのものだった。ゆえに、非ヨーロッパ、もっと正確には非・北ヨーロッパ諸国の二〇世紀の歴史の行く末を基本的に決めたのは、人類の支配者として一九世紀に君臨していた国々との関係だった。

そのぶん、「短い二〇世紀」の歴史は地理的に偏ったままだし、世界の変容を促す力に着目する歴史家が書く歴史も地理的に偏らざるをえない。だからといって、他者を見下す自民族中心主義ないし人種主義的ですらある優越感や、今でも恵まれた国でよく目につく完全に不当な自己満足が、歴史家に共通しているわけではない。事実、筆者はE・P・トンプソンが世界の後進国の貧しい人々に対する「おおいなる謙遜」と呼んだものに、根強く反対している。そうはいうものの、「短い二〇世紀」における世界史の大半の変化は、それぞれの国で発生したものではなく、国外に由来していたことに変わりはない。その原動力は本質的に、ヨーロッパが先駆けとなったモデルを非ブルジョワ社会のエリートが真似ようとしたことにあった。そのモデルとは、資本主義と社会主義で形は違っても、経済や技術科学を「発展」させることで進歩、つまり富・権力・文化の様式を生み出す社会である。(1) 現実的に使えそうなモデルといえば、「西洋化」や「近代化」など、呼び方はいろいろあるかもしれないが、これ一択だった。ぎゃくに、脱植民地化した世界に広がる「後進性」は、国家間の駆け引きのなかでさまざまな言葉で形容されたが（「低開発」「発展途上」など）、政治的に配慮された表現で、区別されているに過ぎない（じっさいレーニンは自国と「植民地化された後進国」の状況をためらいなく説明していた）。

「開発」で実際に使えそうなモデルは、邪魔にならない限り――例えば、コーランや聖書が認めていない、中世騎士道と衝突する、あるいは、スラヴ民族の魂の深淵さと矛盾するといった理由で、空港建設が禁止になったりしない限り――さまざまな信仰やイデオロギーと混ざっていても構わなかった。他方、このような思想信条が「開発」のプロセスに建て前だけでなく、実現に当たっても相対している場合には、確実に失敗と敗北が待っていた。魔法があればマシンガンの銃弾でもよけられるという信念がどれほど純粋で強かったとしても、実際には、魔法で状況を変えられることは滅多にない。コミュニケーションの手段としては、聖人のテレパシーより電話や電報のほうが優れているのだ。

だからといって、伝統や信仰、イデオロギー――変わるものと変わらないものとがあるが――がお役御免になるわけではない。こうしたものを基準として、ある社会が別の「発展」した新しい世界に触れた時に審判を下すのだから。資本主義的自由主義は、アダム・スミスのいう「物々交換の傾向」と個人的な満足と興味を追求する傾向がもともとある人たちを除いて、個人と個人とのありとあらゆる絆を切ってしまった。それゆえ、伝統主義も社会主義も、経済的な――かつ政治的な――資本主義的自由主義の輝かしい勝利の中心には道徳心がないことに気づいており、その点で同意していた。資本主義以前・非資本主義のイデオロギーや価値体系が、世界における人間の居場所を定め、「発展」と「進歩」が何をどれくらい破壊したのか見極める手段となる道徳というシステムとして、小型砲艦・商人・宣教師・植民地の行政官がもち込んだイデオロギーや価値体系より、優れていることは珍しくない。一九七〇年以前に後進世界でうまくいった解放運動のなかに、伝統主義あるいは復古的な伝統主義のイデオロギーが鼓舞したり成就させたりしたものはない。しかし、資本主義以前・非資本主義のイデオロギーや価値体系は、伝統的社会に生きる大衆を、資本主義であれ社会主義であれ、近代化に対抗するよう動員する、もっと正確にいうと、資本主義ないし社会主義を輸入した外部勢力に対抗するよう動員する方法として、特定の状況下ではきわめて効果的になりうる。そのような運動の一つに、英領インドで短命に終わったキラーファット運動（一九二〇―二一年）がある。この運動は、トルコのスルタンを全信者のカリフとして存続させること、オスマン帝国の領土を一九一四年の国境線で維持すること、（パレスチナを含む）イスラームの聖地をムスリムが管理することを要求し、渋るインド国民会議派に対し、民衆の協力拒否と市民的不服従を突き付けた(Minault 1982)。こうした運動が事実はあるものの、一九七〇年代以前に後退地域で成功した運動は伝統主義ないし復古的な伝統主義のイデオロギーで成功したわけではなかった。宗教の名のもとでの大衆動員——「教会」は王よりも一般市民を掌握するうえで上手だった——の最たる特徴は、宗教を延命させるための作戦だ。たしかに、「王なるキリスト」を旗印とし、世俗化を進めるメキシコ革命に農民たちが抵抗した（一九二六—二九年）——メキシコ革命の専門家のなかでもっとも重要な歴史学者が「クリスティアド」という叙事詩的な表現で描写した——例があるように、不屈かつ英雄的反乱（Meyer 1973-79）もまれにあったのだが。原理主義的な宗教が大衆動員を成功させるうえで主力となるのは、二〇世紀最後の数十年のことであった。この時期知識人の間では、教養ある祖父世代だったら迷信や野蛮で片づけそうな流儀への奇妙な回帰がみられた。

ぎゃくに、従属国を従属から、後進国を後進性から解き放つ刺激を与えたイデオロギー、プログラム、そして政治を組織化する方法やそのあり方ですら、西洋由来のものだった。これらが、大衆が使う宗教的な言葉で語られる時、あるいは宗教的な言葉で語らざるをえなかった時ですら、そうだった。それらは例えば、自由主義、社会主義、共産主義兼／もしくは民族主義、世俗主義、聖職者の権力への懐疑であり、いずれにしても、出版、市民集会、パーティ、大衆向けキャンペーンといった、ブルジョワ社会の市民生活のために発展した装置が使われていた。これが何を意味するかというと、この世紀に第三世界に変革をもたらした人々の歴史は、少数のエリート、時には取るに足らないほど少数の場合もある集団の歴史であるということだ。なぜなら、民主政治の制度がほとんどの場所でなかったことはさておき、必要とされる知識・教育、初歩的な読み書き能力があったのは、ほんのわずかな層だったからである。結局のところ、独立前のインド亜大陸では、人口の九〇%以上が読み書きができなかった。ヨーロッパ言語（つまり英語）での読み書きができる者の人口はさらに少なかった。そう、一九一四年以前では、三億人のうちせいぜい五〇万といったところだろう。六百人に一人という計算になる。[2]独立の時に教育熱が飛び抜けて高かった地域（西ベンガル）ですら、人口十万人当たり大学生は二七二人を数えるのみだった。これでも北インドの中心部より五倍も多い。人数的には少ないが、かれらが果たした役割は計り知れないほど大きい。一九世紀末、英領インドの主要な直轄領だったボンベイ州に住む三万八〇〇〇人のゾロアスター教徒の場合、その四分の一以上が英語の読み書きができた。かれらがインド亜大陸の至る所で貿易・工業・金融のエリートになったことは、驚くことではない。一八九〇―一九〇〇年にボンベイ高等裁判所の弁護士を務めた百人のなかには、独立後のインドで主要な国民的指導者となった者が二人おり（モハンダス・カラムチャンド・ガンディーとヴァッラブバーイー・パテール）、また、パキスタンを将来建国することになるムハンマド・アリー・ジンナーもいた（Seal 1968, p. 884; Misra 1961, p. 328）。このようなヨーロッパ式の教育を受けたエリートは、さまざまな目的をもつ役割を担った。そのよい例が、筆者の知り合いのインド人一家である。一家の父親は、地主兼やり手の法律家であり、イギリス統治下では有名人だった。一九四七年以降には外交官を、やがて州知事を務めた。母親のほうは、インド国民会議派の州政府で、一九三七年に女性初となる大臣の座に就いた。四人の子どものうち（全員イギリスで教育を受けた）三人は共産党に入った。そのうち一人はインド陸軍司令官に、もう一人はやがて共産党選出の議員に、いま一人は数奇な政治的幸運により、ミセス・ガンディー政権で大臣になった。最後の一人はビジネスで成功を収めた。

こうした例があるからといって、必ずしも、ヨーロッパ化したエリートたちが自らの手本とした国や文化の価値観をすべて受け入れたわけではなかった。かれら個人の考え方は、ヨーロッパへの完全な同化から深い不信まで幅広いが、いずれにせよ、ヨーロッパで起きた革新を受容することでしか、自分たちの文明がもつ特有の価値観を維持・回復できないという信念と混ざっていた。「近代化」プロジェクトにもっとも熱心に取り組み、成功したのは明治維新以降の日本だが、その目的は、自身を西洋化することではなく、それどころか、伝統的な日本を成長させることだった。同様に、第三世界の活動家たちが、自分たちのものとしたイデオロギーとプログラムに読み取ったのは、表面的な主題というよりは、隠された主題だった。例えば、脱植民地化の時代には、社会主義（ソヴィエト共産主義版）は独立した国の政府には魅力的に映った。それは、植民地本国の左派が反帝国主義という大義をつねに掲げていたからだけでなく、それ以上に、計画的な工業化による後進性を克服していくうえで、ソ連を手本とみていたからである。後進性の克服は、独立したての国の政府にとり、それぞれの国で「プロレタリアート」と呼ばれるものの解放以上に切迫した問題だった（下巻第12・13章参照）。同様に、ブラジル共産党のマルクス主義への献身は、一度たりとも揺らいだことはなかった。その間、発展途上であったある種の民族主義は、一九三〇年代初頭以降、共産党の方針に欠かせない「基本的な要素」になった。たとえそれが、労働者の利益――労働者以外の利益と切り離して考えられていた――とぶつかった時であっても（Martins Rodrigues, p. 437）。にもかかわらず、後進国の歴史を形作ってきた人々が何を目標として自覚し、あるいは自覚していなかったかはさておき、目標を達成するためには、近代化、つまり、ヨーロッパ由来のモデルを真似することが必須かつ不可避だった。

以上のことは、第三世界のエリートと各国の大衆の展望がかなり異なっている以上、なおさら明らかだった。ただし、マハラジャから街の清掃人に至るまで、白人（北大西洋側の白人）の人種主義に対して共通の怒りで結ばれている場合は除く。いや、その場合でも、肌の色に関係なく低い社会的地位に置かれることに慣れてしまっている人は、とくに女性の場合、絆をそれほど感じられなかっただろう。宗教を共有することがこのような絆――イスラームの場合、非ムスリムに対する永遠に続く優位性による絆――になることは、イスラーム世界を一歩出てしまえば、まれなことだった。

II

「帝国の時代」、資本主義の世界経済は、地球のありとあらゆる所に行き渡り、変容させたも同然だった。十月革命後にはソ連の国境線で一時的に止められてしまったが。だから、一九二九―三三年の大恐慌が反帝国主義と第三世界の解放運動の歴史に転機をもたらすことになった。北大西洋側の国の触手が伸びる前に、こうした地域がどのような経済・富・文化・政治システムを持っていようと、すべて世界市場に吸い込まれていった。ただし、ヨーロッパの実業家や政府から経済的な面白みがないと見捨てられなければの話だが。荒野で石油や天然ガスが発見される前に広大な砂漠に住んでいたベドウィン族のように、単に面白いだけでは駄目なのだ。世界市場にとりこうした地域は、基本的には第一次産品――工業とエネルギーに必要な原料、農産物と畜産物――の供給者、また北ヨーロッパの資本の投資先として価値をもった。投資は主に、公債、輸送・通信・都市のインフラに対してで、これらがなければ従属国の資源を効率よく搾取することはできなかった。一九一三年、イギリスの全海外投資――イギリスは、イギリス以外の国のすべてを合計した以上の資本を輸出している――の四分の三以上が国債・鉄道・港湾・海運を対象としたものだった（Brown 1963, p. 153）。

従属国の工業化は、どこの国でもまだ政策に入っていなかった。例えば、ラテンアメリカの南端に位置するような国では、肉のように地元でつくられた食材をコーンビーフ缶にして、もっと簡単にもち運びできるように加工することは合理的に思えるのだが、工業化は計画になかった。結局のところ、イワシを缶詰にして、ポート・ワインをボトルに入れたところで、ポルトガルは工業化していなかったし、ポルトガルもそれで工業化するつもりはなかった。実際には、北ヨーロッパ各国のほとんどでは、自分たちが製造した物を従属世界に輸出し、その代金をかれらの第一次産品を売ることで支払わせる、というのが、政府や企業家の基本的なパターンだった。そしてこのパターンが、一九一四年以前のイギリスが支配する世界経済を支えた（『帝国の時代』第2章参照）。ただ、従属世界はいわゆる「入植者資本主義」だった国々を除き、製造者にとって、ことさら見返りが大きい輸出市場ではなかった。三億人のインド亜大陸の住人と四億人の中国人はあまりにも貧しかったし、日々の生活の必需品は地域内でなんとか調達していたため、他から多くを輸入することはなかった。それでも、一ペニーが七億人分集まると、ランカシャー州の綿産業を存続させるのにじゅうぶんな額になったことは、経済的覇権を握っていた時代のイギリスにとり幸運であった。イギリスの利益が、すべての北ヨーロッパの工業国と同様に、それほど従属していなかった市場を自分たちの製品に完全に依存させること、つまり、工業化ではなく農業化しておくことにあったのは明白だった。

工業国がこれを目的としてもっていようがなかろうが、農業化が成功することはなかった。その理由の一つは、世界の市場社会、つまり売買が行われる社会に各国経済が溶け込んでいくなかで、地域的な市場が形成され、それが、消費財の現地生産を刺激したからである。こういう生産は地域でやったほうが安上がりだ。またいま一つの理由は、従属地域、とくにアジアでは、経済構造が非常に複雑で、製造・ハイレベルな精密さ・技術的資源と人的資源の素晴らしさとその潜在能力の点で、すでに長い歴史があったからだ。商業の中心となる巨大な港を擁する港湾都市は、北の世界と従属世界――ブエノスアイレス、シドニーからボンベイ、上海、サイゴン――とを独特の形で結んだ。そこは、支配者の意図とは関係なく、輸入品に対抗するために地元産業が保護を一時的に与えられていくなかで発達した。アメーダーバードや上海の織物製造業者――現地の業者だろうが外国企業の代理店だろうが――にとり、近場のインドや中国の市場に、それまで遠くて費用もかかるランカシャー州から輸入されていた綿製品を供給することは、難しいことではなかっただろう。事実、第一次世界大戦後はそうなった。そしてこれは、イギリスの綿産業に致命傷を負わせた。

それにもかかわらず、産業革命が残りの地域にもいずれ広がっていくというマルクスの予測がどれくらい理に適っていたかを考えてみた時、帝国の時代が終わりを告げる前、実際には一九七〇年代を迎えるまでに、資本主義が高度に発達した国以外に広がった工業は、ほとんどなかった。これは驚くべきことだ。一九三〇年代後半、工業の発展を示す世界地図で起きた唯一の大きな変更といえば、ソヴィエトの「五カ年計画」によるものだった（第2章参照）。一九六〇年代になってもまだ、西ヨーロッパと北米の工業化の古い拠点が、世界の総生産の七〇％以上、世界の「製造で価値を加えること」、つまり工業生産のほぼ八〇％を占めていた（Harris 1987, pp. 102-103）。年老いた西欧からの真に目覚ましい飛翔は、二〇世紀最後の三分の一で起きた。その飛翔には、一九六〇年の段階で世界の工業生産の約四％しか占めていなかった日本の工業が台頭したことも含まれている。こうした古い拠点の脱工業化、つまり「新国際分業」について経済学者が書籍を著し始めたのは、一九七〇年代に入ってからのことだった。

帝国主義、つまり古い「国際分業」が、従来中核となっていた国々による工業の独占を強固にする傾向を生来もっていたことは、疑いようがない。この点で、戦間期のマルクス主義者たちは、後進国の後進性を確実に存続させる様式として、帝国主義を攻撃する明白な根拠をもっていた。のちに、一九四五年以降の各種「従属理論論者」もこれに加わった。しかし逆説的ではあるが、工業を古い拠点に繋ぎ止めていたのは、資本主義的な世界経済の発展が比較的未熟であったこと、より正確には、輸送・通信手段の技術の未発達だった。営利企業や資本蓄積の考え方でいくと、鉄の製造をずっとペンシルヴァニアやルール地方で行わなければならない必然性はなかった。だからといって、工業化が進んだ国の政府が、とくに保護主義の傾向があったり、広大な植民地帝国を有したりしている場合には、潜在的な競争相手が自国産業に害を加えるのを阻止するために全力を尽くすのは、驚くに及ばない。しかし、帝国を担うそんな政権でも、植民地を工業化する動機はあったはずである。組織的にそれを行ったのは、ただ一つ、日本だけだった。日本は韓国（一九一〇年併合）で重工業を発展させ、一九三一年以降は満州と台湾でも重工業を成長させた。その訳は、こうした資源が豊富な植民地は、狭くて原材料に乏しいことで知られる本土に非常に近く、日本の国を挙げての工業化に直接役に立つからだった。とはいっても、最大の植民地インドですら、工業の自給自足と軍事防衛に足る生産を行える状況になかったことが第一次世界大戦中にわかったため、政府は保護政策をとり、インドの工業発展に直接かかわるようになった（Misra 1961, pp. 239, 256）。植民地の工業化が不十分だと不利だということを帝国の行政官に悟らせたのが戦争だとすれば、かれらを財政難に晒したのは一九二九―三三年の大恐慌だった。農業収入が減っていくなかで、植民地政府の収入は、英仏蘭など宗主国からのものも含め、工業品への課税を高くして立て直さねばならなくなった。こうしてはじめて、それまで自由に輸入を行っていたヨーロッパ企業に、帝国の末端に位置する市場に生産施設を設ける強い動機が芽生えた（Holland 1985, p. 13）。そうはいっても、戦争と恐慌があったことを斟酌しても、「短い二〇世紀」前半の従属世界は圧倒的に農地であり、田舎だった。だから、二〇世紀の第三・四半期に起きた世界経済の「大躍進」が、その運命における非常に劇的な転機となっていった。

III

アジア・アフリカ・中南米はすべて、北半球の二、三の国の出来事に左右されており、自分たちでもそのように感じていた。(南北アメリカ以外では)そのほとんどは、この北半球の国々によって所有され、管理され、そうでなければ支配され、統治されていた。これは、現地人による統治を委ねられた地域(例えば、保護領ないし藩王国)にも当てはまる。なぜなら、現地の首長・地方長官・王・スルタンの宮廷で、英仏の代理人の「助言」が絶対であったことは、じゅうぶん理解されていたからだ。中国のように正式に独立していた国ですら、そうだった。中国では、外国人が治外法権を享受し、徴税など、主権国家の中心をなす役割を監督していた。こうした地域では、外国による統治を終わらせる問題は、いずれ生じる運命にあった。しかし、中南米では違った。この地域は、ほぼ全域が主権国家から成り立っていたのだ。もっとも、他ならぬアメリカが、とくに二〇世紀の最初と最後の三分の一の時期に、中米の小国を事実上は保護領として扱う傾向にあったのだが。

一九四五年以降、植民地世界は名ばかりの主権をもつ国家の群れへと姿を変えた。あまりにも見事に変わってしまったがために、あとで思い返した時に、その変容は必然にみえるだけでなく、植民地の人々がずっと望んできたことのようにみえてしまうはずだ。このことは、政治的実体として長い歴史がある国々でもほぼ間違いなく当てはまる。例えばアジアの大帝国である中国・ペルシア・オスマン帝国、他にもエジプトのような二、三の国々が該当する。とくに、漢民族やイランの民族宗教同然であるイスラームのシーア派教徒のように、実体をもった「国民」を中心に建国されている場合にはなおさらだ。こうした国々では、人々が外国人に対して抱く感情は、容易に政治の問題に転化しうる。中国・トルコ・イラン、この三カ国すべてが、土地の人々による重要な革命の舞台になってきたことは、決して偶然ではない。しかし、こうしたケースは珍しい。ふつう、領土をずっと維持している政治的存在という概念そのもの——固定された境界線によって他の政体と区別され、恒久的な権力の支配下に置かれている——、つまり、われわれが当たり前に思っている独立した主権国家という少なくとも村落レベルを超えた考え方は、（農業が恒久的に定着している土地ですら）人々にとって何の意味ももっていなかった。事実、自分たちの「民族」をはっきり認め、認識している人々——ヨーロッパ人は「部族」という呼称を好んだ——がいた所であっても、かれらが共存・交流し、役割分担をしている他の人々から領土的に区別されているということは、理解しがたかった。なぜなら、ほとんど意味がないことだからだ。こうした地域で、上記の二〇世紀型の独立国家の唯一の基盤となったのは、領土である。それは、帝国による征服や対立により、通常は現地社会の体制が顧みられないまま分割されてしまった領土である。ポストコロニアルの世界は、このように、帝国主義が引いた境界線によってほぼ完全に分割されている。

さらに、こうした第三世界の住人のうち、西洋人にもっとも憤慨している人々は、近代化を不可避とみなすエリート層のもっともらしい信念にも、同じくらい反対していた。かれらが西洋人に憤っていたのは、西洋人が不信心であったり、破壊的で神を認めない近代的発明のありとあらゆるものを持ち込んだりしたからだ。また単純に、普通の人々の生活様式が変わることへの抵抗として憤っていたこともある。生活様式が悪いほうへ変わるとかれらが想定したのは、無理からぬことだった。そのため植民地では、支配された人々すべてが植民者が劣等人種に抱く侮蔑という共通の荷を負わされているのに、帝国主義者に対抗して共同戦線を張ることが難しい状況だった。

こうした国で起きた中産階級による民族主義運動にとり、大きな課題となったのは、自分たちの近代化プロジェクトを危険に晒さずに、基本的に保守的で伝統を大事にし、近代化に反対する大衆から、どう支持をとりつけるか、ということだった。インドの民族主義では当初、精力的な活動家バル・ガンガダール・ティラク（一八五六―一九二〇）がこう考えていた。中流の下も含む大衆から――また西インドにあるかれの出身地域以外からも――支持を得る最良の方法は、牛の神聖さと一〇歳の少女の結婚を擁護し、古くから伝わるヒンドゥー教ないし「アーリア人」文明とその宗教が、近代的「西洋」文明とそれを崇拝するインド人より精神性に優れていることを主張することだ、と。そしてかれは正しかった。インドにおける民族主義の闘争では、一九〇五―一〇年が重要な第一段階に当たるが、このような「排外主義」的な表現が広く用いられた。とくにベンガル地方の若いテロリストがそうだった。やがて、モーハンダース・カラムチャンド・ガンディー（一八六九―一九四八）が、ヒンドゥー教の精神としての民族主義に訴えるというまったく同じ手口で、インドの村やバザールで数千万単位の動員に成功することとなる。とはいえ、ガンディーは、近代化の推進者たち（本当はガンディーもこのなかに含まれる。『帝国の時代』第13章参照）との共同戦線を壊さないよう、また、インド人ムスリムとの確執を避けるよう――好戦的なヒンドゥー教徒が民族主義に接近する時には、いつもこれが見え隠れしていた――気を揉んではいた。ガンディーは、進化するヒンドゥー教という、無限に変化しうる包括的な多義性に含まれている改革の可能性を利用し、聖人としての政治家を、無抵抗（「非暴力・非協力」）を集団で実践することを手段とする革命を、そして、カースト制度の否定に代表される社会の近代化を生み出した。ガンディーの成功は、人類が抱きうる途方もない夢を（あるいは恐れを）超えた。にもかかわらず、かれ自身は、ティラク的な伝統であるヒンドゥー教の排他性を受け継ぐ過激派に暗殺される前、人生の終幕にさいし、こう悟っていた。もっとも根本的な試みは失敗した、と。長期的に考えると、大衆を動かすものと、なさねばならないこととを両立させるのは不可能だったのだ。結局のところ、解放されたインドは、「インドで古代が復活することを懐かしがったりせず」、「それに共感も理解ももたず……（中略）西洋の方を向き、西洋の進歩におおいに惹かれる」者によって、統治されることになった（Nehru 1936, pp. 23-24）。それでも本書執筆時には、ティラクの反近代という伝統は、好戦的なインド人民党によって代表され、大衆が敵意を抱く主要な争点として生き残っており、現在と同様に当時も、大衆のみならず知識人をも分断する勢力となっている。マハトマ・ガンディーは、ヒンドゥー教を大衆向けでありつつ進歩的なものにしようとしたが、その短く終わってしまった試みは、もはやみられない。

同じようなパターンは、ムスリム世界にもあった。ただしこちらでは（革命が成功した後は除いて）近代化を推し進める者はすべて、大衆に普遍的にみられる信心深さに対しては、個人の信条にかかわらず、つねに敬意を払わなければならなかった。しかし、インドと違って、改革ないし近代化のメッセージをイスラームから読み取ろうとする試みは、大衆動員を意図したものではなかったし、実際そうならなかった。イラン、エジプト、そしてトルコにいるジャマールッディーン・アフガーニー（一八三九―一八九七）の弟子、かれの信奉者であるムハンマド・アブドゥフのエジプトにいる弟子たち、アルジェリアのアブゥル・ハミト・ベン・バディィス（一八八九―一九四〇）の弟子たちは、農村ではなく、学校や大学を居場所とした。かれらはそこで、西洋列強への抵抗というメッセージに共鳴する支持者をいずれの状況でもみつけられた[3]。にもかかわらず、イスラーム世界の真の革命家たちとイスラーム世界で頂点に登りつめた者たちは、すでにみた通り（第5章）、非イスラーム的な、世俗的な近代化を推し進める者たちだった。例えば、ケマル・アタテュルクが挙げられる。かれは、トルコ帽の代わりに山高帽を（トルコ帽自体は一九世紀に発明された）、イスラームに汚されたアラビア文字の代わりにローマ字を用い、実際に、イスラーム・国家・法の関係を断ち切った。そうであっても、しかし、最近の歴史が裏付けるように、大衆動員がもっとも簡単に達成できたのは、反近代的な大衆の信心深さ（「イスラーム原理主義」）を基盤とした時だった。このように、民族主義（完全に非伝統的な概念）でもある近代化推進論者と第三世界の普通の人々とは、深い確執によって隔てられていた。

したがって、一九一四年以前の反帝国・反植民地の運動は、第一次世界大戦勃発から半世紀たたない間にヨーロッパと日本の植民地帝国がほぼ完全に一掃されたことに照らして考えるほど、突出したものではなかった。ラテンアメリカですら、経済的依存全般に対する反対、とくに、この地域で軍事的プレゼンスを主張した唯一の帝国主義国家アメリカに対する敵意は、当時、各国の政治で重要な強みにはならなかった。深刻な問題、つまり警察が動いても手に負えないような問題が複数の地域で発生してしまった帝国は、ただ一つ、イギリスだった。イギリスは一九一四年以前の段階で、白人が大量に移住し、一九七〇年以降「自治領」として知られる植民地に対し、自治権を認めていた（カナダ、オーストラリア、ニュージーランド、南アフリカ）。また、つねに厄介なアイルランドには自立（「ホーム・ルール」）を約束していた。インドとエジプトでは、帝国の利益と現地からの自治、いや、独立への要求が、政治的解決を必要とするかもしれないことは、すでに明白だった。一九〇五年以降になると、インドとエジプトの民族主義運動は大衆の支持をいくらか取り付けていた。

しかし第一次世界大戦中には、世界の植民地主義の構造が深刻に揺さぶられるとともに、二つの帝国（ドイツとオスマン帝国で、以前両者が所有していた土地は、主に英仏の二つの帝国によって分割された）が滅び、第三の帝国であるロシアも一時的に叩き出される（わずか数年後にはアジアの属国を再び手に入れた）事態が立て続けに起きた。イギリスは属国の資源を寄せ集める必要があったが、戦争がその属国にもたらした負担は、不安を生んだ。十月革命と旧体制の全面的崩壊、その後のアイルランドにおける南部二十六州が事実上の独立（一九二一年）により、帝国主義による外国支配にはじめて終わりがみえてきた。第一次世界大戦終結時、サアド・ザグルール率いるワフド（「代表団」の意味）党というエジプトの政党が、ウィルソン大統領の美辞麗句に刺激を受け、はじめて完全な独立を要求した。三年に及ぶ闘争（一九一九―二二年）を経て、イギリスはこの保護領に対し、イギリス管理下での半独立を認めざるをえなかった。この方式は、オスマン帝国に代わって支配した地域、すなわちイラクとトランスヨルダン全域の運営においても都合がいいことにイギリスは気がついた（唯一の例外はパレスチナだった。パレスチナはイギリスが直接管理し、ユダヤ人のシオニストに、ドイツに対する支援の見返りとして戦時中に結んだ約束と、アラブ人に、トルコ人に対する支援の見返りとしてやはり戦時中に結んだ約束とを両立させようとした。しかしうまくいかなかった）。

これと比べると、最大の植民地インドを支配し続けるための単純な方式を見つけるのは、イギリスにとり容易ではなかった。インドでは、一九〇六年にインド国民会議派が「自治」（スワラージ）という言葉をスローガンとして初めて採用したが、いまや、完全な独立へと歩を進めていた。革命的な出来事が続いた一九一八―二二年、インド亜大陸における大衆的な民族主義の政治は変容した。その背景には、ムスリムの大衆がイギリスに歯向かうようになったことが挙げられる。また、一九一九年という激動の年にイギリス人の将軍が、隙間なく封鎖された空間で非武装の群衆を虐殺し、数千人の死者を出すという、血塗れの狂乱状態（「アムリットサル事件」）に陥ってしまったことなども挙げられる。しかし何といっても主な理由は、相次ぐ労働者のストライキに、ガンディーと急進化した国民会議派が呼びかけた大衆による市民的不服従が重なったことにある。その時は一瞬、キリスト教の至福千年説的な雰囲気が解放運動をとらえ、ガンディーは、スワラージは一九二一年中に獲得されるだろうと宣言したほどだった。非協力によって町がどんどん麻痺していくなか、政府は「大いなる不安がこの状況によって生じているという事実を決して過小評価しようと」しなかった（Cmd 1586, 1922, p. 13）。ベンガル・オリッサ・アッサムといった北インドの広大な地域の農村は騒然とし、「国全体の大勢のムスリムは敵意を抱かれ、陰鬱としていた」。これ以後、インドは断続的に統治不可能な状況に陥っていった。ガンディーを含むほとんどの国民会議派の指導者たちは、大衆による制御不能な反乱という残酷な闇にインドを放り込むことをためらっていた。そして、こうした躊躇・自信の欠如・イギリスはインドの改革に純粋に取り組んでいるという民族主義を率いる指導者たちの信念——揺らぎはしたが、壊れてはいない——が、イギリスによる支配（ラージ）を救った。一九二二年初頭に、ある村で警官が虐殺されたことを理由にガンディーは市民的不服従の運動を中止した。その後、イギリスによるインド統治は、警察や軍隊よりもガンディーの穏健さを当てにするようになったといっても過言ではない。

イギリスはインドの改革に純粋に取り組んでいるという民族主義の指導者たちの信念は、根拠がないものではなかった。たしかにイギリスには、筋金入りの帝国主義を推す強力な陣営があり、ウィンストン・チャーチルがその代弁者になってはいた。しかし他方では、一九一九年以降、インドの自治は「自治領の身分」に近い何らかの形で最終的に避けられないものであり、インドにおけるイギリスの未来は、民族主義者を含むインド人エリート層と折り合いをつけられるかにかかっている、と実際には考えられていた。こうして、イギリスによる一方的なインド支配の終焉は、時間の問題になった。インドはイギリス帝国全体の中核を成していた以上、帝国全体の見通しは不明瞭だった。ただし、アフリカとカリブ海諸島、太平洋諸島は除く。そこではまだ、イギリスの家父長的支配が問題視されていなかった。戦間期ほど、イギリスによる支配が公式・非公式問わず、世界を覆ったことはなかった。しかし、長い歴史をもつ帝国の優越性の存続に、イギリスの支配者たちがこれほど自信をもてなかったのははじめてのことだった。これが大きな原因となり、第二次世界大戦後にイギリスは、その地位を保てなくなった時、脱植民地化に全般的に抵抗しなかった。また、他の帝国が、とくにフランスだが、オランダも含め、一九四五年以降植民地における地位を保つために武器をとって戦った理由もここにある。これらの帝国は、第一次世界大戦によって揺さぶられていなかったのだ。フランス帝国の唯一の大きな悩みの種は、モロッコを完全に征服していないことだった。しかし、アトラス山脈に住む好戦的なベルベル人の部族は、本質的には政治の問題というよりは、軍事的問題だった。そして事実、この問題は、スペイン領モロッコにとってのほうが深刻だった。そこでは、山岳地帯の知識人アブディル・クリムがリーフ共和国を一九二三年に宣言していた。アブディル・クリムは、フランスの共産主義者やその他左派から熱烈な支援を受けたものの、フランスの協力を得たスペインにより一九二六年に敗北を喫した。その後、山岳地帯のベルベル人は、昔のようにフランスとスペインの植民地軍に加わって海外で戦いつつ、国内のあらゆる中央政府にも抵抗する状態に戻った。フランス領のイスラーム植民地およびインドシナで、近代化を推進する反植民地運動が発展したのは、チュニジアで穏健な運動が起きたことを除くと、第一次世界大戦後、しばらくたってからのことであった。

Ⅳ

革命の歳月は、とくに大英帝国を揺るがした。しかし、その後一九二九―三三年に起きた大恐慌は従属世界のすべてを揺るがすこととなった。なぜなら、従属世界全域にとって帝国主義の時代は、実質的には、ほぼ絶え間のない成長の時代であったからだ。その成長は、従属世界にとって遠い世界の出来事だった第一次世界大戦によっても、途切れることはなかった。もちろん、従属世界の住人の多くは、膨張中の世界経済にはまだそれほど関わっていなかったし、今までにない形でそれに巻き込まれていると感じていなかった。歴史が始まって以来、穴を掘り、荷物をかついできた貧しいかれらにとり、こうした労働の背後にある世界的な文脈は重要ではなかったのだ。それでも、帝国主義経済により、普通の人々の生活は大きく変わった。とくに、輸出目的で一次生産を行っている地域で顕著だった。こうした変化のなかには、現地ないしは外国の支配者が承認していた政治で表面化していたものもあった。例えば、ペルーのアシエンダ制が一九〇〇―三〇年にかけて、沿岸部では砂糖工場、山岳地帯では商業用の羊牧場へと変えられていくにつれ、また、先住民の湾岸部と都市部への労働力移動が滴から流れになるにつれ、新しい思想が伝統的な内陸部に浸透していったことが挙げられる。ワシカンチャはアクセス不可能なアンデス山脈を三七〇〇メートルほど登った所にある「とくに遠い」コミュニティだが、一九三〇年代初頭には、二つの全国区の急進政党のどちらが自分たちの利益をより代表してくれるか、すでに議論していた（Smith 1989, esp. p. 175）。しかし、その利益がどう変わったのか、現地の人々以外では誰も知らなかったし、気にも留めないことのほうが圧倒的に多かった。

例えば、インド・太平洋地域で起きたように、貨幣をほとんど使わず、使ってもその目的がごくごく限られていたような経済が、貨幣が普遍的な交換手段として使われる経済に移ることは、何を意味するのだろうか？　商品・サービス・取引の意味は変わり、その結果、社会の道徳的価値観だけでなく、なによりも、社会的分配の形式までもが変わった。ヌグリ・スンビラン州（マレーシア）で稲作を行う母系制の農民たちのあいだでは、先祖伝来の土地は主に女性が耕しており、女性によって、あるいは女性を通してしか相続できなかった。しかし、男性がジャングルを開墾し、果物や野菜など補助的な作物が育てられるようになると、そこは男性が直接相続できることになった。ところが、米よりずっと多くの利益を生むゴムが盛んになると、男女間のバランスは崩れ、男性から男性への相続が広まっていった。そうすると今度は、正統派イスラームの家父長制的な考えをもつ指導者の地位が強まった。かれらはいずれにせよ地域の慣習法に正統派イスラームを焼き付けようとしていた。また、現地の支配者やその一族――この地域の母系制という湖に浮かぶ、もう一つの父系制の島とでもいおうか――の地位が強まったことは言うまでもない（Firth 1954）。このような変化や変容は、従属世界、なかでも、より広い世界にじかに接する機会が極力ない人々の共同体で多くみられた。接する機会があったとしても、このヌグリ・スンビラン州の例では、おそらく中国人の貿易商を通してのみだったのではないだろうか。たいていの場合、その貿易商ももともとは農民か、福建省から移住した職人で、文化的土壌から、つねに努力することに慣れていた。なによりも、金銭の取り扱いが洗練されていた。しかしそれ以外の点では、ヘンリー・フォードやGMの世界とは、かれら以外の人々と同様、縁遠かった（Freedman 1959）。

このような世界経済はまだかけ離れた存在にみえた。それは、直接的で認識できる影響が地殻変動をもたらすものではなかったからだ。ただし、インドや中国などの、急成長を遂げている安い労働力が手に入る工業地域は例外だ。そこでは、労働をめぐる対立が一九一七年から広まり、ヨーロッパをモデルとした労働者の組織化すらあった。また、巨大な港湾・産業都市では、従属世界がその命運を決める世界経済と意思疎通をしており、ここも例外だろう。例えば、ボンベイ、上海（一九世紀半ばの人口は二〇万人だったが、一九三〇年代には三五〇万人にまで増えた）、ブエノスアイレスや、より小さな規模だが、カサブランカが挙げられる。ここでは、近代的な港として開港してから三十年とたたない間に人口が二五万人に達した（Bairoch 1985, pp. 517, 525）。

このすべてが、大恐慌によって変わった。第三世界が依存している一次産品の価格が、西洋から輸入される工業製品よりも劇的に崩壊したことで、従属経済と宗主国の経済的利益とが、目に見える形ではじめて衝突したのだ（第3章参照）。ここにきてはじめて、植民地主義と従属は、その恩恵を受けてきた者にとってすら受け入れがたいものになった。それは、政治の黄金時代がすぐ側まで来ていると感じたからではなかった。親世代に植民地主義を受け入れやすくしていた支柱が、恐慌によって突如として吹き飛んでしまったのだ」「カイロ、ラングーン、ジャカルタ（バタビア）で学生たちは反乱を起こした。それは、政治の黄金時代がすぐ側まで来ていると感じたからではなかった。親世代に植民地主義を受け入れやすくしていた支柱が、恐慌によって突如として吹き飛んでしまったのだ」(Holland 1985, p. 12)。それ以上に、社会の大変動により、普通の人々の生活が揺らいだのは、これがはじめて（戦時中を除く）のことだった。その大変動が自然発生的でないのは明らかだったので、祈ることより抗議が必要とされた。西アフリカの沿岸部や東南アジアのように、世界市場向けの換金作物経済に農民が深く引きずり込まれた所ではとくに、政治的動員のための大衆の基盤が生まれた。同時に、大恐慌によって従属世界の国内政治・国際政治が不安定になった。

したがって一九三〇年代は、第三世界にとり命運を左右する十年だった。大恐慌によって政治が急進化したからというよりは、大恐慌がきっかけで、政治意識の高い少数派とその国の普通の人々とが接点をもつようになったからである。これはインドのような、民族主義運動がすでに大衆の支持を集めていた国でもそうだった。一九三〇年代初期に再び相次いで起きた大衆の非協力、イギリスが譲歩した新しい妥協の産物である憲法、一九三七年のはじめての全国的な地方選挙は、国民会議派が全国的に支持されていることを示した。ガンジス川流域の中心部の会議派は、一九三五年には約六万人だったのが、一九三〇年代末までには一五〇万人に増えていた（Tomlinson 1976, p. 86）。少数派と普通の人々とが接点をもつようになったことは、インドほど動員が進んでいなかった国ではさらに目立っていた。来たるべき大衆政治の輪郭が現れ始めていた。その輪郭は、ぼんやりしているところもあれば、はっきりしているところもあった。ラテンアメリカでは、独裁主義的な指導者たちに基づくポピュリズムが、都市労働者の支持を求めた。イギリス領のカリブ海諸国では、将来、党の指導者になるであろう労働組合のリーダーたちが政治的動員を行っていた地域もある。アルジェリアでは、フランスへの移民ないしフランスから戻ってきた元移民の労働者に強い基盤をもつ革命運動が起きていた。ヴェトナムでは、共産主義を基盤とし、農業と強い関係をもつ抵抗運動が全国的に展開された。マレーシアでは、控えめにみても、恐慌により植民地当局と農民である大衆との絆はガタガタになり、その後政治が台頭する余地ができた。

一九三〇年までに、植民地の危機的状況は他の帝国にまで広がった。そのうちの二つ、イタリア（ちょうどエチオピアを征服したばかり）と日本（中国を征服しようとしていた）はまだ領土を広げていた。とはいえ、長くは続かなかったが。インドでは、台頭しつつあったインドの民族主義勢力との不幸な妥協の産物である一九三五年の新憲法は、選挙戦で国民会議派が全国的に勝利を収めるために、民族主義へ大きく譲歩したものであったことがわかった。フランス領北アフリカでは、真剣な政治運動がチュニジアやアルジェリアではじめて誕生した。モロッコに至っては、革命の兆しすらあった。他方、共産党が指導する大衆煽動には、正統的なものと反体制的なものとがあったが、仏領インドシナではじめて実体をもつようになった。オランダは、インドネシア支配をなんとか維持しようとした。この地域では、「他の多くの国と違い、東のほうで起きている運動を感じられた」(Van Asbeck 1939)。支配を維持しようとしたのは、インドネシアがおとなしかったからではない。対抗勢力——イスラーム・共産主義者・世俗的な民族主義者——が分断されていて、互いに対立していたのが主な理由である。植民地政府の閣僚がのどかだと思っていたカリブ海諸国ですら、一九三五—三八年にかけてトリニダードの油田やジャマイカのプランテーション、そして都市でストライキが続いた。それは暴動と島全体での衝突へつながり、以前は認識されていなかった大衆の不満が露わになった。

休眠状態が続いたのは、サハラ以南のアフリカだけだった。とはいえそこですら、一九三五年を過ぎると、大恐慌のために労働者のストライキが起き始めた。最初はアフリカ中部の産銅地帯で始まった。ロンドンは植民地政府に対し、労働局を設置し、労働環境の改善のための方策を実施し、労働力を安定させることを強く求めた。また、農村部の男性が鉱山へ移住していた当時の状況は、社会的にも政治的にも均衡を揺るがしていると考えていた。一九三五―四〇年のストライキの波は、アフリカ全土に渡った。しかしそれは、反植民地主義という点で、まだ政治的なものではなかった。それは、黒人を中心とするアフリカの教会と予言者が広がっていったことや、産銅地帯で（アメリカから派生した）千年至福説を掲げる「ものみの塔」運動のような世俗の政府を拒絶する人が増えていったことを、政治的なものとしてカウントしないのと同じだ。植民地政府ははじめて、経済的な変化がアフリカの農村社会を不安定にしていることを、じっくり考えるようになった。農村社会は実際のところ、顕著な繁栄の時代を迎えていたのだが。また、社会人類学者がこのテーマで研究することも奨励するようになった。

しかし、政治的には危機からほど遠かった。農村部では、従順な「首長」がいる所といない所とがあったが、いずれにせよ、白人行政官にとっては黄金時代だった。植民地行政が「間接的」に行われているところでは、そのために「首長」職が設けられることもあった。都市部では、高学歴で都会での生活に慣れたアフリカ人たちが不満を抱く層となり、その規模は一九三〇年代半ばにはすでに大きく、政治的出版物の活況が続いた。例えば、黄金海岸（ガーナ）の『アフリカン・モーニング・ポスト』、ナイジェリアの『ウェスト・アフリカン・パイロット』、象牙海岸の『エクレルール・ド・ラ・コートジボワール』（「これは高位の首長と警察に対する政治運動を率い、社会を再建する行動を求め、また、経済危機に打撃を受けた失業者とアフリカ人農民たちの理想を力説した」〔Hodgkin 1961, p. 32〕が挙げられる。政治目的をもつ各地の民族主義の指導者たちはすでに登場してきており、アメリカの公民権運動や人民戦線時代のフランスからインスピレーションを受けていた。こうした思想は、ロンドンの西アフリカ学生連合で広まっており、共産主義運動の思想からすらも発想を得ていた[4]。その後アフリカで誕生する共和国で大統領を務めることになる者たちのなかには、すでに表舞台に出ていた者もいた。ケニアのジョモ・ケニヤッタ（一八九一―一九七八）、のちのナイジェリア大統領ナムディ・アジキウェ博士がそうだ。いずれもしかし、ヨーロッパ植民地の閣僚たちに眠れぬ夜をもたらさなかった。

すべての植民地帝国に終わりが来ることは、ありそうなことではあったが、一九三九年の時点で現実的に差し迫ってみえたのだろうか？　その年のイギリス人と「植民地」の学生兼共産党員のための「学校」についての筆者の記憶によれば、そのような状況ではなかった。そしてこの頃、熱狂的で希望に満ちた若きマルクス主義者の若者の過激派ほど、大きな期待を抱いている者はおそらくいなかった。この状況を変えたのは、第二次世界大戦だった。この戦争が帝国同士の戦争であったことは疑いようがない。実際はそれ以上のものだったが。そして一九四三年までの段階で、偉大なる植民地帝国は負け組になりつつあった。フランスは不名誉にも崩壊し、属国の多くは枢軸国から許しを得ることで生き延びた。大日本帝国は、東南アジアと西太平洋のイギリス・オランダ・その他のヨーロッパの属領を侵略した。北アフリカは、ドイツは、支配すると決めたアレクサンドリアの西数十マイルまでの地域を占領していた。ある時点で、イギリスはエジプトからの撤退を真剣に考えた。引き続きヨーロッパによる揺るぎない支配が続いたのは、サハラ砂漠以南のアフリカだけだった。そしてイギリスは、「アフリカの角《つの》」にいるイタリア帝国を、いとも簡単に片づけた。

古い植民地体制に致命的なダメージを与えたのは、ある決定的な証拠だった。すなわち、恥ずべきことに白人とその国家が負ける可能性があり、戦争に勝ってもみるからに弱々しく、かつての地位を取り戻すことは不可能だ、という確証を得たのだ。イギリスによるインド支配の試金石となったのは、一九四二年に「インドから出て行け」のスローガンのもとで国民会議派が組織した大規模な反乱ではなかった。なぜなら、イギリスはその反乱をさしたる困難もなく鎮圧できたからだ。試金石は、五万五〇〇〇ものインド人兵士がはじめて敵方へ逃亡し、国民会議派の左派の指導者スバス・チャンドラ・ボースのもとで、「インド国民軍」を組織したことだった（Bhargava/Singh Gill 1988, p. 10; Sareen 1988, pp. 20–21）。ボースは、インド独立のために日本に支援を求めることを決めていた。日本の政策は、陸軍より洗練された海軍の影響下におそらくあったが、国民の肌の色を利用し、植民地解放をもたらした者としての功績を主張し、大きな成果を収めていた（華僑華人の間と、フランスによる管理が維持されていたヴェトナムを除く）。一九四三年には、「大東亜会議」[5]なるものが東京で開催され、日本が支援する中国・インド・タイ・ビルマ・満州の「大統領」や「首相」が出席した（ただし、インドネシアは欠席した）。植民地の民族主義者たちは、日本からの援助に感謝した。とくにインドネシアに「独立」を与えた。敗戦を喫する時になってようやく、日本はインドネシアに「独立」を与えた）。植民地の民族主義者たちは、日本からの援助に感謝した。しかし、現実主義的であったがために、相当の額にのぼった場合にはありがたく感じていた。しかし、インドネシアのように、親日にはなれなかった。かれらは、日本の敗戦が間近に迫ると手のひらを返した。しかし、この時わかってしまった古いヨーロッパ帝国の弱さを決して忘れはしなかった。また、枢軸国を破った二つの大国、つまりルーズヴェルトのアメリカとスターリンのソ連は、理由は違っていても、古い植民地主義に反対していたことを見逃さなかった。とはいえ、アメリカは自らの反共主義のために、時をおかずしてワシントンを第三世界における保守主義の擁護者にすることになるのだが。

V

予想通り、古い植民地体制はアジアではじめて崩壊した。シリアとレバノン（旧フランス領）は一九四五年に、インドとパキスタンは一九四七年、ビルマとセイロン（スリランカ）、パレスチナ（イスラエル）、そしてオランダ領東インド（インドネシア）は一九四八年に独立を果たした。アメリカは一九四六年、一八九八年以来占領してきたフィリピンに独立国としての地位を正式に認めた。大日本帝国は、一九四五年にもちろん消滅した。イスラームの北アフリカはすでに揺らいでいたものの、まだ維持されていた。サハラ砂漠以南のアフリカとカリブ海・太平洋諸島のほとんどは、比較的落ち着いていた。こうした政治的独立への必死な抵抗は、東南アジアでのみみられた。それはとくに仏領インドシナ（いまのヴェトナム・カンボジア・ラオス）で目立った。ここは、高潔なるホー・チ・ミンの指導のもと解放され、共産党による抵抗運動が独立を宣言していた。フランス軍はイギリスと、のちにはアメリカから支援を受けていたが、革命の勝利に対抗して、国を再び征服し、抑え込むための絶望的な延命作戦を展開した。かれらは一九五四年に敗北し、撤退を余儀なくされた。しかしアメリカは国の統一を妨害し、分断されたヴェトナム南部に傀儡政権を存続させた。そして今度はこの政権が崩壊しそうになると、アメリカはヴェトナムに対して十年にも及ぶ大戦争を仕掛けた。戦争は、アメリカが最終的に敗北を喫し、一九七五年に撤退に追い込まれるまで続くことになる。その間、この不運な国にアメリカが落とした榴弾は、第二次世界大戦全体で使われた数を超えた。

これ以外の東南アジアにおける抵抗運動は、もっとまばらだった。オランダ（オランダ領東インドを分割せずに脱植民地化させた点で、イギリスよりましだということが後々わかる）はあまりに脆弱で、広大なインドネシア諸島でじゅうぶんな軍事力を維持できなかった。もっとも、インドネシアのほとんどの島は、五千五百万強の日本兵の支配を相殺するために、オランダ軍を留めておく覚悟はできていたはずである。それを諦めたのは、アメリカがインドネシアをヴェトナムのようには見ていない、つまり世界の共産主義に対抗する重要な前線とみなしていないことがわかったからだった。新生インドネシアの民族主義者たちは、共産党の統率下に置かれるどころか、一九四八年に地元の共産党が起こした反乱を鎮圧していた。この出来事によりアメリカは、オランダの軍事力はオランダ帝国の存続よりも、ヨーロッパで想定されるソ連の脅威に対して用いられたほうがいいと、確信した。だからオランダは断念し、ニューギニアというメラネシアにある大きな島の西半分のみを植民地支配の足場として残した。それは一九六〇年代にこの島がインドネシアに移管されるまで続いた。イギリスは、マレー半島で板挟みになっていた。かたや帝国から恩恵を受けていた因襲的なスルタン、かたやマレー系と中国系という互いに疑念を抱いている二つの住民グループだった。かれらはそれぞれ違う形で急進化していた。中国系の場合、日本軍に対抗する唯一の抵抗勢力として甚大な影響力をもつようになった共産党によって急進化していた。冷戦がいったん始まると、共産党に、とくに中国系の共産党はいうまでもなく、旧植民地で権力をもたせる、ないし政権を担わせるという可能性はなくなった。しかし、中国系が中心となっていたゲリラの反乱や戦争に勝利するために、イギリスは一九四八年から十二年かかり、五万の部隊、六万の警官、二〇万の国防兵を要した。イギリスにとってマレー半島は、ドル獲得のための安定した資源となっている錫やゴムの産地で、これによりイギリスの通貨の安定は保たれていた。そうでなければ、なぜこうした軍事作戦で進んで犠牲を払ったのか、はなはだ疑問である。とはいえ、マレー半島の独立は、いずれにしても複雑な問題であり、マレー人の保守派や中国系の億万長者が納得いく形で独立できたのは、一九五七年のことだった。一九六五年には、中国系が人口の中心を占めていたシンガポールが分離・独立し、非常に豊かな都市国家となった。

イギリスは、フランス・オランダと違って、インドでの長い経験からあることを学んでいた。それは、本格的な民族主義運動が起きてしまった場合、帝国の優位性を確保するためにするべきことは唯一、権力を公式に手放す、ということだ。一九四七年にイギリスは、インド亜大陸を支配する力がもはやないことが露わになってしまう前に、そこから撤退した。なんの抵抗も受けなかった。セイロン（一九七二年にスリランカに国名を変更）とビルマも独立が認められた。これは、セイロンでは歓迎すべき驚きとして受け止められたものの、ビルマは躊躇した。というのも、ビルマの民族主義者たちを率いていたのは反ファシスト人民自由連盟だが、これが日本とも協力関係にあったからである。実際のところ、この連盟はイギリスと対立しており、独立したイギリスの植民地のなかでもビルマは唯一イギリス連邦への参加を断った。イギリス連邦とは、拘束力のない連合体で、これによりロンドンは、大英帝国の記憶だけでもせめて留めておこうとした。この点で、ビルマはアイルランドの先を行った。アイルランドは同年、イギリス連邦に属さない形で独立を宣言した。それでもやはり、外国の侵略者たちが制圧・統治してきた人類史上最大の地域から、イギリスに素早く平和裏に手を引かせたことで、第二次世界大戦終結時に政権を獲得した労働党政権への評価は高まった。だからといって、それは完全なる成功からはほど遠かった。イギリスの撤退は、インドの血塗れの分断、つまりイスラームのパキスタンと、宗教を明示しないが圧倒的多数がヒンドゥー教のインドへの分断という犠牲のうえに、達成された。この最中、おそらく数十万人にのぼる人々が、敵対する宗派により虐殺され、数百万にのぼる人々が故郷を追われ、当時まだ外国だった土地へ移らざるを得なかった。これは、インドの民族主義やイスラームの運動、帝国の支配者の計画にない出来事だった。「パキスタン」という発想そのものや名前は一九三二—三三年に学生が生み出したものだったが、分離した一国家としての「パキスタン」という考えが一九四七年までにどのように現実的なものになったかは、学者のみならず、「あの時こうしていれば」と夢想する者まで悩ませる問題であり続けている。しかし、なにかしら説明しておかなければならない。なぜなら、今だからわかることだが、宗教を境界線としたインドの分割によって、未来に災いをもたらす前例を作ってしまったからだ。ある意味それは、誰の誤りでもなかったというか、全員の誤りでもあった。一九三五年制定のインド統治法のもとでの選挙において、国民会議派は勝った。ムスリム人口が多数を占めるほとんどの地域も勝利した。そして、少数派の共同体を代表していると主張する全国政党、ムスリム連盟は、会議派に比べてお粗末な結果だった。インド国民会議派自体は世俗的でどの宗教にも属していないが、ヒンドゥー教が支配的な国である以上、指導者の多くはヒンドゥー教である可能性が高いため、会議派が台頭すると、ムスリムの多くはヒンドゥー教勢力に神経を尖らせるようになった。ムスリムのほとんどが（ヒンドゥー教徒と同様）選挙権をまだもっていなかった。選挙では、こうした懸念が認識され、ムスリムに特別な枠が与えられるどころか、ヒンドゥー教とムスリムの両方を代弁する唯一の全国政党であるという会議派の主張が強まったように思われる。このため、ムハンド・アリー・ジンナーという強力な指導者のもと、ムスリム連盟は会議派と袂を分かち、分離主義へ繋がるかもしれない道を歩み始めた。しかし、イスラーム国家分割への反対をジンナーがとり下げたのは、ようやく一九四〇年になってからだった。

インドを分割したのは、戦争だった。ある意味それは、イギリスによるインド統治が最後に飾った偉大なる勝利だった。同時に、最後の精いっぱいのあがきでもあった。インド統治において、インドの人と経済がイギリスの戦争ために、一九一四―一八年すら凌ぐ規模で動員されたのは、これが最後だった。そしてこの戦争は、民族解放を掲げる政党を支持する大衆からの反対に対し、また、第一次世界大戦と異なって、すぐそこに迫った日本の軍事侵略に対して行われた。得たものは非常に大きかったが、代価も高くついた。会議派は戦争に反対だったため、その指導者たちは政治の舞台から降ろされ、一九四二年以降は投獄された。戦争経済の重圧のため、イギリスによるインド統治を政治的な面で支えたムスリムの重要組織は、とくにパンジャーブ地方で疎外され、それゆえ、かれらはムスリム連盟に走った。デリーに置かれた政府は、会議派が国民の戦争協力を妨害するのではないかと戦々恐々としており、かれらの全国的な運動を機能不全にするために、ヒンドゥー教とイスラームの争いを意図的かつ組織的に悪用した。まさにその頃には、ムスリム連盟は大衆勢力になっていた。この時こそ、イギリスは真に「分割して統治」していたといえる。このような戦争に勝つために、イギリスのインド統治は最後に必死の努力をした。そのなかで、インド統治自体を破滅に追いやっただけでなく、公平な統治と法のもとで複数の共同体が比較的平和に共存できるインド亜大陸を実現する、という道徳的な正当性まで壊してしまった。戦争が終わった時、地域社会を政治的に突き動かす原動力を、巻き戻すことはもはやできなかった。

アジアの脱植民地化は、インドネシアを除いて一九五〇年までに完了していた。その間、西方のイスラーム地域、つまりペルシア（イラン）からモロッコにかけての地域は、一連の大衆運動や革命を目指すクーデタや反乱によって変容した。これらは、イランにあるヨーロッパ系石油会社の国有化（一九五一年）、ムハンマド・モサデク博士（一八八〇―一九六七）のもとで国がポピュリズムの方向へ振れたこと（当時強力だった共産主義のトゥーデ党に支援されていた）で始まった（中東の共産党が、ソヴィエトの偉大な勝利の後に影響力をいくらか増していたのは、驚くべきことではない)。モサデクは、一九五三年に英米の情報機関のクーデタにより、倒されることになる。英仏は、新しい反アラブ国家イスラエルと結んで、スエズ戦争(一九五六年)でナセルを倒そうと死力を尽くしたものの(下巻第12章)、一九五二年にエジプトでガマール・アブドゥル＝ナセル(一九一八―七〇)率いる自由将校団が起こしたエジプト革命と、これに続いてイラク(一九五八年)とシリアで西洋の下請け政権が倒されたことは、もはや覆せなかった。しかしフランスは、アルジェリアにおける民族独立を目指す蜂起(一九五四―六二年)に激しく抵抗した。アルジェリアに関しては、もともとの住人とヨーロッパからの大量の入植者が一緒に住んでいたことが、脱植民地化の問題をとくに手に負えないものにしてしまった。この点で、フランスは南アフリカ、また違う形ではあるがイスラエルと同様だった。そのため、アルジェリア戦争は特異な残忍さを帯びており、文明化されたとする国々の軍隊・警察・治安部隊での拷問の制度化が進んだ。拷問のなかでも舌・乳首・性器に電気ショックを与える忌まわしい拷問が幅広く用いられるようになり、世間にも知られることとなった。そしてアルジェリアは、ド・ゴールがもはややむをえないと思っていた独立を獲得する前に、フランス第四共和政を打倒し(一九五八年)、第五共和政まで倒しかけた(一九六一年)。一方、フランス政府は北アフリカの二つの保護領チュニジアとモロッコの自立・独立(一九五六年)を静かに交渉していた。チュニジアは共和国となり、モロッコは君主制を残した。同年、イギリスはスーダンを黙って手放した。スーダンは、イギリスがエジプトを支配できなくなった時、手に負えなくなっていた。

古い植民地帝国が、「帝国の時代」が間違いなく末期を迎えていることをいつ悟ったのか、定かではない。英仏は、一九五六年にスエズ運河をめぐって起こした火遊びで、世界帝国としての支配権を再び主張しようとした。もちろん思い返してみると、この企てが失敗することは、ロンドンとパリの本国政府がイスラエルと共謀して立てた、ナセル大佐の革命政府を転覆させる軍事作戦の失敗よりも目に見えていた。この出来事は破滅的な誤り（イスラエルの立場を除く）だった。それどころか、英首相アンソニー・イーデンの優柔不断・躊躇・胡散臭い腹黒さが重なったがゆえに、よけいに馬鹿ばかしくもあった。その軍事作戦は辛うじて始まったものの、アメリカからの圧力で途中で中止になった。また、この作戦によりエジプトはソ連に接近することになった。こうして、一九一八年以降のこの地域でのイギリスの覇権が疑いようがなかった時代、つまり、「中東におけるイギリスの時代」と呼ばれたものは、永遠に終わりを告げた。

いずれにせよ一九五〇年代後半までには、公式な形での植民地主義は清算しておかねばならないということは、生きながらえていた古い帝国にとっても明白だった。植民地解体に反対し続けたのはポルトガルのみだった。というのも、発展が遅れ、政治的に孤立し、周辺化されたこの宗主国の経済は、ネオコロニアリズムでは無理だったからだ。ポルトガルは、アフリカの資源を搾取せねばならなかった。しかも、経済的な競争力がないゆえに、直接支配を通してしか、そうすることができなかった。白人の入植者が住んでいた南アフリカや南ローデシアをはじめとするアフリカ諸国も（ケニアを除き）、アフリカ人が支配する政権が不可避的に生まれてしまう政策へは協力しなかった。その運命を避けるために、南ローデシアに至っては、白人の入植者がイギリスからの独立を宣言したほどだった（一九六五年）。しかし、パリ・ロンドン・ブリュッセル（ベルギー領コンゴ）は、経済的・文化的に従属させつつ、独立をこちら側から公式に認めたほうが、長期戦の果てに左派政権のもとで独立が達成されるよりは望ましいと腹を括っていた。大規模な民衆暴動やゲリラ戦があったのはケニアだけで、それも地域住民の一部であるキクユの人々に限られたものだった（一九五二―五六年のいわゆるマウマウ団の乱）。他の所では、予防薬的な脱植民地化政策がうまく進められた。ただし、ベルギー領コンゴを除く。コンゴは、いまにも無政府状態・内戦・国家間の武力外交へと陥りそうな状態だった。イギリス領だったアフリカのなかでも黄金海岸（現在のガーナ）には、才能あるアフリカ人政治家であり汎アフリカ主義の知識人であったクワメ・エンクルマのもと、すでに大衆政党が存在し、一九五七年に独立を認められた。アフリカのフランス領では、ギニアの指導者セク・トゥーレが、ド・ゴールが提案した「フランス共同体」への参加を断ると、一九五八年に時期尚早にもかかわらず、困窮状態のまま独立させられた。この「共同体」は、自立とフランス経済への徹底的な従属が混ざったものだった。そのため、トゥーレは黒人のアフリカ人指導者としてははじめて、モスクワに助けを求めた。残るイギリス・フランス・ベルギーのアフリカの植民地は、一九六〇―六二年にかけて独立し、その他もほどなく解放された。そんななかでも、先に挙げたポルトガルと白人入植者の独立国だけが、この流れに抵抗した。

カリブ海にある比較的大きいイギリスの植民地は、一九六〇年代にひそかに独立していった。小さい島々は一九六〇年代から一九八一年にかけて、インド洋・太平洋の島々は一九六〇・七〇年代に脱植民地化を達成した。実際に一九七〇年の段階で、領土がそれなりに大きい国に関しては、昔の植民地帝国や白人入植者の政権が直接統治しているところはなかった。例外は、中央・南アフリカ、そしてもちろん、戦闘真っ只中のヴェトナムである。帝国の時代は、終わったのだ。七十五年前まで戻らずとも、帝国は不滅にみえていた。ほんの三十年前まで、地球に住むほとんどの人は、いずれかの帝国の住人だった。そしてそれは、取り戻すことができない過去になり、旧宗主国では感傷的な小説や映画に記憶として留められている。同じ頃、旧植民地出身で生まれ育った新しい世代のなかから作家が誕生し、独立の時代とともに始まった新しい文学の幕開けを飾ったのだった。

註

（1）「資本主義／社会主義」という単純な二元論が、分析によるものというよりは、政治的なものであることは、注意に値する。これには、大衆による政治的な労働運動の登場が反映されている。こうした運動の社会主義イデオロギーは、実際のところ、今の社会（「資本主義」）を反転させたものにすぎなかった。そして、一九一七年一〇月以降、「短い二〇世紀」の長い共産主義／反共産主義の冷戦によって確固たるものになっていった。だから、各国の経済システム、例えば、アメリカ、韓国、オーストリア、香港、西ドイツ、メキシコなどを同じ「資本主義」の項目に二元論的に分類するのではなく、複数の項目に分けて分類することだって一〇〇％ありうる。

（2）ヨーロッパ式の中等教育を受けていた者に関するデータに基づく（Anil Seal 1971, pp. 21-22）。

（3）フランス領北アフリカでは、農村部の信仰はさまざまなイスラーム神秘主義の聖者（「マラブー」）の影響下に置かれていた。かれらは、改革者がとくに糾弾した対象だった。

（4）しかし、代表的なアフリカの人物で共産主義者になった者、あるいは共産主義者であり続けた者は、ひとりもいなかった。

（5）「アジア」という用語が広く使われるようになったのは第二次世界大戦後だが、理由は不明である。

第Ⅱ部　黄金時代

第8章 冷戦

ソヴィエト・ロシアは、できる限りの手を尽くしてその影響力を広めるつもりでいるが、世界革命はもはや、ソヴィエトのプログラムの計画にはない。そして、ソ連内部には、古い革命の伝統への回帰を奨励するような状況はない。戦前のドイツの脅威と今日のソヴィエトの脅威とを比較するには、根本的な違いを(中略)考慮しておかねばならない。(中略)したがって、ロシア人となら、ドイツ人といるよりも、突然破滅に襲われる危険は限りなく少ない。

フランク・ロバーツ(在モスクワ・イギリス大使館)からイギリス外務省へ
ロンドン、一九四六年(Jensen 1991, p. 56)

数万人の官僚のなかには、軍服を着ている者とそうでない者とがいたが、毎日出勤しては、核兵器をつくったり、核戦争を計画したりしていた。数百万の労働者たちの仕事は、核テロリズムの装置に左右された。科学者やエンジニアたちは、総合的なセキュリティを提供しうる最終的な「技術的大躍進」を見出すために雇われた。請負業者は楽な利益を諦めるつもりはなかったし、戦闘的な知識人は脅威を売り物にしつつ、戦争を賛美した。こうした人々に、戦争経済は快適な居場所を与えた。

リチャード・バーネット（1981, p. 97）

I

原爆投下からソ連が終わりを迎えるまでの四五年、この期間の世界史は時期によって異なる様相を呈した。これから数章かけてみていくように、一九七〇年代初期を分水嶺とする二つの時期に分かれた（第9・14章参照）。ただそうはいうものの、この四十五年の歴史を、ソ連崩壊まで圧倒的影響力をもった特異な国際情勢から生じた一つの型にまとめることはできる。その型とは、第二次世界大戦から生じた二つの超大国の絶え間ない対立、いわゆる「冷戦」である。

第二次世界大戦がようやく終わった頃、第三次世界大戦と呼んでもおかしくない、非常に奇妙な戦争に人類は突入した。こういえるのは、偉大な哲学者トーマス・ホッブズが観察したように、「戦争の本質は戦闘、すなわち戦うという行為にあるのではなく、戦闘によって争うという意志がじゅうぶん広く知れ渡る時間の広がり」だからだ（Hobbes, chapter 13）。アメリカとソ連という二つの陣営の冷戦は、「短い二〇世紀」後半の国際舞台を完全に独占しており、それがこのような時間の広がりであったことに間違いない。あらゆる世代は地球規模での核戦争という、いつ始まってもおかしくない、人類を破滅へ導くと思われていた戦争の影のもとで育った。事実、どちらの側も攻撃する意志はないと信じていた人々ですら、悲観的にならずにいるのは難しかった。というのも、マーフィーの法則が、こと人間に関してはもっとも説得力のある法則（「誤った方向に向かう可能性があるということは、遅かれ早かれ過ちが起きるということ」）を示したからだ。核の対立がつねにある状況下では、時間がたつにつれ、政治・技術の両面で誤った方向に進みそうになることは増える一方だった。この対立の土台には、文明の計画的自殺の引き金――つねにあった――を引いてしまうことを防ぐことができそうなのは、「相互確証破壊（mutually assured destruction）」（頭文字の「MAD」〔狂気〕という言葉に凝縮されている）という恐怖のみだ、という前提があった。核戦争は起きなかった。しかし、四十数年にわたり、毎日その可能性はあった。

冷戦の特異性は、客観的にみてみると、世界戦争が差し迫った危険ではなかったということだ。それ以上に特異だったのは、両陣営、とくにアメリカ側の終末論的な表現にもかかわらず、二つの超大国の政府は、第二次世界大戦終結時、支配を世界規模で分けることを受け入れたことである。それはかなり不均等な分け方だったが、勢力のバランスについては誰からも文句は出なかった。ソ連がその管理下に置いた、あるいは支配的な影響力を行使した地域は、終戦時に赤軍および／ないしその他共産党武装勢力が占領していた地域であり、その範囲を軍事力でさらに広げようとはしなかった。それ以外の資本主義国と西半球、そしてその周辺の海洋は、アメリカによって管理ないし支配された。アメリカは、旧宗主国の古い帝国主義的覇権の残りものを継承した。その見返りに、ソヴィエト支配が認められた地域には干渉しなかった。

ヨーロッパでは、一九四三年から四五年にかけて境界線が引かれた。それはルーズヴェルト・チャーチル・スターリンがさまざまな首脳会議で結んだ協定、また、実際にドイツを敗北に導くことができたのは赤軍だけだったという事実、この両者により引かれた。不安要素は、少しはあった。とくにドイツとオーストリアに関するものだったが、東・西の占領軍がいた地域に沿ってドイツが分断されたことと、オーストリアから旧交戦国すべてが撤退したことで解決された。オーストリアは、第二のスイスのようになった。つまり、中立を誓い、羨むほどの繁栄が続き、それゆえ「退屈な」（当たっている）といわれるような、小さな国家に。ソ連は、自分たちが占領するドイツのなかに西ベルリンが存在することを、西側の飛び地としてしぶしぶ認めたが、この問題について争う覚悟はなかった。

ヨーロッパ以外の状況は、ここまで明確ではなかった。例外は日本で、アメリカが最初から完全に一方的に支配しており、ソ連はもとより一緒に戦った国すら入り込む余地はなかった。問題は、老朽化した植民帝国の終焉が予測でき、実際一九四五年には、アジアではそれが目前に迫っているにもかかわらず、新しい独立国の行く末がまったくみえなかったことだ。後述するように（第12・15章）、この地域こそ、二つの超大国が冷戦期を通じて支持と影響力をめぐって争った地域であり、そのため、摩擦の多くはここで起きることとなった。また、武力衝突が起きるといえばたいていここで、事実勃発していた。ヨーロッパと違い、どこからどこまでが共産党の影響下に将来的に置かれるか、予測できなかった。もちろん、事前の折衝によって境界線について合意を得ることなど、どれほど一時的で曖昧なものでも、ありえない話だった。だからソ連は、中国での共産党による支配をそれほど強く望んではいなかったのだが[1]、中国では共産党が政権の座に就いた。

しかし数年のうちに、近い将来に「第三世界」と呼ばれることになる地域ですら、国家間関係の安定に必要な条件が揃い始めた。脱植民地化した新国家のほとんどが、アメリカとその陣営にどれほど冷淡であろうが、非共産国であり、それどころか国内政策はたいてい反共的、国際関係では中立的（すなわちソヴィエトの軍事圏外）であることが明らかになったからだ。要するに、辛亥革命から一九七〇年代にかけて、「共産主義陣営」には特筆すべき拡張はなかった。一九七〇年代より以前の段階で、共産党支配下の中国はこの陣営を後にしていた（第16章参照）。

実際には、世界情勢は戦後間もなくある程度安定し、一九七〇年代半ばまでその状態が続いた。七〇年代半ばには、国家間の秩序とそれを構成していたものは、長期にわたる政治的・経済的危機の時代に再び突入した。その頃まで、二つの超大国は世界が不均等に分断されていることを受け入れ、戦争を導きかねない大っぴらな武力衝突を避けつつ、分断線を固定させるためにあらゆる努力をしていた。そして、イデオロギーと冷戦のレトリックと矛盾するのだが、両陣営の長期的な平和共存は可能だという想定のもとに動いていた。事実、いよいよという時、例えば両陣営が表向き戦争寸前というところ、あるいは交戦ということになった時ですら、両国は互いの節度を信じていたのだ。だから一九五〇—五三年の朝鮮戦争では、アメリカは正式に参戦し、ロシアはしなかったが、中国軍の航空機のうち最大一五〇機が、実はソ連のパイロットが操縦しているソ連軍の航空機だということを、ワシントンは完全に把握していた（Walker 1993, pp. 75-77）。モスクワに戦争する気はさらさらないと推察しており、それは実際正しかったこともあり、この情報は内密に伏せられていた。一九六二年のキューバ危機では、いまわれわれが知っているように（Ball 1992; Ball 1993）、両陣営の主な懸念事項といえば、好戦的な身振り手振りが、本当に戦争へ向かう動きと誤解されるのをどうやって避けたらいいのか、ということだった。

一九七〇年代まで、冷戦を冷たい平和とみなす暗黙の合意は有効だった。東ドイツで起きた深刻な労働者階級の暴動に対抗し、ソ連が戦車によって共産党支配を再建することが黙認されたが、一九五三年という早い段階でソ連は、共産主義を「撃退する」というアメリカの掛け声は単なるラジオの芝居だということをわかっていた（というよりは、知った）。それ以後、一九五六年のハンガリー動乱が裏付けるように、西側陣営はソヴィエトが支配する地域に立ち入ろうとしなかった。冷戦は、支配ないし殲滅のための闘争という冷戦自身のレトリックに実際に従おうとはした。しかしそのなかで、基本的な決定は政府ではなく、承認／未承認のさまざまな諜報機関による闇に包まれた鍔《つば》迫り合いによって下された。それは、国家間の緊張にもっとも特徴的な副産物を生んだ。つまり、スパイと暗殺をめぐるフィクションである。この分野でイギリスは、イアン・フレミングのジェームズ・ボンドからジョン・ル・カレの甘酸っぱい主人公たちまで――二人ともイギリス情報局秘密情報部に勤めていた――、安定した優位性を保った。これは、イギリスが世界で実権を失っていくことの埋め合わせとなった。しかし、第三世界の弱小国を除き、ＫＧＢ、ＣＩＡなどの活動は現実の権力政治においては取るに足らなかった。

こうした状況で緊張が長く続いていくなかで、いついかなる時でも世界戦争が本当に起こる危険性はあったのだろうか？　もちろん、薄氷のうえで長時間スケートをしていれば必然的に恐怖を感じることがあるように、その類の事故は例外である。答えを出すのは難しい。もっとも一触即発だった時期は、おそらく一九四七年三月の「トルーマン・ドクトリン」の宣言（「軍事力をもつ少数派や外圧が企てている征服に対して抵抗する自由な人々を支援することは、合衆国の政策でなければならないと信じる」）から、朝鮮戦争中（一九五〇―五三年）の一九五一年四月にトルーマン大統領が総司令官ダグラス・マッカーサーを解任した時期までだろう。マッカーサーは、度を越した軍事的野心をもっていた。この頃は、ユーラシア大陸の非ソ連圏で社会的分裂や革命が起こるのでは、というアメリカの懸念が完全に幻想にはなっていなかった。というのも、一九四九年には共産党が中国で支配権を握っていたからだ。ぎゃくにソ連は、核兵器を独占し、好戦的で威嚇的な反共主義の宣言を繰り返すアメリカと対峙することになった。他方では、チトーのユーゴスラヴィアが離れていくなかで（一九四八年）、ソ連側の結束に最初のヒビが入った。さらに中国は、一九四九年以降、朝鮮での大戦争にためらうことなく飛び込んだだけでなく、他の政府と異なり、核によるホロコーストを戦い、生き抜くことをイメージする用意をしていた。(2) どんなことでも起きる可能性があった。

ソ連は核兵器を手に入れた。原子爆弾に関しては広島への投下から四年後（一九四九年）、水素爆弾はアメリカの実験から九カ月後（一九五三年）だった。二つの超大国は、互いに対する政策手段としての戦争をはっきり放棄した。それは心中《しんじゅう》の約束をすることに等しかったからだ。両国が第三者に対する核兵器の使用をどう考えていたのか、例えば一九五一年の朝鮮半島におけるアメリカ、一九五四年ヴェトナムでのフランス軍救出、一九六九年中国にソ連が対峙した時にどうだったのか、はっきりしない。いずれにせよ、核兵器が使われることはなかった。そうはいっても、核戦争を実際にするつもりなどほぼゼロだったにもかかわらず、両国は核で威嚇することもあった。例としては、朝鮮半島とヴェトナムでの和平交渉をアメリカが急かした時（一九五三、五四年）、一九五六年にソ連が英仏をスエズから撤退させようとした時が挙げられる。どちらの超大国も核戦争開始のボタンに本当は手をかけたくないのは確かだった。そこで両陣営は、互いに戦争を望んでいないと確信したうえで、残念なことに、交渉や（アメリカでは）内政のために核戦争のジェスチャーを使うようになった。この確信は当たっていた。しかしその代価として、数世代にわたって人々は気が狂いそうなほど苦しむことになった。一九六二年のキューバ危機はまさにこの種の余計な動きであり、そのために世界は数日間にわたって不要な戦争に突入しかけていた。そして実際に、政策決定のトップにいる者たちですら恐れおののき、しばらくは道理をわきまた行動をとらざるをえなくなった。(3)

II

それでは、四十年にわたって軍備と動員が行われた対立、しかも、信じるに足りない、キューバ危機の場合には根拠すらない仮定――世界情勢はあまりにも不安定なため、世界戦争はいつ何時起きてもおかしくなく、相互の終わりなき抑止策によって世界は瀬戸際まで追い詰められている――が根底にある対立を、いったいどのように説明したらいいのだろうか？　第一に、冷戦は西側の信条に基づいていたと言える。それは、「破滅の時代」は決して終わっておらず、世界の資本主義と自由主義的社会の未来は安定からほど遠い、という考えだ。いま振り返れば馬鹿ばかしいものだが、第二次世界大戦後においては至極当然だった。専門家たちのほとんどは、第一次世界大戦後に起きたことから類推して、戦後に深刻な経済危機がアメリカにおいてすら起きると予測を立てていた。後年ノーベル経済学賞を受賞することになるある経済学者は、一九四三年、アメリカで「どの国の経済もこれまで直面したことがないような失業と産業の混乱の時代」がくる可能性を語った(Samuelson 1943, p.51)。事実、アメリカ政府が戦後の計画を立てるにあたって抱いた懸念は、戦争の再発よりも、大恐慌の再発に対してのほうがずっと明確だった。戦争再発については、勝利する前にワシントンは関心を向けたものの、散漫かつ一時的なものにすぎなかった(Kolko 1969, pp. 244-246)。

戦後に「世界の——社会的・政治的・経済的——安定」を損なう重大な問題が起きうるとワシントンが予期していたとすれば(Dean Acheson, cited in Kolko 1969, p. 485)、それは、アメリカ以外の交戦国が終戦時に廃墟と化していたからだ。その廃墟の住人は、アメリカ人からすると空腹と絶望を抱えており、おそらく急進的で、アメリカと世界を救済するはずの自由企業・自由貿易・自由な投資からなる国際システムと相容れない社会革命と経済政策の訴えに、すぐにでも飛びつくような人々だった。さらに、戦前の国際システムが崩壊したことで、アメリカは、恐ろしいほど増強された共産主義国家ソ連と、ヨーロッパの広範囲にわたって、非ヨーロッパにおいてはいっそう広い範囲で対峙することになった。政治が後者で将来的にどうなるか、先はみえなかった。ただし、この一触即発で不安定な世界で起きることは例外なく、資本主義とアメリカをどちらかといえば弱体化させる傾向にあり、革命によって、また革命のために生まれた政権を強める傾向があったことは、確かだった。

解放された植民地の多くでは、戦後直後の状況は、穏健な政治家の立場を弱体化させていくようにみえた。というのも、欧米の同盟国以外でかれらを支持する勢力はほとんどなく、政府は共産党によって内からも外からも包囲されていたからだ。こうした国々ではどこでも、共産党は最大政党のみならず選挙で最大勢力となることもあり、戦後、過去のどの時代よりもずっと強力な政党となって登場した。フランスの（社会党の）首相はワシントンを来訪し、経済的支援がなければかれは共産党に負けてしまうかもしれないと忠告した。一九四六年の収穫はひどいものだった。さらに一九四七年までぞっとするような冬が続いた。そのため、ヨーロッパの政治家とアメリカの大統領顧問はさらに神経を尖らせるようになった。

こうした情勢では、それぞれの勢力圏を牽引する資本主義国と社会主義国が結んだ戦時同盟が崩壊してしまっても、驚くことではない。これほど水と油ではない同盟関係ですら、終戦時に壊れることが多いのだから。しかしこれだけでは、なぜアメリカの政策が、少なくとも公式声明では悪夢のシナリオ、つまり、モスクワという超大国はすぐにでも世界征服ができる態勢を整えており、自由の王国をいつでも一瞬で倒せる神不在の「共産主義の世界的陰謀」を指揮している、というシナリオに基づかなければならなかったのか、明確に説明できない。もっとも、ワシントンの同盟国と庇護国は、おそらくイギリスを除き、アメリカほど過熱することはなかったのだが。また、一九六〇年にJ・F・ケネディが選挙戦でつかったレトリックは、さらに説明がつかない(4)。というのも、この年はまだ、英首相ハロルド・マクミランが「われわれの近代的で自由な社会——資本主義の新しい形」(Horne 1989, vol. II, p. 283)と呼んだものがもうすぐ苦境に立たされるだろうとは、考えられる限りでは言えないはずだったからだ。

終戦直後の「国務省の専門家たち」の見通しは、なぜ「終末論的」な特徴をもちえたのだろうか(Hughes 1969, p. 28)? なぜ、ソ連とナチス・ドイツとのいかなる比較もしない冷静なイギリスの外交官ですら、モスクワからこんな報告をしたのか。つまり、世界は「いまや一六世紀の宗教戦争と同等のものが起きる危険に瀕している。この戦争でソ連の共産主義は、世界支配をめぐって西側の社会民主主義とアメリカ版資本主義と争うつもりでいる」と(Jensen 1991, pp. 41, 53-54 ; Roberts 1991)? ソ連は拡張政策をとっているわけでもなければ——まして侵略的なわけでもなく——、一九四三—四五年の首脳会議で合意したと思われている範囲を超えてまで、共産主義の歩みをさらに広めようなどと期待もしていなかった。これは今でははっきりしているが、一九四五―四七年の段階でもじゅうぶん考えられることだった。実際に、モスクワがその庇護国の政権と共産党の動きを統制していた地域では、ソ連を手本として国家を建設することが目標ではなかった。そうではなく、「プロレタリア独裁」とはっきりと異なり、単一政党より「さらに多い」複数政党から成る議会制民主主義のもと、混合経済を築くことが明確に目標とされていた。プロレタリア独裁や単一政党は、政党の内部文書で「効果的でなく、必要でもない」と説明された(Spriano 1983, p. 265)(この路線に従わなかった共産党政権は、革命をスターリンによって積極的に阻まれていたにもかかわらず、モスクワの統制を逃れて革命を起こした政権のみだった。例えばユーゴスラヴィアが挙げられる)。さらに、あまり注目されてこなかったのだが、ソ連は重要な軍事的資産である軍をアメリカと同じくらいの速さで解体し、赤軍の数を一九四五年のピーク時の一二〇〇万人から、一九四八年後半には三百万人にまで減らした(*New York Times*, 24/10/1946; 24/10/1948)。

論理的に考えて、赤軍の占領地域以外では、ソ連は差し迫った脅威ではなかった。平時の経済はぼろぼろ、政府が国民に不信感を抱いているという疲弊しきった廃墟のなかで、ソ連は戦争から姿を現した。国民の側でも、大ロシア人の住む地域以外では、政権への忠誠心に欠けていた者が多かったことは否定しようがなく、それは理解できることだった。

数年にわたり、ソ連は西側周辺部でウクライナ人その他の民族主義を掲げるゲリラと揉めていた。ソ連を支配していたのは独裁者で、かれは自身が直接支配する地域では冷酷でありながら、それ以外の地域ではリスクを冒したがらないことをはっきり示した。かれとは、I・V・スターリンである（第13章参照）。ソ連にはできる限りの経済支援が必要で、したがって、経済支援をしてくれそうな唯一の大国であるアメリカに敵対したところで、すぐに何か得するわけではなかった。スターリンは共産主義者として、共産主義が資本主義にとって代わるのは不可避であり、その意味で二つの体制の共存は永遠には続かないと信じていたに違いない。ところが、ソヴィエトを設計した人々は、第二次世界大戦が終わった時、資本主義が危機的状態にあるとは考えていなかった。誰がみても富と権力が明らかに増大したアメリカの覇権のもと、資本主義が長く続くであろうと疑いもしなかった（Loth 1988, pp. 36-37）。このようにソ連は実際に考え、恐れていた。(5) そして戦後の基本的な姿勢として、攻撃ではなく、守備を採ったのだった。

しかし、対立という両国の政策は、それぞれの状況から生じた。ソ連にしてみれば、自身の立場の危うさと不安定さを自覚しながら、アメリカという大国に対峙したという状況であり、アメリカ側としては、中央・西ヨーロッパの危うさと不安定さ、そしてアジアの大部分の地域のみえない将来を意識していた状況である。おそらく、イデオロギーがなかったとしても対立は起きていただろう。ジョージ・ケナン（George Kennan）は、ワシントンが熱心に採用した「封じ込め」政策を一九四六年初頭に立案したアメリカの外交官であるが、かれは、ロシアが共産主義のための十字軍に参加するなどと信じなかったし、その後のかれのキャリアからわかる通り、（自身が低く評価していた民主政治に反対していたという点をおそらく除いて）決してイデオロギーがかった十字軍の戦士ではなかった。ケナンは有能なロシア研究の専門家にすぎず、外交上のパワー・ポリティクスでは古い学派に属していただけだった。ヨーロッパの外交機関には、このような人物はたくさんいた。このような人物とはつまり、帝政であれボリシェヴィキであれ、ロシア社会のことを次のように考えている人々である。後進的かつ野蛮で、「昔ながらの直観的なロシア人の不安感」に動かされる人間に支配されており、つねに外部の世界から孤立し、絶えず専制君主がおり、対立国を殲滅させるための忍耐強い命懸けの闘争のなかでしか「安心」を求めることができず、対立国と協定を結んだり妥協したりすることは決してなく、結果的に、理性ではなく「力の論理」にばかり影響される、と。もちろんケナンは、共産主義がユートピア的なイデオロギーのなかでもっとも残酷なもの、すなわち世界征服という非現実的なイデオロギーにより、もっとも残酷な超大国に力を授けたことで、古いロシアがより危険な存在になったと考えていた。しかし、この見解が意味しているのは、たとえロシアが共産主義でなかったとしても、ロシアにとって唯一の「対抗勢力となる大国」、つまりアメリカは、ロシアの圧力を不屈の抵抗によって「封じ込め」ていただろう、ということだ。

反対にモスクワ側からみると、世界的な大国であると同時に脆弱な新しい地位を守り、利用するための唯一の合理的な戦略は、まったく同じ、つまり、一切妥協しないことであった。どれほど分が悪い勝負をしなければならないのか、スターリン自身が一番わかっていた。ソヴィエトの力がヒトラーに勝つために必要とされ、また日本に勝利するためにも不可欠だと思われていた頃には、ルーズヴェルトとチャーチルが提示した立場について、交渉はありえなかった。ソ連は、一九四三年から四五年にかけての首脳会議、とくにヤルタ会談で合意したと判断したことに基づき防備を強化した。その範囲を超える危うい場所からは、ソ連は退くつもりでいただろう。例えば、一九四五—四六年のイランとトルコの国境が挙げられる。しかし、ヤルタ会談をもう一度やりたいと言われたら、にべもなく拒絶していただろう。事実、スターリン時代の外相モロトフが、ヤルタ会談以後のあらゆる国際会議で「ノー（ニェット）」を出したことは周知のこととなった。アメリカ側には、力があった。辛うじてではあるが。一九四七年一二月まで、手元にある一二の原子爆弾を運べる航空機もなければ、原子爆弾を組み立てられる軍隊もなかった（Moisi 1981, pp. 78-79）。ソ連には力がなかった。ワシントンは、ソ連側の譲歩と引き換えでなければ、タダでなにかをやるつもりはなかった。しかし、譲歩こそ、喉から手が出るほど求めている経済支援を得られたとしても、モスクワにはできない相談だった。もちろん、アメリカにはソ連を経済的に支援するつもりはなく、ヤルタ会談以前にソ連が戦後借款を求めたことは、「どこかに置き忘れてしまった」と主張した。

要するに、アメリカはソヴィエトが世界を支配することが将来あるかもしれないと危惧していた一方、モスクワは、赤軍の占領地域以外のあらゆる所で、アメリカが実際に覇権をすでに握っていることを懸念していたのだ。疲弊し、貧困に喘ぐソ連をアメリカ経済の属領に加えるのは、たいしたことではなかった。なにせ、アメリカ経済は当時、それ以外の全地域を足したよりも強かったほどだ。妥協を許さない姿勢は合理的な戦略だったのだ。モスクワの空威張りにアメリカが挑みたいのなら、そうすればいいだけの話だった。

それでもなお、互いに妥協しない政治は、大国の対立が恒久的に続く政治であったとしても、日常的に戦争の脅威があることを意味しなかった。一九世紀のイギリスの外務大臣たちは、帝政ロシアの膨張への強い衝動は、ケナン的方法で絶えず「封じ込めて」おかねばならないと当然のように考えていたが、あからさまな対立は滅多に起きることはなく、戦争の脅威はもっと希薄であることをじゅうぶんわかっていた。妥協しない政治は、まして、生か死かの闘争や宗教戦争でもなかった。しかし、こうした情勢を構成していた二つの要素をきっかけとして、対立は理性の領域から感情の領域へと移った。一つは、アメリカはソ連と同様に、ほとんどの国民が世界の模範たるべきと純粋に信じていたイデオロギーを体現する大国だったことだ。いま一つは、ソ連と異なり、アメリカは民主主義国家だったことだ。不幸にも、おそらく後者の要素のほうが危ういものだったことは言っておかねばならない。

というのも、ソヴィエト政府は、アメリカという地球上の敵を悪魔扱いしつつも、議会ないしは大統領選・議会選挙でわざわざ票を獲得する必要がなかったからだ。しかし、選挙はアメリカ政府にとって悩みの種だった。前述した二つの要素を満たすためには、終末論的な反共主義は利用価値があった。そのため、自分たちの美辞麗句を本当は信じていない政治家や、トルーマンの大統領時代に国防長官を務めたジェームズ・フォレスタル（一八九二―一九四九）のような政治家にとって、魅力的に映った。かれは病床で精神を病み、病室の窓からロシア人が入ってくるのを目撃したと言って自殺してしまった。アメリカを脅かした外部の敵は、アメリカの政権にとって都合がよかった。政府は、アメリカはいまや世界に冠たる大国になったと正確な判断を下し――事実、圧倒的な超大国だった――、「孤立」や防衛的な保護主義が国内で大きな障害になっているとまだ考えていた。アメリカ自体が安全でないのなら、第一次世界大戦後の時のように、世界的指導者の責任――そしてその見返り――に背を向けることはありえなかった。さらに具体的にいうと、大衆のヒステリーがあったことで、大統領たちは、アメリカの政策に必要な巨額の資金を、税金嫌いで知られる市民たちから徴収しやすくなった。また、反共主義は、個人主義と私企業を土台として建国された国で、純粋かつ本能的に人々の好みに合致した。そこでは、国自体がイデオロギー的な言葉（「アメリカニズム」）によって説明されており、アメリカニズムは共産主義の対極にあるも同然のものとして定義されていた（ソヴィエト化された東ヨーロッパからの移民の票のことを忘れてはならない）。反共主義による魔女狩りという卑劣で無分別な狂乱を始めたのはアメリカ政府ではなく、こういうことでもなければ表舞台には出てこられない煽動政治家たちだった。こうした者のなかには、悪名高い上院議員ジョセフ・マッカーシーのように、際立って反共主義というわけではない者もいた。かれらは、国内の敵を一斉に糾弾することの政治的可能性をわかっていたのだ[6]。また、そのような一斉攻撃が官僚にとっていかなる可能性をもちうるかは、解任が事実上できなかった連邦捜査局（FBI）長官J・エドガー・フーヴァー（一八九五―一九七二）によって、ずいぶん昔に見出されていた。冷戦を構想した主要人物の一人が「未開人の攻撃」と呼んだもの（Acheson 1970, p. 462）は、とくに中国で共産主義が勝利――当然モスクワが背後にいる――を収めると、冷戦を極端なまで進めることで、ワシントンの政策を促進・抑制した。

同じ頃、選挙に敏感な政治家たちから政策に関して矛盾した要求が出された。それは、「共産主義による武力攻撃」の勢いを撃退するだけでなく、コストを削減し、アメリカ人の快適な生活にできるだけ干渉するな、というものだった。こうした要求はワシントンとその同盟国をして、人員ではなく爆弾という核兵器を基本とする戦略だけでなく、一九五四年に発表された「大量報復」という脅迫めいた戦略に向かわせた。こうして、限定的な通常攻撃においてすら、将来侵略国になる可能性がある国は核兵器で威嚇されることになった。要するに、アメリカは戦術的な柔軟性がきわめて低い攻撃的態勢をとったのだった。

かくして米ソ両国は、双方の破滅につながる狂気の軍備競争に心血を注ぎ、いわゆる核の将軍や核の知識人たち――職業上、この狂気を見過ごさなければならなかった――に命を預けた。また両国は、アイゼンハワー大統領が離任演説で「軍産複合体」とよんだものにのめり込んでいくこととなった。かれは古い学派に属する穏健な軍人で、この狂気への転落に責任があるものの、それに毒されることはなかった。軍産複合体とは、戦争を準備することによって暮らしが成り立っている人と資源の集合体を指す。二つの大国の間で安定した平和が保たれている時には、これは過去に例をみないくらいの莫大な既得権益となった。おそらく予想がつくだろうが、両国政府は自国の軍産複合体に対し、余剰生産能力を利用して同盟国と属国を惹きつけつつ武装させること、またとくに、利益が多そうな輸出市場を獲得するよう奨励した。他方では、最新兵器については口をつぐんでいた。最新兵器とは、もちろん核兵器のことである。なぜならば、超大国が自分たちの核の独占を実際に維持するためだった。イギリスが原子爆弾を手に入れたのは一九五二年で、皮肉にも、アメリカへの依存を減らすためだった。フランス（その核兵器貯蔵庫は実のところアメリカと無関係）と中国は一九六〇年代に手に入れた。冷戦中は、いずれも大きな問題ではなかった。一九七〇年代から一九八〇年代にかけて、これ以外の国も核兵器を製造する能力を獲得した。とくに、イスラエル・南アフリカ、そしておそらくインドである。しかし、こうした核拡散は深刻な国際問題にはならなかった。ただしそれも、二つの超大国という二極化した世界秩序が一九八九年に終焉を迎えるまでの話だったが。

そうなると、冷戦に責任を負っているのは誰なのか？　この問いについての議論は長いあいだ、まるでイデオロギーがテニスの試合をしているかのようだった。つまり、ソ連のみを非難する立場とその反対、主にアメリカの失敗だと主張する立場（主にアメリカ人だと言っておかねばならないだろう）とである。そのため、歴史の仲介者の立場――責任は、二つの「武装した陣営が敵対する御旗のもとで動員を始め」（Walker 1993, p. 55）るほどまで、対立がエスカレートして互いへの恐怖になったことにある――に与することは魅力的である。これはまったく真実である。しかし真実のすべてではない。これは、一九四七年から四九年にかけて前線が「固まってきた」と言われてきたことを説明している。例えば、一九四七年から一九六一年のベルリンの壁の建設に至るまでの段階的なドイツの分裂、アメリカが支配する軍事同盟への全面的関与をヨーロッパの反共主義が避けられなかったこと（ド・ゴール将軍のフランスを除く）、東側諸国がモスクワへの完全な服従から逃れられなかったこと（ユーゴスラヴィアのチトー元帥を除く）が挙げられる。しかしながら、冷戦の終末論的な感じを説明できていない。そしてそれは、アメリカ由来のものだった。西ヨーロッパの全政府は、強力な共産党の有無にかかわらず、例外なく全面的に反共主義であり、起こりうるソ連の軍事攻撃から自国を防衛することを固く決意していた。歴史・政策・交渉を通して中立を誓っている国であっても、米ソどちらかを選べと問われれば、いずれの国にも迷いはなかったはずだ。しかし、「共産主義の世界的陰謀」は、政治的民主主義を名乗る——少なくとも戦後すぐの時代に——資格がある国では、内政で深刻な問題にならなかった。民主国家のなかで共産主義に対抗して大統領が選出された(一九六〇年のジョン・F・ケネディのように)のは、アメリカのみである。ただし、アメリカの内政という点では、アイルランドにおける仏教のように、取るに足らないものだった。もし国家間の力の対立という現実の政治に、十字軍的な要素を注入し、その状態を保つ者がいたとすれば、それはワシントンだった。事実、J・F・ケネディが選挙運動ではっきりと演説した通り、問題となっていたのは、共産主義による世界支配という机上の空論の脅威ではなく、アメリカの実際の優位性を維持していくことであった(7)。しかし、NATO加盟国の政府は、アメリカの方針に不満ばかりもっていた。ただし、忌まわしい政治が存続しつづける限り、その軍事力から保護してくれる代償としてならば、アメリカの優位性を受け入れるのを厭わなかった。ワシントン同様、ソ連を信用する覚悟はなかった。こうして、「封じ込め」は各国政府の方針になったが、共産主義の壊滅は採用されなかった。

III

冷戦が軍事的対立であり、熱狂的な核軍備競争にみえたことは、まったく疑う余地はない。しかし、冷戦の主な影響はこれではなかった。核兵器は使われなかった。核を保有する大国は、三つの大きな戦争に関わった（ただし、互いに戦ったわけではない）。アメリカとその同盟諸国（国際連合を隠れ蓑にした）は、中国での共産党の勝利に動揺し、一九五〇年に朝鮮半島に介入、分断された半島の北側の共産主義政権が南に広がるのを防ごうとした。結果は引き分けだった。同様の目的でヴェトナムにも介入し、敗北を喫した。ソ連は一九八八年にアフガニスタンから撤退した。それまでは、アメリカが支援し、パキスタンが物資を提供していたゲリラに対抗するために、親ソ政権に八年間にわたって軍事援助を与えていた。このように、超大国間での巨額の資金をかけたハイテク兵器の競争は、決着がつかなかった。戦争の脅威がつねにあったために、核軍備への対抗を基本とする国際的な平和運動が生まれた。こうした運動は、ヨーロッパ各所で大衆的な運動になったこともあり、冷戦という聖戦の戦士からは共産主義の切り札だと思われていた。核軍縮運動も影響は決定的ではなかった。特定の反戦運動、なかでも若いアメリカ人たちによるヴェトナム戦争（一九六四―七五年）への徴兵反対運動であれば、より効果がみられたのだが。冷戦が終わった時、こうした運動は大義という思い出と、興味をそそる小さな形見を残してくれた。例えば、一九六八年以降のカウンターカルチャーが反核という言葉を合言葉に選んだことや、環境保護運動の活動家たちの間にあらゆる核エネルギーに対する嫌悪感が根付いたことが挙げられる。

いっそう明白だったのは、冷戦の政治への影響だ。冷戦は間髪を入れず、超大国が支配する世界を、はっきりと二つの「陣営」へと分裂させた。反ファシズムを掲げた挙国一致内閣は、全ヨーロッパを導いて戦争を脱したが（主要交戦国だったソ連・アメリカ・イギリスが当てはまらないことは重要）、一九四七年から四八年にかけて、本質的に似た親共政権と反共政権に分かれた。西側では、共産党は政権から姿を消し、その後ずっと政治的に排除されることになった。一九四八年のイタリアの選挙で共産党が勝とうものなら、アメリカは軍事介入する計画を立てていた。ソ連も同様の措置を講じ、諸政党から成る「人民民主主義」体制から共産党以外を排除した。これ以後、人民民主主義は「プロレタリア独裁」、つまり共産党独裁として分類され直した。ヨーロッパ中心の共産主義インターナショナル（「コミンフォルム」ないし共産党・労働者党情報局）は奇妙に制限された形で、アメリカと対決するために設立されたが、一九五六年に国家間での緊張が静まると解体された。ソ連は東ヨーロッパ全土に対し、その直接支配を頑なに強制した。不思議なことに、フィンランドは例外だった。フィンランドはソ連のなすがままで、一九四八年に政権から強力な共産党を除外した。スターリンがフィンランドを衛星国としなかった理由は、はっきりしないままである。おそらく、フィンランド人が再び武器をとる（一九三九—四〇年、一九四一—四四年にそうしたように）可能性が高かったため、スターリンは思いとどまったのではないだろうか。かれとて手に負えなくなりそうな戦争のリスクを冒したいとは思わなかったはずだ。スターリンは、チトーのもとでユーゴスラヴィアにソ連の支配を強制しようとし、失敗した。結果的に、ユーゴスラヴィアは一九四八年にモスクワと袂を分かち、かといって西側にも参加しなかった。

それ以後、共産主義圏の政治は予測通り画一的なものになった。画一的な政治の脆弱性は、一九五六年以降ますます明らかになっていった（第16章参照）。ヨーロッパのうちアメリカと同盟関係にあった国の政治は、そこまで一色に塗りつぶされることはなかった。というのも、実質的に各国の（共産党以外の）全政党は、ソ連への嫌悪で団結しているにすぎなかったからだ。外交政策において、どの政党が政権を握っているかは重要ではなかった。ところがアメリカは、日本とイタリアという二つの旧敵国で、恒久的な単一政党体制をつくったことで、問題を単純化してしまった。東京では、アメリカは自由民主党の創設（一九五五年）を奨励した。イタリアでは、もとからの野党が偶然にも共産党だったため、それを政権から完全に排除することを主張し、アメリカはイタリアをキリスト教民主党へと引き渡した。キリスト教民主党は、必要な時には自由党や共和党など選ばれた小政党によって補完された。他に重要なのは社会党のみで、これは一九五七年に共産党との長きにわたった同盟関係を断ち、一九六〇年代初頭以降連立政権に加わった。日伊両国におけるその帰結は、第一に、共産党（日本では社会党）が主要野党として定着したことが挙げられる。第二に、制度的に腐敗した政権ができてしまったことだ。それはあまりにもセンセーショナルだったので、一九九二―九三年にかけてようやく明るみになった時にはイタリア人も日本人も衝撃を受けた。そのため政権も野党も身動きできなくなってしまい、その存続を支えてきた超大国の均衡とともに崩れることとなった

ルーズヴェルトの顧問たちは、占領下のドイツと日本に当初、政治の独占を防ぐ改革方針を課していたが、まもなくして、アメリカはそれを覆した。ただ幸いにも、国家社会主義・ファシズム・日本の公然としたナショナリズム・政治における右派とナショナリストの多くは、公認されていた表舞台からは戦争によってすでに除外されており、アメリカの同盟国は安心だった。したがって、これらは、ドイツの巨大企業や日本の財閥が復活していたら、それと並ぶくらい反共主義という点で間違いなく効力を発揮できただろうが、「全体主義」に対抗する「自由世界」の闘争への動員はまだ不可能だった(8)。その結果、冷戦期の西側諸国で政権の政治的基盤となったのは、戦前の社会民主党といった左派から、戦前の穏健でナショナリストではない右派にまで及んだ。そこでは、カトリック教会とつながった政党がとくに役に立った。というのも教会は、その反共主義と、誰もが認める保

守性で他の組織に引けをとらないものの、「キリスト教民主主義」を掲げる諸政党（第4章参照）には、断固とした反ファシズムの過去と、（社会主義でない）社会計画が備わっていたからである。こうして、こうした政党は一九四五年以降の西側諸国の政治で中心的役割を果たした。フランスでは一時的に、ドイツ・イタリア・ベルギー・オーストリアではより長くその状態が続いた（五六三―四頁参照）。

しかし、冷戦がヨーロッパの国際政治にもたらした影響は、ヨーロッパ諸国の内政への影響より顕著であった。結果として、あらゆる問題を抱えた「ヨーロッパ共同体」が創設された。この政治組織は、前例がまったくない形態をとった。つまり、多数の独立した国民国家の経済とある程度の法体制を統合させるための恒久的な（少なくとも長続きはする）編成である。設立当初は（一九五七年）、六カ国（フランス、ドイツ連邦共和国、イタリア、オランダ、ベルギー、ルクセンブルク）によって構成された。そして「短い二〇世紀」が終わる頃、つまり、他の冷戦の産物と同様にこの体制が揺らぎ始めた頃には、新たに六カ国が加わっており（イギリス、アイルランド、スペイン、ポルトガル、デンマーク、ギリシャ）、理屈のうえでは、より緊密な政治的・経済的統合が目指された。これは、恒久的な連邦ないし連合という形での「ヨーロッパ」の政治的統合へつながっていくはずだった。「共同体」は、アメリカによって、またアメリカに対抗して設立された。同様のものは一九四五年以降、ヨーロッパで数多くみられた。このことは、アメリカの力と曖昧さ、そしてその限界を示している。しかし、反ソヴィエトで同盟関係がまとまっていた背景にある恐怖が、どれほど強かったかもみせている。それはソ連に対する恐れだけではなかった。フランスにとっては、主たる脅威は変わらずドイツであった。そして、中央ヨーロッパで復活した巨大な力に対する恐れは、フランスほどではないにせよ、他の交戦国やヨーロッパの占領地で共有されていた。こうした国々は気がついた時には、アメリカおよび経済的に復活して再軍備したドイツとともに、NATOという同盟に閉じ込められていた。ドイツは幸運にも部分的に切り取られてはいたが。もちろん、アメリカに対する恐怖もあった。アメリカはソ連への対抗上不可欠な同志ではあったが、信用できない相手でもあった。アメリカが、世界支配という自国の利益を、同盟国の利害を含むすべてのことより当然のごとく優先させる傾向にあったことは、言うまでもない。戦後世界の設計や戦後の決定事項においては、「あらゆる政策担当者はアメリカの経済的優位性を前提としていた」(Maier 1987, p. 125) ことを忘れてはならない。

一九四六―四七年の西ヨーロッパ情勢が非常に緊迫してみえたがために、強いヨーロッパ経済、そして少し遅れて強い日本経済の発展を最優先すべき喫緊の課題だとアメリカが感じ、結果として、マーシャル・プランという名のヨーロッパ復興のための壮大な計画が一九四七年六月に打ち上げられた。これはアメリカと同盟関係にある国にとり、幸運なことであった。それ以前の援助といえば、明らかに侵略的な経済外交に位置づけられていたが、マーシャル・プランは違い、借款貸付よりも無償贈与が中心だった。さらに、同盟国にとって重ねて運が良かったのは、アメリカ支配のもとでの自由貿易・為替の自由化・自由市場という戦後の世界経済に向けたアメリカの本来のプランが、まったく非現実的であることがわかったことだ。それは、ヨーロッパと日本が抱えていた支払い困難な状況が深刻であること、つまり、ますます希少になっていくドルを喉から手が出るほど欲しがっていたことは、貿易と支払いを自由化する見通しがすぐには立たないことを意味したからだ。アメリカもまた、自分たちの理想である統合されたヨーロッパという計画を、ヨーロッパ諸国に強制できる立場になかった。その計画では、繁栄する自由企業経済だけでなく政治構造までも、アメリカを手本とした単一のヨーロッパが結果的に誕生することが望まれていた。これについては、大国としての自己意識をまだもっていたイギリスも、弱く分断されたドイツを夢想するフランスも気に入らなかった。しかしアメリカにとって、ヨーロッパが期待通りに復興することは一九四九年に設立された北大西洋条約機構(NATO)、つまりマーシャル・プランを必然的に補完する反ソヴィエトの軍事同盟に不可欠で、現実的にそれは、ドイツの再軍備によって強化されるドイツの経済力に依存せざるをえなかった。フランスがせいぜいできたのは、西ドイツとフランスの状況を絡ませることで、この二つの古い敵対国の対立を不可能にすることぐらいだった。それゆえフランスは、ヨーロッパ統合に向けた独自の計画を提案した。「ヨーロッパ石炭鉄鋼共同体」(一九五一年)のことだ。これは、「欧州経済共同体」「欧州共同市場」(一九五七年)へと発展した。これはのちにシンプルに「ヨーロッパ共同体」となり、一九九三年以降「欧州連合」となった。その本部はブリュッセルにあるが、仏独の結束が核となっている。ヨーロッパ共同体は、アメリカが構想したヨーロッパ統合の代替案として設立された。冷戦終結は、ヨーロッパ共同体と仏独の結びつきが作られてきた土台を、いま一度切り崩していくこととなった。とりわけ、一九九〇年のドイツ再統一とそれがもたらした予期せぬ経済的困難により、両国は均衡を失った。

そうはいっても、アメリカはその政治経済プランをヨーロッパに細かく強制することはできなかったが、ヨーロッパが対外的にどう振る舞うかを支配できる程度には、アメリカは強かった。ソ連に対抗する同盟の方針は、アメリカの方針であり、その軍事計画も然りであった。ドイツは再軍備し、中立なヨーロッパという憧れは力ずくで抑えられた。エジプトに対する英仏のスエズ戦争（一九五六年）は、西側の強国がアメリカと無関係なところで世界の方向性に関わろうとしたたった一つの試みだったが、アメリカの圧力で挫折した。同盟国ないし庇護国が敢えてできたことといえば、せいぜい、アメリカとの軍事同盟を実際に去ることなく、それでも完全に統合されることを拒否することぐらいだった（ド・ゴール将軍のように）。

にもかかわらず、冷戦期が長期化するにつれて、ワシントンによる同盟国の圧倒的な軍事的、したがって政治的でもある支配と、アメリカの経済的優位性の緩やかな弱体化との間にある隙間はどんどん開いていった。いまや、世界経済における経済的重要性は、アメリカからヨーロッパ経済・日本経済へと移りつつあった。これらは、アメリカがかつて救済し、再建したと思っていた国々である（第9章参照）。一九四七年の時点で非常に不足していたドルは、とくに一九六〇年代にものすごい勢いでアメリカから流出していった。その背景には、アメリカ史でもっとも意欲的な社会福祉プログラムだけでなく、世界的な軍事行動、とくにヴェトナム戦争（一九六五年以降）に莫大な費用がかかってしまい、その赤字を補塡しようとする傾向がアメリカにあったことが挙げられる。ドルは、アメリカが計画を練って保証もした戦後の世界経済の要だったが、どんどん弱くなっていった。ドルは理論上、世界の金準備のほぼ四分の三が保管されている米国フォートノックスの金に支えられていたのだが、実際には、紙面上ないし帳簿上のやり取りが溢れんばかりに次第に増えていった。それでも、所定の金の分量との連関によってドルの安定性が保証されるようになってからは、注意深いヨーロッパ人たちは、金に関心が高いフランス人を筆頭に、価値が下落するかもしれない紙幣を堅実な金に交換することを好んだ。こうして、金はフォートノックスから溢れだし、金への需要が高まるにつれてその価格は上がった。一九六〇年代のほぼ全時期を通じて、ドルの安定性とそれに伴う国際的な決済システムの安定性は、もはやアメリカの金準備に基づくものではなくなっていた。そうではなく、アメリカの圧力のもとヨーロッパ各国の中央銀行が、ドルを金と交換せず、金の市場価格を安定させるための「金プール」に積極的に参加する姿勢に基づいていた。それは長続きしなかった。一九六八年、枯渇した「金プール」は解体された。事実上、ドルの金との兌換性は失われた。公式にドルと金の兌換が停止されたのは、一九七一年八月だった。それに伴い、国際的な決済システムの安定性と、アメリカであれ、いかなる国であれ、一国の経済が国際的な決済システムを操作できる状況は終わりを告げた。

冷戦が終結した時、アメリカの経済的覇権はほとんど残っていなかったため、軍事的覇権すら、もはや自国の資源で財源を確保できない状態だった。イラクに対する一九九一年の湾岸戦争は、基本的にアメリカの軍事行動だったが、ワシントンを支持する諸外国から資金提供を受けた。ただ、快くそうしたのか不本意だったのかはわからない。この戦争は、戦争で大国が実際に利益を得るという珍しいケースであった。長くは続かなかったことは、関係者全員にとり幸運だった。イラクの哀れな住人を除いてだが。

Ⅳ

一九六〇年代初頭、冷戦がまともな方向へ、わずかではあるが一時的に動いたかにみえた時があった。一九四七年から朝鮮戦争（一九五〇―五三年）という劇的な事件までの危うい時期は、世界が爆発することもなく過ぎていった。スターリンの死後（一九五三年）、とくに一九五〇年代半ばにソヴィエト陣営を揺るがした激しい混乱も、世界を破滅に導きはしなかった。西ヨーロッパ諸国は、社会的危機を克服するどころか、自分たちが生きている時代が広範囲で予想外の繁栄がみられる時代であることに気づき始めた。これについては次章でしっかり論じる。昔ながらの外交官がつかう伝統的な専門用語では、緊張緩和は「デタント」と呼ばれた。この言葉は今では馴染みのあるものとなった。

デタントが表に出てきたのは一九五〇年代最後の数年間、スターリン死後の混乱（一九五八―六四年）が終わり、N・S・フルシチョフがソ連で自身の支配を確立した頃だった。この見事なダイヤモンドの原石は、改革と平和共存を信じていた。ちなみに、スターリンの強制収容所を空にしたのもフルシチョフである。かれは支配確立ののち数年間、国際舞台を牛耳ることになる。おそらく、農民出身の身でありながら大国を治めたのは、この人くらいだろう。しかしデタントはまず初めに、フルシチョフのはったり好きや衝動的な決断と、二〇世紀でもっとも過大評価された大統領であるジョン・F・ケネディの身振り手振りの政治（一九六〇―六三年）とが対立し、緊張が異常に高まったようにみえた時期を、生き延びなければならなかった。つまり、資本主義の西側陣営が共産主義国の経済に押されていると感じていた時――思い出すのが難しいが――、二つの超大国を導いていたのは、この非常に危うい指導者たちだった。共産主義国の経済は、一九五〇年代に西側の経済より速く成長していた。ソ連製の衛星と宇宙飛行士という大変な偉業は、アメリカに対する（短命だったが）技術的優位性を示したのではなかったか？　さらに、誰もが驚いたことに、フロリダから数十マイルしか離れていないキューバで、共産主義は勝利を収めたばかりではなかったか（第15章参照）？

ぎゃくにソ連を悩ませていたのは、曖昧にもかかわらず、かなり好戦的になることも珍しくないワシントンのものの言い方だけでなく、中国との不仲であった。中国は当時、モスクワが資本主義に弱腰になっていると糾弾し、平和主義者のフルシチョフに対し、西側に対して、より妥協を許さない姿勢を公式にとるよう迫っていた。同じ頃、急速に進んだ脱植民地化と第三世界の革命（第7・12・15章参照）は、ソヴィエトにとっては都合よくみえた。こうして、神経質なのに自信家であるアメリカは、自信家なのに神経質なソ連と、ベルリン・コンゴ・キューバをめぐって対峙することになった。

実際のところ、相互の脅しと瀬戸際政策は、最終的には国際システムを比較的安定化させ、二つの超大国をして相手と世界を恐怖に陥れないという暗黙の合意に至らせた。その象徴が、当時（一九六三年）ホワイトハウスとクレムリンを結ぶようになった「ホットライン」電話の設置である。ヨーロッパの東と西の間に最後まで残っていた曖昧な境界は、ベルリンの壁（一九六一年）によって閉じられた。アメリカは、その玄関口で共産主義キューバを迎えることとなった。解放とゲリラ戦という小さな灯は、ラテンアメリカのキューバ革命とアフリカで相次ぐ脱植民地化によって火をつけられた。それは森林火災にまでは至らず、少しずつ消えていくかにみえた（第15章参照）。ケネディは一九六三年に暗殺され、フルシチョフは一九六四年、かれより性急でない政治のアプローチを好むソ連上層部により失脚させられた。一九六〇年代と七〇年代初頭には、核兵器の管理・制限に向けて重要な歩み寄りがあった。実験禁止、核不拡散の試み（核兵器をすでに保有している国や、保有の予定がない国は受け入れたが、中国・フランス・イスラエルのように自前の核兵器を製造中の国は認めなかった）、米ソ間の戦略兵器制限交渉（SALT）、さらには米ソの弾道弾迎撃ミサイル（ABMs）についてもいくつか合意が形成された。さらに重要なのは、米ソ間の貿易は長い間政治的に身動きがとれなくなっていたのだが、一九六〇年代から一九七〇年代へと時代が変わるなか、盛んになってきたことだ。見通しは明るかった。

ところが、実際はそうならなかった。一九七〇年代半ば、世界は第二次冷戦と呼ばれる時代に入った（第15章参照）。そしてこれは、世界経済の大きな変化と時を同じくしていた。つまり、一九七三年から二十年間を特徴づけることになる長期にわたる危機的時代で、一九八〇年代初頭にクライマックスに達した（第14章参照）。しかし、超大国間のゲームのなかで、プレイヤーは景気情勢の変化にほとんど気づかなかった。そんななかでも例外は、エネルギー価格の急騰だった。これは産油国のカルテルであるOPECのクーデタが功を奏した結果で、アメリカによる国際的な優位性が弱まってきていることを示唆しているかにみえた。超大国は両方とも、自国経済の健全さにはある程度満足していた。アメリカは、新たに始まった景気後退の影響をヨーロッパほどあからさまに受けなかった。ソ連は、すべてが思い通りになっていると思っていた。神々は破滅を望む相手には、最初に自己満足を与えるものだ。フルシチョフの後を継いだレオニード・ブレジネフは、ソヴィエトの改革者たちが「停滞の時代」と呼ぶ二十年間を取り仕切ることになるが、かれには楽観できる理由が多少はあったようだ。なかでも、一九六〇年代半ばから石油と天然ガスの巨大な鉱脈がソ連で発見されるようになり、その国際市場における価値が、一九七三年の石油危機によって四倍にも跳ね上がったことが挙げられる。

さらに経済以外でも、二つの関連する展開がいまや超大国の均衡を変えているかにみえた。そのうちの一つは、アメリカが大きな戦争へ突入し、敗北や動揺のようなものを招いたことだ。ヴェトナム戦争は、暴動や反戦デモのシーンがテレビで流されるなか、国の自信を喪失させ、分断し、アメリカの大統領を破滅に追いやり、十年後には（一九六四―七五年）、誰もが予測していた敗北と撤退に至った。さらに重要なのは、ヴェトナム戦争によってアメリカがどれほど孤立しているかがわかったことだった。アメリカと同盟関係にあるヨーロッパ諸国のうち、米軍とともに戦うために、名目だけでも軍隊を派遣した国は一つもなかった。アメリカがなぜ、同盟国・中立国のみならずソ連ですら警告した[9]絶望的な戦争に搦め捕られていったのか、ほとんど理解できない。唯一、理解不能・混乱・被害妄想という、冷戦の主役たちがそのなかを歩んでいた厚い雲の一部であったということを除いては。

そしてもし、アメリカがいかに孤立しているかがヴェトナムではっきりわからなかったとしても、一九七三年のイスラエル――アメリカが中東でもっとも親しい同盟国として認めた――とソヴィエトが支援するエジプト・シリア軍が対決した第四次中東戦争では、いっそう明確になった。なにせ、イスラエルが航空機も弾薬も足りず苦境に立たされ、アメリカに対し緊急支援を求めた時、ヨーロッパの同盟各国は国内の米空軍基地をアメリカの航空機がこの目的で使用することさえ許さなかった。唯一の例外は、戦前のファシズムが最後まで残っていたポルトガルである（支援物資はアゾレス諸島経由でイスラエルに届けられた）。根拠は不明だが、アメリカは、自国の命運に関わる利益が危機に晒されていると思い込んでいた。米国務長官ヘンリー・キッシンジャー（その時大統領であったリチャード・ニクソンは、別の所では弾劾を回避しようと無駄に忙しかった）は、実際に、キューバ危機以来はじめて、核兵器に対する警戒態勢を宣言した。こうした行為は残酷なほどに不誠実であったが、この有能で皮肉好きの指導者の特徴を表している。アメリカの同盟諸国は、これに惑わされることはなかった。各国にとってより重要だったのは、共産主義に対抗する世界規模の闘争に必要だとワシントンが説得力なく主張する、アメリカの地域作戦への支持ではなかった。中東から自国への石油の供給であった。というのも、中東のアラブ諸国は、イスラエルへの支援をできるだけ妨害するために、ＯＰＥＣを通じて、石油の供給を減らしたり、原油禁輸措置をとると脅しをかけていたのだ。そうすることで、石油の世界価格を何倍にも上げられる力が自分たちにあることを発見した。そして世界各国の外相たちは、全能なるアメリカをもってしても、この件に関して何もせずにいたこと、また、すぐに何かできるわけでもないことに気づかざるをえなかった。

ヴェトナムと中東はアメリカを弱体化させた。しかし、それ自体が超大国の地球規模での勢力バランスを変えたわけではないし、冷戦が局地にもたらすさまざまな脅威において対立の質が変わったわけでもなかった。しかし、一九七四年から七九年にかけて、革命の新たな波が世界の広い範囲を覆った（第15章参照）。このような一連の大変動は、「短い世紀」に起きた三つ目の波だったのだが、超大国のバランスをアメリカの手の届かない所へ逸《そ》らすかにみえた。というのも、アフリカ・アジア、そしてまさにアメリカ大陸の多くの政権がソヴィエト側に魅力を感じ、そしてより具体的に、内陸部の中心の外側に軍事基地、とくに海軍基地を提供したからだ。この世界革命の第三の波と、誰もが知るアメリカの失敗と敗北が偶然にも同時期に起きたことで、第二次冷戦の時代が生まれた。この偶然の一致が一九七〇年代にブレジネフのソ連の楽観主義と自己満足とさらに一致したことで、第二次冷戦はより確かなものになった。この段階の対立を引き起こしたのは、間接的にアメリカが戦っている――米軍を送ってしまったヴェトナムの過ちを避けている――第三世界の局地戦争が重なったこと、また、核軍備競争の異常な加熱であった。局地戦争は核軍備競争に比べれば、明らかに理性的だった。

ヨーロッパ情勢が明らかに安定化し――一九七四年のポルトガルのカーネーション革命やスペインにおけるフランコ政権の終焉ですら、その安定を変えることはなかった――、境界線がはっきりと引かれてから、二つの超大国は二国間の競争を実質的に第三世界へと移した。ヨーロッパにおけるデタントにより、ニクソン（一九六八―七四年）とキッシンジャーが指導するアメリカは、二つの大きな成功を手にする好機を得た。成功の一つは、エジプトからソヴィエトを追放したことであり、いま一つは、それ以上に重要なことだが、中国を反ソヴィエトの同盟関係に非公式ではあるが取り込んだことだった。新たな波となった革命はすべて、アメリカが世界的に庇護を与えていた保守政権に対抗するものが多かったが、これにより、ソ連は主導権を回復するチャンスを得た。崩壊しつつあるポルトガルのアフリカ帝国（アンゴラ・モザンビーク・ポルトガル領ギニアーカーボベルデ）が共産党に支配されるようになり、エチオピア皇帝を退位させた革命が東へ進むにつれ、また、成長著しいソヴィエト海軍がインド洋両岸に大規模な基地を新たに獲得するなか、さらにイランのシャー（国王）が倒れると、アメリカの議論は公私にかかわらず、錯乱状態に近い雰囲気に覆われた。こう言う以外に、当時アメリカが真剣に提案した見解を、どうやって説明しろというのだ（びっくりするほどアジアの地勢に無知だったことも幾分あるが、それを除いて）？　その見解とは、ソ連軍によるアフガニスタン侵攻は、ソ連拡張の第一歩であり、すぐにインド洋やペルシア湾に到達するだろう、というものだった[10]（下巻第16章参照）。

こうした憂鬱は、正当性のないソヴィエトの自己満足によって助長された。アメリカ教の伝道者が、敵を破産に追い込んでいかに冷戦に勝とうとしたか、過去を振り返って説明するよりずっと前に、ブレジネフ政権は自ら破綻し始めていた。なにせ、一九六四年以降二十年にわたり、防衛費を年間平均四、五％（実質）上昇させる軍備計画に飛びついていたのだから。したがって、競争することに意味などなかった。ただこの競争によってソ連は、ミサイル発射装置の数では一九七一年までにアメリカに追いつき、一九七六年には二五％多いと主張できる満足感を得られた（弾頭の数ではアメリカに大きく後れを取ったままだったが）。ソヴィエトのわずかな核保有ですら、キューバ危機ではアメリカに対する抑止力として働いた。両国はずっと前から、互いを破壊し、瓦礫の山を何倍にもする力をもっていた。世界的な影響力をもつ海軍を海上に――というよりむしろ、海軍の主力は原子力潜水艦であったので、海中に――建設しようとソヴィエトが組織的に奮闘することは、戦略的な点ではあまり賢明ではなかった。とはいっても、少なくとも、国旗を全世界で掲げる権利を主張する世界的超大国の政治的な意思表示としては、理解できた。それでも、ソ連が局地に縛り付けられるのをもう受け入れることはない、という事実そのものが、冷戦を戦うアメリカの戦士たちに衝撃を与えた。なぜならば、力の誇示によって西側陣営の優位性を繰り返し主張しない限り、それは終わってしまうということをはっきり示していたからだ。このことは、フルシチョフ後に国際関係に対してもっていた警戒心をモスクワが捨てるほど、ますます自信をつけたことにより、確実なものになった。

もちろん、このようなワシントンの錯乱は現実に即した推論に基づいていなかった。実際のところは、アメリカの権力はその威信と違い、ソヴィエトの力よりも断然強いままだった。両陣営の経済・技術に関して言えば、西側（および日本）の優位性は、計算もできないほどだった。ソ連は粗削りで柔軟性に欠けていたが、桁外れの努力をしていれば、一八九〇年代の水準の経済であれば、世界のどこかになんとか築けていたかもしれない（例えば、Jowitt 199, p.78）。しかし、いくら一九八〇年代半ばまでにアメリカより鉄鋼を八〇％、銑鉄を二倍、トラクターを五倍多く生産できるようになったといっても、シリコンとソフトウェアを基盤とする経済にソ連が適応できなかった以上、何の助けになるというのか（第16章参照）。ソ連が戦争を欲していたこと（対中国はおそらく除く）はもとより、西側への軍事攻撃を計画していたという証拠や可能性はまったくない。核攻撃、という熱に浮かされたようなシナリオは、一九八〇年代初頭の西側に属する冷戦の戦士たちと政府の宣伝に端を発しているが、西側が創り出したものだった。そしてこのシナリオは、実際のところ、西側からのソ連に対する核の先制攻撃はありうると、いや、それどころか一九八三年に時々あったように、差し迫っている（Walker 1993, chapter 11）とソ連に信じ込ませる効果があった。また結果として、ヨーロッパの人々による冷戦期最大の反核を掲げる平和運動を誘発した。これは、ヨーロッパにおける新式ミサイルの配備に反対する政治運動だった。

このように、アメリカ政府、とくにレーガン大統領時代（一九八〇―八八年）初期に、軍事的狂乱・終末論的なレトリック・国外での度重なる奇妙な行動が一気に噴出するという明らかな狂気の沙汰に、一九七〇・八〇年代の生きた記憶に無縁の二一世紀の歴史家たちは、頭を悩ませるだろう。かれらがじゅうぶん理解しなくてはならないのは、敗北・無力・公衆の面前で受けた屈辱が、アメリカにとって深刻なトラウマになっていることだ。こうした経験は、一九七〇年代にアメリカの政府上層部を苦しめた。この痛みをさらに深くさせたのは、リチャード・ニクソン（一九六八―七四年）が下品なスキャンダルで辞任せざるをえず、その後二代にわたって小物が続いた時期に、アメリカ大統領という地位が目にみえて混乱したことであった。その混乱の果てに起きたのが、革命只中のイランでアメリカの外交官が人質に取られるという屈辱的な事件であり、中米のいくつかの小国での共産主義革命であり、そしてＯＰＥＣが原油価格を史上最高価格にまで値上げして起きた第二次石油危機だった。

一九八〇年に大統領に選ばれたロナルド・レーガンの方針は、アメリカの支配への挑戦は並大抵では無理なこと、アメリカが不死身であることを示すことで、屈辱感という汚点を拭い去るための試みとしてのみ、理解できる。必要とあれば、カリブ海の小島であるグレナダの侵攻（一九八三年）、リビアに対する海・空軍の大規模攻撃（一九八六年）、規模はさらに大きかったが意味のなかったパナマ侵攻（一九八九年）のように、無防備な標的に対して軍事力を行使した。レーガンは、おそらく自身が平凡なハリウッド俳優であったがために、国民の気持ちと、自尊心が負った深い傷を理解できた。結局のところ、このトラウマを癒やしたのは、強敵が最終的に予測しなかった形で崩壊したことだった。これによりアメリカは、世界でたった一つの世界的大国となった。その時ですら、一九七三・七九年の恐ろしい瞬間を、一九九一年の対イラク湾岸戦争で遅ればせながら埋め合わせをしていることに、われわれは気づくのではないだろうか。一九七三・七九年とは、最大の大国が脆弱な第三世界諸国の連合に石油供給を抑制すると脅され、どう対応したらいいのかわからなかった年である。

「悪の帝国」に対する十字軍には、レーガン政権は少なくとも公には心血を注いでいた。それは世界の力の均衡をもう一度築こうとする現実的な試みというより、アメリカを癒やすものとして計画された。実際には、力の均衡を復元する努力は一九七〇年代後半に、アメリカでは民主党の大統領、ドイツとイギリスでは社会民主主義政党の政権のもと、NATOが再軍備を始めた頃に静かに行われていた。そして、アメリカが支援する運動や国々は、アフリカに新たに生まれた左派寄りの国家を最初から牽制した。これは、南アフリカ共和国のアパルトヘイトを実施する恐るべき政権とアメリカが協力できたアフリカ中部・

南部でかなり成功していたが、「アフリカの角《つの》」の地域ではそれほどでもなかった（両地域では、ロシアはキューバからの遠征軍という計り知れないほど貴重な支援を得ていた。これは、フィデル・カストロによる、ソ連との同盟だけでなく第三世界革命への献身の証となった）。レーガン支持者らによる冷戦への貢献は、これとは異なる類のものだった。

それは、実質的ななにかというよりはイデオロギー的なもので、「黄金時代」が終わりを迎えた後、世界が飲み込まれていった苦難と不確実性の時代という厄災に対する西側からの回答の一つだった（第14章参照）。「黄金時代」の経済・社会政策が失敗しそうにみえるなか、中道派と穏健な社会民主主義による長期支配は終わった。イデオロギー的な右派は、極端な形の商業的利己主義と自由放任に熱心で、一九八〇年頃には複数の国で政権の座に就いた。そのなかでもっとも目立つ存在だったのが、レーガンと自信家で手ごわくもあったイギリスのミセス・サッチャー（一九七九－九〇年）だ。この新しい右派にとり、一九五〇・六〇年代の国家が保証する福祉の充実を重視する資本主義――もはや支えを失っていた――は、一九七三年以降の経済成長もあり、つねに社会主義の亜種として映っていた（経済学者兼イデオローグのフォン・ハイエクがそれを「隷従への道」と呼んだ通りだ）。そしてその論理を辿っていくと、最終的な形としてソ連に行きつくと考えていた。レーガン支持者らによる冷戦は、国外の「悪の帝国」だけでなく、国内のフランクリン・D・ルーズヴェルトの思い出に対しても向けられた。つまり、他の侵略国家だけでなく、福祉国家も敵だった。共産主義が敵だったのと同じくらい、自由主義も敵だった（「Lで始まる言葉」は大統領選の選挙運動で効果的に用いられた）。

レーガン時代が去った時、ソ連は崩壊しかけていた。そのため、ソ連を破壊するための軍事作戦によってソ連は転覆したのだ、とアメリカの政治評論家たちが主張したのは当然であった。アメリカは冷戦を仕掛けて勝ち、最終的に敵を倒したのだ。このような一九八〇年代版の十字軍を、真面目に考える必要はない。ソ連が実際に崩壊した時、ソ連が近い将来そうなることをアメリカ政府が期待ないし予見していた痕跡も、心の準備ができていたことを示す形跡もないのだ。たしかに、ソヴィエト経済に圧力をかけたがってはいたものの、ソヴィエト経済は順調で、アメリカとの軍備競争を続ける能力があると、諜報部員によって（誤って）報告されていた。一九八〇年代初頭になっても、ソ連は世界規模の侵略を自信満々で進めていると（誤って）考えられていた。事実、レーガン大統領自身、かれのスピーチ・ライターがどんな演説原稿をもってこようとも、また、つねに明晰とはいかないかれの頭の中がどんな状態であろうと、アメリカとソ連との共存を本当に信じていたのだ。そしてその共存とは、相互の核の恐怖という忌まわしい均衡に依拠すべきものではなかった。かれが夢見たのは、核兵器がまったくない世界だった。そして、ソ連の共産党書記長に就任して間もないミハイル・セルゲーエヴィチ・ゴルバチョフも同じだった。このことは、一九八六年秋、アイスランドという北極圏に接する地域で薄暗いなか開かれた、奇妙かつ白熱した首脳会議で明らかにされた。

冷戦は終わった。超大国の片方ないし両方が、核軍備競争は災いしかもたらさない愚行だと認識し、真に終結を願う気持ちを受け入れた時に。その主導権を握るのは、アメリカの指導者よりソ連の指導者のほうが楽だったろう。というのも、ワシントンでは冷戦を十字軍的に考えることが普通だったが、モスクワではまったくなかったからだ。また、盛り上がってしまった世論を考慮しなくてもよかったからかもしれない。ところが、まさに同じ理由で、ソヴィエトの指導者がその真剣さを西側に信じてもらうのは難しかっただろう。だからこそ、世界は大きな恩をミハイル・ゴルバチョフに負っているのだ。かれはイニシアチヴをとっただけでなく、独力でアメリカ政府と西側諸政府の説得に成功したのだから。そうはいっても、レーガンの貢献を過小評価するわけではない。その単純な理想主義は、かれを取り囲んでいた理論家や熱狂的ファン、出世が何より大切な人々、ならず者、職業軍人からなる異常に厚い覆いを破り、かれに確信をもたらしたのだから。冷戦は事実上、レイキャヴィーク（一九八六年）とワシントン（一九八七年）での二つの首脳会談をもって終わった。

冷戦終結により、ソヴィエトの体制も終わりを迎えたのか？　この二つの現象は、明らかに関連があるものの、歴史的には分けることができる。ソヴィエト型の社会主義は、資本主義の世界システムに地球規模でとって代わることができると主張していた。資本主義は崩壊しておらず、崩壊しそうにもなかったため――とはいっても、すべての社会主義国と第三世界の債務国が一九八一年に団結し、西側からの借款を同時に債務不履行にしていたら、いったい何が起きただろうと思うのだが――、社会主義が世界的に資本主義と交代できるか否かは、世界の資本主義経済と競争する能力にかかっていた。その資本主義は、大恐慌と第二次世界大戦後の修正を経て、一九七〇年代には情報通信技術の「脱工業化」革命によって性質が変わっていた。一九六〇年代以降、社会主義の遅れが加速度的になっていたことは明白だった。もはや競争力はなかった。この競争が二つの政治的・軍事的・イデオロギー的超大国の対立という形をとっていた以上、劣勢は破滅につながった。

二つの超大国は、大規模かつ膨大なコストがかかった激しい軍備競争によって、それぞれの国民経済に無理を強い、歪めた。それでも、世界的な資本主義システムは、それまで世界最大の債権国であったアメリカが背負い込んだ軍事費三兆ドル相当の負債を負担できた。これと同等の軍事費がソ連にのしかかった場合、それを受け入れるような存在は国内外で皆無だった。いずれにせよ、アメリカの莫大な額にのぼるGDPのうち、一九八〇年代半ばに軍事費にまわされたのは七%だったが、ソ連では、自国生産に占める割合はもっとずっと高く、おそらく四分の一にのぼった。歴史的な幸運と政策が重なったことでアメリカの庇護国の経済は栄え、アメリカを追い越していった。一九七〇年代末になると、欧州共同体と日本を合わせた経済規模は、アメリより六〇%も大きかった。一方、ソヴィエトの同盟国と従属国が自立することは一度としてなかった。これらの国々はソ連にとって、何百億ドルにものぼる巨額の出費が毎年かさむ原因であり続けた。後進国は地理的かつ人口的に世界の八〇%を占めており、こうした国での革命への動員が資本主義の世界的支配にいつか勝ってほしいとモスクワは願っていた。経済的な観点では、後進国は周辺であった。技術に関しては、西側の優位が飛躍的といってもいいくらい成長するなか、競争にならなかった。つまり、冷戦ははじめから、レベルが違う者同士の戦争だったのだ。

しかし、社会主義を弱体化させたのは、資本主義とその超大国との敵意剝き出しの対立ではなかった。むしろ、社会主義の経済的な問題がますます明白となり、機能不全になってきたことと、社会主義よりずっと活発かつ先進的で優位に立つ資本主義的世界経済による社会主義経済への侵食が加速度的に進んでいることとが重なったためだった。要するに、冷戦とは、資本主義と社会主義、つまり、「自由世界」と「全体主義」は橋を架けられない深い谷間を挟んで対峙しているようなもので、架橋しようとするいかなる試みも受け付けられないと語られている限りにおいて[11]、核戦争で互いに自滅する場合を除き、弱いほうの挑戦者の生き残りは保障されていたことになる。なぜなら、効率が悪く不調をきたしている中央で計画される指令経済は、鉄のカーテンの後ろでバリケードに守られてさえいれば、存続はできたからだ。おそらく、ゆっくりと沈んではいくだろうが、すぐに崩壊する可能性はまったくなかった[12]。社会主義を脆弱なものにしたのは、ソヴィエト型の経済と資本主義的世界経済とが一九六〇年代より影響しあってきたことだ。一九七〇年代、社会主義の指導者たちは、新たに利用できるようになった世界市場の資源（石油価格、寛大な借款）を利用することを選んだ時、自国の経済システムを改革するという難問に立ち向かわず、墓穴を掘ったのだ（第16章参照）。ソ連を倒し、最終的に破綻させたのが対立ではなくデタントだったことは、冷戦の逆説である。

しかしある意味、ワシントンの冷戦過激論者たちは、完全に間違っていたわけではなかった。いま振り返ればすぐにわかるように、本当の意味での冷戦は、一九八七年にワシントンで開かれた首脳会談で終わっていた。ただそれは、ソ連が目にみえる形で超大国、あるいは、いかなる大国であれ、それをやめるまで、終結としては一般的に認められなかった。恐れと疑いの四十年、軍事産業が揉める争いの種を蒔きつつ刈りもした四十年は、そう簡単にひっくり返されはしなかった。戦争をするための仕組みという歯車は、両陣営でまわり続けた。職業柄偏執的な諜報機関は、相手方の一挙手一投足を敵の警戒心を解くための巧妙な罠、つまり、敵に勝つための一枚上手の計略なのではと疑い続けた。なにも変わっていないと信じ込むことはもとより、なにも変わっていない振りをするのが不可能になったのは、一九八九年のソ連帝国崩壊、つまり、ソ連自身の一九八九—九一年の解体・崩壊があったからであった。

V

とはいえ、正確にはなにが変わっていたのだろうか？　冷戦は国際舞台を三つの点で変質させていた。第一に、第二次世界大戦前に国際政治を形作ってきた敵対関係や対立のうち、たった一つを除いて完全に退場させるか、もしくは存在感を弱めた。なかには姿を消したものもあった。というのも、帝国主義時代の帝国が消え、それと同時に、支配下にある属領をめぐる植民地権力の競り合いもなくなったためである。また、二カ国以外の「列強」が国際政治で二流三流に格下げされ、互いの関係がもはや自律的ではなく、つまり、地域的利害を超えたものになったために消えた敵対・対立関係もある。フランスと（西）ドイツは、一九四七年以降に古い対立関係を終わらせたが、それは、両者の対立が考えられなくなっていたからではなく――フランス政府はつねにこれについて考えてはいた――、互いにアメリカ陣営のメンバーであることと、ワシントンの西ヨーロッパに対する覇権が、ドイツが制御不能になるような事態を許そうとしなかったからである。そうであったとしても、大規模な戦争を経た国家がもつであろう関心事、つまり、敗戦国の復興計画についての勝った側の懸念や敗北を覆そうとする敗戦国の計画が早々に消えたのは、驚くべきことである。西ドイツ・日本がアメリカ同盟のメンバーとして従属している限り、両国が大国の地位を劇的に取り戻し、武装しても——核兵器はないが——、それを真剣に気にする国は西側陣営にはほとんどなかった。ソ連とその同盟は、ドイツの危険性——かつてソ連は辛酸を舐めたことがある——を訴えたが、それは本当に怖かったからというより、プロパガンダのためであった。モスクワが恐れていたのはドイツの軍事力ではなく、ドイツにあるNATOのミサイルだった。しかし冷戦後には、権力をめぐって他の対立が生じる可能性があった。

第二に、冷戦は国際情勢を凍結したが、それにより、本来定着せず、一時的にすぎなかった状況が安定した。それが一番はっきりしている例は、ドイツだ。法的には長い期間ではなかったものの、事実上四十六年にわたり、ドイツは四つに分断された状態が続いた。一九四九年に連邦共和国となった西側、同年にドイツ民主共和国になった中央部分、そしてオーデル・ナイセ線を超えた東側では、そこにいたドイツ人のほとんどは追い出され、ポーランド領とソ連領になった。冷戦終結とソ連解体により、西側の二つの地区が再統合され、東プロイセンのソヴィエトに併合された地域は、現在は独立国となっているリトアニアによりロシアの他の地域から切り離されており、分離されることになった。こうなるとポーランドには、一九四五年の国境線を認めるというドイツの約束が残されたが、ポーランドは安心しなかった。安定したからといって、平和というわけではなかったのだ。ヨーロッパ以外では、冷戦期とは、戦闘が忘れられた時代ではなかった。一九四八—八九年にかけて、かなり深刻な軍事紛争がまったく行われていないような時は、ほとんど一年もなかった。それでも、超大国の間でのあけっぴろげな戦争、つまり核戦争を引き起こしかねないという恐れがあったため、対立は制御・抑制されていた。クウェートは、イギリスの小さな保護領で、石油で豊かになった。地図で見るとペルシア湾のてっぺんに位置しており、一九六一年に独立した。これに対するイラクからの要求は昔からあり、定期的に繰り返されてきた。戦争につながらなかったのは、超大国の対立においてペルシア湾は、ほぼ自動的に火種となっていたからだった。一九八九年以前であれば、イラクの武器を主に調達していたソ連が、この地域でバグダードが冒険心を発揮するのを強く引き留めていたであろうことは、確かである。

当然のことながら、国の内政の展開は国際情勢のようには凍結されなかった。ただし、そのような展開によって当該国を支配する超大国への忠誠心が変わる、あるいは変わりそうにみえた場合は除く。ハンガリーやチェコスロヴァキアなど、ソ連の反対派が政権に就いた兄弟関係にある国へ軍隊を派遣する権利を破棄するつもりがソ連になかったように、アメリカは、イタリアやチリないしグアテマラで共産党ないしその支持者が政権を握ることを許そうとはしなかった。たしかに、親ソ政権や衛星国でソ連が許容した多様性は、アメリカに比べればずっと少なかったのだが、他方では、こうした政権内部でソ連のために主張する力はさらに弱かった。一九七〇年以前の段階ですら、ユーゴスラヴィア・アルバニア・中国に対してかつて振るっていた支配を完全に失っていた。また、キューバやルーマニアの指導者たちには、非常に個性的な振る舞いを許さなければならなかった。第三世界諸国には武器を供与し、アメリカ帝国主義への憎悪を共有してはいた。しかし、共通の利害を除き、こうした国々をしっかり支配してはいなかった。共産党が国内に合法的に存在することを許されていない国がほとんどだった。そうはいっても、権力・政治的影響力・賄賂・二極化した情勢と反帝国主義の思考回路とが組み合わさることで、世界の分断は多かれ少なかれ安定していた。中国以外の主要国は、国産の革命でもない限り——一九七〇年代にアメリカが嗅ぎつけたように、超大国が生むことも防ぐこともできない——本当に党派を変えることはなかった。アメリカの同盟国は、この同盟によって自国の政策への制約が増えていることに気がついた。例えば、一九六九年以後のドイツの東欧政策に関してそうだった。ただ、だからと言って、どんどん厄介になっていく同盟を離脱することはなかった。政治的に無力で、安定を欠き、守ることもままならないような政党なり政府なり国家は、真に国際的なジャングルでは生き残れない。紅海とペルシア湾に挟まれた地域は、そうした国ばかりだった。そしてこうした国々は、どうにか存続していた。キノコ雲の影が保障してくれたのは、西ヨーロッパの自由民主主義ではなく、サウジアラビアやクウェートのような体制の存続だったのだ。冷戦後、解決済みの問題と棚上げされた問題との差が明らかになるが、冷戦は、極小国家でいるには一番いい時だった。

第三に、冷戦は世界を信じられないほど武器で埋め尽くしてきた。これは四十年にわたり、主要産業国が、いつ起きてもおかしくない戦争に備えてつねに軍拡競争をしてきた当然の結果である。また、四十年にわたり、超大国が友好国を獲得し、世界中に武器をばらまくことで人々に影響力をもとうと競ったことの、当然の結果でもある。そしていうまでもなく、四十年にわたり、大きな対立がたまに勃発することもある低強度戦争が続いたことの、当然の結果でもある。経済の大部分は軍事化され、いずれの場合も巨大かつ影響力のある軍産複合体を擁しており、その製品を海外で売ることで利益を得ていた。それは、桁外れで経済学的に非生産的な軍事費を単に飲み込んでいる——そのおかげで軍産複合体は存続している——だけではないという証拠で、自国政府を慰めるためでもあった。軍事政権が前例をみないほど世界中で流行ったことで（第12章参照）、感謝すべき市場が生まれた。その市場を育てたのは、超大国の気前のいい贈り物のみならず、石油価格革命以降、昔の第三世界のスルタンやシャイフの想像を絶するほど倍増した地域ごとの収入だった。あらゆる国が武器を輸出した。社会主義経済とイギリスのように衰退中の資本主義国家にとり、世界市場で競争力がある輸出品となると、武器以外ほとんどなかった。死の貿易が扱ったのは、政府だけが使用できるような大型武器のみではなかった。ゲリラ戦とテロリズムの時代ゆえに、軽量で持ち運びができ、かつ適度な破壊力と殺傷能力がある装置への需要は増大した。また、二〇世紀後半には諸都市の裏社会には、このような武器に対し、軍事と関連しない需要があった。このような環境で、ウージーの機関銃（イスラエル製）、カラシニコフ（ロシア製）、セムテックスの爆薬（チェコ製）が、お馴染みの名前になっていった。

こうして、冷戦は長く続いた。昔からある対立が局地的に終わった後も、一方の超大国の保護国をもう一つの超大国の保護国にかつて敵対させていた小規模な戦争は続き、こうした戦争を始めたのに今では終わらせたがっている国々に逆らっていた。アンゴラでは、南アフリカ軍とキューバ軍がこの不幸な国から撤退した後、アンゴラ全面独立民族同盟（UNITA）の反乱者たちは、アメリカと国連に否認され、UNITAの敵側が承認されたにもかかわらず、政府への対抗を続けた。武器が不足するということはなさそうだった。ソマリアは、エチオピアの皇帝がアメリカ側に立った時、はじめはロシア軍によって武器を与えられた。その後、エチオピアの革命派がモスクワを頼った時には、アメリカが武器を提供した。ポスト冷戦の時代に入った時、ソマリアは、領土では無政府主義的な部族紛争が起きているうえに飢餓がはびこっており、ほぼ無制限に供給される銃・弾薬・地雷・軍用輸送機以外は、あらゆるものが不足している状態だった。アメリカと国連は、ともに食糧と平和をもたらそうとした。それは、この国を銃で満たすより難しいということがわかった。アフガニスタンでは、アメリカはコンパクトな「スティンガー」という名の地対空ミサイルと発射装置を大量に反共産主義を掲げる部族ゲリラに配り、これらによりソ連の制空権を相殺できるだろうと、正確に予測していた。ロシア軍が撤退しても、ある一点を除き、まるで何事もなかったかのように戦争は続いた。その一点とは、航空機がなくなったために、スティンガーへのあり余る需要を部族が利用し、国際的な兵器市場で売却することで利益を得られるようになったことである。これに失望したアメリカは、一丁につき一〇万ドルで買い戻すことを申し出たが、驚くほどうまくいかなかった（*International Herald Tribune*, p. 24, 5/7/93; *Republica* 6/4/94）。ゲーテの魔術師の弟子が叫んだ通り、「魔物を呼び寄せたものの、今やわたしは逃れられなくなった」。

冷戦の終結により、国際的な構造だけでなく、まだどの程度かじゅうぶん理解されてはいないものの、世界中で国内の政治システムを支えてきた支柱が突如として外された。残されたものは、無秩序で部分的に壊れてしまった世界だった。というのは、これらにとって代われるものがなかったからである。アメリカの代弁者たちが一時的に考えていたこと、つまり、「新世界秩序」が二極化した古い秩序と交代し、その新秩序の基盤は、存続できたがゆえに以前にもまして強靭にみえる唯一の超大国にある、という考えは、非現実的だということはすぐにわかった。あまりにも多くのことが変わり、あまりにも多くのものが消えてしまった以上、冷戦前の世界へ戻ることは不可能だった。あらゆるランドマークは崩壊し、どのような地図でも修正しなければならなかった。二極化した世界の一方に慣れていた政治家やエコノミストですら、もう一方の世界が抱えている問題の性質をじゅうぶん理解することは難しい、ないしは不可能だと感じた。一九四七年まで話を戻すと、アメリカは、西ヨーロッパの経済を立て直すためには緊急の巨大プロジェクトが必要だと認識していた。なぜなら、西ヨーロッパの経済への脅威と想定されていたもの――共産主義とソ連――が、簡単に明示されていたからだ。ソ連と東ヨーロッパの崩壊が政治経済に及ぼした影響は、西ヨーロッパの問題よりも劇的ですらあった。影響の及ぶ範囲もさらに広かったということも、いずれわかるだろう。これらは一九八〇年代に予測できたことであり、また、目にみえていた。ところが、豊かな資本主義国は一カ国として、この迫りくる危険を早急かつ大規模な行動が必要な世界的な緊急事態として扱わなかった。というのも、その政治的な影響を容易に特定できなかったからである。おそらく西ドイツは例外かもしれないが、資本主義国の反応は緩慢で、ドイツ人たちですら、問題の性質を見誤り、過小評価していた。これは、旧ドイツ民主共和国との再統一で生じた困難によって示されることになる。

　冷戦終結の影響は、資本主義の世界経済における深刻な危機やソ連とその体制が迎えた最後の危機と重ならなかったとしても、どのみち甚大であったろう。とはいえ、歴史家にとっての世界は、何が起きたかであって、状況が違っていたらどうなっていたか、ではない。だから、他の筋書きを考える必要はない。冷戦が終わったからといって、国家間の対立はなくならなかった。そうではなく、示されてきたのは、一つの時代が終焉を迎えたということだ。東側陣営にとってだけでなく、全世界にとっての、一つの時代が。当時の人々でもそうとわかるような、時代の終焉を告げる歴史的な節目はいくつかあった。一九九〇年を挟んだ数年間は、明らかに、長期的な転換をもたらす転機だった。古い時代は終わったのだと、誰もがそう理解できた。ところが、新しい時代の性質と方向性に関しては、まったく不確かだった。

こうした不確実性のなかにあっても、たった一つだけ確実で、巻き戻しできないようにみえたものがあった。それは、冷戦が始まってから、世界経済、および必然的に人間社会が経験した異例かつ前例のない根本的な変化である。第三千年紀の歴史教科書には、朝鮮戦争やベルリン・キューバでの危機よりも、ずっと多くの紙幅が割かれることになるだろう。いや、割かれるべきだ。それではここで、この変化について取り掛かるとしよう。

註

（1）一九四七年九月に共産党・労働者党情報局（コミンフォルム）の創設会議の幕開けとなった世界情勢に関するジダーノフ（Zhdanov）の報告では、インドネシアとヴェトナムが「反帝国主義陣営に参加している」と分類され、インド・エジプト・シリアが反帝国主義陣営に「共感している」

と分類されているが、いかなる文脈においても中国への言及が驚くほどない(Spriano 1983, p. 286)。一九四九年四月に蔣介石が南京の首都を捨てた時ですら、外交団のなかでただひとりソヴィエト大使だけが、蔣介石の広東への退却に同行した。その半年後、毛によって人民共和国が宣言された(Walker 1993, p. 63)。

(2) 毛はイタリアの指導者トリアッティに対し、次のように述べたと伝えられている。「イタリアは生き残らなければならないと、誰があなたに命じたのか? 三億人の中国人が残るだろうが、人類の存続にはじゅうぶんだろう」。一九五七年、「核戦争が避けられないこと、そして資本主義に最終的に勝つ手段として核戦争が有効かもしれないことを、毛が呑気に認めていた」ことは、一九五七年に中国に来た「諸外国の同志を唖然とさせた」(Walker 1993, p. 126)。

(3) ソ連の指導者N・S・フルシチョフは、トルコとソヴィエトとの国境線のトルコ側にすでに配備されたアメリカのミサイルを相殺するために、キューバにソ連のミサイルを配備することを決定した(Burlatsky 1992)。アメリカはフルシチョフに対し、戦争の脅しをかけて撤去を余儀なくさせた。しかし、アメリカもまた、トルコからミサイルを撤去した。ソ連のミサイルは、当時ケネディ大統領が聞き及んでいた通り、大統領の宣伝活動には大きく影響したが、戦略的な点ではバランスになんの変化ももたらさなかった(Ball 1992, p. 18; Walker 1988)。撤去されたアメリカのミサイルについては、「旧式のもの」と説明された。

(4) 「敵は共産主義の体制そのもの――無慈悲で、強欲で、絶え間なく世界征服を欲している――である。(中略)これは、軍事力における優位のみを争うものではない。二つの相反するイデオロギーのどちらが優れているかも争っているのだ。つまり、神のもとにおける自由と、神なき無慈悲な独裁と」（Walker 1993, p. 132）。

（5）もしかれらが、終戦から十週間以内にソ連の二〇の主要都市に原子爆弾を落とす計画をアメリカの統合参謀本部が練っていたと知っていたならば、この疑いはいっそう深くなっていただろう（Walker 1993, pp. 26-27）。

（6）魔女を狩る者たちの暗黒世界から登場した政治家のなかで、中身があったのはリチャード・ニクソンただ一人であった。かれは戦後のアメリカ大統領のなかでももっとも不評を得ることになる（一九六八—七四年）。

（7）「われわれは自分たちの力に形を与え、再び一番になる。それは条件付きの一番ではない。また、保留がつくような一番でもない。一番は一番である。私は世界中の民にフルシチョフ氏が何をしているか考えて欲しくない。そうではなく、アメリカがしていることを考えてもらいたい」（Beschloss 1991, p. 28）。

（8）とはいえ、かつてのファシストたちは、諜報機関や公にはならない職種ではじめから組織的に使われた。

（9）「そうしないのならば、そうすればいい。ヴェトナムのジャングルで戦えばいい。フランス軍はそこで七年間戦ったが、結局撤退を余儀なくされた。おそらくアメリカ軍はそれよりも少しは長く踏ん張れるだろうが、いずれは撤退せねばならないだろう」一九六一年フルシチョフからディーン・ラスク宛（Beschloss 1991, p. 649）。

（10）もう一つアメリカに特徴的な学校地図の地政学の例として、ニカラグアのサンディニスタ民族解放戦線は、テキサスとの国境線からトラックで二、三日の所にまで軍事的脅威をもたらしている、という入れ知恵が挙げられる。

(11) アメリカでは、「フィンランド化」という言葉が侮辱の言葉として使われていることを参照せよ。

(12) 極端なケースでは、アルバニア共和国という山がちの小さな共産主義国が挙げられる。そこは貧しい後進国だったが、自ら世界と実質的に隔絶していた三十数年間、存続した。世界経済からアルバニアを守っていた壁が取り壊された時になってようやく、経済的な意味で瓦礫の山となり崩れ去った。

第9章　繁栄の時代

モデナが大きく進歩してきたのは、本当のところ、この四十年でのことだ。イタリア統一の時代以降その頃まで、つまり、変化が加速して電光石火のスピードになるまでは、待つ時代、あるいはゆっくりと、たまに変化が起きる時代が延々と続いた。いまでは、かつては少数のエリートのみが得られた生活水準を人々は享受している。

G・ムッツィオーリ（1993, p. 323）

しらふで腹を空かせていたら、最後のあり金を食べ物以外に使えと言われても、そうするわけがない。しかし、じゅうぶんに腹が満たされており、着る物もあり、住む場所に困らず、それ以外でも行き届いた生活をしている人ならば、電気カミソリと電気歯ブラシのどちらを選べばいいか説得できるだろう。顧客の需要は、価格と費用と並んでマネジメントの課題となった。

たいがいの人間は、歴史家と同じような仕組みになっている。つまり、過去に経験したことの本質に、あとで振り返ってはじめて気がつく。一九五〇年代が過ぎていくなか、多くの人々と、なかでも景気が一層よくなっていった「先進」国の人々は、本当に驚くほどいい時代になったことを自覚するようになった。第二次世界大戦前のことを思い出してみれば、なおさらだ。一九五九年のイギリスの総選挙では、保守党の首相が「こんなに快適な時代を、これまでみなさんは経験したことがなかった」というスローガンを掲げて戦い、勝利した。この発言は、まったくもって当たっていた。それでも、偉大なる成長が終息し、不穏な一九七〇年代に入ると、評論家たち、最初は主に経済学者が、世界、とりわけ高度資本主義の世界が歴史的にかなり特殊な段階――たぶん一度きりの――を通過していたことに気がついた。苦悩に満ちた一九八〇年代が始まるのは、その後のことである。かれらはこれを描写するため、名前を探した。そして、フランスでは、「栄光の三十年」と呼ばれたり、あるいは、英米の四半世紀に及ぶ黄金時代と呼ばれたりした（Marglin and Schor 1990）。その黄金は、その後数十年続くことになる危機の時代という暗く淀んだ背景に対

J・K・ガルブレイス『新しい産業国家』（1967, p. 24）

I

置させてみると、いっそう眩しくみえる。

なぜ、この時代の例外的な性質に気づくのにこれほど長くかかったのか。それにはいくつかの理由がある。まず、第二次世界大戦後に世界経済を支配してきたアメリカにとり、さして画期的ではなかったからだ。すでに触れた通り、戦時中の拡大が単に続いただけであり、アメリカにとってはたやすいことだった。アメリカは何の被害も受けず、GNPを三分の二増やし(Van der Wee 1987, p. 30)、世界の工業生産のほぼ三分の二を占めている状態で終戦を迎えた。また、アメリカ経済の規模と先進性ゆえに、黄金時代のアメリカの実際の成長は、ずっと小さい基盤でスタートした他の国の成長率ほど目を見張るものではなかった。一九五〇年から一九七三年にかけて、イギリスを除く他の工業国に比べると、アメリカの成長は遅かった。そしてさらに重要なのは、その成長率が、以前のもっとも発展した時期と比べて高くなかった点である。他の工業国では、黄金時代には過去の記録がすべて塗り替えられていた(Maddison 1987, p. 650)。停滞気味のイギリスですらそうだった。実のところ、アメリカにとってこの時期は、経済的にも技術的にも、発展したというよりは、他国に遅れをとった時期だったのだ。アメリカと他の国との人時生産性の差は縮んだ。一九五〇年代にアメリカが享受したGDPは独仏の二倍、日本の五倍以上、再度イギリスをもち出すなら、その半分以上だったが、他の国はどんどん肩を並べ、一九七〇・八〇年代にもその状況を継続させていった。

ヨーロッパ諸国と日本にとっての最重要課題は、戦争からの復興だった。これらの国々は一九四五年から数年の間、将来ではなく過去を参照しつつ設定した目標にどれほど近づけたかで、自国の成功を測った。共産主義でない国における復興とは、社会革命と共産主義が発展することへの恐れと、戦争と抵抗の遺産と決別することを意味した。(ドイツ・日本以外の)ほとんどの国が一九五〇年までに戦前の水準にまで戻った一方、冷戦初期という状況、およびフランス・イタリアで強力な共産党が存続したこともあり、それほど幸せな状況ではなかった。いずれにせよ、成長がもたらす物質的恩恵が感じられるようになるには時間がかかった。それがはっきりしてきたのは、イギリスの場合は一九五〇年代半ばになってからのことだった。これ以前の政治家は、ハロルド・マクミラン(Harold Macmillan)のスローガンを掲げて選挙に勝つことなどできなかっただろう。イタリアのエミリア・ロマーニャ州のように目を見張るほど豊かな地域ですら、「豊かな社会」の恩恵は、一九六〇年代になるまで一般に広がってはいなかった(Francia, Muzzioli 1984, pp. 327-329)。さらに、一般市民が豊かである社会の秘密兵器、つまり完全雇用は、西ヨーロッパの失業率が平均一・五%だった一九六〇年代になって、一般的になった。一九五〇年代には、イタリアではまだ八%の人々が職のない状態だった。要するに、一九六〇年代になってようやく、ヨーロッパはその桁外れの繁栄を当然視できるようになった。事実その頃には、事情通の評論家たちは、経済のあらゆることは、何らかの形で永遠に前進・上昇していくだろうと想定するようになっていた。「一九七〇年初期・中葉の繁栄の根底にある傾向が、一九六〇年代同様続くであろうことを疑う特別な理由はない」と、一九七二年の国連の報告書には書かれている。「ヨーロッパ経済の外的環境をいかなる形であれ根本から変えうるような際立った影響は、今のところ予測できない」とも。一九六〇年代が進むにつれ、先進資本主義国の集まりであるOECD（経済協力開発機構）は、将来の成長率を引き上げる形で予測を修正した。一九七〇年代初頭には、成長率は（「中期的に」）五％を超えるとの予測が出されていた（Glyn, Hughes, Lipietz, Singh 1990, p. 39）。そうはならなかったのだが。

黄金時代が、基本的には先進資本主義国のものであったことは、今でははっきりしている。先進資本主義国は、この数十年を通して世界生産のおよそ四分の三、工業製品輸出の八〇％以上を占めた（OECD, Impact 1979, pp. 18–19）。この時代の特異性が認められるのが遅かったのには、さらにもう一つ理由がある。それは、一九五〇年代には、経済の急激な成長が世界中至る所でみられたため、経済体制と関係がないようにみえたためだ。事実最初は、その頃拡大していた社会主義圏が有利であるかに思われた。一九五〇年代のソ連の成長率は、西側陣営のどの国よりも高く、東ヨーロッパ諸国でも同じくらいの速さで経済成長を遂げた。それまで後進国だった国ではより速く、すでに工業化した、もしくは部分的に工業化した地域ではゆっくりと。しかし、共産主義の東ドイツは非共産主義のドイツ連邦共和国に後れを取った。ヨーロッパの東側陣営は一九六〇年代に失速したものの、黄金時代全般にわたる一人当たりのＧＤＰは、主要な先進資本主義国よりもやや速く（ただし、ソ連の場合には、わずかに遅く）成長した（IMF 1990, p. 65）。それでも一九六〇年代になると、社会主義というより資本主義のほうが一歩先んじていることが明らかになった。

豊かさが一般的に広がることを世界人口の大多数――かれらが住む国の貧困と後進性を表す外交上の婉曲表現を、国連の専門家は見つけようとした――が目にすることは、なかった。それでもやはり、黄金時代は世界中でみられた現象だった。第三世界の人口は目を見張る割合で増え、アフリカ・東アジア・南アジアの人口は一九五〇年以降、三十五年間で二倍以上になった。ラテンアメリカではさらに早いペースで増えていった（World Resources 1986, p. 11）。一九七〇・八〇年代には、大量飢饉とその古典的イメージである飢え死に寸前の異国の子ども――西側世界では、夕食後のテレビ画面で注目を集めた――をよく目にするようになった。黄金時代、戦乱と政治的狂気の産物として飢饉が起きた中国のような例を除き、大量飢饉は発生しなかった（下巻第16章参照）。実際、人口が倍増していくなかで、寿命は平均七年延びた。一九三〇年代後半と一九六〇年代後半とを比べれば、じつに一七年も延びた（Morawetz 1977, p. 48）。これは、先進国と主要な非工業国すべてでそうだったように、食糧生産が人口より早く増えたことを意味する。一九五〇年代には、ラテンアメリカ以外の「発展途上国」のあらゆる地域において、一人当たりの食糧生産が一年間で一％以上増えた。ラテンアメリカですら、より緩やかではあったが伸びていた。食糧生産は、一九六〇年代にも非工業国で増え続けた。ただし、非常にわずかではあった（この状況になった時もラテンアメリカは例外で、他の国より早かった）。そうはいっても、一九五〇・六〇年代には、貧困地域での食糧生産の合計は、先進国より早く増えた。

一九七〇年代に入り、貧困地域のなかで地域ごとの差が開いたことで、世界規模での統計は意味を失った。この頃には、極東やラテンアメリカなどの地域では人口増加よりも食糧生産のほうが進んでいたいっぽう、アフリカは一年間に一％以上遅れつつあった。一九八〇年代には、貧困地域の一人当たりの食糧生産は、南・東アジア以外ではまったく伸びなくなった（しかし南・東アジアですら、一九七〇年代と比べて一人当たりの食糧生産が減っている国があった。バングラディシュ、スリランカ、フィリピンである）。一九七〇年代の水準よりだいぶ下回った地域もあれば、水準が下がり続けたところもあった。それが著しかったのは、アフリカ・中央アメリカ・近東である（Van der Wee 1987, p. 106; FAO, *The State of Food*, 1989, Annex Table 2, pp. 113-115)。

この間、先進諸国が抱えた問題は、貧困国の生産者への打撃だった。というのも、どうしたらいいかわからないほど食糧生産が過剰になり、一九八〇年代には、生産を大幅に減らすか、（欧州共同体のように）原価割れで「バターの山」や「牛乳の湖」を叩き売ることにしたからだ。オランダのチーズは、オランダよりもカリブ海諸島で買ったほうが安くなった。不思議なことに、過剰な食糧がある一方で飢えに苦しむ人々がいるという正反対の状況について、一九三〇年代の大恐慌の時に世界は憤慨したものだが、その時に比べると、二〇世紀後半にはあまり言及されなかった。これは、富める世界と貧しい世界との間で溝が深まっていたことの一側面であり、一九六〇年代以降いっそう明白になっていった。

もちろん、工業化社会はどこでも広がっていた。資本主義圏、社会主義圏、そして「第三世界」でも。西洋では昔から、スペインやフィンランドなどの産業革命のように劇的な例があった。「現存社会主義」(第13章参照)の世界では、ブルガリアやルーマニアのようなまったくの農業国にも巨大な工業部門ができた。第三世界では、黄金時代が過ぎると、いわゆる「新興工業国」(NICs)が目覚ましい発展を遂げた。しかしいずれの地域でも、少なくとも、他国からの輸入に必要な資金を調達するために農業に依存する国は、激減した。一九八〇年代後半には、農産物の輸出によって輸入の半分ないし半分以上を支払った国は、十五カ国を数えるのみになっていた。どこかといえば、例外(ニュージーランド)を除き、すべてがサハラ以南のアフリカとラテンアメリカだった(FAO, *The State of Food*, 1989, Annex Table 11, pp. 149–151)。

このように、世界経済は爆発的な成長を遂げていた。この状況が過去に例をみないことは、一九六〇年代までにははっきりしていた。製造における世界の生産量は、一九五〇年代初頭から一九七〇年代初頭にかけて四倍に増えた。さらに驚くのは、工業製品の世界貿易が十倍になったことだ。すでに触れた通り、農業の世界的な生産量も、工業製品ほどではなかったにせよ、急激に増加していた。この成長を達成できたのは、（昔はたいていそうだったように）新しい土地を耕したからというよりは、生産性を上げたからだった。一ヘクタール当たりの穀粒生産量は、一九五〇―五二年と一九八〇―八二年とでは二倍になった。北米・西ヨーロッパ・東アジアでは、それ以上に増加した。この間、世界の水産業の漁獲量は三倍に達したが、その後再び下がっていった（World Resources 1986, pp. 47, 142）。

こうした桁外れの爆発的成長の副産物について、当時はまだ、ほとんど気づかれていなかった。いま振り返ってみれば、すでに危険な状態にみえるのだが。何かといえば、公害と環境破壊である。黄金時代、野生動物の熱心な愛好家や人間界や自然界の希少性が高いものの保護を訴える人々を除けば、この問題に注目する人はほとんどいなかった。なぜなら、進歩という支配的なイデオロギーでは、人間による自然の支配が進むことは、人間の進歩の尺度そのものだと当然のように思われていたからだ。そのため、社会主義国での工業化は、鉄と煙を基本とするかなり原始的な工業体制を大規模につくることが自然にもたらす影響に対し、ことさら盲目的であった。西側ですら、古い一九世紀のビジネスマンのモットーである「汚れ仕事があるところには、金になることがある」（つまり、汚染は金を意味する）は、いまだに説得力をもっていた。とくに、道路建設や不動産の「ディベロッパー」にとってそうで、これらの業界は、好況が長期的に続くなか、間違えようのない投機で驚異的な利益を生み出せることを再発見していた。しなければならなかったことといえば、狙いを定めた建築用地の価値に最高値がつけられるのを待つだけだった。立地のいい物件が一つでもあれば、何のコストもなく億万長者になることができた。というのは、今後建築することを担保にして借金ができたし、その価値が上昇するにつれて（建っていようがいまいが、住人がいようがいまいが）、さらに借金ができたからである。やがて、ご多分に漏れず、破綻が来た。黄金時代は、終わった。以前好景気だった時と同様、不動産業と銀行業が一緒に崩壊する形で終わった。しかしその頃には、大小問わず都市の中心部は、世界中で切り開かれ、「開発」されていた。これに付随して、中世に大聖堂が置かれたイギリスのウスターやスペインの植民地の首都であったペルーのリマのような都市は、破壊されていた。東側・西側の当局は、公営住宅を速くかつ安く建てるために、工場での生産方式のようなものが使えることを知り、都市周辺部を無表情で威圧的な高層住宅の群れで埋め尽くした。そのため、一九六〇年代はおそらく、人間の都市化の歴史のなかでもっとも破壊的な時代として記憶されることになるだろう。

実際、一九世紀の環境汚染の結果以上に、技術的・環境的に適切な判断を二〇世紀には下せるようになったことがより注目を集めていたこともあり、環境を心配するどころか、自己満足してしまう根拠があったようだ。一九五三年からロンドンで石炭燃料が禁止されたが、ただそれだけで、チャールズ・ディケンズの小説でお馴染みの一寸先も見えない濃霧――ロンドンが定期的に停電する原因――は、たちまち消えたのではなかったか？　一度死にかけたテムズ河を、数年後には鮭が泳いでいっていなかったか？　より清潔で、より小さく、より騒音の少ない工場が、それまで「工業」の目印だった煙に包まれた巨大な工場に代わり、地方に立ち並ぶようになった。輸送のための代表的な施設として、駅に代わって空港が登場した。田園地域で人口が減っていく一方、人々、少なくとも中産階級の人々は、打ち捨てられた農村や農場へ移住することで、これまでにないほど自然を身近に感じることができた。

それでも、人間の行動、主に都市での活動、そして工業や――やがて自覚されるように――農業といった活動が自然に及ぼす影響が、二〇世紀半ばから急激に増したことは否定できない。その大部分は、化石燃料（石炭・石油・天然ガスなど）の使用が厖大に増えたことによる。こうした資源が枯渇してしまう可能性について、一九世紀半ば以降、将来を考える人々は憂慮していた。新しい資源は、利用されるスピードよりも早く発見されていった。エネルギー消費の総量が急増した。アメリカでは実際、一九五〇―七三年にかけて三倍になった（Rostow 1978, p. 256; Table III, p. 58）。しかし、これは驚くほどのことではない。黄金時代がなぜ黄金であったのか、その理由の一つは、一九五〇―七〇年の全時期を通して、サウジ産の石油価格が一バレル平均二ドルを超えず、エネルギー価格が途方もなく安くなったばかりでなく、下落が続いたからだった。結果として、石油で動く交通手段が爆発的に増え、自動車が普及した世界各地の大都市上空を汚していた。とりわけアメリカがそうだった。こうしたことの影響について、エコロジーの専門家たちが真剣に注意するようになったのは、皮肉にも、一九七三年、石油産油国のカルテルであるOPEC（石油輸出国機構）が、交通手段にそれなりの負担を課していくと決定して以降のことだった（下巻第16章参照）。スモッグは身近な問題として懸念されており、それは当然のことだろう。しかし、大気の温暖化を招く二酸化炭素の排出は、一九五〇―七三年でほぼ三倍に増えていた。つまり、大気への二酸化炭素ガスの集積は一年に一％弱の割合で増えていったことになる（World Resources, Table 11.1, p. 318; 11.4, p. 319; V. Smil 1990, p. 4, Fig. 2）。フロンガスというオゾン層に悪影響を与える化学物質の発生も急激に増えていった。これは終戦時にはほとんど使われていなかったのだが、一九七四年までには三〇万トンを超えるフロンガスを含む化合物が、そして四〇万トンを超える別の化合物が毎年大気中に排出されていた（World Resources, Table 11.3, p. 319）。富める西側諸国は当然、この汚染の大部分に責任があった。ただし、ソ連の著しく不衛生な形での工業化も、アメリカと同じくらいの二酸化炭素を発生させてはいた。一九五〇年と比べて一九八五年にはほぼ五倍になっていた（一人当たりの排出量では、もちろん、アメリカが先頭を独走している状況が続いた）。この時期、住民一人当たりの排出量を減らしたのは、実際にはイギリスだけだった（Smil 1990, Table I, p. 14）。

Ⅱ

このような経済の驚くべき急成長は、当初、かつて経験した成長が巨大化したものにすぎないと思われていた。いうなれば、一九四五年以前のアメリカの状況がグローバルに広がり、アメリカが先進資本主義社会の模範とされるようになった、ということだ。ある程度はその通りだった。自動車の時代はだいぶ昔に北米で始まっていたが、戦後、ヨーロッパにも訪れた。またその後、より控えめな形で社会主義圏やラテンアメリカの中産階級の人々にも、自動車の時代はやってきた。他方では、安い燃料によって、地球上の広大な土地のほとんどどこに行く場合でも、トラックやバスが主要な交通輸送手段になった。もし、西側の豊かな社会の興隆を、個人が所有する自動車の増加で測ることができるとするなら――イタリアでは一九三八年に四六・九万台だったのが、一九七五年には一五〇〇万台に増えた (Rostow 1978, p. 212; *U. N. Statistical Yearbook*, 1982, Table 175, p. 960) ――、多くの第三世界諸国の経済発展は、トラック台数の増加率でわかった。

したがって、世界的な大型好景気の大部分は、アメリカに追いつくということであった。アメリカの場合は、昔からの傾向を継続させることだった。ヘンリー・フォードの大量生産のモデルは海を越え、新しい自動車産業にまで広がっていった。一方アメリカ国内では、フォーディズムの原理は、新しい種類の生産——住宅建築からジャンクフード（マクドナルドは戦後のサクセス・ストーリーである）——へと広がっていった。かつては少数のみに限定されていた品物やサービスが、大衆市場向けに生産されるようになった。例えば、太陽が燦々とふりそそぐビーチへの旅行などが挙げられる。戦前、北米から中米・カリブ海諸国まで旅行したことがある人数は一五万を決して超えることはなかったが、一九五〇—七〇年ではその数は、三〇万から七百万人にまで増えた（U. S. Historical Statistics I, p. 403）。ヨーロッパ人の旅行者数がもっとも多かったのは、驚くことではない。スペインには、一九五〇年代後半まで大衆向けのツーリズムは実質的に存在しなかったが、一九八〇年代末には、年間五四〇〇万人以上の外国人を迎えるようになっていた。この数は、イタリアの五五〇〇万人を少しだけ下回っている（Stat. Jahrbuch 1990, p. 262）。とにかく、豊かな国では、かつて贅沢品だったものが、快適な生活水準のために求められて当然のものになった。例えば、冷蔵庫、個人用の食洗機、電話機などが挙げられる。一九七一年までに、世界中で二億七〇〇〇万台を超える電話機があり、圧倒的に多かったのは北アメリカと西ヨーロッパだった。電話機は急速に普及が進み、十年後には、台数はほぼ倍になった。発達した市場経済を擁する国々では、住人二人につき一台以上の電話機があった（U.N. World Situation 1985, Table 19, p. 63）。要するに、こうした国々では平均的な国民でも、親の時代には相当裕福でないと無理だった生活を送ることが可能になっていた。もちろん、個人向けの使用人の代わりに機械が使われるようになった点は除く。

しかし、この時期についてもっとも驚かされるのは、技術革命が経済の活性化をどれほど促進したか、ということだ。この点では、技術革命により、昔からある製品の改良版が倍増しただけでなく、前例のない製品まで増えた。なかには、戦前には想像すらできなかったものも多く含まれている。「プラスチック」として知られている合成素材などの画期的な製品のなかには、戦間期に開発されたものもあれば、ナイロン（一九三五年）やポリエステル、ポリエチレンのように戦間期にすでに商品として生産されていたものもある。テレビや磁気テープへの録音のようなものは、当時、実験段階をようやく抜けたところだった。戦争では高い技術が求められるものだが、のちに軍事以外の目的で利用されるための革新的な手順の多くが整備されていった。それは、科学的志向のドイツよりもイギリス（のちにアメリカによって引き継がれた）で顕著だった。レーダーやジェットエンジン、戦後の電子工学や情報技術の基盤をつくった多種多様なアイディア・技術が挙げられる。こうしたものがなかったら、トランジスタ（一九四七年発明）や最初の民間用デジタルコンピュータ（一九四六年）の登場は、ずっと遅れていたはずだ。核エネルギーは破壊目的で戦中初めて用いられたものの、幸運だったと思うのだが、大部分は民間経済の圏外に置かれたままの状況が続いた。例外は、電気エネルギーの世界で、とはいっても、世界生産に（今のところ）占める割合は微々たるもので、一九七五年で約五％だった。こうした技術革新の基盤が戦間期・戦後の科学のどちらにあるのか、戦間期の技術的あるいは商業的ですらあった新たな試みにあるのか否か、もしくは、一九四五年以降に素晴らしい進歩が矢継ぎ早に達成されたこと──一九五〇年代に発展し、統合された電子回路、一九六〇年代のレーザー、ないしは宇宙ロケットの副産物──にあるのか否かは、われわれの目的にとってほとんど重要ではない。ただし、ある一点では重要である。それは、黄金時代は過去のどの時代よりも、最先端かつ難解なことが多い科学研究に依拠しており、二、三年の内に実用化されていた、という点だ。工業、そして農業ですら、一九世紀の技術を決定的に超えたのはこれがはじめてだった(第18章参照)。

技術がもたらした大変動は、評論家にとっては三つの点で衝撃的だった。第一に、豊かな世界の日常をすっかり変えただけでなく、控えめではあるものの、貧しい世界の日常も完全に変えた。トランジスタと最小化され長持ちするバッテリーのおかげで、ラジオが最奥地にある農村にまで届けられるようになった。こうした村では、「緑の革命」によって米と麦の耕作が変わり、人々は裸足ではなくプラスチック製のサンダルを履くようになっていた。本書の読者諸氏のなかでヨーロッパの方がいれば、自身が所有されている物の簡単なリストを作ってみていただきたい。そうすれば、これを確認できる。冷蔵庫や冷凍庫(一九四五年時点ではほとんどの家庭になかった)に入っているもの大多数は、新しいものだ。冷凍食品、工場で育てられた鶏肉、味付けを変えるための酵素やさまざまな化学物質が詰まった肉、「高品質なボーンレスの肉を真似て」つくられた肉すらある（Considine 1982, pp. 1164 ff.）。以前は不可能だったような、地球の反対側から空路で新鮮な状態で輸入される食品は言うまでもない。

一九五〇年と比べて、台所や家庭の家具、個人の衣服のなかで自然素材や昔ながらの素材――ウール、古いやり方で手が加えられた木材や金属、天然の繊維や詰め物、そして陶磁器ですら――が占める割合は、劇的に減ってきている。個人向けの衛生・美容産業の商品はすべて誇張して宣伝されているがゆえに、数も種類も膨大な数にのぼる製品の目新しさは、（意図的に誇張されることで）ぼやけてしまった。というのも、技術革命は消費者意識の領域にも入りこみ、どのような商品でも、それこそ合成洗剤（一九五〇年代に価値を認められた）からノートパソコンに至るまで、新しいということ自体が販売で大きなアピールになったからだ。そこで前提となっているのは、「新しさ」は単によりよいというだけでなく、完全に画期的であることと同義ということだった。

技術的な新しさを目にみえて体現している製品は挙げればきりがなく、とくに付け加えて言うことはない。例えば、テレビ、ビニール盤レコード（ＬＰは一九四八年に誕生した）、その後にテープ（カセットテープは一九六〇年代に生まれた）とＣＤが続いた。また、もち運びできる小型トランジスタラジオ――筆者が最初にもっていたトランジスタラジオは、一九五〇年代後半に日本人の友人から贈り物としてもらったものだ――、デジタル時計、小型計算機、電池、のちには太陽電池、その他すべての家電製品、写真・ビデオ機器も挙げられる。こうした技術革新でとくに重要だったのは、製品の小型化、つまり携帯性に体系的に取り組まれたことである。これにより、可能性の幅と市場はかなり広がった。しかし、技術革命はおそらく、お遊び用のヨットのように表面的にはなんの変化もなかった製品にも、同じくらい象徴的に現れている。ヨットは、第二次世界大戦以降にすべてが変わっていた。マストとハル、帆と索具、航海に必要な装備は、形と機能を除き、戦間期のものと共通点はほとんどないか、あるいはまったくない。

第二に、関係する技術が複雑になるほど、発見や発明から生産への道のりもより複雑になり、その道のりを歩むプロセスももっと入念で費用がかかるものになったことが挙げられる。「研究開発」(R&D)が経済発展の中核を占めるようになり、それゆえ、先進市場経済国が他国に対してすでに有している計り知れない優位性はいっそう強くなった(第16章で述べる通り、技術革新は社会主義経済の国では盛んではなかった)。一九七〇年代、典型的な「先進国」では、人口百万人当たり千人以上の科学者とエンジニアがいた。ところが、ブラジルでは約二百五十人、インドでは一三〇人、パキスタンは約六十人、ケニアとナイジェリアでは約三十人だった(UNESCO 1985, Table 5.18)。さらに、技術革新が絶え間なく続くプロセスになってきたため、生産コストに占める新製品の開発費用が、ますます高額かつ必要不可欠になった。軍事産業という極端なケースでは、金が目的ではないことは明らかだが、新しい発明はほとんど実用化されないまま、廃棄された。なぜなら、実用化以前の段階でいっそう高度な（そして当然、より費用がかかる）発明が現れるからだ。結果的に、関係企業は莫大な金銭的恩恵にあずかった。より大衆市場向けの産業、例えば化学薬品などでは、本当に必要とされている新薬は、とくにそれが特許によって競争から守られている場合、幾度となく富を築くことができるだろう。こうしてできた財については、さらなる研究に必要不可欠なものとして、生産者は言い逃れをした。これほど簡単に保護されていない発明者たちは、もっとはやく大金を稼がねばならなかった。というのも、他の製品が市場に入るやいなや、価格は底値まで下がってしまうからだ。

第三に、新しい技術は圧倒的多数が資本集約的で、（高い技術を有する科学者・技術者以外に関しては）労働力は節約されているか、機械が代わりに働いていることすらある。黄金時代の大きな特徴は、継続的かつ莫大な投資が求められたことと、消費者以外の人間がますます不要になったことである。しかし、黄金時代の経済的躍進の刺激があまりに大きく、そのスピードも速かったため、こうしたことは次の世代になるまで明確ではなかった。それどころか、経済成長が速かったがゆえに、工業国ですら、工業に従事する労働者階級が人口に占める割合は一定のままか、増えたことすらあった。アメリカ以外の先進国では、戦前の恐慌から戦後の復員の時期にかけて、満杯になっていた労働者予備軍という湖は枯渇し、国内の地方出身者や海外からの移民が新しい労働の供給源となった。それまで労働市場に入れなかった既婚女性が参入するようになり、その数は増えていった。しかし、黄金時代が求めた理想は、少しずつでしか実現されないことではあったが、人間を必要としない生産やサービスだった。自動車を組み立てるオートマ化されたロボット、出力を管理するコンピュータが溢れる静かな空間。運転手のいない電車。こうした経済で人間が不可欠とされるのは、ただ一点のみにおいてであった。つまり、商品とサービスの買い手としてだけである。ここにこそ、黄金時代の重要な問題がある。それはこの時期、ヴィクトリア朝期の科学者たちが人類に警告したエントロピーによる宇宙の消滅のように、非現実的で遠い未来のことに思われた。

実際は逆だった。破滅の時代に資本主義を悩ませた問題は、すべて解消するか、なくなったかにみえた。好況と不況の恐ろしくも不可避なサイクルは、戦間期には非常に耐え難いものだったが、ケインズを信奉する経済学者らによる合理的なマクロ経済の操作により——当時政府に助言をしていたかれらはそう確信していた——、緩やかな上り下りを繰り返すだけになっていた。大量の失業？　一九六〇年代の先進国のいったいどこで、そんなことが起きているというのか？　この時期のヨーロッパの失業率は平均一・五％、日本は一・三％だというのに（Van der Wee 1987, p.77）？　大量失業の可能性がまだなくなっていなかったのは、北米だけだった。貧困？　もちろん、人類のほとんどは貧しいままだった。しかし、昔から産業労働の中心だった地域で、「インターナショナル」の「起き上がれ、

飢えたる者よ　まどろみから」は、いまや自家用車をもち、スペインのビーチで有給休暇を毎年過ごすのを楽しみにしている労働者にとって、どのような意味をもちえただろうか？　そしてもし、こういった人々が不況に遭遇したとしても、福祉国家はその対象をますます広げ、いっそう寛大になっていたのだから、貧困層の病気・災難・恐るべき老いというリスクに対し、かつてであれば思いもよらないほどの保護を提供するのではないか？かれらの所得はほぼ自動的に毎年上昇した。永遠に上昇し続けるようなことはなかったのだろうか？　生産体制が提供する商品とサービスは労働者でも入手でき、その範囲で、かつての高級品は日常的な消費の一部になった。その範囲は年を追うごとに広がっていった。物質的な点で、人類はさらに何を望みえたというのか？　いくつかの国の特権階級がすでに享受していた恩恵を、世界中の不幸な人々――いまだに人類の大多数を占めており、「開発」や「近代化」を手に入れていない――に広げることぐらいではないか。

どのような課題が残ったのか？　知的レベルが非常に高く、かつ著名なイギリス労働党の政治家は、一九五六年にこのように書いている。

社会主義の思想は伝統的に、貧困・大量失業・不衛生・不安定・体制自体が崩壊する可能性すらあるという、資本主義がもたらす経済問題に強く影響されてきた……資本主義は認識不可能なほど変わってきている。深刻ではない不況や国際収支の危機的状況がたまに起きるのだが、完全雇用とかなりの安定性は少なくとも維持されるだろう。需要を下回る生産から生じる残りの諸問題は、オートメーションが順調に解決してくれるだろう。先のことを考えれば、われわれの現在の成長率が続けば、五十年後には国の生産高は三倍になっているだろう（Crosland 1957, p. 517）。

III

ひとの一生の半分くらいにわたって崩壊寸前と思われていた体制が、このように桁外れで完全に予想外の大成功を収めたことを、どう説明したらいいのだろうか？　説明を要するのは、もちろん、長期にわたる景気拡大と繁栄が、経済その他の諸問題や混乱が同じくらい長く続いた後に登場した、という単なる事実ではない。一八世紀以降、長さでいうとおよそ半世紀にわたる「長い波」がこのように連なることで、資本主義の経済史における基本的な周期は作られてきた。すでに述べた通り（第2章）、「破滅の時代」は、このような長年にわたる変動のパターン――その性質ははっきりしないままである――に注意を向けていた。その変動は一般的に、ロシアの経済学者コンドラチェフの名前で知られている。長期的にみれば、黄金時代とは、コンドラチェフの景気循環において上向きの波が新たに起きたにすぎなかった。例えば、一八五〇―七三年のヴィクトリア朝期の好景気――興味深いことに、一世紀の時を隔てても日にちはほぼ一致している――や、ヴィクトリア朝後期やエドワード七世時代の「ベルエポック」のように。こうした過去の上昇と同様、黄金時代の前後で景気は下降していった。説明が必要なのはこれではなく、この長期的好況の桁外れの規模と強烈さ――先行した危機と不況の時代の桁外れの規模と強烈さと対《つい》になっているような――である。

資本主義世界経済のこの「大躍進」の規模自体について、本当に納得できるような説明はされていない。そのため、「大躍進」が社会にもたらした前例を見ない影響についても、満足な説明はされていない。もちろん、二〇世紀初頭の産業社会の経済モデルであるアメリカに追いつくためには、それ以外の国には果てしない距離があった。アメリカは、大恐慌によって短期間揺さぶられはしたものの、戦争・敗北・勝利のいずれによっても荒廃していなかった。アメリカ以外の国は実際、アメリカを体系的に真似ようとした。このプロセスにより、経済発展は加速度的に進んだ。なぜなら、新しい技術を発明するよりも既存の技術に合わせるほうがつねにやさしいからだ。日本の例がやがて示すことになるが、大躍進の後、そのようになった。しかし、大躍進がそれだけではなかったことは明らかである。資本主義は大幅に再構成・刷新され、経済のグローバリゼーションと国際化が目を見張るほど進んでいた。

前者からは「混合経済」が生まれた。これにより、国家は経済的近代化の計画を立てやすくなり、その扱いも楽にできるようになった。また、需要が膨大に増えた。資本主義国の戦後の偉大なサクセス・ストーリーは、非常に珍しい例（香港）を除けば、ヨーロッパではフランス・スペイン、そして日本・シンガポール・韓国に至るまで、政府が支援し、監視し、舵を取り、時には計画し、管理もした工業化の物語である。同時に、政府が完全雇用に力を注ぎ、それほどでないにせよ経済的不平等の緩和に責任をもったこと、つまり福祉と社会保障の約束がなされたことで、はじめて贅沢品の大衆消費市場ができた。贅沢品は、もはや必需品として受け入れられるようになっていた。貧しければ貧しいほど、食糧などの生活必需品にかかる費用が収入に占める割合は高くなる（「エンゲルの法則」として知られる理にかなった見解である）。一九三〇年代には、豊かなアメリカですら、家計支出のおよそ三分の一がまだ食糧に使われていた。しかし、一九八〇年代前半には一三％にまで減っていた。残りの所得は他の支出に用いることができた。黄金時代は、市場を大衆化したのだ。

後者は、より精緻で洗練された国際分業体制を実現することで、世界経済の生産力を倍増させた。これは最初の頃、いわゆる「先進市場経済を擁する国々」の共同体、つまり、アメリカ陣営の国々に大きく限定されていた。社会主義圏のほとんどはバラバラで（第13章参照）、一九五〇年代に第三世界でもっとも劇的に発展した諸国は、輸入品を自国製品に替えていくという形で、工業化を国ごとに個別に計画する方を好んだ。西側の資本主義の中心諸国はもちろん、都合のいい貿易条件のおかげで、かなり有利に海外と貿易を行っていた。つまり、原材料や食糧をより安く手に入れることができた。ただし、実際に爆発的な増加をみたのは工業製品の貿易で、主に工業の中心国同士での取引だった。工業製品の世界貿易は、一九五三年からの二十年間で十倍以上に増えた。工業製品は一九世紀以降、世界貿易でかなり一定した割合――半分に少し届かない程度――を占めてきたが、この頃には六〇%を超えた（W. A. Lewis 1981）。黄金時代は、資本主義国のなかでも中心的な国々に繋ぎ止められていた。純粋に量という点で考えてもそうだった。一九七五年、資本主義の「ビッグ・セヴン」（カナダ、アメリカ、日本、フランス、西ドイツ、イタリア、イギリス）だけで、地球上の乗用車の四分の三を有し、ほぼ同じ割合で電話機も所有していた（*U.S. Statistical Yearbook* 1982, pp. 955 ff., 1018 ff）。そうはいっても、新しい産業革命はいかなる地域であっても、そこに留められるようなものではなかった。

資本主義の再編と経済の国際化が進んだことは、非常に重要だった。技術革命はたくさん起きたが、それだけで黄金時代の原因を説明できるか、あまりはっきりしない。既述の通り、この時期の新しい工業化の多くは、使い古した技術に基盤をもつ古い工業化が新しい国へ広がっていくことだった。例えば、一九世紀の石炭・鉄・鉄鋼の工業化が社会主義の農業国へ広がったし、二〇世紀のアメリカの石油・内燃機関産業がヨーロッパへ普及した。高度な研究から生まれた技術が民間産業に甚大な影響を及ぼすようになったのは、おそらく、一九七三年以降の「危機の時代」になってからのことだ。この時代に、情報技術と遺伝子工学は画期的な成功を収め、他の未知なるものへの飛躍も始まった。科学と薬学では、終戦とほぼ同時期に世界のあり方を変え始めた大きな技術革新が起きた。これらは第三世界の人口にすぐに影響を及ぼした（第12章参照）。西側で起きた性革命は、第二次大戦前には未知だった抗生物質によって一九六〇・七〇年代に可能になったわけで、科学・薬学分野での技術革命の文化的影響は遅れて現れた。それも少しばかり後だっただけで、非常に遅かったわけではない。抗生物質の登場で、性病は簡単に治せるようになり、産児制限用のピルが一九六〇年代に普及したため、特定多数との性交渉から生じる重大なリスクは取り除かれたかにみえた（こうしたリスクはエイズとともに、一九八〇年代になると再び性交渉の問題として扱われるようになった）。

同様に、先駆的で高度な技術は、すぐに好景気の一翼を担うようになったこともあり、黄金時代を部分的に説明できるはずである。ただ、それだけで決定的影響力をもったわけではないだろう。

戦後の資本主義は、さきほどクロスランドから引用した通り、「判別不可能なほど改革された」体制であり、英首相ハロルド・マクミランの言葉でいうと旧体制の「新」版であったことは、間違いない。実際に起きていたのは、戦間期に避けられなかった「過ち」から、「……雇用を高水準で維持しつつ……無視できない速さで進む経済成長を享受する」

という「正常な」記録へと体制が回復したどころの話ではなかった（H. G. Johnson 1972, p. 6）。本質的には、経済上の自由主義と社会民主主義とが結婚したようなもので（あるいはアメリカ人の言葉を用いれば、ルーズヴェルト的なニューディール政策）、計画経済に先鞭をつけたソ連に負うところが非常に多かった。そのため、自由市場という神学をあがめる人々はこの結婚に対して、一九七〇・八〇年代――経済的成功によってこの結婚を土台とする政策を庇《かば》えなくなった年代――に情熱的な反応をみせるようになった。オーストリアの経済学者フリードリヒ・フォン・ハイエク（一八九九―一九九二）のような人々は、自由放任主義（レッセフェール）に介入する経済活動が機能するという説を（無理矢理であったとしても）受け入れるような実利主義者には、決してならなかった。機能するという点については、難解な主張を展開して当然のごとく否定した。かれらは「自由市場＝個人の自由」という等式の正しさを信じていた。したがって、そこからのいかなる乖離も、一九四四年のハイエクの書籍のタイトルを拝借すると「隷従への道」だとして非難した。大恐慌時代の市場の混じりけのなさを支持した。世界がますます豊かになり、市場と政府とが混ぜ合わさった基盤をもつ資本主義（と政治的自由主義）がもう一度興隆をきわめるなかで、黄金時代を黄金たらしめた政策を非難し続けた。しかし、一九四〇―七〇年代にかけては、このような頑迷な信者に耳を傾ける者はいなかった。

戦中末期に資本主義が意図的に修正されたこと、その大部分は英米でそうする立場にあった人々によるものだったことは、疑いようもない。人は歴史から決して学ばない、と想定するのは間違っている。戦間期の経験、とくに大恐慌はあまりにも悲惨だったため、空襲警報が鳴りだす前の時代にすぐに戻れるなどと、第一次世界大戦後に公職に就く多くの者が思い描いたようには、誰も夢見ることすらなかった。戦後の世界経済の指針となるよう、また、グローバルな経済秩序の将来像になるよう期待されたものの見取り図を描いた男性たちはすべて、大恐慌を生き抜いた者たちだった（女性はまだ、政財界の一部リーグにほとんど受け入れられていなかった）。なかにはJ・M・ケインズのように、一九一四年以前から公職に就いていた者もあった。そして、たった今ヒトラーのドイツ、つまり大恐慌の申し子と戦い、共産主義とソヴィエトの力が、機能不全に陥っていた資本主義経済諸国の廃墟を西へ進んでくる可能性を突き付けられた者すべてにとり、一九三〇年代の経済に関する記憶が、資本主義を改良する意欲をじゅうぶん掻き立てていないとすれば、その政治的リスクが命取りになることは明らかだった。

四つのことが、政策担当者にとり明らかにみえていた。第一に、戦間期の破滅的状況にはいかなる理由であっても戻ることは許されないわけだが、それを招いた大きな原因が、グローバルな貿易・金融システムの崩壊と、それに続いて専制的な国民経済ないし帝国へと世界が分断されたこと、という点だ。第二に、地球規模での体制がかつては覇権国家によって、もしくは少なくともイギリス経済とその貨幣であるポンドが中心的役割を果たすことで安定化していた、ということだ。戦間期、イギリスとポンドはこの負担に耐えられるほど、もはや強くはなかった。その重荷を引き受けられたのは、アメリカとアメリカドルのみだった（この結末に、ワシントンはどこよりも純粋に熱狂的になった）。第三に、大恐慌の原因は無制限の自由市場の失敗だった、ということ。それ以後、市場は公的な計画と経済管理によって補強されるか、その枠組みのなかで動かざるをえなくなっていった。最後に、社会的・政治的な理由から、大量失業が再び起きることは許されない、ということだった。

英米の政策担当者たちが、世界の貿易・金融システムの再構築に関し、できることはほとんどなかった。しかし、自由市場という古い自由主義を拒否することには喜びを覚えていた。経済面での強力な国家主導・国家計画は、フランスや日本などでは目新しいものではなかった。産業の国有・国営ですら珍しくなく、一九四五年以降には西側諸国で広がっていった。それは決して、社会主義者と反社会主義者との間に特有の争点ではなかった。仮に戦前に起きていたとしても、フランスやイタリアの憲法（一九四六―四七年）の例のように、戦後のほうが問題としてより目立ったのは、戦中はレジスタンスの政治的立場が一般的に左寄りであったからだ。そのためノルウェーでは、十五年に及んだ社会主義政権の後ですら、国営化を好んだわけではなかった西ドイツに比べ、公共部門の割合は（そしてもちろん絶対的規模も）低かった。

戦後ヨーロッパで非常に顕著だった社会主義政党と労働運動に関していうと、改良版資本主義にすぐ馴染んだ。なぜなら、権力の獲得とソ連モデルの模倣が政策となっている共産党を除き、現実的な理由から、自分たち自身の経済政策をもたなかったからである。現実主義的なスカンジナヴィア半島の人々は、民間部門には手を付けなかった。一九四五年のイギリス労働党政権は、民間部門を放っておくことはしなかったが、改良するようなことも一切せず、とくに、（非社会党の）フランス政権が熱心に計画した近代化と比べると、計画を立てることに驚くほど興味を示さなかった。実際のところ左派は、労働者階級の有権者を取り巻く環境改善と、そのための社会改革に専念していた。その資金を集めるために、かれらは富を生産する強力な資本主義経済に依存せざるをえなかった。なぜなら、資本主義廃止を求める訴え以外、代案をもっていなかったからだ。廃止を求めるといっても、どうやって廃止するのか、廃止するためにどう努力したらいいのかわかっている社会民主主義は皆無だった。要するに、改良版資本主義では労働と社会民主主義的な目標が重要性を認められており、左派に合っていたのだ。

このようなさまざまな理由により、戦後、西側陣営の政治家・官僚・ビジネスマンまでもが、自由放任主義と時代錯誤の自由市場への回帰は論外だと思っていた。特定の政策目標――完全雇用、共産主義の封じ込め、停滞・衰退ないし崩壊した経済の近代化――は、つねに優先され、政府の影響力が強まることが正当化された。経済・政治の自由主義に打ち込んできた政権ですら、いまや、「社会主義的」だとしてかつてであれば拒絶されていたであろうやり方で、自国経済を運営することができた。もしくは、運営せざるをえなかった。結局、イギリスとアメリカですら、戦争経済をこうやって運営していたのだ。混合経済には将来性があった。健全な財政・安定した通貨・安定した物価という古い正論が重要だった時もあったが、これらですらもはや確実に説得力があるものではなくなっていた。一九三三年以降、インフレと赤字財政という案山子《かかし》があっても、もはや経済という畑から鳥を遠ざけることはできなかった。それでも、収穫高はまだ増えているかにみえた。

こういったことは、ささいな変化ではなかった。それゆえ、厳格な資本主義者としての資質があるアメリカの政治家アヴェレル・ハリマン（Averell Harriman）は、一九四六年に同胞にこう言った。「この国の人々は、「計画」というような言葉をもはや怖れてはいない。（中略）この国では、個人も政府も計画しなければならない、という事実を人々は受け入れたのだ」（Maier 1987, p. 129）。また、経済的自由主義の推進派でありアメリカ経済の信奉者であるジャン・モネ（一八八八―一九七九）は、当然のようにフランスの計画経済を熱心に支持するようになった。さらに、自由市場を支持する経済学者であるライオネル・ロビンズ（Lionel Robbins）（男爵）は、社会主義的要素があった戦時下のイギリス経済の責任者となった。かつてはケインズと対立する学説の正統派を守り、ハイエクとともにロンドン・スクール・オブ・エコノミクスのセミナーを一緒に運営したこともある人物だ。三十数年にわたり、「西側」の思想家と政策決定者、なかでもアメリカの政策決定者のあいだには、ある合意があった。そしてその合意により、非共産主義国側に立つ他の国ができないことというよりは、できることが決まった。どの国でも求められた世界というのは、生産性が上がり、海外貿易も増え、完全雇用・工業化・近代化が進んでいる世界で、それを手に入れる準備はいずれの国でもできていた。必要とあれば、政府による組織的な管理と混合経済の運営を通して、また、共産主義者でない限り労働運動とも協力した。資本主義の黄金時代は、民間企業(「自由企業」のほうが好まれる名称[1])の経済活動が存続するには、民間企業自体から救われる必要があるという合意が形成されていなかったら、不可能だったろう。

資本主義はたしかに自らを改良した。しかし、これまで思いも寄らなかったことをする準備が全体的に整ったということと、新しい経済というレストランのシェフが作っている個々の新レシピが実際に使えるものであることとは、はっきり分けて考えなければならない。それは判断が難しい。経済学者は政治家同様、成功を自分たちの政策の先見の明に帰す傾向にあった。イギリスのような弱い経済ですら繁栄し、成長した黄金時代には、自画自賛できる余裕がたっぷりあったようだ。そうはいっても、計画的な政策が驚くほどの成功を収めたのは間違いない。例えば一九四五—四六年のフランスでは、産業経済を近代化させる経済計画の道程をきわめて自覚的に歩み始めた。このようにソヴィエトの思想を資本主義的な混合経済へ適用することで、なにがしかの効果が生まれたはずだ。というのは、一九五〇―七九年にかけて、それまで経済が停滞していた典型的な国だったフランスが、アメリカの生産性に追いつくという点で、他の主要産業国よりも成功したからだ。ドイツすら凌駕したのだ（Maddison 1982, p. 46）。とはいえ、各政府のさまざまな政策（そのほとんどが、一九四六年に他界したJ・M・ケインズの名前を連想させるもの）の長所・短所や効果を徹底的に議論することは、経済学者というとりわけ議論を好む集団に委ねなければならない。

Ⅳ

全体的な方向性と細かい部分での適用は、国際経済が再編される際に違いがとくにはっきりしてくる。というのも、国際経済の再編では、大恐慌の「教訓」（一九四〇年代の議論で定期的に登場する言葉）を少なくとも部分的には汲んで具体的な制度が編成されたからだ。アメリカの優位性は、もちろん事実としてあった。イギリスが多くの見解や構想を示していた時ですら、行動を起こせという政治的圧力はワシントンから来た。また、ケインズとアメリカの代弁者ハリー・ホワイト(2)（Harry White）との間のように、新しい国際通貨基金（IMF）について意見が割れた場合には、アメリカ側の見解が優勢だった。それでも、この点について、自由主義的経済という新しい世界秩序の本来の計画では、新しい国際政治秩序――戦争末期に国連としても構想された――を成す一部として認識されていた。そして、一九四四年のブレトン・ウッズ協定のもとで実際に設立された、たった二つの国際機関、すなわち、ともに現存する世界銀行（「国際復興開発銀行」）とＩＭＦは、国連の原型が冷戦で崩れると、アメリカの政策に事実上従属させられるようになった。この二つの機関は、国際収支の問題に取り組むだけでなく、長期的な国際投資を育成し、為替の安定を維持することになる。こうした国際的な計画に挙がっている他の提案から、専門的な機関（例えば、一次産品の価格管理や、完全雇用維持のために国際的な対策をとる機関）が誕生することはなかったか、あるいは部分的に設立されるに留まった。国際貿易機関に関して提案はあったものの、最終的にはずっと控えめな「関税と貿易に関する一般協定（ＧＡＴＴ）」になった。これは、定期的な交渉を通して貿易障壁を減らしていくための枠組みだった。

要するに、この素晴らしい新世界を構想した者たちは、自らの計画に現実味を与えることを目的とし、一連の担当機関を設立しようとした点で失敗した。戦争が終わった時の世界は、多角的な自由貿易と決済システムが機能するような国際体制にはなっていなかった。しかも、その体制を築こうとしたアメリカの動きは、戦争で勝利を収めてから二年しないうちに失敗した。しかしそれでも、貿易と決済の国際体制は、国連と違って機能した。ただし、当初予測・意図した通りではなかったが。実のところ黄金時代とは、戦中の政策立案者たちが念頭に置いていたこと、つまり、自由貿易・資本の自由な移動・安定した通貨の時代だったのだ。これがアメリカとドルによる経済の圧倒的支配に主に起因していたのは、間違いなかった。ドルは一定量の金と結びついていたため、その制度が一九六〇・七〇年代初頭に崩壊するまで、ドルはいっそう安定をもたらすものとして機能した。次の点をつねに念頭に置いておかなければならない。第一に、一九五〇年、アメリカ一国だけで、先進資本主義国の資本金総額の約六〇%を保有していたこと。第二に、やはり先進資本主義国の全生産高の約六〇%をアメリカが占めていたこと。そして黄金時代のピーク（一九七〇年）でも、先進資本主義国の資本金総額の五〇%以上をまだ保有しており、生産高もほぼ半分を占めていたこと（Armstrong, Glyn, Harrison 1991, p. 151）。

これは、共産主義に対する恐れにも起因していた。なぜなら、アメリカが確信していたことと異なり、自由貿易を行える国際的な資本主義経済の主な障壁は、外国の保護貿易論者の勘ではなく、アメリカ自身が伝統的に高率関税だったこと、そしてアメリカの輸出拡大を目指す意欲が混ざり合っていたことだった。後者についてワシントンの政策立案者たちは、「アメリカにおいては、完全かつ効率的な雇用達成のために必要不可欠」と戦中みなしていた（Kolko 1969, p. 13）。戦後すぐの段階で、活発な拡大路線がアメリカの為政者たちの念頭にあったことは明らかだ。こうした為政者をして、将来的なライバルが可能な限り速く成長できるように援助するのが政治的に喫緊の課題だと納得させ、長期的視点に立つ姿勢を後押ししたのは、冷戦だった。冷戦は同様に、世界的な好況の主な原動力であったとも論じられてきた（Walker 1993）。大袈裟かもしれないが、巨額にのぼったマーシャル・プラン（四八一―二頁参照）は、オーストリアやフランスが体系的に行ったように、援助を近代化のために用いたいと望んでいた国にとっては、実際に近代化するうえで確実に役に立った。そして、アメリカの援助は、西ドイツと日本の変革が加速化していくうえで、決定的だった。この二カ国は援助がなくとも、巨大な経済大国に間違いなくなっていただろう。敗戦国であるがゆえに、自国の外交政策を決定することができなかったという単純な事実は、両国にとっては利点となった。というのも、軍事費という無益な穴に注ぎ込む資金を最低限に抑えられたからだ。そうはいうものの、もしドイツの復興が、その復活を怖れていたヨーロッパに依存していたならば、ドイツ経済はどうなっていたのだろうと、ただ問うてみればよい。もしアメリカが、朝鮮戦争、そして一九六五年以降は再びヴェトナム戦争のための産業基盤として日本を築くことがなかったら、日本経済の復興のスピードはどうなっていただろうか？　アメリカは、一九四九―五三年にかけて日本の工業製品の生産高が倍になるよう資金を提供した。一九六六―七〇年に日本の成長率が絶頂期――年間一四・六％以上――を迎えたのは、偶然ではなかった。したがって、国家が莫大な資源を競って軍備へ転用したことで経済がダメージを受けていたとしても、冷戦の役割は過小評価されるべきではない。ソ連のような極端な場合には、ダメージはおそらく致命的だった。しかしアメリカですら、増大する経済的脆弱性のために軍事力を犠牲にした。

そのため、資本主義の世界経済は、アメリカを中心に展開した。生産要素の国境を越える移転という点では、ヴィクトリア朝中期以降もっとも障壁が少なかった。ただし、例外が一つある。人の移動だ。人の越境移動は戦間期に停滞し、なかなか回復しなかった。それはいくぶん、眼の錯覚が入っていた。黄金時代の大変な好景気を活気づけたのは、かつて失業していた人々が職を得たことだけでなく、国内での膨大な人の移動の流れ——地方から都市へ、農場（とくに貧相な高地）・貧しい地域から豊かな地域へ——だった。だから、イタリア南部からロンバルディア州やピエモント州に人が大量に押し寄せると、四〇万人のトスカーナ地方の小作人は二十年の間に小作地を離れた。とくに東ヨーロッパが工業化する過程では、必ずこのような大量移民が発生した。さらに、こうした国内で移住した労働者のなかには、実際には国境を越えてきた移民もいた。ただしその場合は、もともと仕事を求めて受入れ国に来たのではなく、一九四五年以後発生した難民や追放された人々が手に負えないほど大量に移動するなかでやってきた。

それでも、目覚ましい経済発展を遂げ、労働力がますます不足していた時代にあって、経済における自由な活動に熱心に取り組んでいた西側世界で、移民が自由にやってくることに政府が抵抗し、実際それを許可してしまっていた場合には（例えば、カリブ海諸国やほかのイギリス連邦の住人は法的にイギリス人であるため定住する権利をもっていた）、それを止めさせたことは注目に値する。多くの場合、こうした移民のほとんどはあまり発展していない地中海諸国出身で、条件付きの一時滞在しか許可されないため、簡単に本国へ送還される可能性があった。もっとも、欧州経済共同体の拡大に伴って移民送出国（イタリア・スペイン・ポルトガル・ギリシャ）が加盟したため、難しくはなったのだが。それでも一九七〇年代初頭までに、約七百五十万人がヨーロッパの先進国へ移住していた（Potts 1990, pp. 146-147）。黄金時代ですら、移民流入は政治的に神経を使う問題だった。そして一九七三年以降の数十年続く困難な時代になると、外国人に対する嫌悪感が社会全体で急速に深まっていった。

しかし、黄金時代の世界経済は、国家を超える（トランスナショナル）というよりは、国家同士（インターナショナル）の取引に留まっていた。各国はそれまで以上に互いに貿易を行うようになっていた。アメリカでは、第二次世界大戦前は大部分が自給自足で、一九五〇—七〇年にかけて、他国への輸出量が四倍になった。しかし、一九五〇年代後半からは消費財を大量に輸入するようにもなった。一九六〇年代後半には、自動車すら輸入し始めた（Block 1997, p. 145）。工業国間の製品の売買は増えたのだが、しかし、経済活動のほとんどは国内中心のままだった。黄金時代のピーク時のアメリカの輸出高は、アメリカのGDPの八％をやや下回っていた。さらに驚くのは、輸出志向の日本ですら、これよりわずかに多い程度だった（Marglin and Schor, p. 43, Table 2.2）。

しかしながら、一九六〇年代から、経済はますますトランスナショナルな要素を強めていった。こうした体制の経済活動にとり、国家の領域と境界線は基本となる骨組みではなく、複雑に絡み合う要素にすぎない。極端な場合には、特定できるような領土的な基盤や境界を実際にもたないまま、「世界経済」は生まれる。それは、甚大な影響力を振るう大国の経済に何ができるのか、あるいはその範囲を決める。一九七〇年代初期には、このようなトランスナショナルな経済が世界規模で力を振るうようになった。そして、ますます力を増していった。それどころか、一九七三年以降の「危機の時代」には、かつてない速さで成長していった。事実、この時代の問題の多くは、トランスナショナルな経済の出現によって生じていた。当然のことながら、国際化（internationalization）の進展と密接に関連していた。一九六五―九〇年の間には、輸出品の割合は全世界で二倍に増えることになる（World Development 1992, p. 235）。

トランスナショナルになっていく過程では、三つの側面がとくにはっきりしていた。それは、トランスナショナルな企業（たいていは「多国籍企業」として知られている）、新国際分業、オフショア金融の増加である。最後の側面は、未発達のトランスナショナリズムの原初的な形態の一つであるとともに、資本主義経済が国家をはじめあらゆる管理からどうやって逃げおおせてきたのか、非常に鮮明に示すものである。

「オフショア」という言葉は、一九六〇年代に民間で一般的に用いられる言葉になった。企業が、国が課す税金その他の規制を逃れるために、たいていは財政的に寛容な極小国に会社の法律上の所在地を登録することを意味する。というのは、国や地域が利益を生み出すことをどれほど約束したとしても、まともな国や地域であれば、いずれも二〇世紀半ばまでに、国民のためと称し、合法的な企業活動に対して何かしら管理・規制を敷いていたからだ。キュラソー島やヴァージン諸島、リヒテンシュタインなどの快適で小さな領土で、企業法と労働法の抜け穴が複雑かつ巧妙に組み合わさることで、企業の貸借対照表を奇跡的に素晴らしいものにすることができた。なぜなら、「オフショアの本質は、星の数ほどある法の抜け穴を、成長が見込め、かつ規制を受けない企業の仕組みに転換していくことにあるからだ」(Raw, Page and Hodgeson 1972, p. 83)。オフショアがことさら金融取引に向いていた理由は明らかだった。パナマとリベリアはすでに、他国の商船の船籍を登録することで得た収入を使い、長いこと自国の政治家に補助金を出してきた。商船の所有者たちが、自国の労働規制や安全規制をあまりにも面倒に感じたからだった。

一九六〇年代には、「ユーロカレンシー」、主には「ユーロダラー」を生み出すという、ちょっとした考案から、国際金融の中心地だったロンドンのシティは、グローバルなオフショア金融の主要拠点となった。アメリカの銀行法の規制を回避することを主な目的とし、アメリカ以外の銀行に預けっぱなしにされ、本国に戻ることがなかったドルは、売買可能な金融商品となった。このような自由に取引されるドルは、アメリカによる対外投資が増え、米政府が政治・軍事に巨額を費やしたことで蓄積され、莫大な量になった。そしてそれは制御不能な地球規模の市場、主に短期貸付を支えるようになった。ユーロダラーの増加はかなり劇的なものだった。ユーロカレンシー市場は、一九六四年から一九七三年にかけて一四〇億ドルからおそらく一六〇〇億ドルにまで増えた。さらに五年経つと、およそ五千億ドルにまで増えた。この頃になると、ユーロカレンシー市場は石油がもたらす利益――OPEC加盟国はこの利益の使い道を突如考えなくてはならなくなっていた――という貴重な宝の山を再循環させていくうえで、主要な働きを担っていた（下巻第16章参照）。アメリカは、自国から離れた巨額の資本がどんどん増殖していくことに翻弄された最初の国になった。こうした資本は、世界中のあらゆる通貨を侵食しながら手早く利益を上げることを目指していた。各国政府は、為替レートと世界の貨幣供給量を制御できなくなってしまったため、やがてはどの政府もその餌食となった。一九九〇年代初頭には、主要な中央銀行が協調して行う措置ですら、無力であることが明らかになっていた。

一カ国に基盤を置き、複数の国で活動している企業が活動を拡大していくことは、じゅうぶんすぎるほど当然なことだ。また、そのような「多国籍企業」は目新しいものではない。この種の米系企業は海外に置く関連会社の数を、一九五〇年から一九六六年にかけて七五〇〇社から二万三〇〇〇社以上に増やしたが、そのほとんどは西ヨーロッパおよび西半球だった（Spero 1977, p. 92）。しかし、他の国の企業もそれに続いた。例えばドイツの化学企業ヘキスト社は、四十五カ国で合計一一七に及ぶ自社ないし関連工場をもった。六つのケースを除き、すべて一九五〇年以降のものだ（Fröbel, Heinrichs, Kreye 1986, Tabelle IIIA, p. 281 ff）。むしろ目新しかったのは、こうした多国籍企業の活動の規模そのもののほうだった。一九八〇年代初頭には、アメリカの多国籍企業は輸出の四分の三以上、輸入のほぼ半分をすでに担うようになっており、イギリスでは、多国籍企業（イギリス系とその他外資系の両方）は輸出の八〇％以上を担っていた（U. N. Transnational 1988, p. 90）。

このような数字はある意味重要ではなかった。というのも、こうした企業は主に、「国境線を横断する市場を国の内部に組み込むこと」、つまり、国家とその領土の干渉を受けないようになることで主な役割を果たしていたからだ。上記の統計（基本的には国ごとに集計されている）で輸入ないし輸出として示されているものの多くは、実際のところ、多国籍企業内での取引である。例えば、四〇カ国で操業しているゼネラルモーターズが挙げられる。このような経済活動を行えることで、当然、資本が集中する傾向は強まった。カール・マルクス以来お馴染みのことである。一九六〇年までには、（非社会主義圏の）世界では、大企業トップ二百社の売り上げが、全体のＧＮＰの一七％に相当するとすでに推定されていた。一九八四年までには二六％を占めるとまで言われていた。[3] こうした多国籍企業の多くは、かなり「発展した」国に基盤を置いていた。事実、「大企業二百社」の八五

%はアメリカ・日本・イギリス・ドイツに基盤をもち、残りはその他十一カ国にもっていた。このように、超巨大企業と企業が誕生した国の政府との関係は折り合いがつきそうだった。とはいえ、日系と基本的に軍事を請け負っている会社を除き、超巨大企業は政府の利益や国益と同じだと自信をもっていえたかどうかといえば、黄金時代が終わるまではあやしかった。米政権にも参与したことのあるデトロイトのあるタイクーンの言葉、「ゼネラルモーターズにとっていいことは、アメリカにとってもいいことだ」が、昔ほどはっきりしない時代になっていたのだ。本国での事業が、例えばモービル・オイル社ならば百ある市場のうちの一つの市場、ダイムラー・ベンツ社であれば一七〇あるうちの一つの市場での事業にすぎないのなら、この言葉はどうなるのだろうか? 国際的な石油企業であれば、取引上、サウジアラビアやベネズエラへの対応とまったく同様に、つまり、一方では利益と損失について、他方では企業と政府の力を比較しつつ、本国に対する戦略と政策を必然的に考えざるをえない。

企業取引や事業——決して二、三十の大企業だけではない——が自らを伝統的な国民国家から解放させようとする動きは、ヨーロッパと北米から余所へ移っていくにつれ——最初はゆっくり、やがて加速度的に速くなっていった——いっそう目立つようになった。ヨーロッパと北米は工業化と資本主義の発展で先陣を切っており、黄金時代も成長の原動力であり続けた。一九五〇年代半ばには、工業国で製造された輸出品のうち、約五分の三は互いに売買したものだった。その割合は、一九七〇年代初頭には四分の三にのぼった。しかしその頃、事態は変わり始めていた。先進諸国の他国への輸出量が増え始めたものの、より重要なのは、第三世界で作られた製品が発展した先進工業国へ大量に輸出され始めたことだった。後進諸国が昔から輸出していた一次産品が形勢不利に陥ると（ＯＰＥＣによる大改革後の鉱物性燃料は除く）、地域によっては工業化が急速に進んだ。一九七〇―八三年にかけて、世界全体の工業品輸出に占める第三世界の割合――それ以前は約五％で安定していた――は二倍以上に増えた（Fröbel et al. 1986, p. 200）。

こうして、新国際分業は古典的分業の土台を切り崩していった。ドイツ企業であるフォルクスワーゲン社は、自動車工場をアルゼンチン・ブラジル（三つの工場）・カナダ・エクアドル・エジプト・メキシコ・ナイジェリア・ペルー・南アフリカ・ユーゴスラヴィアに、主に一九六〇年代半ば以降に建設した。第三世界の新たな製造業は、拡大する現地の市場だけでなく、世界市場の供給源にもなった。それを可能にしたのは、最初から最後まで現地の産業が（例えば繊維産業が挙げられる。そのほとんどは一九七〇年以前の段階で、長年の製造国から「途上」国へ移った）製造に携わった品物を輸出することと、国境を越える製造過程の一部に組み込まれることだった。

その真価が発揮されるようになったのはもっと後のことだったが、黄金時代を決定づける革新的なことだった。輸送・通信革命がなければ起きえなかっただろう。革命があったからこそ、ひとつの品物を作るにしても、例えばヒューストン・シンガポール・タイで分担し、経済的に実行できるようになり、完成した部品をこうした中心地間で空輸し、近代的な情報技術によって中央で管理できるようになった。電子製品を手掛ける大手企業は、一九六〇年代半ばからグローバルな展開を始めた。こうして生産ラインは、一つの土地に置かれた巨大な格納庫から別の土地の格納庫へ、ではなく、世界中に移されるようになった。なかには、治外法権的な「制約を受けない製造地区」や国外に移転した工場を終着点とするものもあった。こうした地区は増えてきているが、圧倒的多数は低賃金で主に若い女性の労働力が手に入る貧しい国にあり、単一の国家の管理を逃れるための新しい装置となった。例えば、この種の地区で最古のマナウスというアマゾンのジャングルの奥地では、織物・玩具・紙製品・電子機器・デジタル時計をアメリカ・オランダ・日本企業のために製造していた。

これらのすべてが原因となり、世界経済の政治構造で逆説的な変化が生じた。世界経済が地球規模になるにつれ、大国の国民経済はオフショアの中心地に道を譲ることになったのだ。こうした中心地は、たいてい、古い植民地帝国の崩壊に伴い増加した小国や極小国家にあった。「短い二〇世紀」が終わる頃、世界銀行によれば、人口が二百五十万未満の国は七十一カ国にのぼった（そのうち十八カ国は十万に満たない）。言い換えると、公式に「国民経済」として扱われていた政治単位のうち、五分の二が小国ないし極小国家だったことになる（World Development 1992）。第二次世界大戦までは、このような政治単位は経済的な冗談だと思われており、実際、本当の意味で国家でもなかった[4]。たしかに、国家が織りなす弱肉強食のジャングルで、こうした国は名目上の独立を守る力はなかったし、今でもない。しかし黄金時代には、グローバル経済に直接奉仕することで、大国の経済と同様、時にはそれ以上に繁栄できることが明白になっていった。こうして、都市国家（香港・シンガポール）は興隆した。この政治形態が最後に栄えたのは中世だった。ペルシア湾岸の砂漠地帯のなかには、グローバルな投資市場で主要なプレイヤーになった所（クウェート）もあれば、法律から逃れる国外の避難所として重要な役割を担うようになった国も多くあった。

このような情勢から、二〇世紀後半にはナショナリズム的な民族運動が増殖していくことになる。こうした運動は、コルシカ島・カナリア諸島の独立が実現できると訴えたが、説得力はなかった。説得力がなかったのは、分離して独立を達成するには、当該の地域がかつて結ばれていた国民国家から離脱するほかなかったからである。すると、その地域は経済的に、ほぼ確実に超国家的存在への依存をいっそう深めざるをえなくなり、超国家的存在のこうした情勢下での決定力はますます増大していった。巨大多国籍企業にとってもっとも都合のいい世界とは、小国から成る世界か、まったく国家が存在しない世界である。

V

賃金が高い所から低い所へ産業を移すことが技術的に可能になり、費用対効果が高くなるのであれば、すぐにでもそれを実行することは、当然のことだった。また、非白人労働者のなかには、少なくとも白人労働者と同程度の技術と教育がある労働者もいるという(ほとんど驚くことでもない)発見は、ハイテク産業にとってさらなるご褒美だった。それでもなお、黄金時代の好景気が古い産業化の拠点となった国からの転換を招いたのには、特別な理由があった。それは、資本主義経済における経済成長が奇妙な形で「ケインズ的」に結ばれたことだった。その資本主義経済は、完全雇用が達成され、さらなる賃金上昇と保護が進む労働力の大量消費に基盤をもっていた。

すでに触れた通り、その結びつきは政治的なものだった。それは、ほとんどの「西側」諸国における右派と左派が事実上合意した方針に基づくものだった。ファシスト的国家主義者の右派は、第二次世界大戦によって政治の表舞台から抹殺されていたし、極端な共産主義は冷戦に見捨てられていた。また、労働者の要求を利益が侵食されない範囲にとどめるため、雇用者と労働組合の暗黙の合意や明確な合意にも基づいていた。さらに、巨額の投資を正当化できるだけの高い利益が将来的に得られる見込みにも支えられていた。こうした見込みがなければ、黄金時代の労働生産性の顕著な成長はなかっただろう。実際のところ、市場経済国のなかでももっとも工業化が進んだ十六カ国では、投資が年間四・五％の割合で増えていた。北米の成長率はこれに及ばず、全体平均の足を引っ張ったが、それを斟酌してもなお、一八七〇—一九一三年と比べておよそ三倍のスピードだった（Maddison 1982, Table 5.1, p. 96）。事実上、冒頭の結びつきは三角形の形をしており、政府は資本と労働の間の制度化された交渉を公式・非公式に管理した。労働力は当時、少なくともドイツでは「社会的パートナー」として常々説明されていた。黄金時代が終わりを迎える時、その結びつきは、「協調組合主義（コーポラティズム）」の名前のもと勃興する自由市場の神学を修めた者たちによって、激しい攻撃の的となった。「協調組合主義」という言葉と戦間期のファシズムとの関連は、半ば忘れられ、まったく無関係になっていた（二四二—三頁参照）。

これは、どの立場でも受け入れられる取引だった。雇用者は、好景気が長く続き、高い利益を上げている時は高賃金を気に掛けることはほとんどなかったが、予測ができれば将来計画を立てやすくなるので、それを歓迎した。労働者に関しては、定期昇給と諸手当が与えられ、福祉国家は着実に拡大し、寛大になっていった。政府は政治的に安定したので（イタリア以外では）共産党は弱体化し、また、あらゆる国家が当時実践するようになっていたマクロ経済的な運営に必要な条件も揃った。完全雇用と定期的に上昇する実質所得を基盤とする大量消費の経済が（北米とおそらくオーストラリア以外で）はじめて誕生したが、それは社会保障によって支えられており、社会保障は増加する公的収入から順当に支払われていた。こうした点で、産業資本主義の国々の経済活動は申し分なく素晴らしかった。事実、絶好調の一九六〇年代には、当時わずかしかいなかった失業者に対し、前職の給与の八〇％を保障する無謀な政府まであった。

こうした状況は一九六〇年代後半まで、黄金時代の政治に反映されていた。終戦を迎えると、国を問わず、改革を強力に推し進める政権が樹立された。アメリカではルーズヴェルト的な政権が、実質的に全土が交戦状態だった西ヨーロッパでは占領された西ドイツを除き、社会党が支配的もしくは社会民主的な政権ができた（西ドイツでは、一九四九年まで独立した制度や選挙がなかった）。共産党ですら、一九四七年まで政権に参加していたほどだった（四七七頁参照）。レジスタンス時代の急進主義は、姿を現しつつあった保守政党にすら影響を及ぼし――西ドイツのキリスト教民主同盟は、一九四九年になってもまだ、資本主義はドイツにとって害だと思っていた（Leaman 1988）――、少なくとも、保守政党が時勢に逆らって動くことを難しくした。イギリスの保守党は、一九四五年の労働党政権による改革を自分たちの功績だと主張した。

少し驚くのは、合意されていた方針ではなく、改良主義がすぐに後退したことだ。一九五〇年代の大型好景気は、だいたいどこの国でも穏健な保守政権が統制していた。スカンジナヴィアでは社会民主主義政党が政権にとどまり、他の小国においても、社会党は連立政権に参加していたものの、アメリカ（一九五二年から）、イギリス（一九五一年から）、フランス（短命に終わった連立政権時代を除く）、西ドイツ、イタリア、そして日本では、左派は完全に権力の蚊帳の外だった。左派の後退を疑う余地はない。その原因は、フランス・イタリアといった社会主義政党や共産党が労働者階級の主要政党だった国で、社会主義政党や共産政党さえもが原因となり、多くの支持を失ったからではない。[5] また、冷戦のせいでもない。ただし、ドイツ統一に際して社会民主党（SPD）が「揺れた」ドイツと、共産党と連立を組んだままのイタリアは除く。共産党以外はみな、確実に反ロシアだった。好景気に沸くこの時代の雰囲気は、左派には不利だった。変化の時ではなかったのだ。

一九六〇年代になると、合意の核心は左へ移った。その理由の一つはおそらく、ベルギーや西ドイツのような反集産主義で妥協しない国ですら、ケインズ的管理を前にして、経済的自由主義がいっそう後退したことである。また、資本主義体制の安定化と復活を取り仕切った、年老いた紳士たち――ドワイト・アイゼンハワー（一八九〇年生まれ）が一九六一年に、コンラッド・アデナウアー（一八七六年生まれ）が一九六三年に、ハロルド・マクミラン（一八九四年生まれ）が一九六三年に――が舞台を去ったからでもあった。やがて（一九六九年）、偉大なる将軍ド・ゴール（一八九〇年まれ）までもが旅立っていった。政治は一定程度、若返った。実のところ、穏健な左派にとり、一九五〇年代と相性が悪かったこともあり、黄金時代の絶頂期は居心地がよかったようで、西ヨーロッパの多くの国で再び政権の座に就いた。このように左派へ流れていったのは、西ドイツ・オーストリア・スウェーデンでのように、選挙で動きがあったためである。また、一九七〇年代・八〇年代初頭のいっそう衝撃的な変化に先んじて起きたことだった。七〇年代から八〇年代初頭は、フランスの社会党とイタリアの共産党が最盛期を迎えた時期ではあったが、投票パターンは基本的には変わっていなかった。つまり、選挙制度によって、相対的に小さな変化が実際より際立ってみえていたことになる。

とはいえ、左傾化とこの時期の国の発展でもっとも重要なこと、つまり、文字通りの福祉国家の出現は、明らかに並行して起きていた。福祉国家とはつまり、所得維持・介護・教育などの福祉にかかる支出の公共支出全体に占める割合が増え、福祉活動に従事する人々が公的雇用全体のなかでも最多集団を形成している国家のことである。例えば、一九七〇年代半ばには、イギリスで四〇%、スウェーデンで四七%にのぼった（Therborn 1983）。こうした意味での最初の福祉国家は、一九七〇年頃現れた。もちろん、デタントの時期に軍事費は減ったわけだから、他の名目での支出の割合は自動的に増えた。ただ、アメリカの事例から、何かが本当に変化していたことがわかる。一九七〇年、ヴェトナム戦争たけなわの頃、アメリカでは、学校で働く者の数が、はじめて、「軍隊・民間の防衛関連の就業者数」を大きく上回った（Statistical History 1976, II, pp. 1102, 1104, 1141）。一九七〇年代末には、先進資本主義国はすべて、このような「福祉国家」になっていた。そのうち六カ国では、公的支出の六〇％以上が福祉に費やされていた（オーストラリア、ベルギー、フランス、西ドイツ、イタリア、オランダ）。これは、黄金時代が終わりを迎えた後、非常に深刻な問題を生むことになる。

同じ頃、「発達した市場経済」をめぐる政治は、眠ってはいなかったとしても、何か起きているようにはみえなかった。共産主義、核戦争の脅威、イギリスによる一九五六年のスエズ運河をめぐる危険な冒険、フランスによるアルジェリア戦争（一九五四―六二年）、そして一九六四年以降はアメリカによるヴェトナム戦争など、国外での帝国主義的活動によって政治に生じた危機、こうしたもの以外で、情熱を燃やせるものは何かあっただろうか？　だからこそ、一九六八年とその前後に、ほぼ全世界で学生の急進主義が突然噴出した時、政治家と老齢の知識人はあれほど驚いたのだった。

これは、黄金時代の均衡は長くはもたないという予兆だった。その均衡は、経済的な点では、生産性の向上と安定した利益を維持できる所得収入との調整にかかっていた。生産性の一貫した向上と不釣り合いな賃金の上昇、その両方あるいはどちらか一方が下降すれば、不安定化を招くことになるだろう。そうなるかならないかは、戦間期に著しく欠けていたもの、つまり、生産性の向上と消費者の購買力とのバランス頼みだった。賃金は、活発な市場を維持するためにどんどん上昇せねばならなかったが、かといって、利益が搾り取られてしまうような速さでは駄目だった。しかし、労働力不足の時に賃金を、より広い視点からすると、需要が桁外れに増えている時に物価を、どう制御しろというのだ？　つまり、インフレを制御する、そうでなくても、少なくともインフレを限度内に収めるにはどうすればいいのか？　最後に、黄金時代はアメリカによる圧倒的な政治・経済的支配に依存していた。アメリカは、時には意図せずに、世界経済を安定させ、それを保証するために動いていた。

一九六〇年代が過ぎていくなかで、こうしたことは消耗の兆しを表していた。アメリカの覇権は衰退し、その支配が衰えるにつれて、金とドルを基盤とした世界の通貨制度は崩壊した。労働生産性が低下する気配がみられた国が複数あった。また、国内での人の移動は産業の発展に人材を供給し、労働力の巨大な貯蔵池だったが、それも枯渇寸前になっている兆しも確かにあった。二十年の時が流れるなかで、新しい世代は成人した。かれらにとり、大量の失業・不安・物価の安定や下落といった戦間期の経験は、自分たちの経験ではなく、歴史上の出来事だった。かれらは自分たちの年齢層の経験に見合った期待のみ抱くよう加減していた。つまり、望んだのは完全雇用と継続的なインフレである（Friedman 1968, p.11）。労働力不足、雇用主による実質賃金抑制の取り組みの増加、あるいはフランス・イタリアのような大規模な学生反乱など、一九六〇年代末に「賃金の爆発的上昇を世界的に」引き起こした特定の状況が何であれ、これらすべてはある発見に基づいていた。

その発見とは、働くことや職探しに慣れている労働者世代が見出したことで、労働組合が久しく交渉してきた待ちに待った定期昇給は、市場から搾り取れるだろう金額よりも、実際はずっと少ない、ということだった。市場の現実をこう認識することに、階級闘争への回帰を見出す（一九六八年以後、多くの「新左翼」が主張したように）・見出さないにかかわらず、一九六八年以前の賃金交渉が控えめでおとなしかったのに対し、黄金時代最後の数年間では、驚くほど雰囲気が変わっていたことは間違いない。

これは経済動向に直接関係していたため、労働者の雰囲気が変わったことは、一九六八年とその前後に噴出した大規模な学生反乱よりも、ずっと大きな意味をもっていた。学生たちはメディアにドラマチックな題材を、評論家には多くの餌を提供したのだが、学生反乱は経済や政治の範囲外で起きた現象だった。学生反乱が動員したのは、（中産階級の）若者という、国民のなかでも数少ない特定の集団であり、公には特別な集団としてほとんど認識されていなかった。当時は大半がまだ教育を受けている最中であったため、ロックのレコードを買うこと以外、かれらの大部分は経済に参加していなかった。学生反乱は、政治的な意義以上に文化的な意義がはるかに大きかった。政治的意義は、第三世界や独裁国家の似たような運動とは異なり、束の間のものだった（下巻第11・15章参照）。それでも、自分たちで西側社会の問題を永久に解決したと半ば信じ込んでいる世代に対し、「死を忘れるな」的な警鐘を鳴らした。黄金時代の改革主義に関する代表的な著作、クロスランド

(Crosland)の『社会主義の未来』、J・K・ガルブレイス(Galbraith)の『ゆたかな社会』、グンナー・ミュルダール(Gunnar Myrdal)の『福祉国家を超えて』、ダニエル・ベル(Daniel Bell)の『イデオロギーの終焉』は、すべて一九五六—六〇年に執筆された。これらが前提として基づいていたのは、改善の余地はあるものの、基本的には申し分のない社会において、内的な調和が育っているということ、つまり、社会的合意が組織に反映されている経済に対する自信であった。その合意は、一九六〇年代を生き抜くことができなかった。

だから、一九六八年は終わりでもなければ始まりでもなかった。それは単なる合図にすぎなかった。賃金の爆発的上昇、一九七一年のブレトン・ウッズ体制の崩壊、一九七二—七三年の物価急騰、一九七三年のOPECによる石油危機と異なり、経済史家が黄金時代の終焉を論じる時、一九六八年はあまり登場しない。黄金時代が終わることは、予期されていなかったわけではない。一九七〇年初頭の経済発展は、インフレ率の急上昇と世界的に貨幣供給が大量に増加したこと、そしてアメリカの負債が巨額にのぼったことで加速化し、半狂乱の状態に陥った。経済学者の専門用語でいうところの、制度が「過熱」したのだ。一九七二年七月からの十二カ月間で、OECD諸国の実質GDPは七・五%成長し、実質工業生産は一〇%増えた。ヴィクトリア朝中期の大型好景気の終わり方を忘れていなかった歴史家たちは、この体制がいずれは崩壊しないかと思いをめぐらせていただろう。

かれらは正しかったかもしれない。しかし、一九七四年の暴落を予測できた者がいたとは筆者には思えない。また、のちに明らかになるほど深刻に考えていた者もいなかっただろう。なぜなら、先進工業国のＧＮＰは実際にはかなり下がった――戦後このようなことはなかった――にもかかわらず、人々はいまだに一九二九年の視点から経済危機を考えていたうえに、破滅の予兆がなかったからだ。いつの時代でもそうだが、衝撃を受けた当時の人々はすぐさま反応し、昔の好景気が破綻した特殊な原因を探した。ＯＥＣＤ曰く、「不運な混乱が異常な形で次々と起きた。それ自体は同じ規模では再発しないであろうが、その影響は回避できたはずの誤りによって大きくなってしまった」(McCracken 1977, p.14)。無邪気に考える者は、ＯＰＥＣの石油王たちの欲深さにすべて責任があると考えた。もし歴史家が、世界経済の編成で起きた大きな変化の原因を、不運や回避できたはずの災難に求めるのであれば、誰であっても考え直すべきである。まさに、大きな変化が起きたのだ。世界経済はいったん暴落すると、昔のように発展することはなかった。一つの時代が、終わろうとしていた。一九七三年以降、再び危機の時代がやってくることとなった。

黄金時代は、金箔が剝がれてしまった。しかし、有史以来もっとも飛躍的で速く、広範囲に及ぶ革命は黄金時代に始まったし、黄金時代に大部分が達成された。さて、今度はこの点について考えてみるとしよう。

註

（1）「資本主義」という言葉は、「帝国主義」のように、人々がマイナスの連想をしてしまう言葉であるため、公の議論での使用は避けられていた。政治家や評論家たちが自らを「資本家」と誇らしげに宣言するようになったのは、一九七〇年代になってからである。それに先んじていたのがビジネス誌『フォーブス』の一九六五年以降のモットーで、アメリカの共産党特有の難解な話を撤回して、「資本主義の道具」として自身を表現し始めていた。

（2）皮肉なことに、のちにホワイトは共産党シンパだと断定され、アメリカで起きた赤狩りの犠牲になった。

（3）このような推定は慎重に用いられるべきであり、また、単純に規模を測る尺度として扱われるべきだ。

（4）アンドラ・リヒテンシュタイン・モナコ・サンマリノのような古くからある小国が、国連の将来的な加盟国として扱われるようになったのは、一九九〇年代初頭になってからのことだ。

（5）しかし、すべての左派政党は規模は大きくても選挙では少数派であった。こうした政党が得られた最高得票率は、一九五一年イギリス労働党の四八・八％であった。皮肉なことに、イギリスの選挙制度の予測がつかない変化により、保守党がやや少ない得票で勝利した選挙であった。

本書は「ちくま学芸文庫」のために新たに訳出したものである。

大都会の誕生　喜安朗／川北稔

都市型の生活様式は、歴史的にどのように形成されてきたのか。この魅力的な問いに、碩学がふたつの都市の豊富な事例をふまえて重層的に描写する。

共産主義黒書〈ソ連篇〉　ステファヌ・クルトワ／ニコラ・ヴェルト　外川継男訳

史上初の共産主義国家〈ソ連〉は、大量殺人・テロル・強制収容所を統治形態にまで高めた。レーニン以来行われてきた犯罪を赤裸々に暴いた衝撃の書。

共産主義黒書〈アジア篇〉　ステファヌ・クルトワ／ジャン＝ルイ・マルゴラン　高橋武智訳

アジアの共産主義国家は抑圧政策においてソ連以上の悲惨を生んだ。中国、北朝鮮、カンボジアなどでの実態は我々に歴史の重さを突き付けてやまない。

ヨーロッパの帝国主義　アルフレッド・W・クロスビー　佐々木昭夫訳

15世紀末の新大陸発見以降、ヨーロッパ人はなぜ次々と植民地を獲得できたのか。病気や動植物に着目して帝国主義の謎を解き明かす。（川北稔）

民のモラル　近藤和彦

統治者といえど時代の約束事に従わざるをえなかった18世紀イギリス。新聞記事や裁判記録、ホーガースの風刺画などから騒擾と制裁の歴史をひもとく。

増補 大衆宣伝の神話　佐藤卓己

祝祭、漫画、シンボル、デモなど政治の視覚化は大衆の感情をどのように動員したか。ヒトラーが学んだプロパガンダを読み解く「メディア史」の出発点。

ユダヤ人の起源　シュロモー・サンド　高橋武智監訳　佐々木康之／木村高子訳

〈ユダヤ人〉はいかなる経緯をもって成立したのか。歴史記述の精緻な検証によって実像に迫り、そのアイデンティティを根本から問う画期的試論。

中国史談集　澤田瑞穂

皇帝、彫青、男色、刑罰、宗教結社など中国裏面史を彩った人物や事件を中国文学の碩学が独自の視点で解き明かす。怪力乱「神」をあえて語る！（堀誠）

同時代史　タキトゥス　國原吉之助訳

古代ローマの暴帝ネロ自殺のあと内乱が勃発。絡みあう人間ドラマ、陰謀、凄まじい政争を、臨場感あふれる鮮やかな描写で展開した大古典。（本村凌二）

ちくま学芸文庫

20世紀《せいき》の歴史《れきし》　両極端《りょうきょくたん》の時代《じだい》　上

二〇一八年六月　十　日　第一刷発行
二〇二二年五月二十五日　第四刷発行

著　者　エリック・ホブズボーム
訳　者　大井由紀（おおい・ゆき）
発行者　喜入冬子
発行所　株式会社　筑摩書房
　東京都台東区蔵前二―五―三　〒一一一―八七五五
　電話番号　〇三―五六八七―二六〇一（代表）
装幀者　安野光雅
印刷所　星野精版印刷株式会社
製本所　株式会社積信堂

ISBN978-4-480-09866-5 C0120